人民·联盟文库

中国宪法史

张晋藩 著

吉林人民出版社

人民出版社

图书在版编目（CIP）数据

中国宪法史/张晋藩著. —北京：人民出版社，2011
（人民·联盟文库）
ISBN 978 - 7 - 01 - 009850 - 0

Ⅰ.①中⋯　Ⅱ.①张⋯　Ⅲ.①宪法-法制史-中国
Ⅳ.①D921.02

中国版本图书馆 CIP 数据核字（2011）第 072917 号

中国宪法史
ZHONGGUO XIANFASHI

张晋藩　著

责任编辑：郭美英　安新文
封扉设计：曹　春
出版发行：人 民 出 版 社
　　　　　北京朝阳门内大街 166 号　邮　编：100706
网　　址：http://www.peoplepress.net
邮购电话：(010) 65250042/65289539
经　　销：新华书店
印　　刷：三河市金泰源印装厂
版　　次：2011 年 5 月第 1 版　2011 年 5 月北京第 1 次印刷
开　　本：710 毫米×1000 毫米　1/16
印　　张：36.25
字　　数：500 千字
书　　号：ISBN 978 - 7 - 01 - 009850 - 0
定　　价：69.00 元

出版说明

　　人民出版社及全国各省市自治区人民出版社是我们党和国家创建的最重要的出版机构。几十年来，伴随着共和国的发展与脚步，他们在宣传马克思列宁主义、毛泽东思想、邓小平理论、"三个代表"重要思想，深入贯彻落实科学发展观，坚持走有中国特色社会主义道路方面，出版了大量的各种类型的优秀出版物，为丰富人民群众的学习、文化需求作出了不可磨灭的贡献，发挥了不可替代的作用。但由于环境、地域及发行渠道等诸多原因，许多精品图书并不为广大读者所知晓。为了有效地利用和二次开发全国人民出版社及其他成员社的优秀出版资源，向广大读者提供更多更好的精品佳作，也为了提升人民出版社市场联盟的整体形象，人民出版社市场联盟决定，在全国各成员社已出版的数十万个品种中，精心筛选出具有理论性、学术性、创新性、前沿性及可读性的优秀图书，辑编成《人民·联盟文库》，分批分次陆续出版，以飨读者。

　　《人民·联盟文库》的编选原则：1. 充分体现人民出版社的政治、学术水平和出版风格；2. 展示出各地人民出版社及其他成员社的特色；3. 图书主题应是民族的，而不是地区性的；4. 注重市场价值，要为读者所喜爱；5. 译著要具有经典性或重要影响；6. 内容不受时间变化之影响，可供读者长期阅读和收藏。基于上述原则，《人民·联盟文库》未收入以下图书：1. 套书、丛书类图书；2. 偏重于地方的政治类、经济类图书；3. 旅游、休闲、生活类图书；4. 个人的文集、年谱；5. 工具书、辞书。

《人民·联盟文库》分政治、哲学、历史、文化、人物、译著六大类。由于所选原书出版于不同的年代、不同的出版单位，在封面、开本、版式、材料、装帧设计等方面都不尽一致，我们此次编选，为便宜读者阅读，全部予以统一，并在封面上以颜色作不同类别的区分，以利读者的选购。

人民出版社市场联盟委托人民出版社具体操作《人民·联盟文库》的出版和发行工作，所选图书出版采用联合署名的方式，即人民出版社与原书所属出版社共同署名，版权仍归原出版单位。《人民·联盟文库》在编选过程中，得到了人民出版社市场联盟成员社的大力支持与帮助，部分专家学者及发行界行家们也提出了很多建设性的意见，在此一并表示诚挚的感谢！

《人民·联盟文库》编辑委员会

目　录

绪论

近代意义的宪法既是西方资产阶级革命的产物，也是西方文化的产物。至于中国近代宪法文化的发生，可以说是西学东渐的结果，当西方的宪法文化与中国的传统文化和特定的时代要求相交汇以后，不可避免地出现某种程度的变异。因此，通过中西宪法文化的比较，把握近代中国对宪法概念的独特的理解，以及宪法的价值追求和基本过程，进而揭示中国宪法历史的发展规律，是十分重要的。

（一）

近代意义上的"宪法"一词是从拉丁文"constitutio"翻译而来，原为组织与确立之意。古罗马帝国曾经用它来表示有关皇帝的各种建制和皇帝颁布的"诏令"、"谕旨"之类的文件。至欧洲封建时代，"constitution"已类似于国家的组织法。英国中世纪以后，确立了国王未经国会同意不得征税的立法原则和制度，并称之为本国特有的"constitution"。经过长期的演变，尤其是资产阶级革命胜利以后，制宪运动在西方各国的广泛开展，"constitution"一词的近代内涵才得以确立。

但从宪法的实质性内涵分析，真正具有近现代意义的宪法是资本主义经济关系、民主政治和法律体系获得一定程度发展之后的产物。

1. 西方近代宪法文化的基本内涵

近代宪法最早出现在英国，可以说英国是近代宪法的发源地。英国宪法有两个特征：一是它的妥协性，二是它的不成文性。妥协性的表现是宪法虽然集中体现了资产阶级的意志和利益，但封建贵族的地位和财产仍有所保留；具有浓厚封建色彩的一些中世纪的法律和习惯，仍然成为宪法的重要内容。不成文性表现为受传统的法制模式的影响，英国宪法是由许多分散的、不同年代的宪法性文件、判例和惯例所构成，而不是以一个统一的完整的法典形式的书面文件出现的。

19世纪40年代，英国完成了工业革命，社会关系发生了重大变化，宪法的内涵也相应地有了如下的发展：议会至上的宪法原则开始确立；责任内阁逐步形成；由政党把持政治的政党制开始兴起，而且在宪政体制运行中的作用越来越大，形成了政党政治的特色。

1787年的美国宪法是近代第一部成文宪法，也是人类历史上作为国家根本法的第一部成文法典。美国宪法确立了四个重要原则：人民主权和有限政府原则；权力分立和制衡原则；联邦与州的分权原则；文职人员控制军队的原则，这四个原则构成了美国宪政的基本骨架。美国宪法的历史发展，是通过宪法修正案、宪法解释和创设宪法惯例等方式实现的。迄今为止，美国已经通过26条宪法修正案，其中以涉及人权与民权的内容居多。除此而外，联邦最高法院的宪法解释以及政党、总统和国会所创立的宪法惯例，对美国宪法的发展也起着重要作用。

欧洲大陆最早出现的近代宪法是1791年的法国宪法。著名的1789年《人权宣言》构成了该部宪法的序言。这部宪法确认了国民主权代表制；委托国王行使行政权，法官行使司法权；议会一院制；实行间接有限选举制；公民区分为积极与消极两种，等等。这部宪法所实行的政权体制既不同于美国的总统制，又与英国的君主立宪制有所区别。此后由于法国政治动荡，又有多次立宪活动，总的来说，法国近代宪法是在共和制与君主立宪制的斗争中发展的，除了国内政治力量的对比关系的决定性影响外，欧洲的国际关系也是宪法发展变化的重要因素。

综上所述，西方近代宪法文化的特色是较为鲜明的。首先是以不同方式确立了主权在民的原则，人民是国家权力的最终来源。世界各国的近代宪法，虽然大都规定了人民主权，但其意义是不同的。一般来说，宪政国家需要以代议制为基础来加以实现。代议士既然是民选的，他就必须对选民负责；民众虽然未必了解整个议事过程，但他知道代议士的言行是否符合自己的本意，一个不符合民意的代议士就是失职，他必须为此承担责任。宪法必须依靠真正的代议民主制为其实施提供基础和保障。宪法史的经验表明：人民必须通过自己制定的宪法，才能确保政府对自己负责。因此民主政治是宪法能够起到根本法作用的前提。

其次，宪法确认和保障人权，政治自由权利构成人权的主要内容。由于宪法的核心价值在于它为人权提供基本的保障，因而被看做是"人权的保障书"。列宁所说宪法是"一张写着人民权利的纸"，[①] 强调的也是宪法对保障人权的重要性。宪法与人权之间的密切关系，已从宪法发展的历史中得到了证明。

再次，国家权力受到宪法控制，国家的作用主要被限制在公共生活领域，国家对私人生活的干预被看做"越权"而被严格禁止。如前所述，在西方宪法理论中，宪法的基本价值就是保障人权，然而无论是西方传统的政治理论，还是人类社会的政治实践，都说明了侵犯人权最危险的力量就是国家权力。因此，按照这一逻辑，要想对人权实现最可靠的保障，首要的就是要对国家权力进行限制。

最后，除个别国家外，多数国家把宪法作为根本法加以定位，宪法具有至上的权威和法律效力。"根本法"既是宪法的特征，也是它与普通法律最重要的区别之一。宪法一方面是对国家的现在和未来所做的最具权威性的设计，是处理社会各种基本关系的最高依据，它所关涉的是

---

① 《列宁全集》第 12 卷，人民出版社 1987 年版，第 50 页。

一个国家全局性、现实性、长远性的根本问题。另一方面，宪法还从社会制度和国家制度的根本原则上，规范着整个国家自身的活动。在成文宪法国家，宪法具有最高的法律效力，宪法是制定普通法律的依据，任何普通法律、法规不得与之相违背；宪法是一切国家机关、社会团体和全体公民的最高行为准则。作为根本法，宪法也要求严格的制定和修改程序，这是保障宪法权威和尊严的重要环节。

2. 西方近代宪法文化的发展趋势

宪法是人类文明发展到一定阶段的产物，它的产生和发展也是特定的社会政治经济和思想文化条件相互作用的结果。从价值方面来看，宪法是对社会制度进行合理安排的基本形式，是处理国家权力与个人权利关系问题的基本方式，其目的在于限制国家权力，确认和保障人权。随着人类社会的发展，以及人对自身要求和满足要求方式的认识不断深化，宪法也随之不断地演进。宪法演进的张力有赖于各种政治力量彼此消长的对比关系的变化。

1919 年法国《魏玛宪法》的颁布，标志着西方现代宪法的诞生。这部宪法以维护社会利益、倡导社会本位为指导思想，对所有权进行了一定的限制，增加了内容广泛的公民社会经济权利，为现代宪法确立了典范。二战以后，在扩大人权保障范围的同时，又重新调整国家权力与公民权利的关系，这成为各国宪法发展的主导趋势，构成了现代宪法的基本特点。

但需要指出的是，现代西方宪法的变化仍然停留在西方政治和法律文化范围之内，或者说，这种变化不过是西方近代宪法原则和制度为了适应社会变迁的需要而在一定程度上所做的调整，而没有从根本上动摇西方近代宪法文化的基调。

首先以行政权的强化为例。20 世纪尤其是二战以后，随着社会经济和国际局势的发展和变化速度的加快，各国对决策的快速和准确的需要越来越迫切。传统议会的民主性议事和决策方式，越来越不适应时代的需要，加之政党政治的盛行，作为立法机关的议会越来越受制于作为行政机关的政府。如在英国，议会受到行政权的挑战，行政大有控制议会之势；在法国，现行宪法已把议会内阁制改为半总统制半议会制；在美国，行政权打破了原有的权力均势格局，在国家生活中逐渐处于核心地位。政府根据宪法规定享有委托立法权，通过"委托"，某些行政方面的立法已由政府行使。譬如，德国基本法规定："联邦政府，联邦部长或各州政府根据法律的授权，发布有法律效力的命令。"行政权干预立法权，还表现为美国宪法中的总统的否决权，和法国宪法中的总统的紧急命令权。但需要指出尽管作为代议制机关的议会的权力受到了一定的削弱，人民主权的宪法原则却并没有受到动摇。一则是因为二战以后，公民的选举权和被选举权等参政权得到了越来越确实的保证，这不仅表现为公民选举资格的降低和选举权的普遍性、平等性的强化；还表现为选举过程的法律规范更加细致和具体，从而真正保证选民的意志得到贯彻，人民主权原则得到了更为全面的表现。二是在行政权得到强化的同时，对行政权的监督和控制机制也逐步建立和健全起来。其中最为突出的就是违宪审查制度的完备与专门机构的设置。违宪审查制度最早是由美国 1803 年的一个判例而逐步确立起来的。[①] 进入现代以后，随着宪法是法律而不仅仅是政治宣言的理念的确立，西方各国纷纷效仿美国建立自己的违宪审查制度和宪法专门实施机构。1920 年奥地利在欧洲率先设立宪法法院，随后法国也设立了宪法委员会。二战后，德国、日本等国也建立了违宪审查制度或机构，并使之发展为一种潮流。违宪审查制度的建立，在立法机关以外，添加了工作更为经常的司法机关或准司法机关，以对行政权进行更为严密的监督。这样通过强化权力制约机制，加强了对各种国家机关职权行使活动的控制，以使国家权力的运行

---

① 有关美国司法审查制度的确立过程，可参阅龚祥瑞：《比较宪法与行政法》，法律出版社 1985 年版，第 114—118 页。

得以严格遵循宪法。

二战以后，西方宪法出现的另一个趋势是人权的扩大与保障，从而使西方近代宪法文化的基本内涵得到了更为鲜明的体现。由于社会经济发展水平的原因，西方近代宪法对于人权的保护是不够充分的。加上人们对于人权的理解还仅限于政治权利和人身权利，而对于经济和文化等方面的权利规范的规定和保护不够；尤其是德国、日本等国家的资本主义经济和社会关系发育得不够成熟，加上其独特的近代化道路的影响，这些国家的宪法对人权的规定极为薄弱，而在实践中对人权的保护就更为孱弱。二战以后，社会经济的发展为人们加深对人权的认识提供了社会基础；德、日等国在二战期间对本国和外国人民人权的肆意侵犯，也促使人们进行反思，进一步认识到保障人权是宪法的根本使命和首要任务。正反两面的经验和教训，使得西方各国在新的历史时期完善本国宪法制度之时，纷纷加强了对人权的保障。就人权的范围而言，随着国家权力进入社会经济和文化领域，对于人权的社会经济以及文化方面的内容越来越受到重视，进而在宪法中形成了社会经济和文化方面的人权制度。在这一方面，1919年的《魏玛宪法》自不待言。[①] 1949年德国基本法第15条对有关社会经济和文化的权利做了具体规定；1982年葡萄牙宪法第一编第3章更是直接把"经济、社会与文化方面的权利与义务"作为该章的标题。

由上可见，无论是资本主义社会关系发育还不够充分的近代，还是资本主义社会关系已有充分发展的现代，西方宪法都保留了主权在民、注重保障人权和强调国家权力应受宪法控制等基本特点，使西方近现代宪法表现出浓厚的民主宪法、人权宪法和限权宪法的特色。这些特色既是西方政治和法律传统在宪法上的体现，也是近现代宪法概念所必然包

---

① 1919年的《魏玛宪法》因率先在宪法中设立《经济生活》专章，对社会经济文化权利做了明确规定，因而该宪法被宪法学者看作是近代宪法向现代宪法转变的一个标志。参见王世杰、钱端升著：《比较宪法》，中国政法大学出版社1997年版，第128页。

括的基本内涵。

（二）

与西方不同，在中国古代很早便出现"宪法"一词，但其语义与近代的宪法概念有着质的区别。中国古代典籍中的"宪法"一词，主要适用于以下三种情况：其一，一般性法律和法度。如"监于先王成宪，其永无愆"；[①]"赏善罚奸，国之宪法也"；[②]"有一体之治，故能出号令，明宪法矣"；[③]"法者，宪令著于官府，刑罚必于民心"，[④]等等。其二，优于一般法的君命大法。如"正月之朔，百吏在朝，君乃出令布宪于国。宪既布，有不行宪者，谓之不从令，罪死不赦"。[⑤]其三，指法律的颁布和实施。如"是故古之圣王，发宪出令，设以为赏罚以劝贤沮暴"。[⑥]可见，除了在形式上包含了某种"根本法"的意义以外，中国古代"宪"的语义中与"民主"、"人权"等宪法概念没有任何的内在关联。

尽管如此，中国近代史上改良维新的志士，力图说明西方的某些概念和制度在中国有着渊源，以减少仿行西法的阻力，为此他们常常到中国古代典籍中搜寻与西方的联系。例如，康有为为了实行改良维新、建立君主立宪政体，潜心致力于在中国传统中寻找根据，撰写了《新学伪经考》和《孔子改制考》两部惊世骇俗之作。然而，即便如此，他们没有也不可能在中国传统文献中找到西方意义上的宪法、宪政的可靠理论

---

① 《尚书·说命》。
② 《国语·晋语》。
③ 《管子·七法》。
④ 《韩非子·定法》。
⑤ 《管子·立政》。
⑥ 《墨子·非命上》。

证据。

1. 近代中国早期的宪法文化

近代中国的宪法概念与宪法文化主要来自西方，与西方的宪法概念及其文化有着明显的承接关系。鸦片战争以后，西方不仅为中国知识分子认识中国问题提供了新的视角，也提供了概念、范畴等技术性的认知工具。因此西方的宪法文化输入中国以后，便被近代中国知识分子置于中国社会背景下进行了某种改造，才形成了中国自己的宪法思想和追求宪政的实践。特定的历史条件决定了近代中国的宪法文化有着不同于西方的性质。这种差别主要不是表现为法制文明的程度，而是中国有着自己的宪法价值追求。

1885 年中法战争中，清王朝失败以后，以王韬、郑观应为代表的一代知识分子，开始认识到西方国家之所以富强不在于船坚炮利，而在于民主政治。他们正是从国家富强的目标着眼，论证了西方议会对中国国家富强的用途和价值。王韬说，"试观泰西各国……类皆君民一心，无论政治大小，悉经议院妥酌，然后举行……中国则不然，民之所欲，上未必知之而与之也；民之所恶，上未密察之而勿施之也"。[1] 陈炽更以明白的语言阐述了西方的"议院之法"，是"英美各邦所以强兵富国，纵横四海之根源也"。[2] 无论西方宪法中议会制的构成和运作模式实际状况如何，但从近代中国知识分子所做出的认同中，可以看出他们是有着自己特有的价值追求的。这说明，由于中西社会背景、国情以及所面对的问题不同，在向西方寻求真理的过程中，必然带来宪法价值的某种转换。

由王韬、郑观应所提供的"宪法价值"，在中国宪法史上的意义有两点：第一，在中国这样一个奉行专制主义的国家，从什么样的角度去

---

[1] 《弢园文录外编·达民情》。
[2] 陈炽：《庸书·议院》。

接受西方的宪法价值，必须做出审慎的判断，而"国家富强"价值的设定，就是对统治者和人民双方都能够接受的选择。第二，无论西方的宪法、宪政与西方的强大之间有无直接联系，但中国人做出如此的逻辑观察说明了，一个非西方化的国家不必非要从人权和权力控制的首要价值上追求宪政，而可能是从国家和民族的利益层面接受宪政。事实上，正是这一代知识分子开创了"宪政—富强"的理论范式，使中国的宪政追求不同于西方。

然而，近代中国并没有因为王韬、郑观应等一代人对西方议会价值的推崇而对中国的现状有所影响，更没有因之而变得富强。相反，中国的情形每况愈下，于是，1895 年中日甲午战争以后发生了"戊戌变法"，有了康有为、梁启超等人的立宪改制的主张。虽然他们也赞同西方的议院对中国国家富强的价值，但在对西方民主制有了新的认识基础上，提出了一个新概念——民权，从而在保持议院与富强目标相联系的同时，也有了新的发展。康有为观察到西方国家"立法属于议会，行政属于内阁政府。议院不得权建政府，但政府不得夺议院之权……此宪法之主义也"。[①] 他建议光绪帝"上师尧、舜、禹三代，外采东西强国，立行宪法，大开国会，以庶政与民共之，行三权鼎立之制，则中国之治强，可计日而待也"。[②] 由于民权概念的介入，议院已不再是王韬、郑观应等人的"通上下之情"的舆情工具，而是内含民权追求的民主机构。这样，立宪在目标上既与国家富强相关，是推进国家富强的工具，又是落实民权的一种制度。戊戌变法期间，康有为明确提出"开制度局以定宪法"，首先使用了具有近代意义的宪法概念，并在百日维新期间进行了某种程度的试验，虽然失败了，但却提供了中国宪法史上最初的经验与教训。

---

① 康有为：《日本变政考》卷一。
② 汤志均编：《康有为政论集》上册，中华书局 1981 年版，第 339 页。

2. 晚清的立宪活动与第一个宪法性文件

中国的第一次立宪活动是晚清政府在各种压力之下进行的。1908年颁布了《钦定宪法大纲》，这个"大纲"对清廷而言，固然是国内外相互交逼的结果，然而其中也多少包含了清廷自救图强的真诚。但是在整个预备立宪的过程中，清廷始终无法摆脱立宪与君权的矛盾的缠绕——既想通过立宪以图保存国祚和自强，又希望君上大权不受损伤。这个矛盾说明了清廷为什么仿日（德）立宪的原因，而"大纲"就是这种矛盾的产物和反映。

在预备立宪过程中，清朝皇帝虽然一直不能忘情于君上大权，然而随着《钦定宪法大纲》的颁布，使得《大纲》下的君上大权毕竟不同于传统的皇权，而有一定的限制，《大纲》本身就是对皇权的制约。

但是，《钦定宪法大纲》毕竟是中国历史上第一个宪法性文件。这个文件比英国的大宪章晚了693年。因为是出自清廷之手，自然有几分讽刺的意味，但要知道，这一纸文字凝聚了自鸦片战争以来中国的志士仁人近70年的探索和追求，甚至是流血斗争，因而绝不能用简单的"骗局"二字加以了结，这里也包含了几分历史的必然。

3. 近代中国的共和主义

以孙中山为代表的共和主义者对西方民主制的追求方式，自然不同于以康梁为代表的立宪党人。他们不满意于康、梁等人名义上保留皇帝的立宪主张，而是希望通过革命的方式建立共和主义的民主政府。在孙中山的民权主义思想体系中，虽仍以追求西方民主制为目的，但对民权的落实、国家权力的配置、自治与联邦等问题，都给予了极大关注。他之所以如此重视民权和宪法，同样是由于它能与国家的富强目标联系起来。正像康有为、梁启超等立宪党人所看到的最强大的国家是实行君主立宪制的英国一样，以孙中山为代表的共和主义者则注意到最强大的国家是实行民主共和制的美国。"取法乎上"，借民主共和实现国家富强的目标始终是孙中山坚持的一个观点。孙中山等共和主义者与康梁等立宪党人围绕兴共和革命还是行君主立宪，展开过历时几年的大论战，论战的焦点则是哪种政体更能把中国导向富强。这说明，虽然共和主义者在很多问题上与立宪党人存在着严重分歧，但在通过实行宪政达到国家富强的根本目标上，他们又是一致的。共和主义者所取得的一个重要成果就是制定了《中华民国临时约法》。这个宪法性文件凝结了中国共和主义者的重要宪政理念和思想，它的制定是中国历史上具有进步意义的事件之一。然而，这部宪法性文件所存在的问题也是非常明显的，它反映了共和革命本身诸多的内在缺陷。

4. 近代中国军阀政府的立宪

1911年不彻底的共和革命的一个副产品，便是中国近代军阀主义的兴起。军阀主义是对中国民主政治最具危害性的因素之一，军阀政治的权力控制是军事性的而非制度性的，它无法使军事性的权力向有效的政治制度层面转化。军阀们即便可以建立起对全国大部分地区实行控制的全国性政权，制定出层出叠见的宪法文件，标榜着所谓的"法统"，但它无法给政府权力提供一个真正民主性的基础。军队和武力是其惟一资源，加上穷兵黩武的本性，使它无法借助公民权利来强化政权体制的合法性。军阀主义政治的弱点不在于它对权力的无限贪欲，而在于它把权力的构成看得过于狭隘，不能促进非军事性因素的发育成长。因而，在近代中国的历史上，不管军阀政府颁布过多少部宪法，组织过多少届国会和内阁，选举出多少届大总统，其本身的军阀主义性质就已扼杀了民主政治的价值。军阀主义在中国的滋生，使远未生根的民主共和制度和宪法文化失去了最重要的社会依托。

可见，近代中国出现了三种分别以突出君上大权、民主共和，以及军阀特权为政治取向的各不相同的宪法，它表现了近代中国不同历史时期阶级力量对比关系所呈现的差异。但政治取向的不同并不能掩盖这三种宪法在表达近代中国社会的宪法价值观方面的一个共同性特征，那就是近代中国的制宪者都将推动和促进中华民族的富强和独立作为立宪的首要目标。这不仅表现为王韬、郑观应、康有为、梁启超等思想家所惯用的"宪政—富强"的思维路线；或体现为《钦定宪法大纲》所包含的自救图强的真诚；或蕴涵于孙中山借民主共和实现国家富强的宪法观念。即便是本质上与宪政精神相左的军阀政府的宪法也不忘标榜它对富国强兵的追求，如曹锟政府制定的"贿选宪法"虽然来路不正，却也不忘在开篇宣布，以"发扬国光，巩固国圉"作为制宪的基本目标，以求"永矢咸遵，垂之无极"。

综上所述，西方的宪法所追求的价值和目标是：通过制度的设计来实现宪法对政府权力滥用的控制，并充分保障人权。中国的宪法理念则不同，中国的宪法倡导者和实践者从中国的国情实际出发，摆在首位的是追求中国国家的富强和民族的振兴，而把西方宪法所追求的民主、人权等价值降到第二位。如果说近代西方的宪法是"人权宪法"、"民主宪法"，那么近代中国的宪法则是"富强宪法"。这不是说中国制定宪法的倡导者和实践者不注重人权的保障和权力的制约，而是说为了救亡图存、摆脱民族的危机，只能把追求国家的强大放在第一位。

这种将制宪行宪与富国强兵相连接的宪法观念，是近代中国社会屡遭列强凌辱和中华民族为救亡图存而奋发的真实写照，它给近代中国的宪法文化打上了爱国主义的深深的烙印，这无疑是近代中国宪政运动最为光辉的一面。但需要指出的是，这种定位为国家富强和民族独立的工具性价值载体的立宪思路，在很大程度上牺牲了近现代宪法精神所蕴涵的保障人权、巩固民主政体、限制国家权力等宪法原则的追求，进而使近代中国的立宪运动呈现出一种貌合神离甚至是本末倒置的尴尬局面，而这正是近代中国宪政道路曲折多难的重要原因。这就意味着必须进行正本清源的工作，以使民主、人权等成为现代中国立宪的基本指向。

（三）

1949 年以后，中国的宪法历史进入了一个新的阶段。1954 年宪法的颁布是这个阶段开始的标志。在此之前，具有同类性质的立宪活动最早可以追溯到革命根据地时期。1931 年第一次全国工农兵代表大会曾通过了《中华苏维埃共和国宪法大纲》，并于 1934 年 1 月第二次全国工农兵代表大会上做了修改，其中主要是增添了"同中农巩固地联合"的原则性条文，扩大了工农政权的社会基础。在抗日战争期间，1941 年 1 月，陕甘宁边区第二届参议会通过了《陕甘宁边区施政纲领》。这个"纲领"集中体现了在中国共产党领导下，实现国共第二次合作，建立抗日民族统一战线的方针、政策。1946 年 4 月，还在延安召开的第三届边区参议会第一次会议上通过了《陕甘宁边区宪法原则》。这个宪法性文件反映了当时中国面临的两种前途与命运的形势，体现了中国共产党提出的建立自由、民主、独立的新民主主义国家的原则。

1949 年 9 月，中华人民共和国诞生之时，在中国共产党领导下，作为人民民主统一战线组织形式的中国人民政治协商会议第一次全体会议在北京召开，并由它代行全国人民代表大会的职权。这次全会通过了起临时宪法作用的《中国人民政治协商会议共同纲领》，选出了中央人民政府委员会，作为行使最高国家权力机关的常设机关。从这个"纲领"的性质和作用，可以看出，它是当时国家的根本大法。

"共同纲领"公布实施以后，中国人民在中国共产党领导下，进行了土地改革、镇压反革命和抗美援朝的斗争，1953 年开始实施国民经济建设的第一个五年计划，使国家发生了很大变化。以致这个"纲领"在许多方面都不能适应国家和社会进一步发展的需要，制定宪法已经迫切地提上了议事日程。于是便有了 1954 年宪法，即中华人民共和国的第一部宪法。

在中国，如前所述，无论哪个政党、哪个阶级的立宪，都不能无视国家富强的目标，因为中国所面临的问题与西方的宪政主义者所面对的问题截然不同。在西方，国家富强问题与宪政主义缺少直接关联；但对于一个贫弱的中国而言，"国家富强"是中国任何立宪运动和宪政实践都不能回避的问题，它也是自鸦片战争以来几代先进中国人孜孜以求的梦想。从中国的富强目标出发，"国家优先"自然也是社会主义中国宪法的主要理念。1954年宪法对此做了清晰的表达："中华人民共和国的人民民主制度，也就是新民主主义制度，保证我国能够通过和平的道路消灭剥削和贫困，建成繁荣幸福的社会主义社会。"作为这部宪法设计者的毛泽东在关于宪法草案的讲话中进一步阐述了这个理念："我们现在要团结全国人民，要团结一切可以团结和应当团结的力量，为建设一个伟大的社会主义国家而奋斗。这个宪法就是为这个目的而写的。"①

建设一个繁荣的伟大社会主义国家，实现中华民族的伟大复兴是中国社会主义宪法追求的目标。然而，由于党和国家的主要领导人的晚年错误以及林彪、"四人帮"反革命集团的破坏，宪法的这个目标并没有贯彻到底。相反，1975年所制定的宪法还贯穿了"以阶级斗争为纲"的思想原则。粉碎"四人帮"以后，虽然在1978年重新制定了宪法，试图把实现"四个现代化"作为奋斗的目标，但以"阶级斗争为纲"的指导思想并未得到彻底清除。1978年宪法颁布不久，中国发生了具有历史意义的几件大事：一是关于真理标准问题的讨论，确立了实践是检验真理的惟一标准的基本观点；二是中国共产党召开了第十一届三中全会，做出了把工作重点转移到社会主义现代化建设上来的战略决策；三是中国共产党第十一届六中全会通过了《关于建国以来党的若干问题的决议》，对建国以来的许多重大历史问题做出了正确的结论；四是中国共产党的"十二大"确定了全面开创社会主义现代化建设新局面的战略决策。这一切，都为1982年新宪法的制定准备了条件。1982年宪法即现行宪法，是在继承1954年宪法经验的基础上制定的，它确立了国家

____

① 《关于中华人民共和国宪法草案》，见《毛泽东选集》第5卷，第131页。

"以经济建设为中心"的任务和目标，使国家富强、民族复兴的宪政理念进一步宪法化了。

鉴于"左"倾错误思想盛行时期，由于缺乏严格的权力制约机制，民主集中的决策机制被专断的领导意志所取代；尤其是"文化大革命"时期肆意侵犯人权的惨痛教训，使新时期的制宪者更加清醒地认识到了民主和人权在现代中国立宪运动中的根本性地位。这一认识在制宪活动中的体现就是，1982 年宪法首次以根本法的形式，将"把我国建设成为高度文明、高度民主的社会主义国家"规定为"今后国家的根本任务"；确认了民主和文明在现代中国立宪运动中的根本性地位。而 1993年通过的修正案则将这一表述修改为"把我国建设成为富强、民主、文明的社会主义国家"，从而将近代以来的制宪者所追求的富强梦想与实现民主、文明的现代需要结合起来，既表达了实现中华民族富强和独立的历史使命，又突出了推进民主和文明建设的时代性特征。

这一立宪上的指导思想继续影响着中国以后的修宪活动，其中的一个突出表现就是 2004 年 3 月全国人大十届二次会议通过了高度重视公民权利的宪法修正案，正式宣布了"公民的合法的私有财产不受侵犯"、"国家依照法律规定保护公民的私有财产权和继承权"的规定，这在新中国的立宪史上是第一次。这一制宪史上的进步，既是中国社会主义市场经济不断发展的必需和结果，也是中国制宪者们宪法观念不断完善的表现。而这种将富强、民主和文明（包括人权）相连接的立宪指导思想，已经是先前的"富强宪法"所不能涵盖的。胡锦涛同志于 2002 年12 月 4 日在纪念《中华人民共和国宪法》公布施行 20 周年的集会上曾经指出："党的十六大把发展社会主义民主政治，建设社会主义政治文明同建设社会主义物质文明、精神文明一起作为全面建设小康社会的重要目标，这是我们在建设中国特色社会主义的实践中取得的新的重大认识，也是我们继续建设中国特色社会主义事业必须完成好的重大任务。"在这种思想指导下制定的新时期的宪法可以称为"小康宪法"。

综观中国宪法发展的历史，可以发现，从西方宪法文化的引进到近代中国社会对这一异域文化的特殊解读；从"富强宪法"到"小康宪法"的演进，自始至终都表现为通过制宪和行宪来实现国家富强、民族独立、人民幸福、社会文明等历史和时代赋予的多项使命的伟大进程。在这一过程中，中国的制宪活动也出现了多次反复，甚至倒退，但勇敢的中国人基于对宪法文明的信仰，一次又一次地"拨乱反正"，最终使中国的立宪运动走上了健康发展的道路。从"富强宪法"到"小康宪法"，是中国宪法发展的历史线索，也是中国宪法文化演进的基本逻辑。

（四）

中国宪法的历史是中国近代政治史、法制史的重要组成部分，是一百多年来中国人民为救亡图存、争取国家富强而斗争的历史。中国的国情决定了中华民族争取民族独立，国家富强的斗争，这是中国近代历史发展的一条主线，宪法的历史也是围绕和服务于这条主线而展开的，它体现了与西方不同的中国宪法历史运动的特殊规律。正因为如此，为民主宪法而斗争的程度总是和国家命运的状态直接攸关的。民族的危机、国家的灾难，经常可以从为民主政治和民主宪法的斗争中得到反映。压力愈大，斗争愈奋，严峻的形势，往往变成了改变历史的动力。

在中国近代史上，如果说洋务派的视角主要是建立军事工业，以求自存自强。那么洋务派以后的改良派、维新派，已经发现西方之所以富强，不尽在于船坚炮利，而在于制度得法，从而把关注的焦点移向制度改革层面。正是在这个历史潮流中，宪法问题提上了议事日程。然而围绕宪法问题，不同的阶级、阶层、政治军事势力集团在基本价值趋同的大潮中，也各有自己不同的追求目标。资产阶级上层的改良派和维新派力图制定一部反映君民共主的宪法，他们为此进行了几十年的斗争，但随着戊戌变法的失败，这种宪政蓝图也化作泡影。

代表资产阶级中下层的革命民主派所追求的是共和宪法，这样的宪法只能是通过政治革命、推翻清王朝建立民国以后才能实现。1911年辛亥革命推翻了清朝，建立了中华民国，制定了具有资产阶级共和国宪法性质的《中华民国临时约法》。但是在北洋军阀执掌政权以后，这部约法又成为一纸空文。

作为地主买办阶级利益代表的晚清政府，和新旧军阀控制下的北京政府和南京政府，为了摆脱困境求得自存自立，借助所谓的"法统"以维护其统治的合法性，因此也纷纷宣布仿行宪政。从《钦定宪法大纲》到形形色色的中华民国宪法，这中间充满了揭露假宪法与争取真民主的斗争。在军阀眼中，任何宪法、法律都只能是其武力的附庸，他们本来对于制宪是不屑一顾的，然而却又不得不举起宪法的旗帜，这充分反映了中国人民争取民主政治所加给他们的压力。只要争取民主、人权的火种还在，就一定会使为宪法而斗争的历史不断地谱写新篇。

一百多年的宪法斗争史，说明它是艰巨的、流血与不流血的斗争历史，尽管道路曲折、进程迂回，有成功的喜悦，也有失败的悲戚，但终究还是迎来了依法治国的时代。抚今追昔，备感民主宪法来之不易，如何树立和维护宪法的权威，对于依法治国和建设伟大的社会主义国家都具有至关重要的意义。胡锦涛同志主持政治局第一次学习会，便以认真贯彻实施宪法和全面建设小康社会为主题，他在讲话中指出："在全社会进一步树立宪法意识和宪法权威，切实保证宪法的贯彻实施，充分发挥宪法对我国社会主义物质文明、政治文明、精神文明协调发展的促进和保障作用。"他要求党的各级组织和全体党员都要做遵守宪法的模范，严格依法办事，带动全社会严格贯彻实施宪法。历史证明只有使宪法成为人们生活中的信条和自觉遵守的根本行为准则，法治的时代才算真正到来。中国宪法史是对全民进行爱国主义教育、法制教育的最好课本。中国宪法史也会使人们了解宪法问题发展的规律性，深刻领悟它所提供的历史经验和教训，从而更有信心地建设法治中国的今天和明天。

第一章
西学东渐与宪政思想的萌发

一、中西政治法律文化的碰撞与冲突

中国是一个地处东北亚大陆，资源丰富的国家，自给自足的自然经济长期占据统治地位，经济上的封闭性，决定了政治上的保守性和文化上的排他性，在政治法律文化方面尤其是如此。中国古代政治法律文化只有纵向的传承、发展，没有横向的比较和吸收，这种故步自封的孤立性，制约了中国传统政治法律文化发展的活力，随着人类社会历史的进步，而逐渐陷于落后的境地。

清王朝统治时期，当政者盲目地陶醉于"天朝物产丰盈，无所不有"的幻境，坚持闭关自守，排斥与专制文化不相容的西方政治法律文化，奉行祖宗成法不可改变的陈腐传统。

中国自从第一个阶级王朝即夏朝建立以来，便形成了专制主义的政治体制，以突出王权作为政权稳定的重要保证，无论是《尚书·洪范》提出的"天子作民父母，以为天下王"的命题，还是孔子所阐发的"天下有道，则礼乐征伐自天子出"① 的观点，都表达了君主在国家中的主

① 《论语·季氏》。

导地位。在这种政治体制下遵奉专制主义的精神，倡行为君主专制辩护的种种说教，这些构成了中国传统政治法律文化的基本内涵，其中突出的特点就是缺乏近代民主观念。至中国封建社会末叶的明清二朝，君主专权达到了极致，号称"乾纲独断"，国家的立法、行政、司法、经济、文化、教育等各个方面的最后决定权，都操于皇帝之手。国家设立的各级政府机关变成了听命于皇帝并向皇帝负责的办事机构，失去了独立的地位。可见专制主义的政治体制经过两千多年螺旋式的发展，已经达到了顶峰。这就使得近代西方人民主权、权力分立、平等、法治等观念在传统中国无法立足。

由于中国古代社会宗法伦理关系，在某种程度上支配了社会生活和国家运行，而宗族和家庭又构成了社会的基本单位，是各种社会关系的主体，因此，专制政府对于社会的控制，主要是通过宗族和家庭对其成员的管束而得以实现的。以致政府容忍甚至赋予族长或家长对于家族成员一定的统治权力，不仅承认宗族制定的宗法族规的法律效力，而且赋予族长、家长以司法权，既可以调解家族内部的纠纷，也可以依家法处断予以惩治。在家国一体、忠孝相通的社会控制网络中，个人的独立地位得不到法律的确认，其突出表现就是刑法上株连的盛行、民法上卑幼非得尊长同意不得处分家产。因此，在家族本位的社会结构和家国相通的社会控制模式之中，是不可能产生近代西方的自由、独立等观念的，恰如严复所言："夫自由一言，真中国历古圣贤之所深畏，而从未尝立以为教者也。"①

与宗法伦理关系和秩序相适应的中国传统法律与道德，在调整社会关系上相辅相成，有些并没有严格的区分。出礼入刑反映了法律义务与道德义务的统一，以致个人利益被家族利益和国家权力所掩盖，人们在社会交往中所感受到的只是对家庭、对国家所应承担的义务。国家为了求得稳定，极力推崇"无讼"的价值追求，并且通过官府和民间调解机

---

① 严复：《论世变之亟》。

制，使得社会成员对于权利的合理主张，在保持和谐的外衣下遭到了严重的遏制，戕害了促进社会发展所应有的权利意识。

总之，在传统中国社会，运行的是君主专制的政治体制，盛行的是君权至上的政治观念，加强的是道德和法律上的义务，提倡的是社会成员安分守己的行为准则。在这样的政治环境和文化氛围之中，近代西方宪法精神所孕育的民主、自由和人权等观念是无法生成的。因此，近代中国的宪法只能从引进西方法文化入手。

近代意义上的宪法概念，来自于西方文化。

从词源上看，宪法（constitution）一词源于拉丁文 constitutio，意为建立、组织或构造。在古罗马时期，constitution 一词用来表示皇帝的各种建制和诏令，以区别于市民会议通过的法律；在中世纪的欧洲大陆，以此词表示确立国家基本制度的法律，而在英国则被用来表示制定法。经过长期的演变，至 18 世纪末新建立的美利坚合众国颁布了世界上第一部成文宪法，constitution 一词的近现代意义才得以确立。

近代意义上的宪法内涵也基本上是西方政治文化传统的产物。

首先，民主观念就是来源于古希腊城邦的民主实践。在斯巴达城邦，实行的是贵族民主制，由元老院和两个国王组成城邦的最高立法行政机构。但对后世民主理论影响更为深远的是雅典的直接民主。经由梭伦、克里斯提尼和伯里克利的法律改革，终于建立起由公民大会、五百人会议、执政官和陪审法庭组成的最高国家机关系统，并实行公职人员选举制、城邦重大事务由公民大会表决制和公职人员津贴制的国家决策机制，保证了公民对于城邦事务参与的民主权利。如同伯里克利所说："我们的制度之所以被称为民主政治，因为政权是在全体人民手中，而不是在少数人手中。"① 在中世纪欧洲各国自治城市的民主实践，使这一传统得以延续，并经过 18 世纪启蒙思想家的理论升华，终于形成了系统的民主理论。民主政治被看作是所有政体之中"最自然，与个人自

---

① ［古希腊］修昔底德：《伯罗本尼撒战争史》第 2 卷，商务印书馆 1985 年版，第 347 页。

由最相合的政体"。① 在这种政体中，主权属于全体人民，"因此，治理社会就应当完全根据这种共同的利益。"②

其次，自由观念最早形成于英国。在诺曼征服时期，英国贵族便以自由为旗帜展开与国王之间的抗争，在此基础之上形成了"自由，是指对于政治统治者的暴虐的防御"③ 的基本观念，这种观念的经典表述就是英国的《自由大宪章》。这份文件确立了国王权力应受限制的基本理念，进而成为英国自由的宣言书，被后世奉为英国宪政的基础，并与其他类似的文件一起，巩固了贵族斗争的成果，最终使自由成为英国的伟大传统。经过洛克、卢梭和孟德斯鸠等启蒙思想家的系统化，自由被视为宪政制度的首要精神。洛克认为："法律的目的不是废除和限制自由，而是保护和扩大自由。"④ 孟德斯鸠进而将保护自由与建立宪政紧密联系起来，在他看来，"要享有这种自由，就必须建立一种政府"，⑤ 这种政府必须按照三权分立的原则建立。

最后，人权概念源于14—16世纪文艺复兴时期所兴起的人文主义思潮。在这场号称思想解放的运动中，思想家们提倡人性解放，要求摆脱神学和封建思想的束缚，主张人人平等、个体独立、自由意志和追求幸福的权利。这些主张虽然不系统，内容也不够完备，但却成为后世启蒙思想家人权理论的思想渊源。荷兰伟大的思想家格劳秀斯就将天赋人权，或"自然权利"，看作是"正当的理性命令"。⑥ 法国著名的启蒙思想家狄德罗更为明确地提出，"自由是天赐的东西，每一个同类的个体，只要享有理性，就有享受自由的权利"，因此，"君主是不能任意行使权

---

① ［荷］斯宾诺莎：《神学政治论》，商务印书馆1982年版，第216—217页。
② ［法］卢梭：《社会契约论》，商务印书馆1982年版，第41页。
③ ［英］约翰·密尔：《论自由》，商务印书馆1982年版，第1页。
④ ［英］洛克：《政府论》下卷，商务印书馆1983年版，第36页。
⑤ ［法］孟德斯鸠：《论法的精神》，商务印书馆1982年版，第153页。
⑥ 《从文艺复兴到19世纪资产阶级哲学家政治思想家有关人道主义人性论言论选辑》，商务印书馆1966年版，第222页。

力，任意处置他的臣民的。"①

17世纪末期以后，随着英、美、法等国资产阶级革命胜利，启蒙思想家所阐发的政治理论得到了广泛的传播，成为新建立起的资产阶级政权的指导思想。他们对于民主、自由和人权的理论，还被新制定的宪法文件用规范化的语言加以认定，使理论融入宪政建设的实践之中。例如《美国独立宣言》宣布："我们认为这些真理是不言而喻的：人生而平等，他们都从他们的'造物主'那边被赋予了某些不可转让的权利，其中包括生命权、自由权和追求幸福的权利。为了保障这些权利，所以才在人们中间成立政府，而政府的正当权力，则系得自被统治者的同意。"②

法国1789年的《人和公民的权利宣言》也提出："全部主权的源泉根本上存在于国民之中"，"任何社会，如果在其中不能使权利获得保障，或者不能确立权力分立，即无宪法可言。"③ 这些对于近现代宪政精神的经典表述和法律化，为其他国家制定宪法和实行宪法改革提供了范例，其影响当然也波及近代中国的制宪运动。

在中国古代的文献中很早便出现过"宪"、"宪法"等词汇或概念。如《尚书·说命》中的"维圣时宪"、"监于先王成宪"；《国语·晋语》中的"赏善罚奸，国之宪法也"；《管子·七法》中"有一体之治，故能出号令，明宪法矣"；《中庸》中"宪章文武"；《韩非子·定法》中"法者，宪令著于官府"；《墨子·非命上》中"先王之书，所以出国家，布施百姓者，宪也"；《淮南子·修务训》中"著于宪法"；《晋书·刑法志》中"宪令稍增，科条无限"；《唐书·刑法志》中"永垂宪典，贻范后世"，等等。由此可见中国古文献中的"宪"、"宪法"，系泛指典章制度和法令、规范而言，完全不具备近代作为国家根本法意义上的宪法

---

① 《从文艺复兴到19世纪资产阶级哲学家政治思想家有关人道主义人性论言论选辑》，商务印书馆1966年版，第452—453页。
② 《外国法制史资料选编》下册，北京大学出版社1982年版，第440页。
③ 同上书，第525—527页。

(constitution) 的内涵。这是由中国传统政治法律文化中缺乏近代西方宪政精神的特点所决定的。

然而至 1840 年鸦片战争以后，闭关自守的国门被侵略者的炮火轰开，中国开始沦为丧失主权的国家，国势日衰，危机重重。为了富国强兵，摆脱民族厄运，这时一批站在历史潮流前面的先驱者，突破封建的中国中心论以及"用夏变夷"、"夷夏之防"的羁绊，提出了"师夷制夷"的口号。随着民族危机的加深，学习西学已经成为爱国主义驱动下的救国方略，反映了时代的巨变在政治上、文化上、心理上所引起的重大变化，对于抱残守缺的官僚士大夫来说是具有极大震撼力的。

在新的历史背景下，输入西方法文化的阻力已远较过去为小，而输入的媒体也已由过去单纯的传教士，扩大为包括西方商人、洋幕宾、国外归来的游历者、留学生，以及驻外使节等复杂的群体。输入的途径更是打破了教会垄断的局面，形成了出版、翻译、创办报纸和刊物等多种渠道。通过高效率的信息传播方式和手段，使西方法文化逐渐为社会各阶层人士所认识、了解和接受。戊戌变法时期，梁启超在《变法通议》一文中便强调说："必尽取其（指西方国家）国律、民律、商律、刑律等书而译之。"

戊戌变法失败以后，上海商务印书馆继续承担着翻译出版法律书籍的任务，见于《东方杂志》广告的法政译著有：《法学通论》（织万田著，刘崇佑译）、《法律经济通论》（石水宽人著，何炳时译）、《国法学》（览古参著，陈时夏译）、《比较国法学》（末刚精一著）、《政治学》（小野塚喜平次郎著，郑簴译）、《行政法法论》（清水澄著，金泯澜译）、《行政法各论》（清水澄著，金泯澜译）、《民法原论》（富井政章著，陈海瀛等译）、《民法要论》（梅谦次郎著）、《国家学原理》（高田早苗著）、《地方行政法》（岛村地三郎著）、《法学通论》（山田三良著）、《刑法通论》（冈田朝太郎著）、《经济原论》（田野为三著）、《日本维新史》（村松贞臣著）、《国法学》（有贺长雄著）、《列强大势》（高田早苗著）、《民法要论》（稀木喜三郎著）、《警察学》（文保田政周著）、《货币论》（河津暹著)、《政法理财讲义》(佚)、《汉译日本法律经济辞典》(佚)、《日本法规大全》(佚)、《日本六法全书》(佚)、《日本法律要旨》(佚)、《日本明治法制史》(清浦奎吾著)、《日本警察法讲义》、《日本监狱法详解》、《日本预备立宪过去事实》(村志钧译)、《日本宪法义解》(伊藤博文著)、《日本议会记事全编》、《日本议会法规》、《自治论》(日本独逸会著,谢冰译)、《公债论》(田中穗积著,陈兴年等译)、《商法论》(松坡仁一郎著,秦瑞玠译)、《刑法通义》(牧野英一著,陈承译)、《民事诉讼法论纲》(高木丰三著)、《刑事诉讼法论》(松室致著,陈时夏译)等。

晚清为修律而设立的修订法律馆,在引进西方法文化著作方面,也起了重要的作用。根据清廷"将现行一切律例按照交涉情形,参照各国法律,悉心考订,妥为拟议"① 的上谕,修订法律馆在短短几年里,先后译出《法兰西刑法》、《德意志刑法》、《俄罗斯刑法》、《荷兰刑法》、《意大利刑法》、《法兰西印刷律》、《德国民事诉讼法》、《日本刑法》、《日本改正刑法》、《日本海洋刑法》、《日本陆军刑法》、《日本刑法论》、《普鲁士司法制度》、《日本裁判所构成法》、《日本监狱访问录》、《日本新刑法草案》、《法典论》、《日本刑法义解》、《日本监狱法则》、《监狱学》、《狱事谭》、《日本刑事诉讼法》、《日本裁判所编制》、《立法论》,共 24 种。已经开始尚未译完的有:《德意志民法》、《德意志旧民事诉讼法》、《比利时刑法论》、《比利时监狱法》、《比利时刑法》、《美国刑法》、《美国刑事诉讼法》、《瑞士刑法》、《芬兰刑法》、《刑法之私法观》,共 10 种。② 修订法律馆出于立法的实际需要,以西方各国现行的部门法和重要的法学著作作为翻译的对象,极大地改变了清廷上下对西方法律文化闭目塞听的状态,不仅为晚清修律提供了蓝本,而且为建立以宪法为基

---

① 《大清光绪新法令》第 1 册,第 7 页。

② 《修订法律情形并请归并法部大理院会同办理折》,见《清末筹备立宪档案史料》,第 838 页。

础的近代法律体系提供了范式。

还须指出，为立宪而设立的宪政编查馆曾专设"译书处"，根据"择各国政法之与中国治体相宜者，斟酌损益，纂订成书"① 的上谕，"凡各国书籍为调查所必需者，应精选译才陆续编译。"② 现存有关立宪问题的群臣奏议中，无论是保守派还是立宪派，一般都能征引西方的宪政历史和宪法理论，来论证自己的观点，这是和宪政编查馆宣传西方宪法知识的努力分不开的。

除此之外，有识之士通过创办《时务报》、《湘学新报》、《国闻报》以及后来的《清议报》、《新民丛报》等，也大量介绍和翻译西方涵盖公法和私法的法学著作和文章。

综上所述，19世纪中叶以后，译书与新闻事业的发展，冲破了清朝专制禁锢下思想文化上万马齐喑的状态，使得当政者和在野的士大夫，开始接触到西方先进的政治法律学说。如果说中国几千年政治法律文化的发展史，基本上是纵向的传承继受，那么从晚清起，终于开始了横向的比较。从比较中人们发现，祖宗的成法已经远远落后于西方政治法律发展的历史潮流，于是先进的中国人逐渐把目光投向了西方世界，积极地接受西方先进的政治法律文化。

西方政治法律文化的输入，对中国传统的政治体制和中华法系是一个尖锐的挑战，而且与中国传统的政治法律文化发生了激烈的冲突。在鸦片战争前，道光皇帝依旧信誓旦旦地奉行"天不变，道亦不变"的教条，坚持"率由旧章"。因此，直到19世纪中叶，仍然保留着固有的封建宗法伦理性的政治法律文化。然而，以农业文明为基础的中国传统的政治法律文化，与以工商业文明为基础的西方政治法律文化之间有着明显的差异。中国传统政治法律文化，重君权轻民权、重公权轻私权、重人治轻法治、重刑事轻民事、重家庭轻个人、重无讼轻是非、重本业轻

---

① 《设立考察政治馆参酌各国政法纂订成书呈进谕》，见《清末筹备立宪档案史料》，第43页。
② 《清末筹备立宪档案史料》上册，中华书局1979年版，第50页。

末业、重古制轻革新、重华夏轻夷狄"等等。所有这一切都表现出了中国传统的政治法律文化的精神实质、理论基础和价值取向，而完全不同于西方的政治法律文化。因此，在鸦片战争爆发前的一段时间内，当中西政治法律文化开始碰撞时，已经不可避免地产生了矛盾和冲突。鸦片战争以后，中西政治法律文化在广泛的碰撞中所发生的冲突，更以前所未有的激烈形式表现出来。顽固的官僚集团固守成法、反对西法，反映了他们维护旧制度的立场。但是，中国国情的剧变，使得先进的中国人不仅开始睁眼看世界，要求了解这个世界，并用全新的视角审视西方的政治法律文化。他们从器物层面入手，进而触及制度层面，最终深入到文化层面。这是一个由被动到自觉的过程，是中国政治法律文化史上革旧更新的历史性变化。就在这个过程中，中国前所未有的宪政思想开始萌发，随之作为宪政的产物和表现形式的宪法问题，也提上了议事日程。

二、宪法概念的提出与议院思想的萌发

作为西方国家根本法意义上的"宪法"一词，始见于 19 世纪中后期的中国。王韬于同治九年（1870 年）在其撰写的《法国志略》一文中，提到法国于 1791 年"立一定宪法布行国中"。特别是郑观应在其所著《盛世危言后编·自序》中，已经表达了宪法作为国家根本法的思想，他说，"宪法乃国家之基础"，"宪法不行专制严"，"宪法不行政难变"，因此极宜制定宪法。这可以说是中国近代宪法史上重要的开篇。

近代中国有关宪法的思想虽然来自西方，但在价值取向上却又不同于西方。开明的思想家、政治家是在寻求中国富强之路的探索中，接受西方宪法思想的，因此，中国近代宪法思想的萌发，是和 19 世纪 70 年代中后期，中国政治、经济和文化的特定环境分不开的。自从鸦片战争

以后，中华民族遭受西方列强的不断侵略，面临着瓜分豆剖的威胁，以至救亡图存，争取国家富强，成为中华民族的仁人志士为之奋斗的目标，也是贯穿中国近代历史的一条主线。近代宪法思想的产生与发展，同样也是以救亡图存作为动力的。从睁眼看世界，"师夷之长技以制夷"，到洋务派的"中体西用"，再到改良派的鼓吹宪政，是采西学，向西方学习在内容上的某种突破，也反映了清朝朝野上下为应付世变实行改革的认识的深化。

由于近代中国宪法思想的萌发，是和救亡图存联系在一起的，特定的国情决定了中国的宪法思想的内涵和目标与西方国家是不同的，是一种特殊的价值追求，它赢得了不同阶级阶层不同程度的支持。立宪救国论，一直影响中国半个多世纪之久。

19世纪60—70年代的中国，封建自然经济结构继续瓦解，由洋务派兴办的军用工业、民用工矿交通企业，和以官督商办、官商合办为形式的近代民用企业，对中国近代民族工业的兴起，起了触媒的作用。这个过程虽然缓慢，但由此而引起的社会结构的变化，为宪法思想的产生和发展，提供了物质基础。

中国近代宪法思想的萌发，又是和西学东渐以及洋务文化的发展相关联的。一批主张仿效西方国家，实行君民共主的激进的官僚士大夫，如王韬、薛福成、何启、胡礼垣、郑观应、马建忠、黄遵宪、郭嵩焘等，都是从洋务派营垒中分化出来的。中法战争以后，他们开始把关注的焦点集中在政体的改良上，因而与洋务派有所区别，被称为早期改良派。例如，王韬（1827—1897年）在1851年还用传统的封建专制政治的眼光，批评西方"君民同治"是"立法之大谬"。① 然而1867年以后，他游历了英、法、俄等国，对西方世界经济政治制度有所了解。至1883年转而热心于宣传议会制度，他在《变法》和《变法自强》二文中，明确提出了改革君主专制，实行君主立宪的议院制的变法要求，从而把学

---

① 王韬：《与周弢甫征君》，见《弢园尺牍》。

习西方先进的科学技术、发展民族资本主义工商业，同实行西方进步的民主政治制度结合起来。他把当时的西方国家分为"君主之国"、"民主之国"和"君民共主之国"三类，赞美君民共主之国，"上下相通，民隐得以上达，君惠得以下逮，都俞吁咈，犹有中国三代以上之遗意焉。"[1] 他认为中国贫弱之源就在于上下之情不能相通，所谓"揆其由来，即委穷原，参观互证，盖以为上下之情不能相通而已矣"。因此，"欲挽回而补救之，亦惟使上下之情有以相通而已矣。"[2]

曾经远涉重洋，考察过西方国家"风俗利病得失盛衰之由"的官商郑观应，在《盛世危言》自序中说："乃知其治乱之源，富强之本，不尽在船坚炮利，而在议院，上下同心，教养得法。"又说："议院兴而民志和，民气强"，有了议院，"昏暴之君无所施其虐，跋扈之臣无所擅其权，大小官司无所钟其贵，草野小民无所积其怨。"他批评讲洋务如果只限于模仿西洋器械，而不革新政治，是"遗其体而求其用"，达不到应有的效果。因此他提出："欲行公法，莫要于张国势；欲张国势，莫要于得民心；欲得民心，莫要于通下情；欲通下情，莫要于设议院。盖五大洲，有君主之国，有民主之国，有君民共主之国，君主者权偏于上，民主者权偏于下，君民共主者，权得其平。"他强调说：如果"中华而终自安卑弱，不欲富国强兵为天下之望国也，则亦已耳！苟欲安内攘外，君国之民持公法以永保太平之局，其必自设立议院始矣！"[3] 在这里，郑观应以议院为枢纽，进一步发挥了君民共主的思想内涵，并把民富与国强联结起来，成为他一生政治与经济的追求。与此相类似，陈炽不仅论证了"泰西议院之法，……合君民为一体，通上下为一心"，是"英美各邦所以强兵富国，纵横四海之根源也"。同时，还以美、法、英、日、俄等国为例，作为区分"君主"、"民主"、"君民共主"三种不

① 王韬：《弢园文录外编·重民下》。
② 王韬：《弢园文录外编·达民情》。
③ 郑观应：《议院》，见《盛世危言》卷一。

同类型的政体的典范。他认为君民共主是最理想的政体，可以"合众志以成城也"。即使"敌国外患纷至沓来，力竭势孤，莫能支柱，而人心不死，国步难移……能胜而不能败，能败而不能亡"。①

除此之外，陈虬也说："泰西富强之道，在有议院以通上下之情，而他皆所末。"② 马建忠在《上李伯相言出洋工课书》中，不仅阐述了"议院立而下情可达"，"各国吏治异同，或为君主，或为民主，或为君民之国"，而且还初步表述了资产阶级三权分立制度。他说西方国家"其定法、执法、审法之权分而任之，不责于一身，权不相侵，故其政事纲举目张，粲然可观……人人有自主之权，即人人有自爱之意"。③

出使英、法、意、比等国的薛福成，还介绍了西方国家实行的政党政治，他说："英国上下议院，有公、保两党，迭为进退，互相维制，……一出一入，循环无穷，而国政适以剂于平云。"④

改良派不仅主张设立议院，实行君民共主的政治制度，而且还初步设计了议院的组成及选举办法。陈虬主张"略仿周礼"，在"京都设议员三十六人，每部各六，不拘品级任官，公举练达公正者，国有大事，议定始行"；"县各设议院，大事集议而行。凡荐辟刑杀人皆先状其事实正之。"⑤ 汤震提出："以四品以上官组成上院，四品以下官组成下院，省府州县则以巨绅以至举贡秀监（即举人、贡生、秀才、监生——作者）参预地方应议的兴革之事。"⑥ 何启、胡礼垣从"官者办公事之人也"，"政者属众人之事也"的近代民主观点出发，在力主"开议院以布公平"的同时，强调"行选举以同好恶"。具体办法是"县、府、省各设议员六十人"，"县议员于秀才中选择其人，公举者平民主之"；

① 陈炽：《庸书》、《议院》。
② 陈虬：《上东抚张宫保书》，见《治平通议》卷六。
③ 马建忠：《适可斋纪言》卷二。
④ 薛福成：《出使日记》卷四。
⑤ 陈虬：《治平通议》变法一、变法二。
⑥ 汤震：《议院》，《危言》。

"府议员于举人中选择其人，公举者秀才主之"；"省议员于进士中选择其人，公举者举人举之"，各"以几年为期"。有关"地方之利弊，民情之好恶，皆借议员一以达于官"。在他们拟议的"公举法"中，议员虽"举自众人"，但也设定了资格限制，如，"年届三十，并有财产身家，善读书负名望者"；或"男子年二十以上，除喑、哑、盲、聋以及残疾者外，其人能读书明理者，即予以公举之权"，否则"不得出名保举议员"。①

总括上述，改良派关于设立议院，实行君民共主的思想，不仅是区别于洋务派的一个重要的标志，也是中国 19 世纪下半叶兴起的体现时代潮流的宪政新思潮。它的出现是和民族资本主义经济的发展和阶级构成的某种变化分不开的。特别是中法战争以后，清朝专制统治所造成的日益深重的国家灾难和民族危机，使得爱国的官僚士大夫把救亡图存的爱国热情与改革政治的理想联系起来。他们从振兴商务，求得国家富强；反对外来侵略，摆脱民族危机的立场出发，逐渐由仿效西方国家工业生产的技术层面，深入到改革中国专制政体，实行君主立宪的政治层面。如同马克思主义的经典著作中所说："人们的观念、观点和概念，一句话，人们的意识，随着人们的生活条件，人们的社会关系、人们的社会存在的改变而改变。"②

除此之外，改良主义的新思潮，还"具有由它的先驱者传给它，而它便由以出发的特定的思想资料作为前提"③ 的。改良派们一者受到中国传统文化的熏陶，接受了传统文化中的精华——重民的理念，明确表述了"天下之治，以民为先"，④ "天生民而立君，君者，群也，所以为民也。"⑤ 再者传承了明末清初启蒙思想家黄宗羲等抨击专制主义的传

① 何启、胡礼垣：《新政论议》，见《新政真诠》二编。
② 《共产党宣言》，见《马克思恩格斯选集》第 1 卷，第 270 页。
③ 《恩格斯致康·施米特》，见《马克思恩格斯选集》第 4 卷，第 485 页。
④ 王韬：《弢园文录外编·重民中》。
⑤ 陈炽：《格致书院课艺》。

统，并把对专制主义的批判，与民为邦本的思想联系起来，指出："三代以上，君与民近而世治；三代以下，君与民日远而治道遂不古若。"①至于专制制度下的官僚，更是以"殃民"、"剥民"为能事，真正"卫民"、"为民"者，千百中不过一二而已。如同何启、胡礼垣所说："今之为官者，于利民之事决不为，于害民之事决不肯阻。"② 三者发扬了林则徐睁眼看世界，和魏源对"西土桃花源"的探索精神。由于他们经历了鸦片战争以后，更为复杂尖锐的矛盾和斗争，涉及的西方文化领域更宽广，占有的资料更丰富，因而使他们有可能提出君民共主的方案。以"通上下之情"来调整君、官、民三者间的关系，做到"上下一心，君民同体"，③"合一国之心以共治"。④ 实质上是对传统的政治权力进行某种再分配。由此可见，改良派君民共主的主张，是中国传统政治文化与西方政治文化初步融合的产物。

然而改良派既没有形成系统的观点，更没有付诸政治实践的勇气和魄力，他们虽然对运用西方议会制度来改造中国充满信心，但总的认识是肤浅的、朦胧的、有些甚至是错误的。譬如，在他们设计的政体方案中，议院主要是"通下情"的类似中国封建社会职司谏议的机构，如郑观应所说："欲张国势，莫要于得民心；欲得民心，莫要于通下情；欲通下情，莫要于设议院。"⑤ 马建忠也提出，"议院立而下情可达。"⑥ 还有人认为议院、选举，中国"古已有之"；甚至提出以清朝专制政府的中枢政要机关军机处主持上院，以最高监察机关都察院主持下院。可见，在他们的思想和方案中，议院并没有如近代西方国家中议会作为主权载体的至高地位。这种议院既不能行使国家最高权力，也无从与君主

① 王韬：《弢园文录外编》卷一，第22页。
② 何启、胡礼垣：《新政论议》，见《新政真诠》二编。
③ 郑观应：《盛世危言·议院》。
④ 王韬：《弢园文录外编·重民中》。
⑤ 郑观应：《盛世危言·议院》。
⑥ 马建忠：《适可斋纪言》卷二。

分享最高权力，君主专权仍然具有合法性。他们所提倡的君民共主，不过是一切取自上裁的君主立宪制而已，期望在这个政体下，为地主士绅和资产阶级上层争取一点参政权，开创一个圣君贤相的政治局面。

如前所述，近代中国的立宪改制思想总是与富国强兵的理想目标紧密联系着的，思想家设计的救国方案的重心放在政体的建构上，而对于人民的权利则缺乏应有的关注。这在奉行"以权利约束权力"的西方宪政主义者看来，无疑是一种本末倒置的思路。这种与富国强兵目标相勾连的宪政建设思路是近代中国特定国情所决定的，而与西方的宪政模式貌合神离。

第二章
君主立宪方案的一次实践
——戊戌变法

一、维新思潮及其代表人物

1. 中日甲午战争后维新思潮的兴起

1894 年至 1895 年中日战争中，中国的失败宣告了洋务派经营三十多年的洋务新政的失败。日本侵略者强迫清政府签订了不平等的《马关条约》，不仅割让台湾全岛和所有的附属岛屿以及澎湖列岛、赔款白银二万万两，而且获准在华投资开办厂矿的权利，为其资本输出打开了通道。与此同时，资本主义列强除继续扩大对华输出商品外，都加强了对华的资本输出，它们通过投资直接在中国兴建工矿、铁路，加紧了对中国的经济掠夺。此外，还利用清政府向西方国家进行贷款和允许在华设立外国银行之机，进一步控制了中国的金融命脉。

随着世界资本主义走向垄断阶段，帝国主义列强展开了争夺殖民地和划分势力范围的竞争。光绪二十三年（1897 年），德国强占胶州湾，俄国强占旅顺大连，大片国土迭遭损失，中华民族面临着严重的政治危机和深刻的经济危机，从而加剧了中华民族与帝国主义之间的矛盾。而清政府为了偿付赔款和外债本息，大肆搜刮民财，又加深了广大民众和封建统治势力之间的矛盾。沉重的丧权辱国之痛，严峻的民族危机，强烈地震撼着整个社会，促进了中华民族的觉醒，救亡图存、变法自强的呼声，成了时代的最强音。梁启超曾经指出："唤起吾国四千年之大梦，实自甲午一役始也，……吾国则一经庚申圆明之变，再经甲申马江之变，而十八行省之民，犹不知痛痒，未尝稍改其顽固嚣张之习，直待台湾既割，二百兆之偿款既输，而鼾睡之声乃渐惊起。"① 又说："自甲午东事败后，朝野乃知旧法之不足恃，于是言变法者乃纷纷。……强学会、时务报大呼于天下，天下人士咸知变法，风气大开矣。"②

如果说早期改良派已经认识到欲谋国家富强，仅凭学习西洋"船坚炮利"的技术文明是不够的，更重要的是借鉴西方"能通上下之情"的君民共主制度，进行改革。尽管他们的呼声是发自少数人的，还停留在文字上的呐喊，但是他们对于西方国家政治制度的公开赞美，以及改变成法的诉求，在某种程度上冲击了"敬天法祖"的训条，触及了传统的专制主义的政治制度，对于生活在窒息状态下的民众起着启蒙的作用。那么至 19 世纪末，随着国情的进一步恶化，以康有为、梁启超、严复、谭嗣同等人为代表的维新派，为了挽救民族的危亡，反对洋务派变道不变器的中体西用，把救亡、变法、维新联系起来，进行了一次富有历史意义的政治改革。特别是通过创办学会、学堂、报馆、书局，在更广阔的范围掀起了以设议院、开国会、定宪法为核心内容的新思潮。百日维新虽然是短命的，但却是 19 世纪 70 年代以来追求君主立宪的一次实践，这是维新派与早期改良派的主要区别。至于康有为提出的建立以宪法为基石的法律体系的主张，无疑是中国近代宪法史上值得大书的一笔。

———————————————

① 梁启超：《戊戌政变记》，见《饮冰室合集》专集之一，中华书局 1989 年版，第 113 页。
② 同上书，第 22 页。

2. 维新派的主要代表人物

维新派作为一个爱国的变法图强的知识群体，其代表人物，首先是康有为（1858—1927 年）。他幼年接受系统的封建正统教育，这为他日后进行托古改制提供了重要的文化基础。此外，他还受到其师朱次琦"济人经世"思想的影响，"以经营天下为志"，[①] 以今文经学所提倡的"变"，作为推动变法维新的指导原则。他撰写的《新学伪经考》、《孔子改制考》，既是"变"的思想产物，也是"变"的舆论准备，他还通过"三世"说，论证了立宪改制的历史必然性。稍后，康有为因赴京途中取道香港、上海，见"西人治国有法度"，深为赞叹，于是悉购《海国图志》、《瀛环志略》及江南制造局所译西书研读，积极向西方寻求救国的真理。在当时来说，康有为称得上是博采中西学而又折中中西学的思想家。正因为如此，他的思想立论往往带有不中不西、亦中亦西的特点。

光绪十年（1884 年），中法战争中中国的失败，使康有为痛感"国势危蹙，祖陵奇变"，[②] 遂以布衣身份写了震惊朝野的《上清帝第一书》。书中提出"变法求治，广开言路，慎选左右"的挽救危亡之策，强调"变法则治，可立而待也"。《上清帝第一书》初步触及专制体制问题，他说："今天下非不稍变旧法也，洋差、商局、学堂之设，开矿公司之事，电线、机器、轮船、铁舰之用，不睹其利，反以蔽奸。夫泰西行之而富强，中国行之而奸蠹，何哉？上体太尊而下情不达故也。"因此，除弊之法，就是"霁威严之尊，去堂陛之隔，使臣下人人得尽其言于前，天下人人得献其才于上"。[③] 可见通下情，改变上下隔绝的专制政体，是康有为思想中的一个亮点。但是《上清帝第一书》侧重于救亡、变法，而不在于立宪改制。如同梁启超所说：第一书"极陈外国相

---

① 《康南海自编年谱》。
② 康有为：《上清帝第一书》，见《戊戌变法》第 2 册。
③ 同上。

逼，中国危险之状，并发俄人蚕食东方之阴谋，称道日本变法致强之故事，请整革积弊，修明内政，取法泰西，实行改革。"① 第一次上清帝书虽然慷慨陈词，却被转递的大臣截留，未能上达。康有为也因此被顽固的主考官斥以"如此狂生不可中"，遭到落选。但是，一个没有官职的普通士人即所谓"布衣"，敢于直叩紫禁城的大门，倡言变法，确使"京师哗然"。特别是在进步的知识界和爱国人士中引起了轩然大波。"伏阙上书"不仅标志着改良主义从思想酝酿到实际行动的开始，也显示了康有为日后政治活动的基本途径。

　　光绪二十一年（1895 年）三月，康有为和他的弟子梁启超一起到北京参加会试。四月，中日战争中战败的清政府被迫签订《马关条约》，消息传来，朝野震惊，群情悲愤。在反对签约的爱国主义浪潮的推动下，康有为写了洋洋洒洒的万言书，联合十八省进京会试的举人，进行请愿，这就是著名的"公车上书"。书中以下诏罪己，迁都抗战，练兵强势，变法维新为纲要，涉及法度、官制、学校、兵、农、工、商等各方面，而以变法为"立国自强"的根本大计。这次上书仍然未能上达清帝，但在中国近代史上却留下了"公车上书"的美誉。从这时起，改良主义的思潮逐渐推向全国，并向着政治运动演化。"公车上书"第二天，康有为考中进士，授工部主事。此后，康有为又五次上书，在《上清帝第六书》中，他提出："大誓群臣以革旧维新"、"开制度局于宫中，将一切政事制度重新商定"、"设待诏所许天下人上书"等主张，颇受光绪皇帝的赞赏，得到召见，并特命康有为在总理衙门章京上行走，许统筹全局，专折奏事。在清帝及一些开明大臣的支持下，康有为等人以设议院、开国会、定宪法、实行三权分立为改造旧制度的支撑点，推行以强国为目标的变法维新运动——戊戌变法。然而不到百日，维新运动就被以慈禧太后为首的顽固集团所扼杀，光绪皇帝被囚禁，康有为逃亡日本，戊戌变法宣告失败。

---

① 梁启超：《戊戌政变记》，见《饮冰室合集》专集之一，第 1 页。

康有为晚年依然坚持君主立宪适合于中国的国情，是救国、强国的惟一出路，因而成为保皇党魁。在保皇会改名为国民宪政会的简要章程中，康有为大谈政党权利，其第九条规定："各宪政国，不论君主民主，其通行之例，一国大政，俱归政党执权，其党多得政者，所有行政职事，俱为本党人所允，不入本党者，不得享受。凡一切铁路、矿山、银行、工厂开辟大利，俱给本党人承受。就美国而论，……政党之权利之大而且专，实为可骇。"由此，他筹组国民宪政党，实行政党专权、图谋大权利。他说："今中国尚无政党，吾党实为之先。……则吾党众愈大，将来所得之权利，不可思议。"[①] 可见，康有为晚年的政治目标已由救亡图存、富国强兵的公利益，转向谋求一党的私利益。他为之奋斗的君宪救国的理想和实践，已经临近终结了。

综观康有为在追求变法维新的过程中，虽然以西方的立宪政体和宪法作为维新政治的范式，但是由于缺乏深入的探究和考察，他的认识还停留在非常肤浅的水平，只是他提出的务使西方宪政与中国传统文化相契合的观点，在当时是一个值得人们思索的问题。

康有为著有《新学伪经考》、《孔子改制考》、《戊戌奏稿》、《大同书》、《康南海先生诗集》等。

师从康有为的梁启超（1873—1927年），在康有为的启导下开始接触西学。他是"公车上书"的发动者和参加者，同时又是中国19世纪末著名的宣传变法维新的理论家，时人并称康梁。

1896年曾任《时务报》主笔，发表了《变法通议》等倡导变法维新的政论文章，产生了广泛的社会影响。1898年，钦赐六品衔，负责办理译书局事务。戊戌政变以后流亡日本，主办《清议报》、《新民丛报》，继续阐发君主立宪的思想，还亲赴美洲各地发展保皇势力。辛亥革命以后，在立宪党的基础上组织进步党，1916年曾策动蔡锷组织护国军，反对袁世凯复辟帝制。此后长期从事学术研究，著有《饮冰室合集》。

---

① 《康有为政论集》上册，中华书局1981年版，第603页。

梁启超是批判专制政体的思想家，又是君主立宪制的倡行者。他认为"专制政体者，实数千年来破家亡国之总根源也"，① 必须予以废除。为了实行君主立宪制，首要的应该建立议院作为强国之道。他在戊戌变法前（1896年）撰写的《古议院考》中，便倡言"强国以议院为本"；"问泰西各国何以强？曰：议院哉！议院哉。"他认为议院之所以为强国之道，就在于"君权与民权合，则情易通。议法与行法分，则事易就"。②

次要的必须制定宪法，以确定君、官、民的权限，使之共同遵守，以保证君主立宪制的实施。他说："宪法者何物也，立万世不易之宪典，而一国之人，无论为君主为官吏为人民皆共守之者也。为国家一切法度之根源，此后无论出何令、更何法，万变而不许离其宗者也。"又说："各国宪法，既明君与官之权限，而又必明民之权限者何也？民权者，所以拥护宪法而不使败坏者也。"③

再者要实行三权分立。梁启超对创立这一理论的孟德斯鸠极为推崇，说："自1778年美国独立，建新政体，置大统领及国务大臣，以任行政；置上下两议院，以任立法；置独立法院，以任司法；三者各行其权，不相侵压，于是三权鼎立之制，遂遍于世界。今所号称文明国者，其国家枢机之组织，或小有异同，然皆不离三权范围之意，政术进步，而内乱几乎息矣，造此福者谁乎，孟德斯鸠也。"又说："然居其职者，往往越职，此亦人之常情，而古今之通弊也。故设官分职，各司其事，必使互相牵制，不至互相侵越。于是孟氏遂创为三权分立之说，曰立法权，曰行法权，曰司法权，均宜分立，不能相混，此孟氏所创也。"④

此外，梁启超还以天赋人权学说为理论指导，提倡兴民权，视民权为"天予人之权"。他说："故言爱国，必自兴民权始"、"民权兴则国权

---

① 梁启超：《论专制政体有百害於君主而无一利》，见《饮冰室合集》文集之九，第90页。
② 梁启超：《古议院考》，见《饮冰室合集》文集之一，第94页。
③ 梁启超：《立宪法议》，见《饮冰室合集》文集之五，第1、2页。
④ 梁启超：《法理学大家孟德斯鸠之学说》，见《饮冰室合集》文集之十三，第18—24页。

立，民权灭则国权亡。"① 他还从世界的发展"悉惟民之从"的趋势中
论证了"君政民政相嬗之理"，指出："吾中国亦未必能独立而不变。"②
然而梁启超笔下的"民"是有着特定对象的，他曾明确表示："各国改
革之业，其主动力者恒在中等社会"，"中等社会者何？则宦而未达者，
学而未仕者，商而致小康者皆是已。"③ 这就为他提倡的民权的阶级内
容作出了注脚。这种民权观逻辑发展的结果，必然是由"抑君权，兴民
权"，流为"兴绅权，开民智"，如他所说："欲兴民权，宜先兴绅权，
欲兴绅权，宜以学会为之起点。"④ 由此可见，梁启超提倡的民权是脱
离广大的人民群众的，实际是为地主阶级中的不当权派和资产阶级上层
向封建统治势力要求一定的政治地位。他所创办的各种学会，不过是为
他们提供一个宣传变法争取参政权的平台而已。梁启超曾自认，他对民
权只能是"微行其绪，未敢昌言"，并且极力辩解民权和民主不同，说
中国"民智未开"，只能实行英、日等有君主的民权国家，不能实行美、
法等取消"君主"的民主国家。他在《康有为传》中，借阐明康有为是
怎样由"抑君权，兴民权"，最后又落脚到维护君权，进一步表述了自
己的思想。他说："中国倡民权者以先生为首，然其言实施政策，则注
重君权，以为中国积数千年之习惯，且民智未开，骤予以权，固自不
易，……故先生之议，谓当以君主之法，行民权之意，若夫民主制度，
则期期以为不可。"⑤

　　维新派中曾经在英国留学的严复（1854—1921 年），是 19 世纪末将
西方资产阶级政治经济学说和制度文明，系统地介绍到中国的第一人，
起到了重要的启蒙作用。

　　甲午战争以后，他痛感民族危机严重，指出："中国之积弱，至今

---

① 梁启超：《爱国论》，见《饮冰室合集》文集之三，第 73 页。
② 梁启超：《论君政民政相嬗之理》，见《饮冰室合集》文集之二，第 10 页。
③ 梁启超：《雅典小史》，见《饮冰室合集》专集之十六，第 8 页。
④ 梁启超：《爱国论》，见《饮冰室合集》文集之三，第 43 页。
⑤ 《康有为传》，见《戊戌变法》第 4 册，第 34 页。

日已极矣。"为此，著文呼吁变法图强，强调天下"无百年不变之法，否则难以适应富国强兵的需要。"① 他运用西方启蒙思想家的理论为武器，抨击封建专制制度，认为西方各国之所以富强，就在于以"自由为体，民主为用"。由于他曾经留学英国，切身经历使他形成了英国的君主立宪制是最理想的国家制度的观念，期望把中国改造成英国式的君主立宪国家。他对议院的作用充满了信心和幻想，说："设议院于京师，而令天下郡县各公举其守宰，是道也，欲民之忠爱必由此，欲教化之兴必由此，欲地利之尽必由此，欲道里之辟、商务之兴必由此，欲民各束身自好、而争濯磨于善必由此。呜呼，圣人复起，不易吾言矣。"②

严复不仅提倡天赋人权，尤其强调保护天赋予人的自由权。他说："民之自繇，天之所畀也。"③ 正是由于人的自由权利是天赋予的，所以西方各国重视保护自由人权，即使是一国之君也无权侵犯人的自由。他认为自由、民主、法治、人权是构成西方宪法的不可分割的部分。所以"立宪者，立法者"都是为了使民众得到"据此与君主为争之法典"，"非立所以治民之刑法也。"④ 凭借这种资产阶级民主主义的政治观点，严复批判了中国两千多年的封建专制主义政体，谴责自秦以来的帝王都是窃国于民的"大盗"，痛陈只有"与民共治"才是中国富强之原。须要指出，由于严复主张"权生于智"，所以在他的民权理论中没有文化的劳动者是"不足以自治也"。⑤

严复也主张实行三权分立之制，视为采用西法的重要内容。他说，英国的立宪制，何以"久行不敝"，"上下相安"，其秘密就在于采用了洛克、孟德斯鸠的分权学说，因此，热切希望（国人）仔细研究这种学说。至于如何实行三权分立，首先是立法与行政分离。他以西方国家为

---

① 严复：《上今皇帝万言书》，见《戊戌变法》第 2 册，第 311—329 页。
② 《侯官严氏丛刻》，见《戊戌变法》第 3 册。
③ 《辟韩》，见《严几道诗文钞》卷三。
④ 《严复集》第 5 册，第 1284 页。
⑤ 《辟韩》，见《严几道诗文钞》卷三。

例，说明"立宪之国，最重造律之权，有所变更创垂，必经数十百人之详议，议定而后呈之国王，而准驳之，此其法之所以无苟且，而下令常如流水之原也。"① 其次是司法机关应与行政机关分离，独立地进行审判。他指出："所谓三权分立，而刑权之法庭无上者，法官裁判曲直时，非国中他权所得侵害而已。然刑权所有事者，论断曲直，其罪于国家法典所当何科，如是而止。"②

严复还号召学习西方近代的自然科学和社会科学，反对旧学以排除变法维新的阻力。他认为欲求中国之富强，应该标本并治，所谓"本"就是民智、民力、民德，"果使民智日开，民力日奋，民德日和，则上虽不治其标，而标将自立。"③ 可见，他所看重的是个人自由的价值和民族的活力，这是他从进化论和社会有机体学说中得出的结论。如果说戊戌变法期间，康有为致力于制度建设，积极引进西方的君主立宪制度；而严复则致力于思想文化建设，积极地提倡和介绍西学，号召通过办教育来开民智、新民德，借以发挥民力。西方富强的深厚基础就在于"自由为体，民主为用"的制度，有利于释放民力，培养民德，维护民权。

由于严复只注重思想文化建设，忽视了制度改革在当时所具有的决定性意义，导致他未能积极参加维新政治运动。正是对制度改革的认识不足，他竟然提出在"宗法而兼军国"的中国社会，君主专制是不可避免的。严复后期之堕落为袁世凯帝制呐喊的筹安会成员，是和这种认识分不开的。随着他在政治上、思想上日益背离反专制、求自由、讲人权的主流，逐渐被迅速发展的形势所淘汰。但是，他在戊戌变法前后，通过译书著文进行的理论宣传，起了积极的启蒙作用，鲁迅说他自己青年时代，"一有闲空，就照例地吃侉饼、花生米、辣椒，看《天演论》"，④可见其影响之深广。

---

① 严复译：《法意》第 26 章案语。
② 严复译：《法意》第 22 章案语。
③ 《严复集》第 1 册，第 14 页。
④ 《朝花夕拾·琐记》。

在维新派中最为激进的是谭嗣同（1865—1898 年）。甲午战后，《马关条约》的签订，使他"割心沉痛"，深感国家被"瓜分豆剖"的危机已迫在眉睫。他痛斥顽固的统治者为"私其智其富其强其生于一己"，而拒绝改革，致使整个国家如同"黑暗地狱，直无一法一政，足备记录。"① 为此，大声疾呼"时局之危，有危于此时者乎？图治之急，有急于此时者乎？"② 他冲出了封建官僚家庭的羁绊，积极投身于变法维新运动，以四品衔军机章京身份参与戊戌变法。政变发生后，他以气吞云天的诗句"我自横刀向天笑"慷慨就义。

谭嗣同提出的"器既变，道安得独不变"的观点，作为他从事变法维新的哲学基础。还在《仁学》一书中，运用仁—通的规律，勇敢地提出了在思想上冲决封建网罗的口号，激烈地抨击封建的纲常名教、专制制度、宗法道德，特别指出男女平权为民权的内容之一，"男女同为天下之菁英，同有无量之盛德大业，平等相均。"③ 但是谭嗣同的民权主张，也是以绅权作为实际内容的，认为"即不能兴民权，亦当界绅耆议事之权"④，即允许地方绅士参与国事。"夫苟有绅权，即不必有议院之名，已有议院之实矣。"⑤

二、戊戌变法与君主立宪的蓝图

1. 以进化论的观点阐明变法维新的必然性

早在鸦片战争前后，地主阶级改革派便根据传统的进化的历史观，

---

① 《致汪康年书二》，见《谭嗣同全集》卷一。
② 《壮飞楼治事篇第十·湘粤》，见《谭嗣同全集》卷一。
③ 谭嗣同：《仁学》。
④ 《谭嗣同书简》卷一。
⑤ 同上。

论证了改制更法的历史必然性。例如，龚自珍便认为自然界的一切事物都处在变化之中，"一匏三变，一枣三变，一枣核亦三变。"[①] 人类社会，也同样是处于不断的变易状态，"自古及今，法无不改，势无不积，事例无不变迁，风气无不移易。"[②] 由于龚自珍研读春秋公羊之学，他从"据乱世、升平世、太平世"的三世说中，引出三等之世的历史发展阶段论，即治世、乱世和衰世。变易的世界观和进化的历史观，构成了他所主张的社会改革理论的哲学基础。由此出发，他反对清朝统治者"拘一祖之法"、"率由旧章"等陈腐迂见，尖锐地指出："一祖之法无不敝，千夫之议无不靡，与其赠来者以劲改革，孰若自改革？"[③]

　　与龚自珍同时代的魏源也认为社会是在不断地变化进步，后世之事，胜于三代，今又胜于古。基于这种认识，他提出了"小更革则小效，大更革则大效"，[④] "变古愈尽，便民愈甚"[⑤] 的重要观点，显示了他的变革思想比起龚自珍更为强烈，也更接触到社会的实际问题。不仅如此，魏源还列举了中国历史上许多典章制度、律例法令无不随时势而改变为例，来证明法律是不断变化发展的，从来没有万世不易之法。譬如："封建"变而为郡县，乡举里选变而为门望，门望变而为考试，肉刑为治变而为废除肉刑等。这种变化是朝着文明的方向运行的，汉文帝废肉刑，就较之古代进步，所谓"三代酷而后世仁也。"既然"天下无数百年不弊之法，无穷极不变之法，无不除弊而能兴利之法，无不易简而能变通之法"，[⑥] 那么，作为当政者就不能固执于成法陈规，而应因时制变，"三王"犹能"不沿乐"，"五帝"尚且"不袭礼"，何况在海禁已开的 20 世纪中叶的清朝如果还拘泥古法，讲什么肉刑以治，那就不

---

① 《壬癸之际胎观第五》，见《龚自珍全集》。
② 《上大学士书》，见《龚自珍全集》。
③ 《乙丙之际著议第七》，见《龚自珍全集》。
④ 《御书即心石屋诗文叙录》，见《魏源集》上册。
⑤ 《默觚下·治篇五》，见《魏源集》上册。
⑥ 《筹鹾篇》，见《魏源集》下册。

只是"大愚",而且是"大戾"。魏源的结论就是"善治民者不泥法","守陈案者不可与言律"。①

需要指出:龚自珍、魏源生活的时代仍然是一个专制主义严酷统治的保守时代,统治者坚持奉行"率由旧章",反对任何改革。道光时期,牛鉴致璞鼎查照会中说:"今上皇帝圣神文武,事事敬天法祖,岂于今而忽改旧章?"②尽管如此,从统治阶级内部还是发出了改制更法的呐喊,虽然微弱,但却说明了历史潮流的发展,已不可避免地把清朝的改制更法推上时代的舞台。

鸦片战争后,经历半个世纪的沧桑巨变,通过变法维新挽救民族危机,实现救亡图存、富国强兵,已经成为相当广泛的群众性要求,其中以维新派为代表。

维新派传承了中国传统的进化的历史观,又吸纳了西方的庸俗进化论,用作反对封建正统的"天不变道亦不变"的武器。

康有为不仅奉行公羊"三世说",提出"乱世之后进以升平,升平之后进以太平,愈改而愈进也。"③同时还把"三世说"与《礼运》中所描述的"小康"、"大同"的发展阶段联系起来,用以说明它是社会发展的必由之路。而与"三世"相适应的政治体制则是君主、君民共主和民主三种形态。康有为以三世说为理论基础,论证变法、改制是循着历史发展规律的必然,是不可阻挡的。梁启超说:"三世者,谓据乱世、升平世、太平世,愈改而愈进也。有为政治上变法维新之主张,实本于此。"④

根据康有为的判断,当时的中国正处于由据乱世向升平世转变的时期。他提出的变法维新,目的就是为了赶上西方各国而进入升平世,然后再创造条件,向无苦极乐的太平世即"大同"世界过渡。他在《上清

① 《默觚下·治篇五》,见《魏源集》上册。
② 《中国近代史资料丛刊》,见《鸦片战争》第 5 册。
③ 《孔子改制考》卷九。
④ 梁启超:《清代学术概论》,见《饮冰室合集》专集之三十四,第 57 页。

帝第一书》中说："夫治国之有法，犹治病之有方也，病变则方亦变。
若病已变而仍用旧方，可以增疾。时既变而仍用旧法，可以危国。……
故当今世而主守旧法者，不独不通古今之治法，亦失列圣治世之意也。"
在《上清帝第二书》中进一步论证了变法的必然性和紧迫性。他说：
"物久则废，器久则坏，法久则弊"，"若谓祖宗之法不可变，则我世祖
章皇帝何尝不变太宗文皇帝之法哉？若使仍以八贝勒旧法为治，则我圣
清岂能久安长治乎？不变法而割祖宗之疆土，驯至于亡，与变法而光宗
庙之威灵，可以大强，孰轻孰重，孰得孰失，必能辨之者。……窃为皇
上筹自强之策，计万世之安，非变通旧法，无以为治。"何况"方今当
数十国之觊觎，值四千年之变局，盛暑已至而不释重裘，病症已变而仍
用旧方，当以开创之势治天下，不当以守成之势治天下。当以列国并立
之势治天下，不当以一统垂裳之势治天下。……窃为皇上筹自强之策，
计万世之安，非变通旧法，无以为治。变之之法，富国为先。"为此，
他提出了富强之法六项：钞法、铁路、机器轮舟、开矿、铸银、邮政。
养民之法四项：务农、劝工、惠商、恤寡。①

　　在《上清帝第四书》中，康有为从制度和思想两方面分析了西方诸
国强盛的原因，首次提出了"设议院以通下情"的问题，并且愤懑地抨
击了阻挠变法的顽固势力。他说："然今左右贵臣，率以资格致大位，
多以安静为良图。或年已耆耄，精神渐短，畏言兴革，多事阻挠，必谓
天泽当严，官制难改，求言求才，徒增干进之士，开院集议，有损君上
之权"，以致"上尊下媚，中塞外侮，谋略不能用，逆耳不能入，以此
而求自强，犹之楚而北行，其道背矣"。

　　在《上清帝第五书》中，康有为继续对顽固守旧势力进行抨击，指
出同那些"蔽于耳目，狃于旧说，以同自证，以习自安"的官僚们，
"语新法之可以兴利，则瞋目而诘难。语变政之可以自强，则掩耳而走
避。……无一事能究其本源，无一法能究其利弊，既聋从昧，国皆失

---

① 《上清帝第二书》，见《戊戌变法》第 1 册。

目。"他提出了"择法俄日以定国是","大集群才而谋变政","听任疆臣各自变法",认为:"凡此三策,能行其上,则可以强,能行其中,则犹可以弱,仅行其下,则不至于尽亡,惟皇上择而行之。"

在《上清帝第六书》中,康有为论证了所谓祖宗之法,其实"皆汉唐元明之弊政,何尝为祖宗之法度哉?又皆为胥吏舞文作弊之巢穴,何尝有丝毫祖宗之初意哉?"① 他强调:"法既积久,弊必丛生,故无百年不变之法","圣人之为治法也,随时而立义,时移而法亦移矣。"② 既然变法维新是历史的必然,因此必须全变,不能小变,"观万国之势,能变则存,不变则亡,全变则强,小变仍亡。"③ 为了证明"能变则存,不变则亡",康有为、梁启超分别举出突厥、波兰、印度等国被瓜分的历史为例,指出它们的悲剧就在于"政事不修"、"守旧不变"。何况甲午战争后的中国,犹如"一羊处群虎之间","国势之危险至今日极矣"。在这样的形势下,"非变法万无可以图存之理"。

在《上清帝第七书》中,康有为建议皇帝效法俄国以君权变法,他说:"皇上忧劳社稷,亟筹自强,量势审时,必有取法,将笃守祖宗之旧法耶?则大地忽通,数十强国环迫,皆祖宗所未遇,必不能执旧方以医变症也。将近采汉、唐、宋、明之法度耶?则接邻诸国文学极盛,迥非匈奴、突厥、契丹犷野之风,又汉、唐、宋、明所未有也。将上法唐、虞、三代之治,道德纯备矣,而时势少异,或虑有一二迂阔而远于事情者。职窃考之地球,富乐莫如美,而民主之制与中国不同。强盛莫如英、德,而君民共主之制,仍与中国少异。为俄国其君权最尊,体制崇严,与中国同。……故中国变法莫如法俄,以君权变法,莫如采法彼得。"④

综括上述,贯穿"忧时七上皇帝书"的基本点就是变法。为此,康

---

① 《上清帝第六书》,见《戊戌变法》第2册。
② 《日本书目志序》,见《康南海文集》第5册。
③ 《上清帝第六书》,见《戊戌变法》第2册。
④ 《上清帝第七书》,见《戊戌变法》第2册。

有为揭露了清朝的积弊，阐明了世界的大势，介绍了西方变法富强的经验，提出了变法的内容和步骤。在当时说来，无疑是反映了时代的要求和进步的潮流所向，给予朝野上下以强烈的震撼。

作为康有为的弟子梁启超，深受乃师变法思想的影响，康有为的"三世"说和《孔子改制考》是梁启超变法思想的重要渊源。如同《康南海自编年谱》中所说："光绪十六年……八月梁启超来学。……吾乃告之以孔子改制之义。……既而告以尧舜三代之文明，皆孔子所托。……又告以大地界中三世，后此大同之世，复有三统。"①

除此之外，亡国灭种的实际威胁，以及通览世界诸国如印度、土耳其、波兰、越南、朝鲜的亡国史鉴，都强烈地激发了一个青年爱国者的变法思想。梁启超运用自然进化论和社会进化论作为理论武器，论证了自然与社会的不断发展变化是"天之道"、"古今之公理也"。他在《变法通议》一文中，一方面阐明了："大地既通，万国蒸蒸，日趋于上，大势相迫，非可阏制，变亦变，不变亦变"的历史发展潮流。指出，"今夫立法以治天下，则亦若是矣。法行十年，或数十年，或百年而必敝，敝而必更求变，天之道也。"另一方面强调主动变法的重要性，他说："变而变者，变之权操诸己，可以保国，可以保种，可以保教。不变而变者，变之权让诸人，束缚之，驰骤之。呜呼，则非吾之所敢言矣。"② 他批评反对变法的顽固派不懂得"开新者兴，守旧者灭，开新者强，守旧者弱，天道然也，人道然也"③ 的道理，是"一食而求永饱"，"一劳而求永逸"的"误人家国之言"。④

由于梁启超的变法思想生成于当时中国的特定国情，因而有着鲜明的针对性，是以制度变革为主要内容的。这既是对洋务派稍变成法、学习西法以及早期改良派政论思想的批判总结，也触及了清朝腐朽统治、

① 《康南海自编年谱》，见《戊戌变法》第 4 册，上海人民出版社 1957 年版，第 123 页。
② 梁启超：《变法通议》，见《饮冰室合集》文集之一，第 8 页。
③ 梁启超：《经世文新编序》，见《饮冰室合集》文集之二，第 46 页。
④ 梁启超：《饮冰室合集》文集之一，第 8 页。

丧权辱国的要害。他对于专制政治的抨击和对西方议院与三权分立制度的赞美，都是紧紧围绕着改革旧制度的。

在维新派中，严复是西方进化论的皈依者和宣传者。他通过翻译赫胥黎的《天演论》，介绍了达尔文的进化论，并从"物竞天择，适者生存"的认识出发，陈述了变法维新的必然性与紧迫性。他说："物竞者，物争自存也；天择者，愚者常为智役，……将不数传而其种尽矣。"①"如今日中国不变法，则必亡是也，……早一日变计，早一日转机，若尚因循，行将无及。"②

2. 以议会制度改造专制主义，为制定宪法提供前提条件

19 世纪 70 年代以后，早期改良派在论著和言论中公开推崇西方资本主义国家的议院制度，从而与洋务派划清了界限。戊戌变法期间，以康有为为首的维新派力图以议会制度改造专制主义，为制定宪法提供前提条件，因而不仅正式向光绪皇帝提出设议院的建议，而且纳入变法维新的实际运作中去，从而又显示了与早期改良派的区别。

康有为认为中国之所以积贫积弱，主要原因就是君权太尊，下情不能上达，君民不能合为一体。想要使国家富强，就必须改革专制政体，实行君主立宪制度。

1895 年 2 月，康有为在轰动中外的《公车上书》中，虽然还没有明确提出以设议院、定宪法来改造专制政体，但是却建议皇帝设议院以通下情。他说："夫中国大病，首在壅塞……上有德意而不宣，下有呼号而莫达。同此兴作，并为至法，外夷行之而致效，中国行之而益弊，皆上下隔塞，民情不通所致也。"为此，他恳请皇帝"特诏颁行海内士民，令士民公举博古今、通中外、明政体、方正直言之士，略分府县，约十万户而举一人，不论已仕未仕，皆得充选……名曰议郎……以备顾问，

---

① 严复：《原强》。
② 严复：《救亡决论》。

并准其随时请对,上驳诏书,下达民词,凡内外兴革大政,筹饷事宜,皆令会议于太和门,三占从二,下部施行。"① 他认为这样就可以"上广皇上之圣聪……下合天下之心志,……君民同体……休戚与共。以之筹饷,何饷不筹? 以之练兵,何兵不练? 合四万万人之心以为心,天下莫强焉!"②

以"迁都练兵,变通新法,以塞和款而拒外夷,保疆土而延国命"为主旨的《公车上书》,把19世纪70年代以来早期改良派掀起的关于君民共主的思潮具体化了,开始转变为政治运动的重要起点。在严禁士人干政,死水一潭的清朝统治下,《公车上书》确如惊雷骇电,起了振聋发聩的作用。

1895年6月30日,康有为在《上清帝第四书》中,首次提及议院制度的作用和具体实施办法,他说西方国家之所以强盛,就在于"设议院以通下情"。议院设立以后,"民信上则巨款可筹,……人皆来自四方,故疾苦无不上闻。政皆出于一堂,故德意无不下达,事皆本于众议,故权奸无所容其私,动皆溢于众听,故中饱无所容其弊;有是三者,故百度并举,以致富强。"他希望光绪皇帝"下诏求言,破除壅弊,……许天下言事之人到午门递折",以便"辟门明目,洞见万里"。同时还建议"开门集议,令天下郡邑十万户而推一人,凡有政事,皇上御门,令之会议,三占从二,立即施行,其省、府、州、县咸令开设,并许受条陈以通下情。"为了回答来自顽固派的"若开议院,民有权而君无权"的攻讦,也为了打消光绪皇帝惟恐设议院之后,皇权旁落的顾虑,康有为特别指出:"左右贵臣,……畏言兴革,多事阻挠,必谓……开院集议,有损君上之权。……至会议之士,仍取上裁,不过达聪明目,集思广益,稍输下情,以便筹饷,用人之权,本不属是,乃使上德之宣,何有上权之损哉?"

---

① 《公车上书》,见《戊戌变法》第2册。
② 同上。

康有为关于议院的论述，可以说是中法战争以来早期改良派有关思想的发展，既反映了代表资产阶级上层的维新派，向封建统治者要求参加政权的首次尝试，也反映了他力图借政治运行的公开化，克服专制制度的弊端，通过制定宪法上下咸遵，实现君主立宪制度。所以康有为设计的议院是以不损害君上大权为前提的，是听命帝令，通达下情的咨询性质的机关，因而与西方拥有国家立法权的议会，在性质上是不同的。

康有为在《上清帝第五书》中还提出了开国会的建议，1895 年 8 月康有为代内阁学士阔普通武拟制的《请定立宪开国会折》中，首次提出国会问题，"窃闻东西各国之强，皆以立宪法开国会之故"，他希望光绪皇帝发愤维新，"明定国是……自兹国事付国会议行。"但这时康有为笔下国会的性质、权能、组成与议事规则，等等，均未作进一步阐明，以致与前述通下情的议院，并无明确的区分。这就使得"国事付国会议行"，难免流于空言。

稍后，康有为代阔普通武拟《请定立宪开国会折》中，始明确表示："国会者，君与国民共议一国之政法也。"皇帝如能"大开国会，以庶政与国民共之……则中国之治强，可计日待也。"① 在《谢赏编书银两乞预定开国会期并先选才议政许民上书言事折》中，康有为再次提出"今欧、日之强，皆以开国会行立宪之故"。中国由于"行专制政体，一君与大臣数人共治其国，国安得不弱。"只有"大开国会，以庶政与国民共之，则中国之治强，可计日待也。"② 因此，"请即定立宪为国体，预定国会之期，明诏布告天下。"在国会召开以前，"请采用国会之意，一曰集一国人才而与之议定政制；一曰听天下人民而许其上书言事。"③ 这个奏折在顽固派大臣控制下的廷议中遭到了反对。为此，康有为又上陈《请君民合治满汉不分折》，再次论述了东西各国富强之原"在其举

① 《康有为政论集》上册，第 338 页。
② 同上。
③ 同上。

国君民，合为一体……有国会以会合其议"，"今吾国有四万万之民众……而不开国会，虽有四万万人而不予政事，视国事如秦越，是有众民而弃之。"他批评"妄言治体"的顽固派，实际上"不深察本末"，强调惟有"君民合治，满汉不分"，才是救中国的"治本之道"。

由于国会一时难开，在康有为的授意下，谭嗣同奏请开懋勤殿议政，光绪皇帝也"决意开之"，并"选才行兼著者十人入殿行走，专预新政。"① 7 月 29 日光绪皇帝赴颐和园向慈禧太后请示开懋勤殿，然而不数日间便发生了政变，戊戌变法只如昙花一现。有关设议院、开国会、开制度局的种种提议都化作泡影。

戊戌政变发生以后，梁启超在 1910 年撰写的《中国国会制度私议》中表示，"天下无国会之立宪国，语专制政体与立宪政体之区别，其惟一之表识，则国会之有无是已。"因此强调"研究国会，实国民今日惟一之义务也矣。"② 他追忆戊戌变法时，关于召开国会的陈情所造成的影响时说："然自是国人益知国会为立宪国民所一日不可缺，等于日用饮食。"③

由设议院到开国会，反映了康有为对西方议会政治认识的深化，也体现了运用议会政治改革封建专制主义的变法意识。

3. 开制度局而定宪法，为维新大计提供法律根据

康有为曾经奉旨在总理衙门回答王公大臣对于变法事宜的询问，这个经历使他深感骤议开国会一事不可能取得王公大臣们的认可，因而被迫在应诏而上的《上清帝第六书》中，提出仿日本明治维新之例，"开制度局而定宪法"的问题。他说："考其维新之始，百度甚多，惟要义有三，一曰大誓群臣以定国是，二曰立对策所以征贤才，三曰开制度局

———————————

① 《戊戌日记》。
② 梁启超：《中国国会制度私议》，见《饮冰室合集》文集之二十四，第 2 页。
③ 同上书，第 1 页。

而定宪法。"

关于制度局的设置和权限，康有为作了具体的阐述，他说："开制度局于宫中，选公卿、诸侯、大夫及草茅才二十人充总裁，议定参预之任，商榷新政，草定宪法，于是谋议详而章程密矣。日本之强，效原于此。"在"立制度局总其纲"的原则下，分立法律、度支、学校、农、工、商、铁路、邮政、矿务、游会、陆军、海军十二局，负责法律、经济、财政、军事、教育各项事务。可见康有为设计的制度局，不仅是筹划变法的决策机构和推行变法的执行机构，而且拥有一定的立法权。正因为如此，他强调"制度局之设，尤为变法之原也"。

正因为如此，开制度局成了顽固派攻击的焦点。总理衙门在几次奉旨议复中，都攻击开制度局是"别开生面，全紊定章，亦未必有实效，应请毋庸议"；① "均系变易内政，非仅条陈外交可比，事关重要，相应请旨特派王大臣会同臣衙门议奏。"② 有的军机大臣甚至扬言："开制度局，是废我军机也，我宁忤旨而已，必不可开。"③ 光绪二十四年（1898 年）六月十五日，军机大臣礼亲王世铎和总署大臣庆亲王奕劻等复奏，将"选天下通才二十人置左右议制度"，改为"选翰詹科道十二人，轮日召见，备顾问。"既排斥了维新派入值宫中，又将制度局变为传统的咨询机构，对于这一所谓的变通办法，康有为和光绪皇帝只能发出无可奈何的哀叹。

关于制定宪法问题是 19 世纪 90 年代一个崭新的课题。康有为在《上清帝第五书》中提出的"采择万国律例，定宪法公私之分"，还只是就宪法在法律体系中与私法之间的区分而言。但在《上清帝第六书》中提出的"开制度局而定宪法"，已经把制定宪法作为制度局的首要任务提上了议事日程，这反映了康有为宪政思想的新发展。他认为宪法是维

---

① 《戊戌日记》。
② 《中国现代史丛刊》第 2 辑，台北中正书局版。
③ 《康有为自编年谱》，见《戊戌变法》第 4 册。

新大计的法律根据，只有"宪章草定"，才能"奉行有准，然后变法可成。新政有效也"。① 如果"无宪法为之著明"，新政的实施便没有标准，就会出现"恶之者驳诘而不行，决之者仓卒而不尽，依违者狐疑而莫定，从之者条画而不详"的现象。好像一个人虽"有头目足口舌身体，而独无心思"为之主宰，"必至冥行摘埴，颠倒狂瞀而后已。"② 在这里，康有为对于宪法本质的认识依然是模糊的，但对宪法的作用，已经从总结西方国家宪政历史的经验中，有了新的体验。

"百日维新"前夕，康有为在《请告天祖誓群臣以变法定国是折》中，请求光绪皇帝"采万国之良规，行宪法之公议，御门誓众，决定国是，以变法维新"。"百日维新"开始以后，康有为在《敬谢天恩并统筹全局折》中，就"宪法如何而定"，再次请求开制度局于内廷，他说："此非特开专司，以妙选通才，不足以商鸿业而定巨典。"1898 年 8 月在《请定立宪开国会折》中提出，移植西方宪法以收急功近利之效，他说："若其宪法纲目，议院条例、选举章程，东西各国成规具存，在一采酌行之耳。"③ 制定宪法涉及国家制度的重大变革，也是充满尖锐斗争的，不是简单地袭取形式就可奏效的。稍后，在《谢赏编书银两乞预定开国会期并先选才议政许民上书言事折》中，一方面继续阐明"今欧、日之强，皆以开国会行立宪之故。……请即定立宪为国体，预定国会之期，明诏布告天下。"另一方面也比较清醒地认识到"宪法国会条例至繁，尚待选集，取资各国"，因此主张仿照"日本未开国会之先，亦先征一国之人才，以议政事"的先例，"一曰集一国人才而与之议定政制；一曰听天下之民而许其上书言事"。

值得提出的是，在康有为的宪法思想中含有宪法是最具有权威的法律，君民同受其位的积极内容。他在《请君民合治满汉不分折》中，以

① 《上清帝第六书》。
② 同上。
③ 《康有为政论集》上册，第338—339页。

日本为例，说明"立宪法以同受其治"，① 是国家强盛的一个重要原因。他在《请定立宪开国会折》中指出：无论国会立法、法官司法、政府行政，虽均由"人主总之"，但在"立定宪法"之后，都要"同受治焉"。这就意味着皇权的行使也要受到宪法的约束，显然这是对固有的专制皇权的一大冲击。

维新派激励光绪皇帝诏定国是，变法图强；在推行宪法的过程中，多次以日本明治维新的成功作为范例，但是他们没有对中日两国的国情，历史状况，和横在改革道路上的顽固势力的状态，进行认真的分析，以致无法科学地解释日本明治维新何以胜，中国戊戌变法何以艰难备尝，难以逾越的原因。

为了减少制定宪法的阻力，康有为托古改制，提出"春秋改制，即立宪法，后王奉之，以至于今，盖吾国君民，久皆在法治之中，惜无国会以维持之耳。""今各国所行，实行吾先圣之经义。"② 因此立行宪法，不仅须要外采东西强国，还应"上师尧舜三代"。可见，制定宪法在康有为的变法思想中所占的重要位置。关于这一点，梁启超在《康有为传》中作了明白的表述："先生以为欲维新中国，必以立宪法、改官制、定权制为第一义"，"若能立宪法、改官制，行真维新，则内乱必不生。"

戊戌变法失败后，康有为于 1906 年将保皇会改为国民宪政会时，曾著文回忆他倡言立宪的经历。他说：戊戌之前，"数上疏陈，首言立宪。当此之时，举国皆未知立宪二字为何解，且旧臣尤以变法大事为敌仇。仆以救焚拯溺，无所畏徇，而救中国之沦亡，必以'君民同治，满汉不分'八字为目的。故欲速变法以救危局，非先得圣主当阳不为功，欲定良法以保久长，非改为立宪民权不为治。此仆救中国之宗旨，而考订于廿年以前，坚持于十年以来者也。幸遇我皇上仁明神武，舍身救

① 《康有为政论集》上册，第 340 页。
② 《请定立宪开国会折》，见《康有为政论集》上册，第 338 页。

民，一德同心，维新变法，仆过承知遇，言听计从。"在此文中，康有为还为他坚持的君主立宪，反对革命的保皇立场辩解，他说："仆审内外，度时势，以为中国只可行君主立宪，不能行共和革命，若行革命，则内讧分争，而促外之瓜分矣。若立宪法，君民同治，满汉不分，则以万里之地，四万万之民，有霸地球之资焉。于是吾党专以倡宪政为义，力障横流，虽数年来屡为革党大攻极诋，然救国何事，大义所在，虽举国皆变，亦当独立以镇之，尽人皆醉，亦当独醒以解之。"① 康有为此文虽然撰于戊戌政变七年以后，但从中人们看到的仍然是坚持保皇的陈腔腐调，对于西方近代的宪政精神的理解，并没有什么长进。

　　戊戌变法时期，梁启超也是制定宪法的鼓吹者，但他的认识比起康有为要深入一步，已经觉察到宪法在国家政治生活中的作用和在法律体系中的重要地位。他所强调的"法治"，就是以制定宪法为前提的，他所主张的君主立宪政体，也要依宪法来确定权限，因此，他把制定宪法看成是"实维新开宗明义第一事"。②

　　特别值得提出的是戊戌政变以后，梁启超亡命日本期间，广泛地涉猎西方政治法律书籍，进一步考察了西方的立宪政治，使他的宪法思想有了新的重要发展。1899 年发表《爱国论》，提出了他的民权观，说："国者何？积民而成也；国政者何？民自治其事也；爱国者何？民自爱其身也；故民权兴则国权立，民权灭则国权亡。"③ 同年又发表《论近世国民竞争之大势及中国前途》，强调："国者积民而成，舍民之外，则无有国。以一国之民，治一国之事，定一国之法，谋一国之利，捍一国之患，其民不可得而侮，其国不可得而亡，是之谓国民。"④ 这可以说是梁启超民权思想的升华。1900 年撰写的《立宪法议》，进一步论证了

---

① 《布告百七十余埠会众丁未新年元旦举大庆典告藏保皇会改为国民宪政会文》，见《康有为政论集》上册，第 597 页。
② 《康有为传》，见《戊戌变法》第 4 册，第 34 页。
③ 梁启超：《爱国论》，见《饮冰室合集》文集之三，第 73 页。
④ 梁启超：《论近世国民竞争之大势及中国前途》，见《饮冰室合集》文集之四，第 56 页。

定宪法和伸民权、限君权的关系，他说："立宪政体，亦名为有限权之政体。……有限权云者，君有君之权，权有限；官有官之权，权有限；民有民之权，权有限。故各国宪法，皆首言君主统治之大权，及皇位继袭之典例，明君之权限也。次言政府及地方政治之职分，明官之权限也。次言议会职分及人民自由之事件，明民之权限也。我中国学者，骤闻君权有限之义，多有色然而惊者。其意若曰：君也者，一国之尊无二上者也，臣民皆其隶属者也。只闻君能限臣民，岂闻臣民能限君。臣民而限君，不几于叛逆乎？不知君权有限云者，非臣民限之，而宪法限之也。……是故欲君权之有限也，不可不用民权；欲官权之有限也，更不可不用民权。宪法与民权，二者不可相离，此实不易之理，而万国所经验而得之也。"① 稍后，他在《代五大臣考察宪政报告》中，再次表述了以宪法定君民权利义务关系的意见，他说："夫宪法者，所以规定一国中君主臣民之权利义务者也。畴昔以权利义务不分明，不确定也，乃为宪法以保护之。"②

不仅如此，梁启超还根据日本的立宪经验，提出了中国立宪的步骤：

"一、首请皇上涣降明诏，普告臣民，定中国为君主立宪之帝国，万世不替。

次二、宜派重臣三人游历欧洲各国及美国、日本，考其宪法之同异得失，何者宜于中国，何者当增，何者当弃。带领通晓英法德日语言文字之随员十余人同往，其人必须有学识，不徒解方言者。并许随时向各国聘请通人以为参赞，以一年差满回国。（又此次所派考察宪法之重臣随员宜并各种法律，如行政法、民法、商法、刑法之类，皆悉心考究。）

次三、所派之员既归，即当开一立法局于宫中，草定宪法，随时进呈御览。

---

① 梁启超：《立宪法议》，见《饮冰室合集》文集之五，第2—3页，第6—7页。
② 《梁启超选集》，上海人民出版社1984年版，第443页。

次四、各国宪法原文及解释宪法之名著，当由立法局译出，颁布天下，使国民咸知其来由，亦得增长学识，以为献替之助。

次五、草稿既成，未即以为定本，先颁之于官报局，令全国士民皆得辩难讨论。或著书，或登新闻纸，或演说，或上书于立法局，逐条析辩。如是者五年或十年，然后损益制定之，定本既颁，则以后非经全国人投票，不得擅行更改宪法。

次六、自下诏定政体之日始，以二十年为实行宪法之期。"①

可见，梁启超撰写的《立宪法议》，不仅阐明了宪法与政体、宪法与民权的关系，而且为清末预备立宪的进程提供了重要参考。无论从派五大臣出洋考察政治，还是改革官制、制定宪法大纲，都可以看到梁启超《立宪法议》的重要影响。

辛亥革命爆发前夜，梁启超连续发表了《立宪政体与政治道德》、《硃谕与立宪政体》、《立宪国诏旨之种类及其在国法上之地位》等政论文章。一方面从"立宪政体，以君主不负政治上之责任为一大原则，其所以示别于专制政体者，惟在此点"② 以及"大臣副署制所以为立宪政治之命脉"的立场出发，论证了官员的道德程度与中国立宪进程的关系。他说：如果官员"道德之程度，与立宪国所需者相背而驰，则朽木不可雕，粪墙不可圬，吾又安知其所终极也。"③ 另一方面则批评预备立宪论者"动辄以效法日本宪政为词"，实际上却是"徒取其便于己者而效之，其不便者则隐而不言。"因此他不无惋惜地说："言宪政而师日本，亦可谓取法乎下矣。然苟诚能师日本，则宪政之根本精神，固尚不谬焉。"④

---

① 梁启超：《立宪法议》，见《饮冰室合集》文集之五，第2—3页，第6—7页。
② 梁启超：《立宪国诏旨之种类及其在国法上之地位》，见《饮冰室合集》文集之二十六，第55页。
③ 梁启超：《立宪政体与政治道德》，见《饮冰室合集》文集之二十三，第55页。
④ 梁启超：《立宪国诏旨之种类及其在国法上之地位》，见《饮冰室合集》文集之二十六，第55—59页。

4. 行三权分立，改变专制制度下司法与行政不分的体制

三权分立是维新派宪政思想的重要组成部分。他们赞赏孟德斯鸠的分权论，认为分权论"实能得立政之本原"。因此，他们设计的变法蓝图是以三权分立作为基本架构。康有为在《上清帝第六书》中提出："近泰西政论，皆言三权，有议政之官、有行政之官、有司法之官，三权立，然后政体备。"① 康有为的论断不仅在于说明三权分立所形成的制衡原则，得到近代西方民主国家所确认，并奉为宪法原则；而且在于说明由于中国专制主义制度下缺乏议政机关和独立的司法机关，由此而引发的种种弊端。他在代宋伯鲁拟《请讲明国是正定方针折》中明白表述说："夫国之政体，犹人之身体也。议政者譬若心思，行政者譬如手足，司法者譬如耳目，各守其官，而后体立事成。然心思虽灵，不能兼持行；手足虽强，不能思义理。今万几至繁，天下至重，军机为政府，跪对不过须臾，是仅为出纳喉舌之人，而无论思经邦之实。六部总署为行政守例之官，而一切条陈亦得与议，是以手足代谋思之任，五官乖宜，举动失措。"②

百日维新期间，康有为进一步阐明了他理想中的以三权分立为基本架构的君主立宪政体。他说："盖自三权鼎立之说法，以国会立法，以法官司法，以政府行政，而人主总之，立定宪法，同受治焉。……行三权鼎立之制，则中国之治强可计日待也。"③ 在《请君民合治满汉不分折》中又指出："东西各国之所以致强者……立宪法以同受其治，有国会以会合其议，有司法以保护其民，有责任政府以推选其政故也。"④

如前所述，梁启超也是孟德斯鸠的崇拜者和三权分立的倡行者，他比较准确地概括了三权分立的制衡作用，说："故三权鼎立，使势均力

---

① 《康有为政论集》上册，第 214 页。
② 同上书，第 262 页。
③ 同上书，第 339 页。
④ 同上书，第 341 页。

敌，互相牵制而各得其所，此孟氏创见千古不朽者也。"①

在三权中，梁启超对立法权尤为重视，他在戊戌政变以后著文专论立法权的重要性及其归属问题，强调立法权关系到"国之大本大原"，因此立法权应归属于"多数之国民"。他还根据卢梭的学说，提出立法是"国家意志"的表现的观点，说："立法者，国家之意志也，昔以国家为君主所私有，则君主之意志，即为国家之意志，其立法权专属于君主固宜。今则政学大明，知国家为一国人之公产矣，且内外时势，浸逼浸剧，自今以往，彼一人私有之国家，终不可以立于优胜劣败之世界。然而今日而求国家意志之所在，舍国民奚属哉。"②

特别是严复不仅论证了中外由三权合一到分立的过程与价值，指出："中国自古至今，与欧洲二百年以往之治，此三者（指立法、行政、司法），大抵不分而合为一。至孟德斯鸠《法意》书出，始有分立之谈，为各国所谨守，以为稍混则压力大行，民无息肩之所。"还特别强调了司法权独立的重要性，他针对专制制度下的清朝，帝王、守宰"一人身而兼刑、宪、政三权"所造成的分司不明确，难有持平之狱，强调只有司法独立，可以减少此种流弊。他将司法独立与立宪制联系起来，阐述了立宪制度下司法的特点，说："至于司法之权，立宪所与旧制异者，立宪之法司，谓之无上法廷。裁断曲直，从不受行政权之牵掣……故西国之狱，绝少冤滥，而法官无得贿鬻狱枉法之事。讯鞫之时，又无用于刑讯。此立宪司法之制，所以为不可及，而吾国所不可不学者，此其最矣。"③ 司法不受行政权之牵掣一语，道破了维新派行三权分立在司法方面的要求，就是改变专制制度下司法与行政不分的体制。

从早期改良派到戊戌维新派，都对西方资产阶级革命时期提出的三权分立学说，以及西方民主国家实行三权分立的实际寄予厚望，以为如

①　梁启超：《法理学大家孟德斯鸠之学说》，见《饮冰室合集》文集之十三，第25页。
②　梁启超：《论立法权》，见《饮冰室合集》文集之九，第107页。
③　严复译：《法意》，第22章案语。

能实行于中国，将会给中国带来进步和富强。这不是偶然的，三权分立学说虽然存在着阶级的局限性，但它反对封建专制制度的历史意义是不能抹杀的。资产阶级革命胜利以后，根据三权分立学说在国家建设中所形成的机构分工，以及相互间的制衡关系，也有力地维护了资产阶级的民主与法制，成为重要的宪法原则。因此在清朝已经不能按照传统体制统治下去的时候，维新派要求用三权分立之制取代君主大权独揽的专制制度，无疑是历史的进步。尽管他们对于三权分立还缺乏科学的本质的认识，而且在当时的中国也不具备实施的条件。

5. 建立君主立宪政体下的新法制，实行法治

建立新法制，是维新派变法维新实行君主立宪政体的重要内容之一。为了建立新法制，首先需要明确改革旧法制的必要性。康有为认为清朝现行的法律已经处于非改革不可的落后状态。他说："今之法例，虽云承列圣之旧，实皆六朝、唐、宋、元、明之弊政也……故当今世而主守旧法者，不独不通古今之治法，亦失列圣治世之意也。"①

康有为由于了解西方国家的法制对于民主富强所起的积极作用，因此提出"变法全在定典章宪法"。他在答复总理衙门询问宜如何变法时，明确表示"宜变法律、官制为先。"② 在康有为构想的新的法律体系中以宪法为主导，所谓"采择万国律例，定宪法公私之分"，③ 同时也包括各种部门法。在《上清帝第六书》中明确提出："今宜采罗马及英、美、德、法、日本之律，重定施行……""其民法、民律、商法、市则、舶则、讼律、军律、国际公法，西人皆极详明，既不能闭关绝市，则通商交际，势不能不概予通行。然既无律法，吏民无所率从，必致更滋百弊。且各种新法，皆我所夙无，而事势所宜，可补我所未备。故宜有专

① 《上清帝第一书》，见《康有为政论集》上册。
② 《康南海自编年谱》，见《戊戌变法资料》第4册。
③ 《上清帝第五书》，见《戊戌变法》第2册。

司，采定各律以定率从。"

　　严复则尖锐地揭露了自秦以来，中国两千年的法律的本质是"为上而立"的，是专制帝王用来"驱迫束缚其臣民"，使臣民"恐怖慴服"的"防奸"手段。清朝建立以来制定的许许多多的法令律例，也都是用来束缚臣民思想行动的桎梏，"其什八九，皆所以坏民之才，散民之力，漓民之德者也。"① 专制君主们为一己的私利而制定的法律，很少有"不悖于天理人性"的。一旦施行这种法律，必然与民的利益发生冲突，"其国必不安"。因此，严复主张建立新法制，改革违反民意"为上而立"的法律，制定"为民而立"的法律。只有为民主法才合乎"天理人情"，利于民而为民所乐于遵行；才是"治国之法"，才有"保民之效"。不仅如此，凡属为民而立之法，还可以促进民智、民德、民力的提高。西方各国法律的优点就在于以提高民的智、德、力为准则，而中国旧法律之所以拙劣，就在于专以压制、败坏民智、民德、民力为能事。以致西方各国的法律"日胜"，而中国的旧法"日消"；西方各国愈强，而中国愈弱。严复所说的为民立法虽然是抽象的，但在 19、20 世纪之交的中国仍具有不容忽视的价值，是他建立新法制主张中，最为闪光的部分。

　　严复在西方法律思想影响下，突破了中国传统的法即刑，以刑为主的法律观念，形成了法律是"治国之经制"，君民"上下所为，皆有所束"的新观念。因此，他主张建立包括宪法、民法、刑法、国际法在内的新的法律体系。这同康有为建立新的法律体系的主张是互相呼应的。康、严提出建立新的法律体系不是孤立的，它说明了随着民族资本主义经济的发展，制定调整新经济关系与社会关系的法律，已经日益迫切地提到议事日程上来。康有为等人新法律体系的构想如能实现，就意味着一个以六法为基本架构的资产阶级法律体系，将取代中国旧有的封建主义法律体系。然而戊戌变法的失败，使维新派建立新的法律体系的构

────────────

① 《辟韩》，见《严几道文钞》卷一。

想，也付诸东流。

为了建设新法制，使法律能够更好地发挥治国的作用，严复还提出法律一经制定，必须切实执行。法令如颁而不行，不仅不能发挥法律应有的作用，反而会助长某些不良风气的发展。譬如，官吏敢于玩法鬻狱，百姓敢于抗法为非，所以法立而不行，其害也，更甚于无法。因此他强调："法之既立，虽天子不可以不循也。"① 在立法之后，重在施行的问题上，梁启超的论述更为全面。他说："法也者，非将以为装饰品也，而实践之之为贵。"② 他赞扬先秦法家"法令不立则已，立则期以必行，而无所假借。"③ 如果立法之后"朝令暮改"，在实行中又"违其七八"，不仅损害了国家的威信，而且"则此后之法令，愈失其效力矣。"

由于维新派受孟德斯鸠、卢梭学说的影响，总的来说都强调法律的作用，具有明显的法治的思想倾向，并且把法治与立宪国家等同起来。梁启超说："今世立宪之国家，学者称为法治国，法治国者，谓以法为治之国也。"④ 又说："孟氏（指孟德斯鸠）谓法治之国，以法律施治谓之法治。"⑤ 在他看来实行法治是时代的要求，是救国治国的不二法门。为此，大声疾呼："法治主义，为今日救时唯一之主义。"⑥ 他们提出的建立君主立宪政体下的新法制，创设新的法律体系，归根结底是为了实行法治、落实法治。由此出发梁启超及对荀子"有治人、无治法"；"法不能独立，类不能自行，得其人则存，失其人则亡"；"君子者，法之原也；故有君子，则法虽省，足以遍矣。无君子，则法虽具，失先后之施，不能应事之变，足以乱矣"⑦ 的人治观。指出："荀卿有治人无治

---

① 《法意》第 19 卷，第 22 章案语。
② 梁启超：《宪法起草问题答客问》，见《饮冰室合集》文集之三十三，第 10 页。
③ 《管子传》，见《饮冰室合集》专集之二十八，第 23 页。
④ 同上书，第 12 页。
⑤ 《法理学大家孟德斯鸠之学说》，见《饮冰室合集》文集之十三。
⑥ 梁启超：《中国法理学发达史》，见《饮冰室合集》文集之十五，第 43 页。
⑦ 《君道》，见《荀子》。

法一言，误尽天下，遂使吾中华数千年，国为无法之国，民为无法之民。"①

不仅如此，梁启超还从对人治主义与法治主义的比较中，得出法治优于人治的结论，他说："人治"是依某一人，或某几个人为转移的，他们发挥作用的"时代甚短"，"范围甚狭"。而法治不仅发挥作用的时间长、范围广，还具有相对的稳定性，一般不受"其人存则其政举，其人亡则其政息"的影响。由于"人治"是"恃人不恃法"的，法律的实施依人而定，因此这样的法律缺乏稳定性。②

又说，"人治"是一种贤人政治，"遭贤则治，遭愚则乱，是治乱系于贤愚"。③然而明君贤相"千世而一出"，如将国家的长治久安寄托在这种罕有的机会上，不仅是可遇而不可求，也是非常危险的。何况从中国国情的实际来看，疆域广，政务繁，如果专靠"治人"，则二十几省，需要有百数十万的贤智之人，否则"既无人焉，又无法焉，而欲事之举，安可得也"。然而实行法治的"立宪国，则遭贤与遭愚均者也。必遭贤与遭愚均，然后可以厝国于不敝，若此者非法治无以得之"。因此，以君主立宪为目标的维新变法只有实行法治，不可因袭人治。

需要指出，梁启超虽然倾向于"法治"，批判人治，但他并不认为有了好的法律，便可带来预期的效果。他强调法律是"治之具"，要使法律真正发挥作用，还需要有道德、教育等与之配合，以及议院的监督施行，否则，单纯依靠法律，也无法求治。他比喻说："法禁已然，譬则事后治病之医药；礼防未然，譬则事前防病之卫生术。"④他在《中国法理学发达史·法治主义之发生及其衰灭》一文中，借批评先秦法家独任法律的偏执，比较全面地论证了法律与道德的关系。他说："法律原与道德相互为用，盖社会之制裁力，与国家之强制力，是一非二，故

---

① 梁启超：《论立法权》，见《饮冰室合集》文集之九，第103页。
② 同上。
③ 梁启超：《中国法理学发达史》，见《饮冰室合集》文集之十五，第73页。
④ 梁启超：《先秦政治思想史》，见《饮冰室合集》专集之五十，第80页。

近今法治国之法律，莫不采人道主义，虽谓法律为道德之补助品焉可也。然则谓有法律而可以无道德焉，其不当也明甚，谓有法律而不许复有道德焉，其滋不当也明甚。"法治只有辅之以道德教育，才能养成人们守法的良知，提高国民自治的素质，并在尊崇道德的社会生活中稳定法治秩序。特别是要使立法者、执法者、行政者都拥有良好的社会道德与政治道德，才能发挥法律应有的作用。他说："政治习惯不养成，政治道德不确立，虽有冠冕世界之良宪法，犹废纸也。"①

受潘恩、卢梭、孟德斯鸠、戴雪等人思想影响的严复，也反对"有治人无治法"。他认为"人治"有很大的偶然性，幸而遇到仁君，国可以致治；不幸而遇中主，便无法使国家长治久安，从中国的历史来看，三代以来，"君为圣明"者，只有汉武帝、汉光武、唐太宗等少数几个人而已。正因为如此，在中国封建专制主义的"人治"之下，昌世少，乱世多。所以严复强调，中国如要富强而久安，就应该重视以法为治，建立一套上下咸遵，"一国人必从"的仿西方的法律制度。

总括上述，可以看出维新派设计了一个比较完整的实行君主立宪的蓝图，那就是通过国会实现君与民共议一国之政法，并接受宪法的约束；立法、司法、行政三权分立，各司其职，而由"人主总之"；"人主尊为神圣，不受责任，而政府代之"；创建新法制，实行法治等等。这个君主立宪的蓝图，是20世纪70年代以来学习西方，改良旧制的社会思潮的总结性成果。经过维新派从不同角度的论证，得到了社会的广泛认同。不仅如此，维新派还力求把他们设计的蓝图付诸实施，这就从理论与实践的结合上，揭开了中国近代宪政运动史上重要的一页。

---

① 梁启超：《先秦政治思想史》，见《饮冰室合集》专集之五十，第152页。

三、立宪与专制、维新与守旧的
激烈冲突，戊戌变法失败

　　1898 年春夏之际，统治集团内部的权力争夺日趋激烈。光绪皇帝利用不断高涨的维新运动，向慈禧太后夺权，于 6 月 11 日颁布"明定国是"诏，宣布变法。6 月 16 日召见康有为，商讨变法大计，并赐予专折奏事的特权。百日维新期间，根据维新派的建议，颁发了一系列除旧布新的新政诏谕。如：设立农工商局，提倡私人办实业；奖励新发明、新创造；设立铁路、矿产总局，修筑铁路，开采矿产；设立全国邮政局，统管邮政事宜；改革财政，编制国家预算；改革科举制度，设立学校，开办京师大学堂，设立译书局；允许自由创立报馆、学会；精练海陆军，裁撤绿营；力行保甲；删改则例；裁汰冗员，取消闲散重叠的机构；允许士民上书言事；令各直省督抚保荐人才；准许满人自谋生计，等等。其中许士民上书言事，被视为开国会的准备，因而是百日维新期间最具有政治意义的举措。为此，光绪皇帝迭下诏谕严申官员阻格士民上书言事者，以违旨惩处。礼部尚书怀塔布等就因"阻格司员王照条陈"，而被革职。至于维新派长期奔走呼号，梦寐以求的设议院、开国会、定宪法等主张，在百日维新期间未及实施，政变已经发生。

　　由于维新派所主张的君主立宪，在某些方面是对传统的君主专制制度的否定，是资产阶级上层要求在国家中取得一定地位，而对封建统治者固有特权的侵夺。如同康有为在历次上书中所强调的"变法"尤须"变人"，即选拔人才，辅佐新政，取代"老耄守旧之人"，因此，是一场激烈的权力争夺。以维新派为代表的资产阶级上层，同以顽固派为代表的大地主、大买办、大官僚，在思想、政治各个领域都展开了激烈的搏斗。

　　为了对抗维新派关于变法理论的宣传，张之洞于 1898 年 3 月作《劝学篇》，继续鼓吹"中学为体，西学为用"的洋务派老调，坚持祖宗

"法制不可轻变"。一些权贵们甚至叫嚷"宁可亡国，不可变法"，"宁赠友邦，勿与家奴。"他们痛诋维新派所宣扬的"民权"主张，张之洞说："民权之说无一益而有百害……民权之说一倡，愚民必喜，乱民必作，纪纲不行，大乱四起"；"子不从父，弟不尊师，妇不从夫，贱不服贵，弱肉强食，不尽灭人类不止。"① 叶德辉、王先谦在他们编著的《翼教丛编》中，以卫道者的口吻说："创平等，堕纲常也；伸民权、无君上也。"② 有人还以孙中山发动的广州起义为例，借题发挥，力图为"君权不尊，民气嚣然"，"民主万不可设，民权万不可重，议院不可变通"③ 的观点，进行辩解。

顽固派还针对维新派提倡学习西方文化，废除科举制度，兴办学校，推行资本主义的教育制度，培养新政人才等主张，进行攻击，说："三纲为中国神圣相传之至教，礼政之原本，人禽之大防……"，④ "中学所以为教，人皆知之，无特别求门径也。"⑤

以康有为、梁启超、严复、谭嗣同为代表的维新派在与顽固派的交锋中，以新学为理论武器，以救亡图存为号召，以君主立宪为目标，驳斥了顽固派的各种攻击。尽管他们在变法维新，提倡民权，反对封建文化上都表现出了严重的弱点，没有也不可能在思想、政治上与封建主义彻底决裂。但在当时的确使广大知识界的思想得到一次解放，为变法维新运动作了重要的舆论准备。但是，思想上的论战还只是前哨战，随着学会的兴起，双方展开了愈演愈烈的斗争。

当康有为第四次上书受到顿挫，无法上达的时候，他暂且把注意力转向"国民"，企图借创设学会、办报纸，加强宣传，以扩大变法的社会基础。梁启超曾追忆说："此书既不克上达，康有为以为望变法于朝

---

① 《劝学篇》，见《戊戌变法》第3册，第221—223页。
② 叶德辉、王先谦：《翼教丛编》序一。
③ 王仁俊：《实学平议》，见《翼教丛编》卷三。
④ 张之洞：《劝学篇》序，见《戊戌变法》第3册，第220页。
⑤ 《宾凤阳等上王益吾院长书》，见《戊戌变法》第2册，第639页。

廷，其事颇难，然各国革政，未有不从国民而起者，故欲振之于下，以唤起国民之议论，振刷国民之精神，使厚蓄其力，以待他日之用。"①不言而喻，他们笔下的"国民"，主要是指资产阶级上层与官僚士绅。

1895 年，康有为在北京创办"强学会"，并在上海设立强学会分会，同时刊行《中外纪闻》报，附于官报（即宫门钞），分送给朝臣、士大夫，鼓吹维新变法。一时之间，声势颇盛，维新派在北京逐渐形成了一定的社会政治基础。但是顽固派不允许维新派有组织地公开活动下去，1896 年 2 月，御史杨崇伊奏劾强学会"植党营私"，由慈禧太后逼迫光绪下令严禁；帝党官僚文廷式以"议论时政"被革职，《中外纪闻》报被查封。但是，中日战争后的国内外形势，使得顽固派的高压政策，既无法遏制维新运动的发展，也消除不了他们所深忌的"植党"和"处士横议"。在北京强学会被迫解散以后，改设官书局，翻译外国新书和报刊文章，继续鼓吹变法维新。上海则创办了《时务报》（旬刊），由梁启超担任主编，成为名噪一时的宣传利器。此外，遍及各省的学会、学堂纷纷兴起。据统计，1898 年全国共有报馆 91 个，学会 87 个，学堂131 个，这说明资产阶级改良主义思想得到了相当广泛的传播，维新运动具有一定的群众基础。通过组织学会、刊行报纸，广泛介绍了西学，讨论了过去绝对不许触及的专制政体问题，这对于启发民智，激扬士气，推动"自由思想"的发展，具有不可忽视的意义。

1897 年年底，德国强占胶州湾以后，英国要求租借威海卫，俄国要求租借旅顺大连，法国要求租借广州湾，掀起了国际瓜分的狂潮。三月，康有为在北京组织"保国会"，以"救亡图存"为号召，提出保国、保种、保教（保卫圣教）为宗旨，规模较强学会扩大，政治色彩也较强学会浓厚。保国会不仅在北京、上海设总会，各省、府、县还设立分会，并规定了总会与分会的组织权限、领导关系，以及会员的入会手续和权利等等。这个由各省维新派人士组织的学会的综合体，已经是初具

---

① 《戊戌政变记》卷七，见《戊戌变法》第 1 册，第 297 页。

领导中心的全国性组织，参加者以士大夫和中下层官吏为主，有些富商大贾也列名会籍。在保国会的推动下，保浙会、保滇会、保川会如雨后春笋，纷纷涌现，维新变法的空气十分浓厚。保国会也因此更加被顽固派所忌，他们制造了保国会"保中国不保大清"，"天下皆为人所保，天下不从此分裂乎"的种种谰言。尽管光绪皇帝为之解说："会能保国，岂不大善"，并将肆行弹劾的御史文悌革职，阻止了顽固派对保国会的进一步追究。但迫于顽固派的实际威胁和强大压力，保国会陷于瓦解状态，这是戊戌政变前顽固派和维新派的一次公开冲突。在这次较量中，只是从皇帝、官僚、缙绅、士大夫中寻求保国力量的维新派，仓皇败下阵来，充分暴露了他们的软弱性。

1898 年 6 月 11 日，光绪皇帝下诏"明定国是"，决定变法，维新运动进入高潮，顽固派和维新派围绕权力而展开的斗争也达到白热化程度。尽管"百日维新"期间颁布的"除旧"、"布新"上谕，完全没有触及封建经济制度和政治制度的基础，一些枝枝节节的改革，也只是停留在纸上的空话，没有力量变成现实。但在宁肯亡国，也不肯改变"祖宗之法"的顽固派看来，仍然是对他们手中权力的侵夺。当维新派提出以制度局代行议会职权，推行新政时，顽固派非常敏感地意识到"开制度局，是废我军机也"，[1] 极力予以抵制。百日维新期间，一切拟旨出谕事宜皆出于参与机要的维新派杨锐、刘光第、林旭、谭嗣同之手，军机大臣只能办理日常例行公事，"不能赞置一词"，[2] 这种大权旁落类似伴食宰相的处境，是他们绝对不能容忍的，"咸忿忿不平，怒眦欲裂于此四臣矣。"[3]

作为顽固派靠山的慈禧太后，在救亡、自强、图存的问题上，容忍了戊戌维新运动的开展，但她的底线是"无违祖制"，越过了这个底线

---

[1] 《回忆康南海史实》，见《文史资料选辑》第 23 册。
[2] 苏继祖：《清廷戊戌朝变记》，见《戊戌变法》第 1 册，第 341 页。
[3] 同上。

的言行，便成为不可容忍的叛逆。百日维新期间，慈禧太后一方面鼓励顽固派大臣公开抵制维新上谕，要他们"既不可行之事，只管议驳"。①正是在慈禧太后的支持下，主持总理各国事务衙门的庆亲王奕劻，对于设制度局一事，"宁可忤旨"也拼命对抗。管理吏部的大臣徐桐公然抵制裁并六部司官的上谕说："先革去老夫，徐议未晚。"② 为了反对开设议院等机构变革，顽固派还制造了"裁撤六部九卿，而设立鬼子衙门，用鬼子办事"③ 的流言飞语，进行抵制，在北京城内造成很大的混乱。戊戌殉难六君子之一杨深秀深有感触地说："夫数百年之旧说，千万人之陋习，虽极愚谬，积久成是，诚非一二言所能转移也。"④

　　另一方面，通过人事安排，控制要害部门，削弱维新派的实力。在"诏定国是"后两天，慈禧太后将光绪皇帝的师傅、赞助新政的协办大学士、户部尚书翁同龢，驱逐回籍，发出了向新政反扑的信号，使光绪皇帝"惊魂万里"。在"诏定国是"后四天，慈禧太后又下令新任二品以上大臣，均须向她谢恩，从而控制了人事大权。随后又任命亲信荣禄为直隶总督，统辖三军（甘军、武毅军、新建陆军）、崇伊兼步军统领，掌握京畿一带的武装力量。面对顽固派咄咄逼人的攻势，无权无勇，处境狼狈的光绪皇帝和维新派，被迫进行了一些反击。例如，七月初，御史宋伯鲁、杨深秀奏参礼部尚书许应骙"守旧愚谬，阻挠新政"，光绪皇帝命许应骙明白回奏，以示警告。7 月 8 日，御史文悌弹劾康有为、宋伯鲁、杨深秀等"结党攻讦"，又受到光绪皇帝的斥责。9 月 9 日，光绪皇帝借题发挥，利用礼部尚书怀塔布、许应骙阻挠礼部主事王照上条陈，而将该部尚书侍郎六人全部革职。这是对顽固派的一次大反攻，从而把权力之争推上了顶峰，加速了政变的到来。9 月 21 日，慈禧太后凭借手中紧紧控制的政权和军队，发动了宫廷政变，即所谓"戊戌政变"，

---

① 苏继祖：《清廷戊戌朝变记》，见《戊戌变法》第 1 册，第 337 页。
② 胡思敬：《戊戌履霜录》卷一，见《戊戌变法》第 1 册，第 369 页。
③ 苏继祖：《清廷戊戌朝变记》，见《戊戌变法》第 1 册，第 337 页。
④ 《请御门誓众折》，见《戊戌变法》第 2 册，第 393 页。

向着还没有立稳脚跟的维新派开火了。光绪皇帝被囚禁在瀛台，谭嗣同等六君子惨遭杀害，康、梁逃亡海外，一些支持维新派的官僚，或被充军，或被解职。曾经对于改良政治抱有极大幻想的维新派，顷刻之间作鸟兽散；变法图强实行君主立宪的理想，冰消瓦解，所有的"新政"，除保留京师大学堂外，一律被废除。一度受到新政压抑的顽固派官僚，重又弹冠相庆，欢呼旧秩序的恢复。历史雄辩地证明，争取民主政治和宪法，是一场震动全社会的、流血不流血的艰巨斗争，绝不是纸上谈兵所能奏效的。

四、"以君权变法"的改良主义宪政道路

维新派从"中国不亡，国民不奴，惟皇上是恃"的基本立场出发，通过频繁的上书，企图打动光绪皇帝，实行"变之自上者顺而易"的改革。康有为在《上清帝第七书》中明确表述了希望光绪皇帝效法俄国彼得大帝"以君权变法"。

"以君权变法"最足以概括维新派所进行的政治运作的改良主义性质，这个指导思想贯穿在康有为历次上清帝书中。如前所述，康有为在上清帝第一、二书中便提出："变法求治，广开言路，慎选左右"，"乞下明诏，行大赏罚，迁都练兵，变通新法，以塞和款而拒外夷，保疆土而延国命"的立论。在《上清帝第四书》中，又建议光绪皇帝下诏求言；开门集议；辟馆顾问；设报达聪；开府辟士。他充满幻想地以为只要皇帝变法的"数诏一下"，就会"天下雷动，想望太平，外国变色，敛手受约矣。"①

1897年11月德国强占胶州湾以后，帝国主义列强瓜分中国所造成

———————————————

① 《上清帝第四书》，见《康有为政论集》，第158、159页。

的民族危机，推动了变法维新运动进入高潮。康有为乘机写了《上清帝第五书》，表示："外衅危迫，分割洊至，急宜及时发愤，革旧图新，以少存国祚。"并且提出三个对策"以待皇上抉择"：第一策是"择法俄日以定国是"，也就是以俄国彼得大帝和日本明治天皇的变法维新为榜样，所谓"以俄国大彼得之心为心法，以日本明治之政为政法"，进行改革；第二策是"大集群材而谋变政"，亦即招集有才能的官员，商讨变法的方案和步骤；第三策是"听任疆臣各自变法"。他认为这三策中，"能行其上，则可以强，能行其中，则犹可以弱，仅行其下，则不至于尽亡"，最重要的是"惟皇上择而行之"。①

1898年1月19日，康有为奉命上《应诏统筹全局折》（第六书），书中以"乞统筹全局以救危立国"为主线，列举了世界上守旧不变之国，"未有不分割危亡者也"为例，说明"观万国之势，能变则全，不变则亡，全变则强，小变仍亡。"他不仅详述变法为当今世界各国的趋势，还具体论证了变法的步骤："一曰大誓群臣以定国是；二曰立对策所以征贤才；三曰开制度局而定宪法。"② 2月28日，康有为再上清帝书（第七书），建议光绪皇帝学习俄皇彼得大帝，亲到外国游历观察，以取得"君权变法"的借鉴。以上就是传诵一时的所谓"忧时七上皇帝书"。

"忧时七上皇帝书"，以救亡保国为立脚点，以争取皇帝锐意变法为目标，这是贯穿始终的。百日维新期间上奏的一系列奏章中，也都强调"皇上上念宗庙，下念苍生，乾断决行，天下幸甚"；③ "惟皇上乾纲独揽，速断圣心，以救中国，天下幸甚"；④ "凡司法独立，责任政府之例，议院选举之法，各国通例具存，但命议官遍采而慎择之，在皇上一

---

① 《上清帝第四书》，见《康有为政论集》，第209页。
② 《上清帝第六书》，见《康有为政论集》，第213页。
③ 《请讲明国是正定方针折》，见《康有为政论集》，第263页。
④ 《敬谢天恩并统筹全局折》，见《康有为政论集》，第277页。

转移间耳";① "今欧、日之强，皆以开国会行立宪之故，皇上翕受嘉谟，毅然断行，此中国之福也，生民之幸也。"②

　　七次上书和迭次上奏折的主要内容及行动本身，表现了维新派把实现君民共主的宪政目标，寄托在争取皇帝上。对于这样一个涉及改变政体和权力再分配的重大改革，他们错误地认为是光绪皇帝一转念就可定局之事。处于无权无勇状态而又痛感亡国之危在即的光绪皇帝，对于维新派所表现出的忠诚深信不疑，期望借助维新派的变法主张与行动，谋求振作，改变既定的权力格局，革新政体，以保国保种，维新自强。他曾针对康有为上书中所说"求为长安布衣而不可得"及"不忍见煤山前事"等语，对军机大臣说康有为"忠肝义胆"，为国家、为大清"不顾死生"。③当顽固派攻击维新派组织保国会"保中国不保大清"、"浙人保浙、川人保川，天下皆为人所保，天下不从此分裂乎"的时候，光绪皇帝为之辩解说："会能保国，岂不大善"，并将发难攻击的御史文悌革职。维新派以救亡、图存、自强、维新来说服光绪皇帝实行变法，不仅代表了时代的要求，也为光绪皇帝急于摆脱亡国灭种的危机开辟了一条出路，因而是他所能接受的。他在1895年7月19日的上谕中说：当此"创巨痛深之日"，"君臣卧薪尝胆之时"，惟有"上下一心，图自强而弥祸患"。④正是将变法与自强联系起来，他批驳了恭亲王关于"祖宗之法不可变"的意见，说："今祖宗之地不保，何有于法乎？"康有为在《谢赏编书银两乞预定开国会期并先选才议政许民上书言事折》中，曾经提到大学士孙家鼐以"若开国会，则民有权而君无权"为由，反对实行立宪，光绪皇帝回答说："朕但欲救中国耳，若能有益于国民，则无权何害？"如果说光绪皇帝为了救亡图强，实现君民共治，保全大清

---

① 《请君民合治满汉不分折》，见《康有为政论集》，第342页。
② 《谢赏编书银两乞预定开国会期并先选才议政许民上书言事折》，见《康有为政论集》第347页。
③ 梁启超：《戊戌政变记》，中华书局1954年版，第10页。
④ 《上谕》，见《戊戌变法》第2册，第17页。

国祚，不惜减损专制皇权，同受制于宪法，那么在打破固有的权力格局上，他却是不惜争权的。据苏继祖《清廷戊戌朝变记》所载：光绪曾"谓庆王曰：'太后若仍不给我事权，我愿退让此位，不甘做亡国之君。'"①

戊戌变法期间维新派奉行改良主义的路线，争取"以君权变法"，实现君主立宪。戊戌变法失败以后，血的教训仍然没有使他们省悟改良主义的穷途末路，相反愈走愈远，公开举起保皇的旗帜，制造各种舆论，坚持改良，抵制革命，反对共和。例如，戊戌政变后，逃亡日本的梁启超撰写《新民说》，继续为改良主义制造舆论根据。他说："民德、民智、民力实为政治、学术、技艺之大原。"② 由此出发，认为："夫吾国言新法数十年而效不目睹者何也，则于新民之道未有留意焉者也。"③作为新民，必须具有新的道德观念，因此新民德是新民的中心；作为新民，还须具有新型的政治观念和政治能力，因此必须提高个人的权利意识和对国家应尽义务与职责的观念。他说："为政治家者，以勿摧压权利思想为第一义；为教育家者，以养成权利思想为第一义；为一私人者，无论士焉农焉工焉商焉男焉女焉，各以自坚持权利思想为第一义。国民不能得权利于政府也，则争之；政府见国民之争权利也，则让之。欲使吾国之国权与他国之国权平等，必先使吾国中人人固有之权皆平等，必先使吾国民在我国所享之权利与他国民在彼国所享之权利相平等。"④

需要指出梁启超的《新民说》，如果是针对在长期专制制度下所造成国民性的各种缺点的现实，目的在于提高国民之素质，养成可以承担立宪制下国民之资格，参与政治生活的能力，无疑具有一定的合理性。

① 《戊戌变法》第2册，第331页。
② 《新民说·释新民之义》，见《饮冰室合集》专集之四，第6页。
③ 梁启超：《新民说·论新民为今日中国第一急务》，见《饮冰室合集》专集之四，第2页。
④ 梁启超：《新民说·论权利思想》，见《饮冰室合集》专集之四，第39—40页。

但是他却利用民智未开、国民素质低下来抵制民主主义的革命，反对共和显然是错误的。他曾明确表示："今日中国国民非有可以为共和国民之资格者也"，"今日中国国民未有可以行议院政治之能力者也"，"今日中国政治非可采用共和立宪制者也。"① 可见，他的新民说实质上仍是坚持改良，鼓吹开明专制，实行君主立宪的一种舆论。

总括以上，戊戌变法不仅是一场以改革专制政体为目标的政治运动，也是中国近代史上一场新文化运动。它的发生、发展与微弱的中国民族资本主义相适应，更以救亡图存，谋求国家富强的爱国主义思潮为动力，同时也是波澜壮阔的西学东渐的结果。

戊戌变法时期改良政体的努力，在性质上是反专制争民主的斗争，而开民智、办学校、办报纸，则是求科学上的崛起。近代中国所要解决的两大课题——民主与科学，戊戌变法时期都已接触到了，而且创造了历史性的经验。

在这场大斗争中，维新派代表了从地主官僚中转化而来的资产阶级上层。他们的经济地位、政治地位以及所受的教育，决定了他们不可能超越改良主义的界限。他们把全部政治期望寄托在光绪皇帝身上，倾注全力争取皇帝的信任，以为皇帝一朝转变便可恩赐宪政，实行"自上而下顺而易"的改革，求得可以为旧基础所能容许的某些政体的改变。他们没有也不可能依靠群众性的斗争，去改良政治，制定宪法，实行法治。他们没有也不可能承认光绪皇帝和维新派之间在利益和目的上存在着某种差异。譬如，光绪皇帝支持维新派、推行新政，主要是培植有利于己的政治势力，以便从顽固派手中夺权，摆脱傀儡地位，实现国家的富强，这是他取舍维新派各种建议的标准。以维新派多次建议的定宪法一事为例，光绪皇帝便始终未作明确肯定的表态。

康有为关于君主立宪的一整套理论，在当时是一面先进的旗帜，指导了维新运动的实践，在清末死水一潭的政治生活中激起了很大的波

---

① 梁启超：《开明专制论》，见《饮冰室合集》文集之十七，第67页。

澜。就维新派的主要成就而言，不在于变法改制，确切地说维新派的变法改制是以失败终结的。维新派的主要成就在于思想文化上的启蒙，他们继承和发展了洋务派"引进西法，稍变成法"的认识，丰富了早期改良派的君主立宪思想。他们提出的较为完整的君主立宪的蓝图，不仅是洋务派所不敢涉及，也是早期改良派无法企及的。尽管他们的思想理论带有不成熟性，甚至是矛盾性。譬如：虽然反对君主专制，却又拥护光绪皇帝；虽然反抗纲常礼教，却又借孔学托古改制，如此等等。但是他们毕竟把君主立宪的思想变成了一次政治改革运动，这是中国历史上从来没有过的，在中国近代宪法史上也具有划时代的意义。

然而戊戌变法不是在中国民族资本主义充分发展、民众的民主觉醒较为普遍的条件下发生的。它是迫于帝国主义亡国灭种的威胁，而由少数先知先觉的官僚士大夫发动的。其基础的薄弱，决定了政治上的软弱，而只能是奉行以君权变法为纲。不仅如此，他们的阶级利益和政治目标还决定了他们对民主革命是敌视的，康有为便说革命"可招瓜分豆剖之祸"。在维新派中虽然有人如谭嗣同，表现出了一种殉道者的"我自横刀向天笑"的英勇牺牲精神，但仍不能改变改良主义的这种实质。

维新派不仅乞求光绪皇帝恩赐宪政，而且幻想取得帝国主义的支持，实现宪政。错误地把英、美、日三个帝国主义国家看作是可以帮助中国革新的"友邦"，极端幼稚地以为只要把外国的东西移植过来，中国就可以自强，就可以消除外患。这种指导思想除了说明维新派对帝国主义的本质认识不清以外，也暴露了他们阶级基础的脆弱。维新派既不能实践已经提出的君宪主张，又无力抗拒顽固派的横暴摧残，最终只能以悲剧收场，以失败告终。戊戌的历史经验证明：改良主义既不可能从根本上改变旧中国的社会性质，发展资本主义；也不可能彻底改变封建专制主义的国家制度，建立君主立宪的政体。如果说 19 世纪末，中国改良主义的君主立宪运动还具有一定的历史进步意义，推动了宪法文化的发展，开启了人们的民主意识，那么随着资产阶级民主革命的发展，改良主义越来越成为逆历史潮流的政治路线，改良主义者或者在阶级斗争的大浪冲击下，抛弃改良走向民主革命，或者坚持改良走向保皇，这是不可抗拒的规律。

第三章
晚清的预备立宪与宪法性文件

一、由实施新政到仿行宪政

1. 宣布"变通政治"，实行"新政"

以慈禧太后为首的清朝顽固的统治集团，从来是恪守"祖宗家法"，反对革新的。正是在奉行祖制的名义下，血腥镇压了戊戌变法，使得改良主义的君主立宪运动遭到失败。然而曾几何时，就是这个顽固统治集团也举起了新政的旗帜，畅言变法，这不是偶然的。

1900年，在中国大地上爆发了震动中外的反帝爱国的义和团运动。这场以农民为主体的反帝斗争虽然被绞杀，但它表现了反抗帝国主义的英勇精神，粉碎了帝国主义列强瓜分中国的阴谋，迫使帝国主义者承认"中国群众……尚含有无限蓬勃生气"，[①] "故谓瓜分之说，不啻梦呓也。"[②] 义和团运动也使清朝的"纪纲法度"荡然无存，皇家的尊严扫地以尽，特别是在全国人民面前，暴露了清朝统治集团充当帝国主义的走卒和帮凶的嘴脸，他们已经不可能再照旧统治下去了。

---

① ［德］瓦德西：《拳乱笔记》，第143—144页。
② 王其榘：《有关义和团舆论》，见《义和团》第4册，第246页。

以慈禧太后为首的统治集团，在充满危机感的恐慌氛围中，寻找自救的出路。一方面宣布"量中华之物力，结与国之欢心"，以示彻底投降帝国主义；另一方面为了阻止和瓦解各地频频爆发的反清斗争，尽管不情愿，却又无可奈何地接过了戊戌变法的旗帜，宣布"变通政治"，实行"新政"，借以欺骗舆论，收拾人心，维持风雨飘摇中的专制王朝。因此，1901 年 1 月 29 日，流亡西安的慈禧太后便以光绪皇帝的名义下诏变法，表示："世有万古不易之常经，无一成罔变之治法。大抵法久则弊，法弊则更"，"法令不更，锢习不破，欲求振作，当议更张"。要求臣下"各就现在情形，参酌中西政要，举凡朝章国故、吏治民生、学校科举、军政财政、当因当革，当省当併……如何而国势始兴，如何而人才始出，如何而度支始裕，如何而武备始修，各举所知，各抒己见，通限两个月详悉条议以闻。"① 尽管这道上谕颁发以后"各疆臣使臣多未奏到"，但为了表示变法的决心，于光绪二十七年三月成立"督办政务处"，作为"专责成而挈纲领"的督办新政机关。

"督办政务处"大部分是由极端守旧的军机大臣兼职，在组织系统上，隶属于军机处，实际是军机处的骈枝机关。同年八月二十日，慈禧太后颁发懿旨，指出："变法一事，关系甚重……朝廷立意坚定，志在必行。""尔中外臣工须知国势至此，断非苟且补苴所能挽回厄过，惟有变法自强，为国家安危之命脉，亦即中国生民之转机。予与皇帝为宗庙计，舍此更无他策。"② 从清廷迭发的上谕中，说明了清朝统治集团急于借此改弦更张，重新恢复统治权威的迫切心情。同时也反映了内外权臣徘徊观望、将信将疑，以致"呼应者少"的怀疑心态。即使是两江总督刘坤一和湖广总督张之洞会衔连上的所谓江楚会奏变法三折，也不外是筹议变通政治人才、整顿中法、采用西法等枝节问题，并没有触及政体的变革。

---

① 《光绪朝东华录》，总第 4727 页。
② 同上书，总第 4771 页。

　　但是，由于上谕中承认"法弊"、"锢习"，表现了变法图治的愿望，在客观上迎合了改良维新的潮流，使得戊戌"政变以后"被遏制的"变革之机"，逐渐恢复，出现了新的起色，"有志之士翻译欧美及日本之书籍，研究宪法者渐众。"① 杜士珍在《论智育与中国前途之关系》一文中指出："夫自甲午之创，庚子之变，大江以南，六七行省之士，翘然于旧政治、旧学术、旧思想之非，人人争从事于新智识、新学术，迄今而自由民权之论，飘沸宇内，莫能禁遏，固不得谓智育之无进步矣。"②

　　这时，流亡海外的康有为、梁启超组织了"保救大清光绪皇帝会"，继续宣传君主立宪适合于中国国情的论调。1899 年梁启超撰写《各国宪法异同论》，宣传立宪；1900 年又撰写《立宪法议》，鼓吹"立宪之时机已到"。康有为更于 1902 年发表《辩革命书》，批评革命排满的主张是"力为分裂"，虽"号称救国"，实"必欲分现成之大国，而为数十小国，以力追印度，求致弱亡"。他提出"满汉不分，君民同治"作为抵制革命的一个基本口号。

　　与此同时，国内以张謇为代表的改良派，撰写了《变法平议》，列举应兴应革事宜 42 条，希望通过设立议院，"采辑古今中外政法之切于济变者，厘定章程"，使"下无不达之情，上无不行之法"。他还向地方疆臣、达官贵人分别致函，并分送《日本宪法》、《日本宪法义解》、《日本议会史》等书，呼吁清政府改行立宪政体。据《南通张季直先生传记》记载，慈禧太后看过《日本宪法》以后，竟然在召见枢臣时表示"日本有宪法，于国家甚好。"③ 说明她在维持传统的封建专制权威已不可得的困境中，退而求其次，期望以日本君主立宪的制度作为一条出路。

　　自"督办政务处"成立，迄至 1905 年所实施的新政，不外成立外

---

① 《东方杂志》第九卷第七号。
② 《新世界学报》第十四号。
③ 转引自《辛亥革命》第 4 册，第 159 页。

务部、商部，撤销总理各国事务衙门，废除刑讯、整顿军队、设立学堂等等，完全没有触及政治的根本问题，当然也不会带来社会进步、国强民富的效果。资产阶级革命派陈天华曾经作了如下的揭露："清政府稍稍行了些皮毛新政……不过借此掩饰掩饰国民的耳目，讨讨洋人的喜欢罢了；不但没有放了一线光明，那黑暗反倒加了几倍。"① 即使是一贯主张改良的梁启超，也在《新民丛报》上著文批评这种新政无异于"披绮罗于嫫母，只增其丑；施金鞍于弩骀，只重其负；刻山龙于朽木，只驱其腐；筑高楼于松壤，只速其倾。"② 就在宣布新政期间，帝国主义列强更加强了对中国的内政、外交、财政、经济各项大权的控制，使得中国的社会经济和民生陷入了更加困窘的境地，以至光绪三十年十月二十二日（1904 年 11 月 28 日）的上谕中，也不得不承认："近年以来，民力已极凋敝，加以各省摊派赔款，益复不支。"③

2. 预备立宪的提出

1904 年至 1905 年间爆发了日俄战争，庞然大物的沙皇俄国竟然被区区岛国的日本战败，一时之间舆论哗然，朝野上下将日俄战争的胜负，与政体上的立宪与专制的优劣联系起来。以张謇为首的，主要代表工商实业家的立宪派，从自身的经济利益和政治追求出发，纷纷发表言论，吁请清廷实行立宪。张謇在《致袁世凯书》中说："日俄之胜负，立宪专制之胜负也。……今全球专制之国谁乎？一专制当众立宪，尚可幸乎。"结论就是"枝枝节节之补救，无益也"。④ 立宪派还在报纸上著文鼓吹"中国之专制一日不变，则革命之风潮一日不息"，"欲兴中国，舍立宪法其曷以哉。"⑤

---

① 陈天华：《警世钟》。
② 《饮冰室合集》专集之四，第 63—64 页。
③ 《大清德宗皇帝实录》卷 536。
④ 吴经熊、黄公觉：《中国制宪史》上册，第 10 页。
⑤ 《立宪法议》，见《时敏报》，1904 年 11 月 12 日。

在朝廷中主张立宪的王公大臣、封疆大吏、驻外公使，也深感内忧外患日益环逼，因而纷纷上书请求立宪，形成了清廷官僚中的立宪派别。例如，侍郎林绍年在《速定政体以救颠危折》中，指出："我中国之所以屡受外侮，莫自振者，亦必因政体之异，不待言矣。他且不论，即目前所最急者，如理财、如练兵，以土地人民计，似一省可以与日本相衡，和二十余省而尚远逊乎？政体之所矣，一至于此。"① 湖南巡抚端方在《请定国是以安大计折》中说："中国今日正处于世界各国竞争之中心点。土地之大，人民之众，天然财产之富，尤各国之所垂涎，视之为商战兵战之场。苟内政不修，专制政体不改，立宪政体不成，则富强之效将永无所望。"又说："亟宜附从多数希望立宪之心，以弭少数鼓动排满之乱党。"② 袁世凯在《密陈管见条举十事缮单备采由》中也认为："倘各国挟均势之说，谋均沾之利，则我之全局危矣。危殆若此，胡可一日安枕，欲救其祸，别无良策，仍不外赶紧认真预备立宪之一法，若仍悠忽因循，听其自然，则国势日倾，主权日削，疆域日蹙，势不至如今之朝鲜不止。"③ 江督周馥、鄂督张之洞、粤督岑春煊等也纷纷陈请立宪，岑春煊还以总结性的口吻说："窃观今日世界，殆无无宪之国，无论何种政体，变迁沿革，百折不回，必归于立宪而后底定。"④

此外，驻外公使孙宝琦等在奏折中呼吁"仿英德日本之制，定为立宪政体之国，先行宣布中外，于以团结民心，保全邦本"。然后再"饬儒臣采访各国宪法，折中编定；饬修律大臣按照立宪政体，参酌改订，以期实力奉行"。"不然则外侮日逼，民心惊惧相顾，自铤而走险，危机一发，恐非宗社之福。"⑤ 稍后，达寿在《考察日本宪政情形折》中也明白表述说："日本以立宪而胜，俄国以专制而败"；"非小国能战胜于

---

① 《闽县林侍郎奏稿》卷四。
② 《请定国是以安大计折》，见《端忠敏公奏稿》卷六。
③ 第一历史档案馆《清末宪政史料》（编号——四）。
④ 《清末筹备立宪档案史料》，第498页。
⑤ 《东方杂志》1904年第7期。

大国，实立宪能战胜于专制。"①

综上所述，可见在日俄战争以后，清廷朝野上下与海内外掀起了一波强烈要求立宪的热潮。如果说戊戌变法时期，维新派推行君主立宪的主要目的是救亡图存、自强御侮，那么这时还加上了抵御民主革命的动因。孙中山领导的民主革命，于 1905 年 8 月 20 日成立了具有政党性质的"同盟会"，提出了"驱除鞑虏，恢复中华，建立民国，平均地权"的宗旨。宣布"今者由平民革命以建民国政府，凡为国民者皆平等以有参政权。大总统由国民共举；议会以国民公举之议员构成之；制定中华民国宪法，人人共守之，敢有帝制自为者，天下共击之。"② 从而在全国人民面前昭示了资产阶级革命派的政治目标，它不是君主立宪，而是民主共和。为了实现同盟会的宗旨，革命派发动了如火如荼的武装起义。正是在革命声势咄咄逼人的背景下，清朝的大员们才忧心忡忡地吁请"剿除革命党政策，除速施行立宪制度外更无他法。"③ 这些来自疆臣大吏的立宪要求，反映了清朝赖以维系的政治力量的态度，其分量较之戊戌时期无拳无勇的"布衣"们的呐喊，不可同日而语。加之国内立宪派的动作，使得清朝最高统治集团不能不采取现实主义的态度，认真对待，作出决策。

二、五大臣出国考察政治与预备立宪上谕的发布

1. 五大臣考察政治的结论

光绪三十一年六月十四日（1905 年 7 月 16 日），清廷迫于立宪的舆

---

① 《清末筹备立宪档案史料》，第 29 页。
② 《同盟会宣言》，见《孙中山全集》第 1 卷，第 296 页。
③ 《神州日报》1907 年 8 月 16 日。

论压力，同时在内外交困、统治乏术的背景下，接受了袁世凯奏请简派亲贵分赴东西洋各国考察政治的建议。表示："方今时局艰难，百端待理，朝廷屡下明诏，力图变法，锐意振兴。"但是，"数年以来，规模虽具，实效未彰，总由承办人员向无讲求，未能洞悉原委，似此因循敷衍，何由起衰弱而救颠危。兹特简载泽、戴鸿慈、徐世昌、端方等，（后又增派商部右丞绍英，随同出洋，考求各国政治，但因绍英被革命青年吴樾炸弹所伤，徐世昌又任巡警部尚书，遂改派尚其亨、李盛铎。——作者）随带人员，分赴东西各洋考求一切政治，以期择善而从。"上谕要求考察政治大臣"随事则诹询，悉心体察，用备甄采，毋负委任。"① 对于立宪，慈禧太后是有她的隐衷的，她曾对大臣们明白表述说："立宪一事，可使我满洲朝基永久巩固，而在外革命党亦可因此泯灭，候调查结果后，若果无妨碍，则必决意实行。"②

出国考察政治的五大臣分两路赴日、英、法、比、美、德、俄、意、奥等国考察。由于帝国主义列强在义和团运动中，深感"中国……尚含有无限蓬勃生气"，③"故谓瓜分之说，不啻梦呓也。"④ 因而在政策上主张"总须以中华治华地"，⑤ 最好的办法"莫如扶植满清朝廷"，⑥以确保他们在华的利益。为此积极支持清政府的"立宪"举措，纷纷发表评论，说：立宪是避免革命之"惟一良策"，"是不战而屈人之类也。"⑦ 特别是日相伊藤博文在回答载泽关于立宪的一系列问题时，十分明白地表达了他的意向：

问：敝国考察各国政治，锐意图强，当以何者为纲领？

---

① 《清末筹备立宪档案史料》，第 1 页。
② 《辛亥革命前十年时论选集》二卷上册，第 70 页。
③ ［德］瓦德西：《拳乱笔记》，第 143—144 页。
④ 王其榘：《有关义和团舆论》，见《义和团》第 4 册，第 246 页。
⑤ 同上书，第 250 页。
⑥ ［英］赫德：《中国实测论》。
⑦ 《民报》第三号《驳（日本）法律新闻之论清廷立宪》。

答：贵国欲变法自强，必以立宪为先务。

问：立宪当以法何国为宜？

答：各国立宪有二种，有君主立宪国，有民主立宪国。贵国数千年来为君主之国，主权在君而不在民，实与日本相同，似宜参用日本政体。

问：立宪后，于君主国政体有无窒碍？

答：并无窒碍，贵国为君主国，主权必集于君主，不可旁落于臣民。日本宪法第三、四条，天皇神圣不可侵犯，天皇为国之元首，总揽统治权云云，即此意也。

……

问：君主立宪国所予民言论自由诸权，与民主国有何区别？

答："此自由乃法律所定，出自政府之畀与，非人民所可随意自由也。"①

日本的法学博士穗积八束还受内阁之命为载泽等讲解日本宪法，他说："日本国体数千年为君主之国……观宪法第一条可知。明治维新虽采用立宪制度，君主主权初无所损。……凡统治一国之权，皆隶属于皇位，此日本宪法之本原也。"②

伊藤博文的"伟论"和穗积八束的讲解，给予载泽等人以深刻影响，使他们"获益良多"。③

戴鸿慈、端方在德国考察时，德皇威廉也谆谆告诫说："中国变法，必以练兵为先，至于政治措施，正宜自审国势，求其务当，事机贵有独具之规模，不可徒摹夫形式。"④ 对此，端方也信服备至，表示："其言

---

① 载泽：《考察政治日记》。
② 同上书，第6页。
③ 同上书，第8—10页。
④ 《端忠敏公奏稿》卷六，第18页。

至为恳切，则固当急于师仿不容刻缓者也。"①

对于英国的政治体制，载泽经过考察虽然奏称："大抵英国政治，立法操之议会，行政责之大臣，宪典掌之司法，君主裁成于上，以总核之。……事以分而易举，权以合而易行。所由百官承流于下，而有集思广益之休；君主垂拱于上，而有暇豫优游之乐。"② 但是，他们认为英国"设官分职，颇有复杂拘执之处，自非中国政体所宜，弃短用长，尚须抉择。"③ 他们在考察法国政治体制时，尽管欣赏"其大权仍握于政府，居中驭外，条理秩然"。"其地方自治，则督抚秉承中枢，有指臂相承之效"，④ 颇适合于广土众民的中国，但并无意仿效。

端方等在美国考察时，承认美国是"最先产生了伟大的民主共和国思想的地方"，但由于美国"纯任民权"，与"择各国政治之与中国政体相宜者"的考察宗旨相悖，因而表示"不能强同"。⑤

五大臣尚在考察途中便根据所见所闻奏请速定立宪。光绪三十二年六月初三、六月二十一日（1906 年 7 月 23 日、8 月 10 日）载泽、端方先后从海外考察归来，他们在奉旨召见时，"皆痛陈中国不立宪之害，及立宪后之利。"⑥ 端方等还分别呈上了由杨度、梁启超代为起草，经过剪裁的《请定国是以安大计折》和《奏请宣布立宪密折》。

上述奏折，首先转达了帝国主义列强支持清朝准备立宪的信息。说："海国士夫，亦以我将立宪，法令伊始，必将日强，争相走告，……耳闻目见，尤不觉忭庆逾恒。"⑦ 对于日益丧失主权独立的清朝说来，帝国主义的态度是统治集团制定重大决策时不能不优先考

---

① 《清末筹备立宪档案史料》上册，第 10 页。
② 《出使各国考察政治大臣载泽等奏在英国考察大概情形暨赴法日期折》。军机处录副奏折。
③ 同上。
④ 沈桐生辑：《光绪政要》卷三十二。
⑤ 《清末筹备立宪档案史料》，第 7 页。
⑥ 《立宪纪闻》，见《辛亥革命》第 4 册，第 14 页。
⑦ 《清末筹备立宪档案史料》，第 111 页。

虑的。

第二，提出"救危亡之方，只在立宪"说："东西洋各国之所以日趋强盛者，实以采用立宪政体之故。……专制政体不改，立宪政体不成，则富强之效将永无所望。……中国欲国富兵强，除采取立宪政体之外，盖无他术矣!"① 又说："观于今日，国无强弱、无大小，先后一揆，全出宪法一途，天下大计，尽可知矣。""窃维宪法者，所以安宇内，御外侮，固邦基，而保人民者也。……环球大势如彼，宪法可行如此，保邦致治，非此莫由。"② 并且举 1905 年沙俄帝国实行立宪以抵制革命为例，证明"欲防革命之危机，舍立宪无它道"。如能改行宪政，革命派"虽欲造言而无词可借，欲倡乱，而人不肯从，无事缉扑搜拿，自然冰消瓦解。"③ 如果仍一味实行"严峻之法"，只会"骚扰愈甚，怨毒滋深。"④

第三，认为中国立宪应当远法德国，近采日本。他们从各国宪政的考察比较中，得出以下结论："纯任民权"的美国、法国的共和政体，与中国政体"本属不能强同"，而英国政体虽为君主立宪，但对君权又拘执过甚，而有"妨碍"之虞。只有 1861 年德意志帝国宪法和 1889 年大日本帝国宪法所确认的主权在君，"与中国最为相近"，所以应该师法德日。

第四，阐述了立宪不仅无损于君权，反而可使"皇权永固"。针对慈禧太后惟恐实行立宪会使大权旁落的隐忧，以及朝臣关于立宪究竟利于君还是利于民的争议，阐述了"立宪政体，利于君、利于民，而独不便于庶官者也。考各国宪法，皆有君位尊严无对，君统万世不易，君权神圣不可侵犯诸条。而凡安乐尊荣之典，君得独享其成，艰巨疑难之事，君不必独肩其责。……东西诸国，大军大政，更易内阁，解散国

① 《请定国是以安大计折》，见《端忠敏公奏稿》卷六。
② 《清末筹备立宪档案史料》，第 111 页。
③ 载泽：《奏请宣布立宪密折》，见《辛亥革命》第 4 册，第 28、29 页。
④ 端方：《请平满汉畛域密折》，见《辛亥革命》第 4 册，第 43—44 页。

会，习为常事，而指视所集，从未及于国君。"① 载泽在密折中，还引用日本宪法关于君上大权部分，证明"凡国之内政外交，军备财政，赏罚黜陟，生杀予夺，以及操纵议会，君主皆有权以统治之。"②

第五，强调实行君主立宪有三大利："一曰，皇位永固。……相位旦夕可迁，君位万世不改。一曰，外患渐轻。……一旦（中国）改行宪政……（外人）将变其侵略之政策，为平和之邦交。一曰，内乱可弭。……彼（指革命派——作者）虽欲造言，而无词可藉，欲倡乱，而人不肯从，……自然冰消瓦解。"③

第六，规划了"宜先举行者三事"：其一仿效日本"初行新政，祭天誓诰"之例，"宣示（立宪）宗旨。……将朝廷立宪大纲，列为条款，膳黄刊贴，使全国臣民，奉公治事，一以宪法意义为宗，不得稍有违悖"。其二"布地方自治之制"，作为预立宪政始基。其三，"宜采取英、德、日本诸君主国现行条例，编为集会律、言论律、出版律，迅即颁行，以一趋向而定民志。"以上三者，载泽称之为"实宪政之津髓，而富强之纲纽"。只要"一面……开馆编辑大清帝国宪法，颁行天下，一面将臣等所陈三端，预为施行，以树基础。从此南针有定，歧路不迷，我圣清国祚，垂于无穷，皇太后、皇上鸿名，施于万世，群黎益行忠爱，外人立息觊觎，宗社幸甚，天下幸甚。"④

第七，预定立宪的期限。他们揣测慈禧太后拖延立宪的心理，强调立宪应有一定的期限。载泽等在《奏请以五年为期改行立宪政体折》中提出："伏愿我皇太后、皇上宸衷独断、特降纶音，期以五年改行立宪政体。"稍后，载泽又在《奏请宣布立宪密折》中奏称："不知今日宣布立宪，不过明示宗旨为立宪之预备……原可宽立年限。日本于明治十四年宣布宪政，二十二年始开国会，已然之效，可仿而行也。……惟先宣

① 《清末筹备立宪档案史料》，第111页。
② 载泽：《奏请宣布立宪密折》，见《辛亥革命》第4册，第28、29页。
③ 同上书，第28—29页。
④ 《清末筹备立宪档案史料》，第112页。

布立宪明文，树之风声，庶心思可以定一，耳目无或他歧，既有以维系望治之人心，即所以养成受治之人格。"①

综括上述，考察政治大臣在奏折中提出了立宪救国的结论性意见，拟定了晚清预备立宪的基本原则、框架、实施步骤和期限，可以说晚清的预备立宪是从五大臣考察政治正式拉开序幕的。特别值得提出的是，在五大臣出洋考察的随员中，有一些是既年轻而又思想开放的学人，他们经过西方民主政治洗礼之后，不仅是晚清预备立宪的支持者、鼓吹者，而且许多成为民国时期法制的创建人。

不仅如此，考察政治大臣还将所收集到的有关宪政、宪法的书籍和资料编辑成书，出版了《列国政要》、《欧美政治要义》、《日本宪法疏证》以及载泽的《考察政治日记》和戴鸿慈的《出使九国日记》等，对于开通风气、传播西方的宪法文化、启迪人们的思考和探索，起了一定的作用。

2. 预备立宪上谕的发布

慈禧太后反复考虑了载泽、端方等人的奏折，经过七次召见和一系列的御前会议，终于为载泽在《奏请宣布立宪密折》中所说，立宪可使皇位永固、外患较轻、内乱可弭的三大利所打动。为了防止革命危机和满足立宪派的"望治"之心，维持风雨飘摇中的政局，排除了大臣们或反对或缓办的意见，于光绪三十二年七月十三日（1906年9月4日），由光绪皇帝颁发《宣示预备立宪先行厘定官制谕》，宣布："我朝自开国以来，列圣相承，谟烈昭垂，无不因时损益，著为宪典。现在各国交通政治法度，皆有彼此相因之势，而我国政令，积久相仍，日处阽危，受患迫切，非广求知识，更定法制，上无以承祖宗缔造之心，下无以慰臣庶平治之望，是以前简派大臣分赴各国，考察政治。现载泽等回国陈

---

① 《辛亥革命》第4册，第28、29页。

奏，深以国势不振，实由于上下相睽，内外隔阂，官不知所以保民，民不知所以卫国。而各国之所以富强者，实由于实行宪法，取决公论，君民一体，呼吸相通，博采众长，明定国体，以及筹备财政，经画政务，无不公之于黎庶。又在各国相师，变通尽利，政通民和，有由来矣。时处今日，惟有及时详析甄核，仿行宪政，大权统之朝廷，庶政公诸舆论，以立国家万年有道之基。"① 这道仿行宪政上谕中所说："大权统于朝廷，庶政公诸舆论"，是晚清立宪的指导思想，表明了它所谋求的仍是对于君权的刻意维护，只是有限度地开放舆论而已。晚清的仿行宪政就是循此运行的，以至稍后颁布的各种宪法性文件，仍沿袭旧制冠以"钦定"字样。

由于晚清立宪是被迫的，是以应付内外危机，谋求"三大利"为着眼点的，因此，这道上谕明确表示：中国实行宪政，只能是一个渐进的过程："目前规制未备，民智未开，若操切从事，涂饰空文，何以对国民而昭大信。"为了"廓清积弊，明定责成，必从官制入手，亟应先将官制分别议定，次第更张，并将各项法律详慎厘订，而又广兴教育，清理财务，整饬武备，普设巡警，使绅民明悉国政，以预备立宪基础。"

上述构建预备立宪基础的各项措施，实际上仍是旨在加强中央集权的实力基础，和调整人事任命以巩固统治的措施。至于预备立宪的期限，要"俟数年后，规模粗具，查看情形，参用各国成法，妥议立宪实行期限，再行宣布天下，视进步之迟速，定期限之远近。"由于预备立宪并无明确的期限规定，因此，从某种意义说来是一纸不能兑现的空头支票。不仅如此，这道上谕最后还以强硬的口吻宣布：在预备立宪期间，"著各省将军督抚晓谕士庶人等，发愤为学，各明忠君爱国之义，合群进化之理，勿以私见害公益，勿以小忿乱大谋，尊崇秩序，保守和平，以豫储立宪国民之资格，有厚望焉。"② 这里所说的"私见害公

---

① 《清末筹备立宪档案史料》，第43、44页。
② 同上书，第44页。

益"、"小忿乱大谋",都是针对人民自发的反抗斗争,特别是资产阶级革命运动而发的。这就为镇压革命派发动的武装反清斗争和钳制人民的言论与行动,制造了新的根据。

然而这道上谕承认了中西异势的根源在于制度,正式宣示中国所以"国势不振,实由于上下相睽,内外隔阂,官不知所以保民,民不知所以卫国。而各国之所以富强者,实由于实行宪法,取决公论,君民一体,呼吸相通,博采众长,明定权限,以及筹备财用,经书政务,无不公之于黎庶。又兼各国相师,变通尽利,政通民和有由来矣。"① 这比起洋务派盲目地认为中国文武制度事事在西人之上,惟有火器不如人之类的言论,显然是前进了一步。特别是这道上谕以明诏的形式宣告"仿行宪政",确如死水微澜,激起了较大的反响。《东方杂志》载文说:"两宫仁圣,独伸天断,不惜举二千年来一人所独据神圣不可侵犯之权与天下共之矣。"② 流亡海外的康有为、梁启超更是不禁高呼"伟哉,此举",甚至"挥泪而谈往昔,破涕而笑方今,诚不意中国有立宪自存之日,君民有保安全之时,不知手之舞之,足之蹈之也。"③ 他们一相情愿地表示愿与清廷合作,不修旧怨,以共同抵制革命,说:"欲禁遏革命党使不发生者,无外于改良政治……使现政府而翻然大悟也,实行改革以与天下更新,则革命党不期弥而自弥。"④

光绪三十二年(1906年)九月,康有为在美国将保皇会改组为国民宪政会,后又改为帝国宪政会,以示愿与清廷合作,推行宪政。但是它的宗旨仍然是保皇,即使在光绪皇帝"龙驭上宾"以后,仍然热衷于复辟帝制的活动。光绪三十三年(1907年)十月间,梁启超、蒋智由等在东京组织政闻社,发表《政闻社宣言书》,"主张立宪政体",要求"实行国会制度,建设责任政府";"确立地方自治"。不久政闻社本部迁

① 《清末筹备立宪档案史料》,第43页。
② 《东方杂志》1907年第5期。
③ 《辛亥革命》第1册,第85页。
④ 《辛亥革命前十年时论选集》下册,第613页。

往上海，联络国内立宪团体，秘密走访王公大臣，并向南北各省扩大其组织机构，为立宪奔走呼号。尽管他们再三表白："政闻社所执行之方法，常以秩序的行动，为正当之要求，其对于皇室，绝无干犯尊严之心；其对于国家，绝无扰紊治安之举"，① 但仍然为清廷所深忌。不仅没有撤销对康有为、梁启超的通缉令，政闻社在国内的活动也遭到封杀。

梁启超在 1905 年至 1907 年间，通过其主编的《新民丛报》对革命派民主共和的纲领进行全面攻击，将斗争锋芒由针对慈禧顽固集团转而指向革命派。为此，革命派以同盟会机关报《民报》为阵地，积极投入这场思想理论战线上的大论战。革命派坚定明确地提出"革命、保皇二事，决分两途"，从而严格划清了与保皇派的界限。革命派通过国民革命武装起义的手段，推翻清朝专制政权，建立民主共和国的主张赢得了广泛的同情和支持，粉碎了梁启超等人所主张的，通过枝节改良，实现君主立宪的开明专制论，使其被迫承认"气为所慑，而口为所钳。"②

革命派在批判立宪派种种谬说的同时，也尖锐地揭露了清朝立宪的目的与实质，指出：清朝的预备立宪是"假颁立宪之文，实行中央集权之策，以削汉人之势力，冀图虏廷万世帝王之业……"③ "童子愚马矣，亦知其伪。"④ 孙中山更尖锐地揭露说："'宪法'二字，近时人人乐道，便是满清政府，也晓得派遣奴才出洋考察政治，弄些预备立宪的上谕，自惊自扰"，⑤ "拿宪法做愚民的器具。"⑥ 又说："彼政府以民气不驯，群思革命，欲借立宪之名以消弭之，而行事正与立宪相反，凡所施为，适自便其轨子而已。"⑦ 革命派还就立宪诏书颁发不久出台了的巡警部

---

① 《辛亥革命》第 4 册，第 107、111、112、115 页。
② 《论中国现在之党派及将来之政党》，见《辛亥革命前十年间时论选集》第 2 卷下册，第 608 页。
③ 陈春生：《丙午萍醴起义记》，见《辛亥革命》第 2 册，第 477 页。
④ 望帝：《四川讨满洲檄》，见《辛亥革命》第 2 册，第 477 页。
⑤ 《孙中山选集》，人民出版社 1957 年版，第 79 页。
⑥ 同上书，第 74 页。
⑦ 《诉满洲檄》，见《辛亥革命》，第 289 页。

取缔报馆之规则第九条所规定的"不得诽谤宫廷,妄议朝政"等,指出:"出版、言论、集会三大自由者,万国宪法中,共同遵守之通例也。而报馆则具有出版、言论两部性质……满廷方议宪法,即犯三大自由之二,是各国以报馆监督政府,中国反以政府监督报馆。各国因专制而立宪,中国反因立宪而专制也。"① 可见与清朝统治者主观愿望相反,预备立宪的上谕并未能遏制革命,反而刺激了民主共和的真觉醒与真追求。同盟会的成立,以及它所发动的一系列武装起义,证明了这一点。

然而在此期间,国内的立宪派的头面人物张謇、郑孝胥、汤寿潜、谭延闿等,却为清廷宣布预备立宪所激励,而积极展开活动,纷纷成立预备立宪公会、宪政筹备会、宪政公会、自治。据统计,1906—1909年间成立的立宪团体达 65 个之多,② 其中比较重要的是预备立宪公会、宪政公会。

预备立宪公会是由江浙立宪派张謇、郑孝胥等人组织设立的,他们对清廷颁布"预备立宪"的上谕极为赞赏,愿为"中国立宪国民之先导",以报答清廷"宵旰之忧劳"。③ 1906 年 12 月 16 日,他们于上海召开预备立宪公会的成立大会,宣布预备立宪公会"敬遵谕旨,以发愤为学,合群进化为宗旨","使绅民明悉国政,以为预备立宪基础。"④ 并且以"筹备立宪事宜"为中心,积极开展"出版书报,宣传宪政";"编纂商法,以促商法之颁行";"开办法政讲习所,以训练人才";"领导诸政团,请愿速开国会"等活动。由于该会拥有一大批实力雄厚的实业家,并得到岑春煊、袁世凯、张之洞等要员的支持,"在整个立宪运动中产生的影响最大,具有举足轻重的地位。"⑤ 由于预备立宪公会的会

---

① 吞胡:《满洲政府之取缔报馆》,见《辛亥革命》第 2 册,第 186—187 页。
② 张玉法:《清季的立宪团体》,第 90—96 页。
③ 《郑孝胥张謇等为在上海设预备立宪公会致民政部禀》,见《中华民国档案史料汇编》第 1 辑,第 100—101 页。
④ 《预备立宪公会简章》第一、二条,见《辛亥革命浙江史料选辑》,第 206 页。
⑤ 章开沅、林增平主编:《辛亥革命运动史稿》,中国人民大学出版社 1988 年版,第 207—208 页。

员多为江浙知名之士和政界、实业界的代表，所以他们对革命深恶痛绝。郑孝胥曾经明白表示："故为大局计，正宜利用多数希望立宪之心，以阴消少数革命之意气。"①

宪政公会是于 1908 年 1 月 4 日，在宪政讲习会的基础上建立的，由杨度实际负责。该会以推动清廷立宪政策的贯彻执行为目标，在京、津、沪各地设立支部，对全国立宪运动的发展也产生了较大的影响。

立宪团体的出现，是戊戌变法以来宪政思潮新发展的反映，也是立宪上谕颁布以后，国内政治形势与阶级力量对比关系发生变化的结果。这些立宪团体不仅广泛宣传了君主立宪，而且为随后发动的立宪请愿作了组织上的准备。它标志着立宪派进入了有组织的活动，体现了朝野结合、内外沟通的特点，因而是中国近代史上值得关注的重大事件。

在清廷鼓噪仿行宪政，立宪派随声附和，革命派痛加揭露的种种声浪中，还夹杂着西方列强既支持清廷立宪，又警告不得借此损害列强在华利益的噪声。日本《东京日日新闻》发表大隈伯《论立宪之当于中国》一文，盛赞"中国之立宪，必有效果"。② 美国人吉包尔奈特别希望通过立宪压制革命，认为"革命最大之阻力，则立宪政策是也，中国苟早成立宪之国，能突起雄飞于世界上，则革命军无所施其技矣。"③但他们更为关切的是警告清政府不得借立宪而"背约"和"排外"。英国《泰晤士报》和《摩窜普士报》相继发表了《论中国立宪不宜排外》、《中国立宪不宜背约》等文章，指出："中国振兴实世界所仰望"，但是"尤不可蓄意排外抗阻通商也"。"……民之于国，固当爱也，而外人不可排也。"在这两篇文章中，不仅歪曲历史而且运用侵略者的逻辑为他们通过不平等条约践踏中国的主权，肆意掠夺中国的利权进行辩护，把列强强迫清朝签订的不平等条约，说成是中国"外交政策不及西人，以

① 《郑孝胥张謇等为在上海设预备立宪公会致民政部禀》，见《中华民国档案史料汇编》第 1 辑，第 100—101 页。
② 《宪政初纲·外论选译》。
③ 《美人吉包尔奈之中国观》，见《东方杂志》第 8 卷，第 3 号。

至所谋多失"① 所致。英国为了控制中国的海关大权，竟然向清政府发出警告："然海关若归华官自办，则外人谁能信之?! 我英若多方迁就，则即示之以弱矣。华人既以我为弱，排外之事，必将层见迭出，而不可救药矣，可不慎哉。"②

三、官制改革与筹划地方自治

1. 官制改革的原则与实施

官制改革是晚清推行立宪的首要步骤。光绪三十二年七月初六日（1906 年 8 月 25 日），戴鸿慈等在《奏请改定全国官制以为立宪预备折》中，以日本明治维新曾两次大改官制为例，说明"其宪政之推行有效，实由官制之预备得宜"。因此，"请改定全国官制，为立宪之预备"。③他们提出八条改革官制的原则性意见："一曰宜略仿责任内阁之制，以求中央行政之统一也。……二曰宜定中央与地方之权限，使一国机关运动灵通也。……三曰内外各重要衙门，皆宜设辅佐官，而中央各部主任官之事权尤当归一也。……四曰中央各官宜酌量增置、裁撤、归并也。……五曰宜变通地方行政制度，以求内外贯注也。……六曰裁判与收税事务，不宜与地方官合为一职也。……七曰内外衙署，宜皆以书记官代吏胥也。……八曰宜更定任用、升转、惩戒、俸给、恩赏诸法及官吏体制，以除种种窒碍而收实事求是之效也。"④

在这八条意见中，一、四、五、六条都涉及对传统官制的改革，如

① 《宪政初纲·外论选译》。
② 同上。
③ 《辛亥革命》第 4 册，第 33 页。
④ 《清末筹备立宪档案史料》，第 368—380 页。

同奏折所说："实欲舍中国数千年之所短，就东西十数国之所长。"慈禧太后采纳了戴鸿慈等的意见，在发布仿行宪政的上谕中已经提出："故廓清积弊，明定责成，必从官制入手，亟应先将官制分别议定，次第更张。"次日（七月十四日），又发布《派载泽等编纂官制奕劻等总司核定谕》声称："昨已有旨宣示急为立宪之预备，饬令先行厘定官制，事关重要，必当酌古准今，上稽本朝法度之精，旁参列邦规制之善，折衷至当，纤悉无遗，庶几推行尽利。"① 于是，作为预备立宪首要步骤的官制改革，便正式展开。

光绪三十二年九月十六日（1906 年 11 月 2 日），受命总司核定官制的庆亲王奕劻等，在《奏厘定中央各衙门官制缮单进呈折》中说："唯此次改革官制，既为预备立宪之基，自以所定官制与宪政相近为要义。按立宪国官制，不外立法、行政、司法三权并峙，各有专属，相辅而行，其意美法良，则谕旨所谓廓清积弊，明定责成，两言尽之矣。"② 根据三权并峙的原则，奕劻认为清朝官制的弊端有三："一则权限之不分。以行政官而兼有立法权，则必有藉行政之名义，创为不平之法律，而未协舆情。以行政官而兼有司法权，则必有徇平时之爱憎，变更一定之法律，以意为出入。以司法官而兼有立法权，则必有谋听断之便利，制为严峻之法律，以肆行武健，而法律寝失其本意，举人民之权利生命，遂妨害于无形。此权限不分，责成之不能定者一也。""一则职任之不明"，如数人共一职，或一人兼数官，"是故贤者累于牵制，不肖者安于推诿，此职任不明，责成之不能定者二也。""一则名实之不副"。各部院间权责交叉，或有名无实，或有实无名，"此名实不副，责成之不能定者三也"。③

在分权定限方面，奕劻等提出："立法、行政、司法三者，除立法

---

① 《清末筹备立宪档案史料》，第 385 页。
② 同上书，第 462 页。
③ 同上书，第 463—464 页。

当属议院，今日尚难实行，拟暂设资政院以为预备外，行政之事则专属之内阁各部大臣。内阁有总理大臣，各部尚书亦均为内阁政务大臣，故分之为各部，合之皆为政府，而情无隔阂；入则参阁议，出则各治部务，而事可贯通。如是则中央集权之势成，而政策统一之效著。司法之权则专属之法部，以大理院任审判，而法部监督之，均与行政官相对峙，而不为所节制，此三权分立之梗概也。此外有资政院以持公论，有都察院以任纠弹，有审计院以查滥费，亦皆独立不为内阁所节制，而转足监督阁臣，此分权定限之大要也。"①

在分职以专任方面，共分为十一部，首外务部，以下依次为吏部、民政部、度支部、礼部、学部、陆军部、法部、农工商部、邮传部、理藩部。这里须要指出：光绪三十一年（1905 年）九月，为了在预备立宪期间，"整饬风俗，保护治安，捕送罪人，侦探秘密"，清廷下令："京师及各省一样举办"② 刑警事宜，并设立巡警部，"专管全国巡警事务"。但在拟定中央各衙门官制的过程中，以"巡警为民政之一端"，遂改巡警部为民政部。

光绪三十二年九月二十日（1906 年 11 月 6 日）下谕，基本肯定了奕劻等《厘定中央各衙门官制》奏折，但是明确指出："内阁军机处一切规制，著照旧行"，"自毋庸复改"。"其余宗人府、内阁、翰林院、钦天监、銮仪卫、内务府、太医院、各旗营、侍卫处、步军统领衙门、顺天府、仓场衙门，均著毋庸更改。"③

晚清立宪期间进行的中央官制改革，按照戴鸿慈等人的构想，已经超出了在封建官僚制度框架内的调整，在某种程度上触及了专制集权的体制。然而在核定官制改革的上谕中却大打折扣，譬如，作为官制改革的核心和立宪政体第一义的责任内阁，竟然完全没有涉及，即使在以后

---

① 《清末筹备立宪档案史料》，第 464 页。
② 《光绪朝东华录》，总第 5408 页。
③ 《清末筹备立宪档案史料》，第 471—472 页。

的《钦定宪法大纲》和《逐年筹备事宜清单》中，也均未置一词。这不是偶然的，它反映了中央官制改革的着眼点，在于如何继续使"中央集权之势成，而政策统一之效著"。所以无论是传统的中枢机关的保留或调整，都围绕着中央集权的主线。不仅如此，由于官制改革是权力的再分配，所以在"分权定限"的问题上必然表现出尖锐的权力冲突。在这场权力再分配的冲突中，清廷顽固集团力图维护传统的满洲贵族的特权，甚至狂妄地要从官制改革入手，实现皇族集权。

晚清时期社会经济的发展和科技、文化的进步，也反映在官制改革上，譬如，邮传部之设、工部之改为农工商部，就是例证。特别需要指出，司法官制改革成效较为显著，戴鸿慈等在奏请改定官制折中便指出："司法与行政两要分峙独立，不容相混，此世界近百余年来之公理，而各国奉为准则者也。……臣等谓宜采各国公例，将全国司法事务离而独立，不与行政官相丽。"① 稍后，奕劻等《奏续订各直省官制情形折》进一步阐明了"分设审判各厅以为司法独立之基础"，并希望"由此而收回治外法权。"② 准此，在官制改革中改刑部为法部，掌管全国司法行政，不再兼理审判。改大理寺为大理院，为最高审判机关，并负责解释法律，监督各级审判活动。在京师和各省分设各级审判厅，分别受理各项诉讼及上控案件。并将省按察使司改为提法使司，负责地方司法行政，对本省各级审判厅进行监督管理。从而将司法机关从行政机关的隶属下分离出来，形成了自上而下的独立的体系。在司法系统内部，又使审判职能、控诉职能及侦查预审相分立，突破了中国传统控审合一的体制。司法官制改革之所以取得较为明显的效果，是源于司法权的变动，较之立法权、行政权的变动影响面小，利害较轻，阻力也自然减少所致。当然晚清新司法体系的建立，距离真正意义上的司法独立，还相差甚远。

对于晚清的官制改革，上海《时报》发表评论说："不过换几个名

---

① 《清末筹备立宪档案史料》，第 379 页。
② 同上书，第 504 页。

目，淘汰几个无势力之大老而已，绝无他影响。"连支持清朝预备立宪的日本官方报纸《朝日新闻》，也认为集权思想过于露骨，不无惋惜地说："……此次新发表之官制，不免声大而实小矣。"

权力的争夺也同样表现在地方官制改革中。为了削弱汉族地方督抚的权势，载泽、端方等在奏请改革官制折中，指出："循此不变，则唐之藩镇，日本之藩阀，将复见于今日。"① 而在御前会议确定的立宪政治方针之一，就是"废现制之督抚，各省新设之督抚其权限仅与日本府县知事相当，财政、军事权悉收回于中央政府。"② 这个方针首先遭到参与官制会议的直隶总督兼北洋大臣袁世凯的坚决反对，公开以"筹议至不易易"相对抗。其他各省督抚也都表示强烈不满，因而被迫搁置。但清廷为了贯彻"中央集权之势成，政策统一之效著"的既定方针，于光绪三十三年（1907年）公布的地方官制中，虽然规定各省督抚统辖地方文武官吏，总理该省外交军政事宜，但是在"清理财政"的名义下，将各省财权集中于度支部；另由陆军部尚书铁良节制由直隶总督袁世凯统辖督练的最具实力的新军北洋四镇。与此同时，又将袁世凯、张之洞调任军机大臣，以减少消除地方督抚实权的阻力。以至"汉人之任疆吏者，无一得与闻军事，其防患之微，至于此极。"③

此外，增设巡警道、劝业道缺，裁撤分守、分巡各道，酌留兵备道及分设审判厅等，也反映了时代发展的需要。

2. 筹划地方自治

地方自治是西方资产阶级革命期间用来反对专制主义中央集权，平衡中央与地方权力的一项重要制度，也是中国近代开明的思想家和官僚们所关注的问题之一。地主阶级改革派代表魏源，在《海国图志·后

---

① 引自李剑农：《戊戌以后三十年中国政治史》第3章第66页。
② 同上。
③ 阙名：《预备立宪之满洲》，见《民报》第19号，第99页。

叙》中，便介绍了美国的联邦政治，而且认为联邦宪法的章程，"可垂奕世而无弊"。其后，早期改良派郑观应、陈炽建议在地方政权机构中，采用传统的由百姓公举产生的"乡官"制，每乡设正副乡官各一人，任期两年，期满后另行选举。凡"邑中有大政疑狱，则聚而咨之；以养立教，兴利除弊，有益国计民生之事，则分而任之。"① 他们所主张的乡官制，不是发思古之幽情，而是西学东渐以后，西方国家地方自治制度给予他们思想上的烙印。

清王朝甲午战败以后，谭嗣同在湖南成立以"讲富之理，求救亡之法"为宗旨的南学会，更加关注养成地方人民的自治能力。认为如此，"则他日虽遇分割，而南支那犹可以不亡。"② 然而真正把地方自治由理论推向实践，提上议事日程的是预备立宪期间的立宪派。

立宪派认为地方自治是宪政的一项重要制度，因此提出："中国今日之立宪，当以地方自治为基础。"③ 张謇在《变法平议》一书中，主张仿行日本"设府县议会"，实行地方自治。康有为也撰文说：欧美日本所以能强盛，都是源于实行了地方自治，而中国之所以贫弱，就在于"官代民治，而不听民自治"，所以"救亡之道，听地方自治而已。"④ 梁启超更认为，"以地方自治为立国之本，可谓深通政术之大源，而最切当今中国之急务。"⑤ 黄遵宪、梁启超、熊希龄等人倡办的时务学堂和南学会，还以"提倡实学，唤起士论，完成地方自治政体"，⑥ 作为抵制列强瓜分中国的目标之一。黄遵宪说："湖南志士仁人作亡后之图，思保湖南之独立，而独立之举，非可空言，必其人民习于政术，能有自治之实际然后可。"⑦

---

① 陈炽：《庸书·内篇》。
② 梁启超：《戊戌政变记》，中华书局 1954 年版，第 137—138 页。
③ 《论立宪当以地方自治为基础》，见《东方杂志》第 2 年第 12 期。
④ 《新民丛报》第 5 号。
⑤ 同上。
⑥ 梁启超：《戊戌政变》附录二《湖南广东情形折》，见《饮冰室合集》专集之一。
⑦ 同上。

立宪派所制造的关于地方自治的社会舆论，以及当时流行的译自西方和日本的有关《地方自治制论》、《普鲁士地方自治行政说》等著作，也对清廷有所影响。光绪三十二年七月初六日（1906 年 8 月 25 日），戴鸿慈等在《奏请改定全国官制以为立宪预备折》第五条"宜变通地方行政制度，以求内外贯注也"中，便指出："地方之自治不修"，为"中国现在各省官制未臻妥洽者"之一端。"又考各国之强，莫不原于地方自治……咸谓中国立宪尚可需以时日，而地方自治之规则，固刻不容缓。盖自治制度苟发达，虽不行宪法，而国本已可不摇；自治精神不养成，虽宪法极善，而推行亦且无效。……夫以吾民自治之力，本所固有，若有朝廷明定法制，使得率由，复得良有司鼓舞发明，似不难旋至立效，如此则自治不修之弊除矣。"①

光绪三十二年六月十五日（1906 年 8 月 4 日），南书房翰林吴士鑑在《试行地方分治以具改良政体之基》的奏折中，举日本明治维新为例，说："凡郡县町村悉举明练公正之士民以充议长，综赋税、学校、讼狱、巡警诸大政，各视其所擅长者任之，分曹治事，而受监督于长官……遇有重大事件，则报告于中央政府……"。据此，他提出财政、学务、裁判、巡警四端，均宜分治，强调"分治则利，合治则害；分治则益，合治则损；分治则成，合治则败。"②

以上奏折，说明清朝推行宪政的大员们是把地方自治视为立宪制度的内容和图强的手段，这一点与立宪派的主张是相合的。

除此之外，清廷接受地方自治的建议，还出于缓解极端困难的财政状况，以求做到利用地方之款办地方之事。特别是通过官办自治的形式，控制立宪派的参政活动，协调地方政权与民众的关系，借以巩固清朝的统治地位。至于拥权自重的地方大吏们出于利益考虑，对于实行地方自治尤为热心和积极支持，从而推动了晚清立宪期间地方自治的进

① 《清末筹备立宪档案史料》，第 376、378—379 页。
② 同上书，第 711—713 页。

程。例如，1906 年，直隶总督袁世凯在天津直接督导试行地方自治，设立自治研究所，使士绅等了解自治理法。并且根据"实行自治，立法为先"的原则，拟定自治章程一百一十一条，依法选举议员，于光绪三十三年七月初十日（1907 年 8 月 18 日），"行开会式，互选议长、副议长，再由议事会自行筹设董事会。"① 可以说天津在试行地方自治上，走在了全国的前列。

如果说天津的地方自治是在官府督导下进行的，所谓"局由官立"（局指地方自治总局——作者），那么上海、南通等地由于立宪派的社会基础较为宽广，出现了立宪派自发倡办、地方官府认可的地方自治形式。

光绪三十二年七月十八日（1906 年 9 月 6 日），出使俄国大臣胡惟德根据西方地方自治的步骤，提出两点奏议："一曰明定府县官吏职务权限"，"一曰设立府县议会、参事会"，此二者"实地方自治之精髓，即国民进步之阶梯"。他建议："应请饬下考察政治大臣会同政务处大臣，调查东西各国地方自治制度，参酌损益，详订章程，颁示天下，限期兴办。"②

清廷根据各省筹办地方自治的实际状况，并力图把地方自治纳入符合己意的法定程序，光绪三十三年八月二十三日（1907 年 9 月 30 日）颁发上谕："著民政部妥拟地方自治章程。"宪政编查馆大臣奕劻遵谕上奏说："现民政部正在拟订自治通则，各州县之城镇乡皆得设立自治会，办理自治事宜，所有会员，均由本地选举。"③ 民政部根据"明示自治名义也、划清自治范围也、慎重自治经费也、责重自治监督也"的四项原则，制定了《城镇乡地方自治章程》，共八章一百一十二条。在第一章总纲中提出："地方自治以专办地方公益事宜，辅佐官治为主。按照

---

① 《清末筹备立宪档案史料》，第 719—720 页。
② 同上书，第 716 页。
③ 同上书，第 724 页。

定章，由地方公选合格绅民，受地方官监督办理。"自治的范围涉及本城镇乡的学务、卫生、道路工程、农工商务、慈善事业、公共营业，等等。城镇设议事会、董事会；乡设议事会、乡董。凡具有本国国籍，年满 25 岁的男子，并在本城镇乡连续居住三年以上，年纳正税或地方公益捐两元以上的居民，为城镇乡选民。如品行悖谬、营私武断、曾处监禁以上之刑、营业不正、丧失财产信用、吸食鸦片、有心疾及不识文字者，不得为选民。凡合法选民，有选举自治职员及被选举为自治职员之权。但现任本地方官吏、军人、巡警、僧道及其他宗教师，无自治职员的选举权和被选举权；学堂肄业生，不得被选举为自治职员。

第二章"城镇乡议事会"。规定议事会议员的员额及任期；城镇乡议事会各设议长一名，副议长一名，由议员互选产生，任期两年。议事会有权议决自治范围内应兴应革事宜，自治规约，自治经费岁收入预算、决算，以及筹集与处理方法，等等。议事会议决事件，由议长、副议长呈报该管地方官查核后，移交城镇董事会，或乡董按章执行。议事会每季召开一次会议，会期以十五日为限。

第三章"城镇董事会"。规定董事会职员的员额及任期、职任权限、会议等项内容。

第四章"乡董"。规定乡董的员额及任期，职任权限。

第五章"自治经费"。规定自治经费的类别、管理及征收，预算决算及检查。

第六章"自治监督"。规定城镇乡自治权各以该管地方官监督之，地方官有权申请督抚解散城镇乡议事会、城镇董事会和撤销自治职员。

第七章"罚则"。

第八章"文书程式"。

第九章"附条"。在"附条"中规定本章程施行之期，根据逐年筹备事宜清单办理。

从上述章程的规定，可以看出重点在于划清自治范围，和地方官吏对自治的监督权。为了控制地方自治的运作，强调自治区域"——就我准绳，不至自为风气"；自治职员"一一纳之轨物，不至紊乱纪纲"。可见，这种地方自治，是在君主立宪制度下，由地方官监督的自治。由于《地方自治章程》来源于日本的地方自治法，尽管是不完全的，但这种民主的形式仍然是封建专制制度下所不可能有的新事物。

光绪三十四年八月初一日（1908 年 8 月 27 日），宪政编查馆暨资政院会奏《逐年筹备（宪政）事宜折》，其中提到"地方自治尚无规模，何以享受权利，担任义务"。因此，拟于九年内相继颁布《城、镇、乡地方自治章程》，及《厅州县地方自治章程》，并责成民政部、宪政编查馆同办。至于续办城镇乡地方自治，筹办厅州县地方自治，则由民政部、各省督抚同办。限定于光绪三十九年一律成立城镇乡地方自治；光绪四十年一律成立厅州县地方自治。① 在《九年预备立宪逐年推行筹备事宜谕》中，特别提出："所有人民，应行练学自治教育各事宜，在京由该管衙门，在外由各督抚，督饬各属随时催办，勿任玩延。"② 稍后，再颁上谕，强调："地方自治为立宪之根本，城镇乡又为自治之初基，诚非首先开办不可。著民政部及各省督抚，督饬所属地方官，选择正绅，按照此次所定章程，将城镇乡地方自治各事宜，迅即筹办，实力奉行，不准稍有延误。"③

另据宣统元年正月二十七日电传上谕，再次强调："本年各省均应举行谘议局选举及筹办各州县地方自治，设立自治研究所，选用公正明慎之员绅，一律依限成立。"④

遵照上谕，宪政编查馆将经过核覆的自治研究所章程，"缮具清单，恭呈御览。"该章程共 14 条，首先，提出设置自治研究所的目的是："为讲习自治章程，造就自治职员。"为此，省府厅州县，各设一所，统限于本年内成立。各自治所根据"地方自治章程不越范围"的宗旨，由

---

① 《清末筹备立宪档案史料》上册，第 61—66 页。
② 同上书，第 68 页。
③ 《清末筹备立宪档案史料》下册，第 743 页。
④ 同上书，第 741 页。

通晓宪政法律人员充任专职讲授宪法纲要、法学通论、现行法制大意、谘议局章程及选举章程、城镇乡地方自治章程及选举章程，以及相关的法律章程等等。省自治所学员，由各府厅州县遴选本地士绅；府厅州县自治所学员则遴选本区士绅，每期八个月，每届不得少于二人。①

此后，山东、广西、湖南、陕甘、浙江、吉林等省，分别奏报筹办地方自治与设立自治研究所的进展情况。在各省的奏折中，各自陈述了"遵照清单"，克服困难，设立自治研究所，草拟章程及施行细则等情况。浙江巡抚增韫在奏折中赞扬地方自治，"以本地之人办本地之事，则利害切而谋虑周。"并提出三项"急务"："一曰扶持自治之能力"、"一曰助长自治之事业"、"一曰比较自治之成绩"。②

晚清地方自治是由自上而下的行政命令推动的，截止宣统二年年底，全国设立了自治研究所 128 所，培训学员 3400 名。至宣统三年上半年，仅湖北一省，即培训学员 4300 余人。由于在奉命推行地方自治的过程中，忽视必要的条件，因而带有冒进求成的形式主义，而且产生了种种弊端。《国风报》载文说："昔日之劣绅土豪鱼肉乡里，犹以无所凭借，有所畏惮，不能纵其无穷之欲，今乃为之设备机关，遍布爪牙，剥夺压抑，甚至劫盗，而彼尤号于众曰，此国家委任之职务，出粟米麻丝，以供其事，固若吾侪小民之义务也。是以官吏之横暴为未足，而复纵群狼以助其横噬，自治而适以自乱，数年而后，地方自治果皆成之，窃恐天下无宁岁，而吾民无复噍类矣。"③ 御史萧丙炎在《奏各省办理地方自治流弊，并请严加整顿》的奏折中也指出，"督抚委其责于州县，州县复委其责于乡绅"，乡绅中劣监刁生，运动投票，充担职员议员董事者，占据多数。他们"平日不谙自治章程，不识自治原理"，一旦办理自治，"或假借公威为欺辱私人之计，或巧立名目为侵蚀肥己之谋，

---

① 《清末筹备立宪档案史料》下册，第 747—748 页。
② 同上书，第 756 页。
③ 长兴：《论莱阳民变事》，见《国风报》第 1 年第 18 期。

甚者勾通衙役胥差，交结地方官长，藉端牟利，朋比为奸。"以致"苛取民财，无裨民事，怨声载道，流弊靡穷"。如不"……严加整顿……民怨自积，民心渐离，大乱将兴，何堪设想"。为此，奏请"明降谕旨，通饬各省督抚……认真监督，严加整顿……务使闾阎毋扰，则民心可安，官吏秉公，则宪政无弊矣。"①

《国风报》的著文和萧御史所言，切中了晚清筹备地方自治的流弊。从清廷决策者而言，实行地方自治只是作为预备立宪的一个节目提上议事日程的，其着眼点更多的是重形式，而轻于实效。作为地方官员只能秉承御旨，按立宪清单的要求运作，大多数是"急于进行，而失之操切，或拘于表面，而失之铺张"。② 至于地方士绅和广大民众，在专制制度的长期统治下，不仅缺乏有关自治的知识与意识，也不具备实行自治的能力。如同陕甘总督长庚在奏折中所说："民智锢蔽，语以自治名称，选举资格，多茫然不解所谓，即读书明理之人，亦仅知硁硁自守，或反以公益共谋，诮为多事。"③

然而筹办地方自治毕竟是一项亘古所未有的新举措，通过培训教育，对于启发民智，养成权利与义务观念，有着一定的积极意义。据《静海县志》记载：赴省学习归来的代表，即成立自治研究所，"所长一人，讲员二人，学员数十名，课程为法学通论、刑法、政治学、户籍法、警察行政选举法、财政学、国际法等，六个月卒业，前后卒业两班."④ 特别是通过这种方式，使得中国最为沉闷闭塞的乡村，渗入了民主宪政的新气息，广大民众也经历了从未有过的民主自治洗礼。他们在学习自己管理自己的方法。特别是初步了解西方宪政与法律知识的开明士绅，成了清廷推行预备立宪在农村的支柱。

实践证明实施真正的地方自治，是涉及改革国家制度的艰巨斗争，

---

① 《清末筹备立宪档案史料》，第 757—758 页。
② 同上。
③ 同上书，第 751—752 页。
④ 《政事部》，见《静海县志》亥集。

它以国家的民主化为前提，又是民主制度的基石。中国自秦统一以来，便建立了专制主义中央集权制，这种制度以及由此而形成的政治、法律、文化，所追求和维护的是统一与集权；而不是地方分治。因此，实施真正的地方自治，不仅需要进行根本体制上的改革，而且还需要批判和清除传统政治法律文化所形成的积淀。

由于真正的地方自治所依靠的主要力量是广大民众，而不只是地方士绅和其他有产者。因此，需要进行艰苦的开民智的工作，培养他们最起码的文化素养和行使自治权利的能力，只有如此，才有可能把地方自治放在可靠的基础上。预备立宪期间推行地方自治的经验说明了真正的地方自治，绝不是颁布一些上谕和自治法规就能唾手可得的，那样的自治只能是民主辞藻掩盖下的官治。

四、宪政编查馆的设立与考察宪政大臣再次派出

1. 宪政编查馆的设立

光绪三十三年七月初五日（1907 年 8 月 13 日），奕劻等根据"编译东西洋各国宪法，以为借镜之资，调查中国各行省政俗，以为更张之渐"的需要，奏请《改考察政治馆为宪政编查馆》，"专办编制法规，统计政要各事项。嗣后遇有关系宪政及各种法规条陈，并请饬交该馆议覆，以归一律。"①

同日，光绪皇帝奉慈禧太后懿旨，下谕批准改考查政治馆为宪政编查馆，专办宪政。

同年七月十六日，奕劻等仿照日本明治维新初年设立宪法取调局的

———————————
① 《清末筹备立宪档案史料》，第 45 页。

体制，拟定《宪政编查馆办事章程》上奏，表示："立宪各国，无不以法
治为主义，而欲达法治之域，非先统一法制不可"。为此宪政编查馆设编
制局，"掌属于宪法之事"，及掌属于法典、各项单行法、行政法规之事。
此外，还设立统计局、译书处、官报局等机构。同日，即获上谕批准。

　　宪政编查馆的设立，使清朝具备了实施预备立宪的办事机构。在庆
亲王奕劻的领导下，网罗了一批积极主张立宪的代表人物。如：杨度以
候补四品京堂衔在宪政编查馆行走；章宗祥任宪政编查馆编制局副局
长；陆宗舆任宪政编查馆馆员。①

　　在宪政编查馆存在的四年间，起草了《宪法大纲》、《各省谘议局章
程》、《谘议局议员选举章程》、《各省会议厅规则》、《城镇乡地方自治选
举章程》；拟定了《九年预备立宪逐年推行筹备事宜》、《修正逐年筹备
事宜》，还与会议政务处一同拟定了《内阁官制》、《内阁办事暂行章
程》；与民政部一并编订了《户籍法》、《结社集会律》等。宪政编查馆
于1908年设立了"考核专科"，分两期派人分赴各省考察筹备宪政情
形，可以说宪政编查馆为筹备立宪做了许多基础性的工作。

2. 再派大臣出洋考察宪政

　　自从清廷颁发仿行宪政的上谕以后，王公贵族官僚集团内部一般作
出正面呼应，但也不时发出直接或间接的反对之声。为此，光绪三十三
年五月二十八日（1907年7月8日）发布"凡有实知预备之方施行之序
者，准各条举以闻"② 的上谕。此后，无论部院员司还是地方官吏上书
言政者不乏其人。其中积极主张立宪的，如翰林院侍讲学士朱福诜，他
提出日本应该成为中国立宪的"前事之师"，可"择善而从"。③ 署理黑
龙江巡抚程德全则奏请："今日创行宪政，急起直追，已患不遑，但若

---

① 参看《民国人物传》（三）。
② 《清末筹备立宪档案史料》，第299页。
③ 同上书，第272页。

漫无次第，则前后倒置，似亦非政体所宜。"他在奏折中把开国会视为"宪政之精髓"、"新机之萌芽。"① 署理广西提学使李翰芬则强调"方今时局艰危，事机日亟"，希望"明降谕旨，于光绪三十七年颁布宪法，开上下议院"，设立责任内阁，实行地方自治。② 出使美国二等参赞官吴寿全也奏称："惟有将宪法规则迅速宣示，使天下咸知法律范围，自由权限"，为此请求清廷责成宪政编查馆拟制宪法大纲，作为预备立宪的"当务之急"。③

　　除此之外，也有人认为外国实行的君主立宪政体，一无可取，中国不可仿效。尤有甚者竟然提出"请即罢议立宪"，④ "十年之后，再议立宪。"⑤

　　为了平息争论，统一思想，清廷接受袁世凯于六月十九日提出的"请派大臣赴德日详考宪法"的建议，于光绪三十三年八月十二日（1907年9月19日），下谕："命外务部右侍郎汪大燮，充出使英国考察宪政大臣，学部右侍郎达寿，充出使日本国考察宪政大臣，邮传部右侍郎于式枚，充出使德国考察宪政大臣。"⑥ 此次考察宪政大臣的品级规格远逊首次的五大臣，但是此次考察的目标却集中于宪政，而不是笼统的政治。在这三员大臣中，于式枚并不是宪政的拥护者，他在奏章中竟然提出"中国旧章本来立宪……宪法为中国之名古矣"。因此，"宪法自在中国，不须求之外洋。"他还提议对于立宪的活动，应"随时劝导，遇事弹压，庶不致别滋事端"。⑦ 作为宪政考察大臣的于式枚，发表这样的逆历史潮流的言论，说明了他恰恰是顽固守旧势力的代表，而绝不是立宪运动的前驱，他的言论也并非一时有感而发，而是有它的思想认

① 《清末筹备立宪档案史料》，第258页。
② 同上书，第299页。
③ 同上书，第315页。
④ 同上书，第233页。
⑤ 同上书，第240页。
⑥ 《大清德宗景皇帝实录》卷577。
⑦ 《清末筹备立宪档案史料》，第306、第336页。

识基础的。清廷任命这种人为考察宪政的出洋大臣，不能仅仅用择人不当进行解释，其实是蕴藏深意于其中的，是用以抵制立宪派发动的立宪斗争的舆论工具。

至于汪大燮，虽然充当过留日学生监督和出使英国大臣，比较了解英国和日本的立宪体制，但此人"巧于避忌"，只是客观地介绍英国君主立宪制下君主的权力、地位与责任，并且编纂了《宪政要目答问》、《英国宪政要义》等十四种著作，以书代言，不表露自己的倾向。作为考察宪政大臣如此避忌直言，未免较之第一次考察政治大臣载泽、端方为逊色。而第二次出洋考察宪政恰恰是在清廷公开下谕预备立宪一年以后，这足以说明保守势力的政治高压和清廷缺乏立宪的诚意。

在三位出洋考察宪政的大臣中，只有达寿对日本的立宪政体进行了认真的考察，有所领悟，并且在奏折中敢于坦率发表己见。他在《奏考察日本宪政情形折》中首先提出："皇太后、皇上今日所宜综览时势亟仰宸断者，有二事焉，一曰政体之急宜立宪也，一曰宪法之亟当钦定也。政体取于立宪，则国本固而皇室安，宪法由于钦定，则国体存而主权固，此皆有百利而无一害之事。"① 他从纵览"世界立宪之大概，与日本立宪之情形"中，得出了"立宪可以固国体"，"立宪可以安皇室"的结论。其次，他阐述了"宪法之必当钦定"的理由，认为"钦定宪法出于君主之亲裁"，"宪法苟非由于钦定"，则君主、臣民、政府、议会、军队等"皆不免为流弊之滋"。② "中国制定宪法，于君主大权，无妨援列强之法，详细规定，既免将来疑问之端，亦不致于开设国会时为法律所限。此钦定可以存国体而巩主权者一也。"③ 至于臣民权利自由虽然载于宪法，但是"操纵之法，则必使出于上之赐与，万不可待臣民之要求，此钦定可以存国体而巩主权者二也"。又说"今日若设内阁，不过

---

① 《清末筹备立宪档案史料》，第 25 页。
② 同上书，第 34、35 页。
③ 同上。

复中书省之旧制而已，岂有损君权于万一哉？此钦定可以存国体而巩主权者三也"。他还举日本的国会为例，说：国会"开会、闭会、停会、解散、紧急命令、独立命令，无一不属于天皇之大权。若非纯粹钦定宪法，安得有此。……此钦定可以存国体而巩主权者四也。"[1] 对于军队的统帅权他主张仿日本宪法第 11 条："天皇统帅海陆军"之例，由皇帝"收此统帅之大权，载诸钦定宪法，则机关敏捷，既足征武备之修，帷幄运筹，实可卜国防之固。此钦定可以存国体而巩主权者五也。"[2]

他还阐明"宪法者，国家之根本法也。……国家制定宪法，则皇室之事自应与宪法同时制定，以为国家之根本法"。由于"惟兹事重大，国本攸关"，所以恳请"原本我朝之家法，参酌列国之新章，损益因时，折衷至当……垂为典要，与宪法同尊。"[3]

最后，他慷慨表示："非实行立宪，无以弭内忧，亦无以消外患；非钦定宪法，无以固国本而安皇室，亦无以存国体而巩主权。大权政治，不可不仿行，皇室典章，不可不并重。伏愿我皇太后，皇上，览此国家多难之时期，深维祖宗创业之匪易，大施英断，咸与维新，措天下于治安，与黎民而更始。"[4]

由于达寿奉调回国，由李家驹继任考察宪政大臣，仍驻日本考察。他在宣统元年五月初七日（1909 年 6 月 24 日）奏《考察日本官制情形请速厘定内外官制折》中，阐述了对于日本行政考察的情况，并且以日本现行制度为基础，"参之欧洲各国，较其异同，计编成日本官制通释、日本自治制通释、日本官规通释、日本行政裁判法制通释各种，都三十余万言"。由于"全书译缮告竣，尚需时日，兹谨先将日本官制通释三册、官制篇二册，附中国内阁官制草案平议一册、自治制篇一册、官规篇一

---

① 《清末筹备立宪档案史料》，第 38 页。
② 同上书，第 38、40 页。
③ 同上。
④ 同上书，第 41 页。

册，录缮成帙，恭呈御览。"[①] 他认为"凡厘定官制，必依其国之政体为标准，即循乎宪法之本义以为编制是也。日本为君主立宪政体之国，其宪法为钦定宪法"，[②] 所以日本的官制无论中央官制、地方官制都循此而定。他特别介绍日本的内阁制度，并为清廷拟定内外官制提出了意见。

总括上述，第二次派员出洋考察宪政，半是应付立宪派的舆论压力，半是为了具体实施君主立宪寻求借鉴。但由于所造声势远不如前次，而考察大臣之间又认识歧异，议论参差，缺乏统一的思想原则，以至社会舆论谴责者有之，赞同者有之。尽管达寿和李家驹提出了具有针对性的意见和措施，但在实际上并没有起到应有的作用，只是为清廷预备立宪的拖延战术提供了新的部署意见。

不仅如此，从清廷将弹劾于式枚的政闻社法部主事陈景仁撤职，以及随后颁发的查禁政闻社的谕令，都可以看出清廷警告立宪派的行动不得超越"秩序"范围的用心。

五、筹设"预立上下议院基础"的谘议局和资政院

在清廷明诏宣示预备立宪以后，督抚岑春煊、袁世凯等奏请设立资政院和省谘议局。在朝野舆情的推动下，于光绪三十三年（1907 年）八九月间，相继下谕设立资政院和谘议局，并次第公布了资政院和谘议局章程及议员选举章程，使资政院和谘议局的筹设全面展开。

1. 谘议局的设立与国会大请愿

光绪三十三年九月十三日（1907 年 10 月 19 日），在《著各省速设

---

① 《清末筹备立宪档案史料》，第 523—524 页。
② 同上书，第 524 页。

谘议局谕》中提出:"前经降旨于京师设立资政院以树议院基础,但各省亦应有采取舆论之所,俾其指陈通省利弊,筹计地方治安,并为资政院储材之阶。著各省督抚均在省会速设谘议局,慎选公正明达官绅创办其事……凡地方应兴应革事宜,议员公同集议,候本省大吏裁夺施行。遇有重大事件,由该省督抚奏明办理。将来资政院选举议员,可由该局公推递升。如资政院应需考查询问等事,一面行文该省督抚转饬,一面迳行该局具覆。该局有条议事件,准其一面禀知该省督抚,一面迳禀资政院查覆。其各府州县议事会一并预为筹划,务期取材日宏,进步较速,庶与庶政公诸舆论之实相符,以副朝廷勤求治理之意。"①

宪政编查馆于光绪三十四年六月二十四日(1908年7月22日),《奏拟订各省谘议局并议员选举章程》提出:"谘议局之设,为地方自治与中央集权之枢纽,必使下足以裒集一省之舆论,而上仍无妨于国家统一之大权。"在"仰体圣训,博考列国立法之意,兼采外省所拟章程"的基础上,拟定各省谘议局章程十二章六十二条。经光绪皇帝批准,通令各省督抚限一年内一律办齐。《各省谘议局章程》之《总纲》第1条明确宣布:谘议局为"各省采取舆论之地,以指陈通省利病,筹计地方治安为宗旨"。

谘议局设议长一人,副议长两人,议长、副议长由议员互选产生。闭会期间设常驻议员若干名,亦由议员互选产生。议长、副议长及常驻议员,除行使特定职权外,其权利义务与议员同等。

谘议局的责任权限为:议决本省应兴应革事件;议决本省之预算决算、税法、公债及担任义务之增加,权利之存废事件;议决本省单行章程规则之增删修改;选举资政院议员;申复资政院及督抚咨询事件;收受本省自治会或人民陈请建议事件;公断和解本省自治会之争议事件,等等。

凡谘议局议定事项,交督抚公布施行,若督抚有异议,可交谘议局

① 《清末筹备立宪档案史料》下册,第667页。

复议，但须说明原委。若督抚及谘议局各执一见不能解决之事件，督抚应咨送资政院核议决定。督抚侵犯谘议局权限，或其他违法事件，谘议局得呈请资政院核办。"凡议员于谘议局议事范围内所发言论，不受局外之诘责"，"凡议员除现行犯罪外，于会期内非得谘议局承诺，不得逮捕。"

谘议局会议分常年会和临时会两种，均由督抚召集。常年会每年一次，会期 40 日，自九月初一日至十月十一日。"遇有紧要事件"，由督抚之命令，议员三分之一以上之陈请，可随时召开临时会，会期十日。

"各省督抚有监督谘议局选举及会议之权，并于谘议局之议案有裁夺施行之权"。若谘议局议事逾越权限并不受督抚劝告，所议决事项违背法律，或议员有狂暴行为者，督抚得令其停会。若谘议局有轻蔑朝廷情形，所议事件妨害国家治安，或不遵停会命令，或议员多数不赴召集，屡经督促仍不到会等，督抚得奏请解散谘议局，并将事由咨明资政院。可见各省谘议局完全是被置于督抚的严密控制之下的咨询性质的机构，充分体现了清廷严令地方督抚"曲为之防"的意图。在《钦定谘议局章程》第七章第三十一条按语中，虽偶有"谘议局为一省议会"的提法，但实际上仅为各省采取舆论之所，和为资政院储才之阶，完全不具备地方议会的性质。奕劻等在《会奏各省谘议局章程折》中便明确提出，谘议局不过是"议会之先声"而已。将来开设议院以后，"各省谘议局或改为省议会或改为自治议会……固不以今日之谘议局当之也。"①

不仅如此，在宪政编查馆会奏谘议局章程的奏折中，业已明确提出："夫议院乃民权所在，然其所谓民权者，不过言之权，而非行之权也。……况谘议局仅为一省言论之汇归，尚非中央议院之比，则其言与行之界限尤须确切订明，不容稍有踰越。"② 即使谘议局法定的"言之

---

① 《宪政编查馆复议谘议局权限折片》，见《中华民国史档案资料汇编》第 1 辑，第 116 页。
② 《清末筹备立宪档案史料》下册，第 669 页。

权"，也在"尤不得胥动浮言，妨害治安"①的威胁下，受到极大的限制。正如《民报》所说："立宪预备粉饰天下之视听，则谘议局不能不设，惟于其所有之权限削之又削，又广用监察钳制之术，务使归于有名无实而后已。"②

根据《各省谘议局选举章程》，各省谘议局议员由各府、州、县采用复选制选举产生。凡属于本省籍贯，年满 25 岁以上之男子，曾在本省地方办理"事务"及其他"公益事务"，满三年以上著有成绩者；中等学校毕业或举贡生员以上出身者；曾任实缺职官文七品，武五品以上未被参革者；在本省有 5000 元以上资产，或外省人在本省有一万元以上之资产者，享有选举谘议局议员的权利。

凡属本省籍贯，或寄居本省满十年以上，年满 30 岁以上之男子，得被选为谘议局议员。

凡有下列诸款之一者，不得有选举及被选举权：品行悖谬，营私武断者；曾处监禁以上之刑者；营业不正者；失财产上之信用，被人控实，尚未清结者；吸食鸦片者；有心疾者；身家不清白者；不识文义者。

此外，本省官吏或幕友、常备军人、续备军人、后备军人、巡警官吏、僧道及其他宗教师，各学堂肄业生，一律停止其选举权与被选举权。现充小学堂教员者，停止其被选举权。

经过出身、职务、学历、财产的重重限制，选出的谘议局议员，只能是官僚、地主、绅士和资产阶级上层分子，而且选举活动都是在地方官操纵下进行的。广东谘议局筹办处简章明确规定："本处总办四人，以藩、臬、学、道四司任之；会办一人，遴选候补道员任之；提调一人，以广州府知府任之；坐办一人遴选候补知府任之……"③这就难怪

---

① 《光绪朝东华集》总第 5806 页。
② 《民报》第 26 号。
③ 《谘议局经过大事记》，见《宪政新志》第 1 卷，第 1 号。

民众对于议员选举，表现出异常的冷漠。以较为开化，得风气之先的福州、广州为例，福州初选时，城区选民到会者仅有十分之四，乡村各选区到会者竟"十不及一二"。广州府有选民1600余人，参加投票者仅399人。① 这种情况说明了谘议局的产生与民众的切身利益缺乏关联性，是缺乏群众基础的。同时也反映了普通民众对于民主宪政的陌生和民主意识的匮乏。

在选举产生的各省谘议局议员中，进士、举人、贡生、生员出身的议员和留日归国的学生，占议员总数的90.9%。时人曾经评论说："宣统元年，各省谘议局成立，当选之议员，以主张立宪留日归国之学生为大多数。于是国内之知识分子，若教育界、若工商界，翕然合之，其势大张。"② 至于议长、副议长多为立宪派的领袖人物，如江苏议长张謇、浙江副议长沈钧儒、四川议长蒲殿俊、湖北议长汤化龙、湖南议长谭延闿、福建议长刘崇佑、山西议长梁善济等。他们在谘议局中起了主导的作用。

至宣统元年八月（1909年9月），各省谘议局除新疆外陆续成立，全国共设立了21个谘议局。由于各省经济、政治、文化的发展不平衡，对于民主宪政的理解程度也存在着差异，因此所发挥的作用是不同的。但总的来说，谘议局被舆论视为"宪政之萌芽，而为中国最新之产物。"③

宣统元年九月初一日（1909年10月14日），是各省谘议局第一次常年会开会之期，除新疆奏明缓办外，各省一律开办，虽然"谘议局仅代表一省舆论，尚非国家议院之比"，其权限"本非各国地方议会所得比拟。"④ 但是，立宪派仍投以极大的政治热情，他们利用这个合法的平台，通过了大量内容涉及立法、司法、预算、决算、税法、公债、国

---

① 《时报》宣统元年闰二月二十八日。
② 刘厚生：《张謇传记》，龙门联合书局1958年版，第177页。
③ 廖治：《谘议局经过大事记》，见《宪政新志》第1号。
④ 《宪政编查馆复议谘议局权限折片》，见《中华民国史档案资料汇编》第1辑，第116页。

家主权、实业、教育、禁烟禁赌等议案。同时，还弹劾贪赃枉法、腐败无能的官吏，产生了广泛的影响。不仅如此，他们还把团体之间的联合，推进到谘议局之间的联合，从而为进行全国性的大请愿准备了组织基础。1909年10月，立宪派首领张謇发表《请速开国会建立责任内阁以图补救书》，提出"国势日危，民不聊生，救亡要举，惟在速开国会，组织责任内阁"的建议，很快得到各省谘议局的响应。12月，湖南、湖北、江西、江苏、浙江、福建、山西、广西、吉林、黑龙江等16省谘议局各派三名代表在上海开会，组成国会请愿代表团，准备齐集北京，联合请愿速开国会。张謇还专门写了《送十六省议员诣阙上书序》，希望代表"秩然秉礼，输诚而请"，并且鼓励说："诚不已，则请亦不已，未见朝廷之必负我人民也。"

1910年1月，各省谘议局代表向都察院呈交了速开国会，组织责任内阁的请愿书。针对谘议局代表的诣阙上书，清廷发布上谕表示："惟我国幅员辽阔，筹备既未完全，国民智识程度又未画一，如一时遽开议院，恐反致纷扰不安，适足为宪政前景之累。非特朕无以慰先朝在天之灵，试问尔请愿代表诸人，其何以对我四万万国民之众乎？总之，宪政必立，议院必开，所慎筹者，缓急先生之序耳。……现在各省谘议局均已举行，明年资政院亦即开办，所以为议院基础者，具在于此。但愿各臣民各勤职务，计日程功，每务虚名而隳实效，兹特明白宣示，俟将来九年预备业已完全，国民教育普及，届时朕必毅然降旨，定期召集议院，庶于励精图治之中，更寓慎重筹维之意。"[1] 这道上谕坚持九年预备期，驳回了代表们速行立宪，于一年内召开国会的请求，使第一次国会大请愿无结果而终。此后，各地纷纷组织国会请愿团体，涉及官、商各界及海外华侨，并与梁启超等海外立宪派分子互通声气，密切配合，积极准备第二次请愿。

宣统二年五月初十日（1910年6月16日），各省请愿开国会代表

---

① 《清末筹备立宪档案史料》，第641—642页。

150 余人，再次赴都察院呈递请愿书，请为代奏。五月十九日（6 月 25
日），"奉旨令会议政务处王大臣于二十一日预备召见"。五月二十一日
（6 月 27 日），"诸王大臣入见后，商议许久，旋定议必须俟九年筹备完
全，方可议开国会。"① 遂即颁发《仍俟九年预备完全再定期召集议院
谕》，表示："本日复面询各衙门行政大臣，亦皆奏称按期次第筹备，一
切尚未完全等语。朕仰承先朝付托之重，俯念臣民呼吁之殷，夙夜孜
孜，深望宪政早一日成立，即早纾一日忧劳，亦何靳于议院耶?! 惟思
国家至重，宪政致繁，缓急先后之间为治乱安危所系。壮往则有悔，虑
深则获全。论议院之地位，在宪法中祇为参预立法之一机关耳，其与议
院相辅相成之事何一不关重要，非尽议院所能参预。而谓议院一开即是
致全功而臻郅治。古今中外，亦无此理。况以我国幅员之广，近今财政
之艰，屡值地方偏灾，兼虞匪徒滋事，皆于宪政前途无不阻碍。而朝廷
按期责效，并未尝稍松懈，宵旰切急图治之心，当为薄海臣民所共谅。
本年九月即届资政院开院之期，业已降旨选定议员，先期集云，如能上
下一心，共图治理，不惟立议院之基础，兼以养议院之精神。朕缵述前
谟，定以仍俟九年筹备完全，再行降旨，定期召集议院。尔等忠爱之
忱，朕所深悉。"上谕最后以严厉的口吻宣布："惟兹事体大，宜有秩
序，宣谕甚明，毋得再行渎请。兹特通行谕令知之。"② 第二次请愿速
开国会，又告失败。

　　然而这道严旨并没有吓倒立宪派的请愿活动，相反，就在这道上谕
下达的当天，代表们立即开会"决为三次准备，誓死不懈。"③ 在这期
间，由同盟会领导的民主革命迅速发展，清朝统治的危机日益逼近。对
形势发展较为敏感的梁启超特别著文指出："国民所以哀号迫切再三吁
诉者，徒以现今之政治组织循而不改，不及五年，国必大乱以至于亡；

---

① 《东方杂志》记载第一，宣统二年（1910 年）第六期，见《中国大事记》。
② 《清末筹备立宪档案史料》，第 645 页。
③ 《帝京新闻》宣统二年五月十六日，转引自李新主编：《中华民国史》第一编下册，中
　华书局 1982 年版，第 105 页。

而宣统八年召集国会为将来历史上所必无事也。"①

为了组织第三次国会请愿，同年 8 月 12 日，各省谘议局联合会在京成立。会议通过了章程和议事规则，选举了汤化龙、蒲殿俊为正副会长，孙洪伊、杨廷栋、刘崇佑、雷奋等为审查员。会议对请愿速开国会的具体事项进行了安排，并决定如不达目的，即采取不承认新捐税、各谘议局议员全体辞职等强硬措施。

10 月 3 日，请愿代表团利用资政院开会之机发动了第三次国会请愿运动。7 日，代表团呈递请愿书。9 日，孙洪伊等至资政院，恳请资政院代奏有 187 人签名的请愿书及各省谘议局联合会的陈请书，要求一年内开国会。22 日，资政院通过了速开国会的议案。25 日，由东三省总督锡良领衔，两广总督袁树勋、云贵总督李经羲、江苏巡抚程德全、安徽巡抚朱家宝等 17 位督抚联衔上奏清廷，要求亲简大臣，立即组织内阁；资政院议员及部分政府官员，也都为之推波助澜，海外留学生，华侨团体纷纷通电声援。梁启超也在日本发表文章，鼓励立宪派"竭诚尽敬，以请愿国会"。可见，第三次国会请愿不仅牵动全国，而且卷进了社会各界，声势之大前所未有。迫于强大的社会压力，清廷作出让步，将九年立宪预备期，缩短为五年，定于宣统三年成立责任内阁、宣统五年召开国会。同时宣称："一经宣布，万不能再议更改"，"此后倘有无知愚氓借词煽惑，或希图破坏，或逾越范围，均足损害治安，必即按法惩办"，② "所有各省代表人等，著民政部及各省督抚，剀切晓谕，令其即日散归，各安职业，静候朝廷详定一切，次第施行。"③ 此谕颁发以后，以奉天、直隶的立宪派为中心，各省发动了第四次国会请愿活动。于 1910 年 12 月 20 日以"通国学界同志会"的名义，通电各省，同时罢课。对此，清廷采取坚决的镇压手段，奉天的代表被强行押回原

① 梁启超：《论政府阻挠国会之非》，见《饮冰室合集》文集之二十五。
② 《宣统政记》卷二十八。
③ 《清末筹备立宪档案史料》，第 646 页。

籍，天津的温世霖被发成新疆，持续年余的国会请愿运动至此结束。

自 1909 年 9 月至 1910 年 10 月，由立宪派发起和组织的三次规模浩大的，敦促清廷速开国会、速组责任内阁、迅即颁布宪法的请愿活动，是和当时国内形势的发展密切联系着的。自宣统元年（1909 年）起，国内不断发生反教会压迫、反抗捐税，以及抢米风潮等各种形式的斗争，其次数之多，规模之大，超过庚子后的任何一年，社会经济濒临崩溃。梁启超在《论中国国民生计之危机》一文中指出："十年前号称殷富之区者，今则满目萧条，而商号之破产，日有所闻。金融紧迫，无地不然。"[1] 特别是资产阶级革命派发动的武装反清起义，更加波澜壮阔。立宪派敏锐地觉察到，清朝统治已经险象环生，因此敦促清廷速行宪政，挽救危机，同时，他们也想乘机谋取更多的政治利益。

历时一年多的国会请愿运动，客观上有助于促进民众的民主意识，人们从中体验到了顽固的统治者是不会轻易放弃手中的权力的。对清朝顽固统治集团也具有一定的震撼力，从清廷对立宪态度的变化中，可以测量到他们所受到的要求宪政的群众性运动的压力的强度。

2. 资政院的设立与主要活动

光绪三十三年八月十三日（1907 年 9 月 20 日），光绪皇帝根据慈禧太后设立资政院的懿旨："立宪政体取决公论，上下议院实为行政之本。中国上下议院一时未能成立，亟宜设资政院以立议院基础。"下谕"著派溥伦、孙家鼐充该院总裁。所有详细院章，由该总裁会同军机大臣妥慎拟订，请旨施行。"[2] 宣统元年七月初八日（1909 年 8 月 23 日）修订资政院院章上奏，同年九月初一日（10 月 14 日），奏准颁布施行。

根据资政院院章：资政院"以取决公论，预立上下议院基础为宗旨"，设总裁两人，总理全院事务，"以王公大臣著有勋劳通达治体者，

---

[1]　梁启超：《论中国国民生计之危机》，见《饮冰室合集》文集之二十一。
[2]　《清末筹备立宪档案史料》，第 606 页。

由特旨简充。"设副总裁两人，佐理全院事务，"以三品以上大员著有才望学识者，由特旨简充。"资政院议员由钦选和互选两种方式产生。钦选议员，由皇帝简派宗室王公世爵、满汉世爵、外藩王公世爵、宗室觉罗、各部院官（审判官、检察官、巡警官不在此例）、硕学通儒、纳税多者担任，共计 100 名。互选议员，由各省谘议局议员互相推举产生，并由各省督抚"复加选定"，共计 100 人。无论钦选议员还是互选议员，在资政院中"应有之权，一律同等，无所轩轾"。原定王公世爵不超过10 人，后经修改，增至 42 人；互选名额原为 167 人，后减至 100 人，目的显然是为了扩大亲贵的特权。后因新疆未选，故 21 省互选议员共计 98 名，为示对等，钦选议员亦减少两名，为 98 名。

资政院有权议决预算、决算、税法、公债，制定与修改法律（宪法不在此例），以及奉特旨交议的事件。各款议案，"应由军机大臣，或各部行政大臣先期拟定具奏，请旨于开会时交议。"有关税法、公债、修改法典事件，"资政院亦得自行草具议案"。特别需要指出，资政院对有关事件议决后，"由总裁、副总裁分别会同军机大臣或各部行政大臣具奏，请旨裁夺；资政院议决的事件，军机大臣或各部行政大臣如有异议，可咨送资政院复议，若资政院仍执前议，可由资政院总裁、副总裁及军机大臣或各部大臣分别具奏，请旨裁夺。"

至于人民之陈请事件，多数议员认为合例可采者，得将该件提议为议案。有关行政事宜的议案，应咨送各该管衙门办理。资政院自行提出的议案，要有议员 30 人以上之附议，到会议员过半数之可决，方可议决。为保证议员履行职责，"资政院议员于本院议事范围内所发言论，不受院外之诘责"，"议员除现行犯罪外，于会期内非得本院承诺，不得逮捕。"

资政院每年九月起开常年会一次，会期三月，临时会期一月。无论开会、闭会，均须"明降谕旨，刊布官报"。①

———————————
① 《清末筹备立宪档案史料》，第 629—637 页。

以上可见，这个被夸张为带有议会性质的资政院，既没有制定和修改宪法的权力，军机处也对资政院不负任何责任。实际上不过是由皇亲贵族、官僚地主、资产阶级上层所组成的，并受皇帝直接控制的机构而已。

资政院院章公布后，随之又公布了《资政院议员选举章程》、《议事细则》、《分股办事细则》、《资政院旁听规则》及《各部院衙门官互选资政院议员详细规则》等。

资政院于宣统元年八月二十日（1909 年 10 月 03 日）"举行召集之典"，正式成立。九月初一日（10 月 14 日），召开第一次常年会，会议召开之日，军机大臣奕劻宣读谕旨，表示："资政院为上下议院之基础，尤为立宪政体之精神"，"上为朝廷竭协赞之忠，下为庶民尽代议之责。"① 摄政王载沣在"开院训词"中，也说：资政院必能"扩大立宪之功用，树议院之楷模。"②

资政院开会期间，适值各省谘议局发动的速开国会请愿不断高涨之时，来自海内外的请愿书及电报纷至沓来，因此遴选议员易宗夔提议："当此存亡危急之秋，惟国会可以救亡。现在各省谘议局联合会陈请速开国会……请议长改定议事日表，议请速开国会事件。"③ 这个提议得到一致通过，《民立报》报道说："此次资政院表决此案（指速开国会案）时，自王公以及民选议员全体赞成，三呼万岁，外人脱帽起敬，电告本国。"④ 在《资政院请速开国会奏折》中郑重表示："臣院窃维世界政体渐趋一轨，立宪者昌，不立宪者亡，历史陈迹，昭然可睹，而立宪政体之要义，实以建设国会为第一。"⑤ 这个奏折换来的是清廷于十一月四日明谕，改于宣统五年即三年以后开设国会，与此同时解散请开国

① 《宣统政记》卷二十七，第 1—2 页。
② 同上。
③ 《资政院第一次常年会议场速记录》卷二十号。
④ 《资政院第一次常年会议场速记录》第二十七号。
⑤ 《资政院第一次常年会议事录》第十号，第八次会议记录。

会的代表，以使议案落空。

此外，资政院还通过了弹劾军机大臣案和迅即设立责任内阁案，但却遭到清帝的严词申斥，颁发《设立责任内阁朝廷自有权衡非资政院所得擅预谕》，严申："朕维设官制禄及黜陟百司之权为朝廷大权，载在先朝钦定宪法大纲，是军机大臣负责任与不负责任，暨设立责任内阁事宜，朝廷自有权衡，非该院总裁所得擅预，所请着毋庸议。"① 这道上谕在资政院引起轩然大波，议员们指责它违背立宪精神，"是专制政体办法，不是立宪政体办法"，② 并以接连通过两个弹劾军机大臣议案的合法方式，首次向神圣君权发出了公开的挑战。尽管奏折"留中"不发，但却显示了皇帝不能再以个人的是非为是非，而应以宪法的是非为是非，这是开中国历史的先例的。

总的看来，历时三个月零十天的资政院常年会，并没有突破"议之权，而非行之权"的职权界定。譬如，虽然通过了弹劾军机大臣案，但是"中国依然，军机大臣依然"，③ 奕劻照旧任职。黄鸿寿在《开设资政院》一文中说："今政府于资政院所议决，殆无一不弁髦视之。以言法律，则资政院可决之法律，政府不施行之如故，资政院否决之法律，政府施行之如故；以言预算，资政院所议之预算案，收支不相偿者数千万，而公然敢以提出，于议决削减者，任意不削减，于议决诸为甲项之用者，任意挪用于乙项。且政府不经院议而拟借一万万元之外债，资政院亦不敢抗议……"④ 给事中高润生也批评说："资政院开院伊始……各部大臣提出议案，率皆以例行公事敷衍塞责，……至今不能确实成立。"⑤ 梁启超更是充满伤感地指出："资政院之初开院，国民所以希望

① 《宣统政记》卷二十九，第10页。
② 《资政院第一次常年会议场速记录》第二十七号。
③ 《资政院第一次常年会议场速记录》第三十一号。
④ 《辛亥革命》第4册，第54页。
⑤ 《宣统政纪》卷二十五，第29页。

之者良厚，已而渐薄，薄之不已，迄闭院时而迨无复希望。"①

在资政院中议员们的政治立场，虽有顽固保守与坚持立宪的区别，但是他们都感到实行君主立宪政体已经势在必行。因此，或出于维护清廷的利益考虑，或为了谋求自身政治利益的扩展，都在进行筹组政党的活动，出现了"帝国宪政实进会"、"宪友会"、"辛亥俱乐部"等。他们的政纲虽都标榜君主立宪，但由于各自的具体政治目标、经济利益不同，也存在着若干差异。

在对待资政院的问题上，立宪派虽然指责资政院"纯属不伦不类"，"非惟与国会不成关系，而且与国会不相容者也。"② 但与此同时，他们也力图利用这个合法的舞台作为抨击清朝腐败无能，宣传宪政，争取扩大自己的参政权，以及法定的监督和限制政府的权力，企图将国家的运行纳入君主立宪的轨道。只有革命派始终坚持批判的立场，宋教仁尖锐地指出清廷的一切措施，"无不侵夺资政院"之权，甚至连修改《院章》也"专委之于一二家奴，不使国民丝毫参与其间"，"其所以设资政院，设内阁，非以立宪国之立法机关与责任政府视之者也，故其所以对付资政院之权限与内阁之组织者，亦不得责以立宪之原则者也。"③ 在资政院第一次常年会休会以后，同盟会发表了《劝告国人反抗伪立宪文》，指出："这个资政院明明是个空名，再有什么法子监督政府，请看前代六科给事中，还有封还诏书的权柄，像现在的资政院议员，比前代六科给事中权力大小不是相差很远么？""这一所资政褝院，谘议草菴，自己认做和尚，别人却不许你撞钟。这一班资政班头，谘议脚色，自己认做大面小旦，别人却不许你唱。……在京城当议员的可以自称高等清客，在省当议员的可以称无上地保。"④

总括上述，晚清统治者设立谘议局和资政院的基本思路，是以不侵

---

① 《饮冰室文集》第七册，卷二十五。
② 《国风报》第一年第十七期，1910 年 7 月出版。
③ 转引自《辛亥革命史丛刊》第 1 辑，第 57 页。
④ 《辛亥革命文献四种》，第 23—24 页，转引自《云南贵州辛亥革命资料》附录。

损皇帝的集权统治为目的，只是为了应付来自资产阶级革命派和立宪派两方面的压力，以及帝国主义列强的政策驱使，不得不舍弃某些固有的权力，但又极力限制谘议局和资政院的职权，使其成为皇帝和各省督抚控制下的咨询性质的机关。

谘议局和资政院的设立，是清朝预备立宪的直接产物，也是中国两千年来历史上的创举。它同传统的封建性质的国家机关不同，也与资产阶级性质的议会有别，是带有一定的资产阶级民主政治色彩的。

由于资政院和谘议局可以对军国大政进行讨论、公开表决和允许旁听，并通过报刊的报导，以及选录议员们的辩论演说，等等，打破了专制时代政治决策的秘密性、专断性和神秘性。不仅提高了国民的民主觉醒和权利意识，而且激发了民众参加国家政治生活的热情。对于民主宪政运动的发展起了一定的促进作用。不仅如此，资政院和谘议局的活动也揭穿了清廷的专制和腐败，暴露了顽固统治者绝不会恩赐宪政的立场，有助于人们丢掉幻想，同情革命。随着斗争的发展，资政院和谘议局逐渐由"预立上下议院基础"的舆论机关，向着摆脱清廷操纵的具有相对独立的民主性机构转化。特别是各省谘议局的活动，远较资政院轰轰烈烈，它所造成的历史新局面，在国内外都产生了强烈的影响。例如，谘议局通过发起的拒债保路运动，表现了坚决维护国家主权，反对列强的政治讹诈和经济掠夺的严正立场和爱国热情。正因为如此，西方列强向清政府发出了"中央政府不应向各种地方反抗屈服。……如果中央政府向这种叫嚣让步，将是一个莫大的政治错误"的批评。由此可见，东西方列强支持清朝推行"新政"，和"预备立宪"，是为了增强清朝对全国的控制力，以改善投资环境。一旦事态的发展变成清朝难以控制，甚至给他们在华的利益带来"极多的麻烦"的时候，便指责资政院、谘议局"现在在远东根本就不应出现"，甚至要求清政府"采取强硬态度"，以遏制中国民主运动的发展。这就是帝国主义列强对晚清立宪的基本立场。

六、《钦定宪法大纲》——晚清第一个宪法性文件

　　光绪三十四年（1908年），为立宪派请愿活动所激怒的清廷，一方面下令封闭"政闻社"，捉拿康梁党徒，并将政闻社社员现任法部主事陈景仁革职拿问，借以打击海外的立宪派分子。另一方面对于遍及十七省，声气互通、声势浩大的国内立宪派则表示让步，以避免在立宪派和资产阶级革命派的夹击中穷于应付，失去稳定的政局。为了表示"俯从多数希望立宪之人心，以弥少数鼓动排满之乱党"，[①] 于光绪三十四年八月初一日（1907年9月8日），颁布了中国历史上第一部宪法性文件——《钦定宪法大纲》，以及《议院法要领》、《选举法要领》和议院未开以前《逐年筹备宪政事宜清单》。

　　宪政编查馆和资政院在会奏颁布《宪法大纲》的奏折中，阐明了必用"钦定"宪法的理由："各国制度，宪法则有钦定、民定之别，议会则有一院、两院之殊。"根据"甄采列邦之良规，折衷本国之成宪"的圣意，"要当内审国体，下察民情，熟权利害而后出之。大凡立宪自上之国，统治根本，在于朝廷，宜使议院由宪法而生，不宜使宪法由议院而出。中国国体，自必用钦定宪法，此一定不易之理。"接着叙述了作为君主立宪政体下宪法的基本内涵："夫宪法者，国家之根本法也，为君民所共守，自天子以至于庶人，皆当率循，不容踰越。东西君主立宪各国，国体不同，宪法互异，论其最精之大义，不外数端。一曰君主神圣不可侵犯，二曰君主总揽统治权，按照宪法行之，三曰臣民按照法律，有应得应尽之权利义务而已。"奏折虽然表达了三权分立的宪政构思，但其结论却是"立法、行政、司法，则皆综揽于君上统治之大权，故一言以蔽之，宪法者，所以巩固君权，兼以保护臣民者也。"这可以说是诠释《宪法大纲》的画龙点睛之笔。对此，奏折反复强调："凡立

---

① 《光绪朝东华录》总第5722页。

法行政司法皆归总揽，而以议院协赞立法，以政府辅弼行政，以法院遵律司法。上自朝廷，下至臣庶，均守钦定宪法，以期永远率循，罔有踰越。"由此而形成的宪法大纲的结构就是："首列（君上）大权事项，以明君为臣纲之义。次列臣民权利义务事项，以示民为邦本之义，虽君民上下同处于法律范围之内，而大权仍统于朝廷；虽兼采列邦之良规，而仍不悖本国之成宪。"①

在以光绪皇帝名义颁发的《钦定宪法大纲》的上谕中，首先，肯定了宪政编查馆和资政院"所拟宪法暨议院选举各纲要，条理详密，权限分明，兼采列邦之良规，无违中国之礼教"，完全符合"大权统于朝廷、庶政公诸舆论之宗旨"。并且强调"将来编纂宪法暨议院选举各法，即以此作为准则，所有权限，悉应固守，勿得稍有侵越"。所谓"兼采列邦之良规"，主要就是采用日本1889年（明治二十一年）公布的《日本帝国宪法》作为蓝本，这是考察各国政治的五大臣"远法德国，近采日本"思想的具体化。《宪法大纲》无论是基本政治体制、议院的权限、臣民的权利自由，都与日本宪法或相同，或相似。至于"无违中国之礼教"，则是严格遵循中国传统的纲常名教，从伦理道德的角度继续维护君权、父权和夫权，表现了"中体西用"论在宪政问题上的新运用。

其次，宣布"开设议院，应以逐年筹备各事办理完峻为期"，在"宪法未颁，议院未开以前，悉遵现行制度，静候朝廷次第筹办，如期施行。"② 根据《逐年筹备宪政事宜清单》，"自本年起，务在第九年内将各项筹备事宜一律办齐。届时即行颁布钦定宪法，并颁布召集议员之诏。"

最后，上谕提出在"国势积弱，事变纷乘"之际，"非朝野同心不足以图存立；非纪纲整肃不足以保治安；非官民交勉，互相匡正，不足以促进步而收实效"。尤其是以严厉的口吻宣布："如有不靖之徒，附会

① 《光绪朝东华录》，第5977—5978页。
② 同上书，第5983—5984页。

名义，藉端构煽，或燥妄生事，紊乱秩序，朝廷唯有执法惩儆，断不能任其妨害治安。"① 这里所说的"不靖之徒"，就是指群众自发的反清斗争，和以推翻清朝为目的的资产阶级革命派组织的武装起义。由此可见，九年预备立宪期内，并没有赋予人民多少权利自由，借以养成"立宪国民之资格"；相反，却为限制和镇压民众争取民主的斗争，制造了法律根据。至于九年内应办事项，不外乎调查户口、实行会计法、编纂简易识字课本和国民识字课本、推广识字学塾，等等，完全没有涉及国计民生的实质性问题。

如前所述，《钦定宪法大纲》的结构，包括"君上大权"和"臣民权利义务"两部分。君上大权是"正文"，共十四条；臣民权利义务是"附录"，共九条，这种结构形式清楚地说明了它的重心在于维护君上大权。譬如《钦定宪法大纲》第一、二条规定："大清皇帝统治大清帝国万世一系，永永尊戴"，"君上神圣尊严不可侵犯"。这两条是《宪法大纲》以及后来的《重大信条十九条》不变的基石。而在宪法大纲的其他规定中，进一步将皇帝的权力具体化。皇帝握有"统率陆海军及编定军制之权"，和"宣告戒严之权"（第六条、第八条）。亦即最高的军事统率权；皇帝还握有"设官制禄及黜陟百司之权"和"爵赏及恩敬之权"（第五条、第九条）亦即最高的人事权及爵赏、赦免权。此外，《钦定宪法大纲》还赋予皇帝最高的立法权和司法权，皇帝有"钦定颁行法律之权"、"发命令反使发命令之权"、"发代法律之诏令之权"（第三条、十一条、十二条），以及"总揽司法大权"（第十条）。在对外方面握有"宣战、媾和、订立条约及派遣使臣与认受使臣之权"（第七条）。至于议院无论"召集、开闭、停展及解散"之权，也均操之皇帝之手（第四条）。不仅如此，遇有紧急情况，皇帝还可以用"诏令限制臣民之自由"（第八条）。宪法大纲还特别明确规定了皇帝与议院之间的权力分配，如："法律虽经议院议决而未奉诏令批准颁布者，不能见诸施行"（第三

① 《光绪朝东华录》，第5983—5984页。

条），"用人之权操之君上，议院不得干涉"（第五条），"凡一切军事，皆非议院所得干预"（第六条）。"国家之事由君上亲裁，不付议院议决"（第七条）。由此可见议院的立法权和监督权是非常有限的，无论内容和形式，议院都不是最高立法机关。

《钦定宪法大纲》中有关君上大权部分，号称近取《日本帝国宪法》，远取《普鲁士宪法》，实际上是以1889年的《日本帝国宪法》为蓝本。但由于《钦定宪法大纲》删去了日本宪法中限制天皇权力的条款，因此，它所规定的君上大权，比起日本天皇的权力，更加漫无约束，不过是利用宪法的形式，把封建时代专制皇帝的绝对权力加以确认而已。正如马克思在批判《普鲁士宪法》时所说的那样："国王用这个宪法给自己钦定了新的特权。"[①] 对于这一点，宪政编查馆在奏折中已经明白表示："立法、行政、司法则皆综揽于君上统治之大权，故一言以蔽之，宪法者，所以巩固君权，兼以保护臣民者也"。由此不难理解"巩固君权"，确保"君主总揽统治权"，为什么被称作是"宪法最精之大义"。[②] 由此也不难理解既然臣民的权利自由处于"兼保"地位，也就只能列入"附录"了。

与《钦定宪法大纲》同时公布的《议院法要领》中规定："议院只有建议之权……并无行政之责，所有决议事件，应恭候钦定后政府方得实行。"[③] "议员言论不得对朝廷有不敬之语，及诬蔑毁辱他人情事，违者分别惩罚。"[④] 这些条款，无疑是对《钦定宪法大纲》所列"君上大权"的实质，作了进一步的注脚。

由于《钦定宪法大纲》以维护君上大权为重心，因而受到尖锐的谴责。《东方杂志》1908年第八期载文指出：《大纲》"徒饰宪法之外貌，聊备体裁，以慰民望"。章太炎更以辛辣讽刺的文笔对这个"宪法大纲"

---

① 《资产阶级革命和反革命》，见《马克思恩格斯全集》第6卷，第146页。
② 《光绪朝东华录》，第5578页。
③ 同上书，第5980—5981页。
④ 同上。

痛加抨击，他说："虏廷所拟立宪草案，大较规模日本。推其意趣，不为佐百姓，亦不为保乂国家，惟拥护皇室尊严是急。亦有摭拾补苴，深没其文以为隐讳，使各条自相抵触者。鸣呼！虏廷之疾已死不治，而欲以宪法疗之，宪法之疾又死不治，持脉写声，可以知其病态矣。"① 中国自古无"万世一系"之历史，"秦皇欲推二世三世至于万世，遂为千载笑谈。由今推论，满洲之主可以钦定宪法，秦皇独不可钦定宪法耶？"②

　　至于臣民之权利义务，《钦定宪法大纲》规定：凡合乎法定"资格"之臣民，"得为文武官员及议员"（第十五条）。"臣民非按照法律所定，不加以逮捕、监禁、处罚"（第十七条）。臣民有呈诉权、财产权、居住权（第十八条、第二十条）。臣民的"言论、著作、出版、集会、结社等事"，均须在法律范围以内，始"准其自由"（第十六条）。可见，作为《钦定宪法大纲》附录的臣民权利义务，其着眼点不是保障权利自由，而是依法限制权利自由，特别是"当紧急时"，得以诏令直接"限制臣民之自由"。为了使臣民的权利自由不超出法律范围，早在《钦定宪法大纲》颁布以前，已经颁行了一些特别法规。如《结社集会律》，其中规定：各种"结社集会，凡与政治及公事无关者"，可以"照常设立"；"若其宗旨不正，违犯规则，或者滋生事端，妨害风俗之虞者，均责成该管衙门，认真稽察，轻则解散，重则罚惩。庶于提倡舆论之中，不失纳民轨物之意，国家预备立宪，必以是为基础矣。"③

　　不久，宪政编查馆又在《通谘各省查察集会结社文》中，明确指出："该项结社集会，有宗旨前后歧异，会章迁改无定，以及限制内不准入会之人杂厕其中；或另有秘密会议情弊，除照限禁解散惩治各条外，仍应按照轻重酌加惩罚。以假托会名，秘密会议为最重，应按新

---

① 《辛亥革命前十年时论选集》第 3 卷，第 100—101 页。
② 同上。
③ 《大清法规大全》民政部，二册。

刑律罪名处办。"① 尤其不许百姓干预外交，妄生议论，发表反对外国侵略者的言词，所谓"断不可有违背条约之举。"② 还在清廷颁发的预备立宪上谕中，便已经指出："民情固不可不达，而民气断不可使嚣，……倘有好事之徒纠集煽惑，构酿巨患，国法具在，断难姑容，必宜从严禁办。"③ 可见上谕中的基本精神，具体体现在限制人民权利自由的法规当中。

如果说《钦定宪法大纲》关于君上大权的规定，比起《日本帝国宪法》所规定的二元君主立宪制，更加漫无限制和充满弹性，那么对于臣民自由权利的规定，则不仅非常狭窄，而且是刚性的。凡属臣民应尽的纳税、当兵、遵守国家法律等项义务，依法必须强制履行，而不加任何限语。须要指出，自《辛丑条约》签订以后，清朝为了偿付对外赔款，捐税的名目与数量都急剧增加，因此《钦定宪法大纲》规定人民有照章纳税的义务，实际上强制臣民接受一切苛捐杂税的摊派，否则就是违反宪法。至于臣民有当兵的义务的规定，正如章太炎所揭露的那样："尚非如日本之专为国防者，徒惧民心不靖，野有斩木之雄，故锐意征调，使之自相斩馘。与其言人人有当兵之义务，不如人人有自杀汉人之义务。"④

此外，清朝的法律实质上是贵族、地主阶级意志的体现，是维护清朝统治的重要工具，因此，《钦定宪法大纲》规定："臣民有遵守国家法律之义务"，一应"言论、著作、出版及集会、结社等事"，均须在法律范围以内，始"准其自由"。皇帝还有权随时颁布代法律之诏令，予以剥夺。即便如此，尤嫌不足，还颁发了一些特别法规，以便使《钦定宪法大纲》所列举的臣民权利与自由化为乌有。否则"必宜从严禁办"。⑤

---

① 《大清法规大全》民政部，二册。
② 《东方杂志》，1908年第八期。
③ 《光绪朝东华录》总第5806页。
④ 《辛亥革命前十年间时论选集》第3卷，第105页。
⑤ 《光绪朝东华录》总第5806、5488页。

尤其不许百姓对外国侵略者妄生议论。公然表示："团体原宜固结，而断不可有仇视外洋之心；权利固当保全，而断不可有违背条约之举。"①这种对内镇压与对外曲媚相结合的政治实际，就是清朝政府预备立宪的麒麟皮下掩盖着的真正马脚。当时流行于北京的一首竹枝词说得好："行动如今说自由，欧邦美土复何尤，请看一品当朝者，屠戮人民似马牛。"

　　总括上述，《钦定宪法大纲》是中国特定历史条件下的产物，它反映了急遽变化中的阶级力量对比关系，和处于危殆的统治者的自救策略。事实正如《民报》所揭露的：如果清朝有力量，"则可以以无道行之，不必假立宪之虚名也。"②

　　作为中国特定历史条件下的产物的《钦定宪法大纲》，也反映了改良维新与固守传统之间的矛盾与妥协，以及中国本土法文化与外来的西方法文化之间的冲突与融合，因而具有突出的特点，在中国近代宪法史上是首创的第一章。就某些方面而言，也体现了近代宪政的时代要求。譬如《钦定宪法大纲》虽然贯穿了"大权统于朝廷"的保守主义精神，以及关于君上大权的种种规定，但所有这些都被框在宪法的范围之内，这意味着君上的权力也受到了某种约束。自秦以来，专制制度下的皇帝，口含天宪、出言为法，皇权凌驾于法律之上。因此，尽管历代封建法典不断趋于细密，但从没有任何一部法典对皇权有所规定，皇帝不会受自己订立的一家之法所约束的。然而《钦定宪法大纲》虽然把封建皇帝的专制特权加以肯定，但毕竟是被法定化了，这是对皇帝固有的、无限的、绝对的权力的一种限定。在宪政编查馆和资政院会奏《宪法大纲》的奏折中，已经明确提出："宪法为君民所共守，自天子以至庶人，皆当率循，不容逾越。""上自朝廷，下至臣庶，均守钦定宪法，以期永

---

① 《光绪朝东华录》总第5806页，第5488页。
② 《民报》第二十二号。

远率循，罔有逾越。"① 即使皇帝也不得任意以命令更改、废止法律。在这里，似已公开确立了宪法作为国家根本法的地位，从某种意义说来，也是对奉行两千年之久的君主专制制度的不自觉的否定。

《钦定宪法大纲》关于审判权由审判机关依法行使，只服从法律，皇帝不得"以诏令随时更改"判决的规定，也是对封建时代皇帝可以任意生杀予夺，握有最高的和最后的专制主义司法权的否定。

不仅如此，在封建专制时代，广大民众是作为社会义务本位而存在的，但在《宪法大纲》中却明确规定了臣民的权利自由，尽管它所规定的范围狭窄，且有诸多限制，还是改变了民众单纯作为义务本位的状态。这对于民众权利意识的觉醒，有着积极的意义。在中国近代宪法史上，公民由义务本位转向权利本位，由重君权转向重民权，是法观念的巨大变化，也是中国近代法制文明的重要标志，当然这是一个漫长的过程，晚清立宪只是初露端倪。

《钦定宪法大纲》的确是"其不能副全国人民之期"，② 但在当时民族资本主义还很微弱，民族资产阶级的阶级力量还处于相对的劣势；西方的宪政与宪法观念还远远没有被广大民众所理解和接受；传统的纲常名教的网罗还没有被完全打破；再加上清朝所取法的日本与德国的宪法，也充满着维护君权的保守性，这就决定了《钦定宪法大纲》所具有的特性。近代中国是在救亡图存中，接受宪法这一西方现代法制文明的产物的。经历了曲折的斗争过程，付出了惨重的代价，中国人才逐渐领略了宪法的真正价值。从历史发展的角度来看，晚清立宪虽然是被迫的，宪法大纲也还是畸形的，但它的历史地位与作用应予以肯定。

在宪政编查馆、资政院会奏《宪法大纲暨议院法选举法要领及逐年筹备事宜折》的当日，光绪皇帝颁发上谕，提出"将来编纂宪法……即以此（指大权统于朝廷、庶政公诸舆论——作者）作为准则，所有权限

---

① 《大清法规大全·宪政部》卷四，第1—2页。
② 同上。

悉应固守，勿得稍有侵越。"①

宣统二年十月初四日（1910 年 11 月 5 日），宣统皇帝颁发上谕，"著派溥伦、载泽充纂拟宪法大臣"，② 以备宣统八年颁布钦定宪法。虽然溥伦等纂拟的宪法未及展现，清朝已经覆亡，但从前述光绪三十四年八月初一日（1907 年 9 月 8 日）上谕所确定的编纂宪法准则中，已经可以推断它的性质及基本内容了。

与《钦定宪法大纲》同时公布的《议院法要领》、《选举法要领》，也从不同的侧面标明了《钦定宪法大纲》的性质。如《议院法要领》规定："议院只有建议之权，并无行政之责，所有决议事件，应恭候钦定后政府方得实行。"国家之岁出岁入及预算，议院只能"协赞"，无权决定。对于行政大臣的违法情事，议院只可弹劾，"其用舍之权仍操之君上，不得干预朝廷黜陟之权"，"议员言论不得对朝廷有不敬之语及诬蔑毁辱他人情事，违者分别惩罚。"③ 这些条款，再次说明了清朝拟设的议院完全不具备一般资本主义国家代议机关的权限，而只是听命于皇帝支配的咨询机关。在资本主义国家的宪法中，一般都规定议员在议会内的发言，对外不负责任，但是清政府拒绝抄录这一条，说明即使在议会内部也禁止开放言论，议员没有自由的发言权，更不得批评朝廷。

在《选举法要领》中还规定，议院选举一律在府厅州县各官的监督下进行。凡"行为悖谬"、"身家不清白"、"不识文义"等等，不得有选举权及被选举权。可见对于清朝统治者来说，只是迫于强大的革命压力和立宪派的请愿，才不得不借用宪法、议院等资产阶级的民主形式，来装点预备立宪的政策，保存清朝专制主义的国家统治。其实他们的内心深处，即便是对资产阶级的形式民主，也是不能容许的。

---

① 《清末筹备立宪档案史料》，第 67 页。
② 同上书，第 79 页。
③ 《光绪朝东华录》，总第 5980—5981 页。

七、皇族集权的"责任内阁"与
《重大信条十九条》

1. 皇族内阁

在改革官制中，曾被戴鸿慈、端方列为第一点建议的"仿责任内阁之制"，竟然被清廷有意识地加以回避，尤其是更定官制上谕中所说："军机处为行政总汇，雍正年间，本由内阁分设，取其近接内廷，每日入值传旨，办事较为密速，相承至今，尚无流弊，自毋庸编改内阁"，招来一片反对之声。《东方杂志》载文指出："试问军机处之责成，果无异于内阁否？军机处之权限，果有其遵守之资者否？军机处之制度，……果足谓尚无流弊否？……则一言以蔽之曰：军机旧制断乎其不可仍，内阁组织断乎其不可缓。"① 梁启超也指责说："原案所最可骇者，则责任内阁以何年成立，始终未尝叙及也。……独于此最重要之机关而遗忘之，其果遗忘耶？有恶其害己者，而故去其籍耶？则人民之致疑于政府立宪之不诚，又何足怪！"② 立宪派还发动了以设立责任内阁为重要内容的请愿活动。而由东三省总督锡良领衔的十七位督抚，也于宣统二年九月二十三日（1910 年 10 月 25 日）电奏清廷，力请即设责任内阁，"明年即开国会"。③ 在朝野立宪派的极力敦促下，清廷被迫同意先设责任内阁，于宣统五年召开国会，颁布宪法，实行宪政。

宣统三年四月初十日（1911 年 5 月 8 日），宪政编查馆与会议政务处《会奏拟定内阁官制并办事暂行章程折》，把筹设内阁官制提上了议事日程。奏折提出："责任内阁，在各国视为成规，在中国实为创举。溯自筹备宪政以来，凡请开议院者，皆以设责任内阁为急务。……查各

---

① 《舆论一斑》，《宪政初纲》，见《东方杂志》第 3 年临时增刊。
② 梁启超：《立宪九年筹备案恭跋》，见《辛亥革命》第 4 册，第 144 页。
③ 《各省督抚各词请设内阁国内奏稿》，见《国风报》1910（26）。

立宪国内阁之设，在负国务之责任，而对于何者应负责任，各国立法又复不同。恭绎钦定宪法大纲，统治之权属诸君上，则内阁官制自以参仿日、德两国为合宜。……我国已确定为君主立宪政体，则国务大臣责任所负，自当用对于君上主义，任免进退皆在朝廷，方符君主立宪宗旨，议院有弹劾之权，而不得干黜陟之柄，庶皇极大权益臻巩固，辅弼之地愈著恪恭。"① 同日，奉旨颁行《内阁官制》十九条，《内阁办理暂行章程》十四条。由于内阁不对议会负责，议会也无权决定内阁的去留，内阁总理大臣和国务大臣只是"秉承宸谟，定政治之方针，保持行政之统一"，"辅弼皇帝，担负责任"而已。② 因此，这种责任内阁是有名无实的，与西方国家的责任内阁完全不同。

同一天又颁发上谕，任命庆亲王奕劻为内阁总理大臣，那桐、徐世昌为内阁协理大臣、梁敦彦为外务大臣、善耆为民政大臣、载泽为学务大臣、绍昌为司法大臣、荫昌为陆军大臣、载洵为海军大臣、溥伦为农工商大臣，盛宣怀为邮传大臣，寿耆为理藩大臣。③ 在新内阁成立的同时，奉旨裁撤原有的旧内阁、军机处、会议政务处、宪政编查馆、吏部中书科、稽查钦奉上谕办事处、批本处等机构。

在集权满洲贵族的思想主导下，对各部大臣的任命，打破了原有的部院大臣满汉平分的比例，变成了满七汉四，一些重要的部，如外务、陆军、海军、度支、农工商部，都操于满洲贵族之手，"汉人之势大绌，乃不得一席地以自媛。"④

本来汉族官僚、督抚也奢想借立宪之机，打破满官的政治优越地位，巩固和扩大自己的权势，然而事实与他们的期望恰恰相反。由于责任内阁中满汉官的比例失调，从形式上看加强了满洲贵族在政权中的优势，实际加剧了满汉官僚之间的对立，"满汉司员，见面不交语……排

---

① 《清末筹备立宪档案史料》，第559页。
② 同上书，第561页。
③ 同上书，第566页。
④ 李剑农：《戊戌以后三十年中国政治史》第三章，第68--69页。

汉之声，叹息盈耳。"① 统治集团内部的分裂，使清朝陷入了新的危机。

不仅如此，在内阁成员中，皇族竟然占了五名，因而被讥讽为"皇族内阁"，以至于经过千呼万唤始出台的内阁，"适与立宪国之原则相反"。② 这使得对清朝立宪抱有希望的梁启超也极感失望，他批评说："号称预备立宪，改革官制，一若发奋以刷新前此之腐败，夷信其实，无一如其言，而徒为权位之争夺，势力之倾轧，借权限之说，以为排挤异己之具，借新缺之立，以为位置私人之途，贿赂公行，朋党各树，而庶政不举，对外之不竟，视此且更甚焉。"③ 张謇更针对"政府以海陆军政府权及各部主要均任亲贵"一事，警告清廷"勿以国为注"。④ 各省谘议局议长、议员袁金铠等，也于宣统三年六月初九日（1911 年 7 月 4 日）联衔上书，指出："君主不担负责任，皇族不组织内阁，为君主立宪国惟一之原则，世界各国苟号称立宪，即无一不求与此原则相吻合。今中国之改设内阁，变旧内阁之官制而另定官制，改军机处之旧名而更定新名，为实行宪政特设之机关，固天下臣民所共见，而第一次组织内阁之总理，适与立宪国之原理相违反。国外报纸屡肆讥评，以全国政治之中枢而受外论之抨击，已有妨于国体，犹曰外人不知内情，可以置之不论也。自先朝颁布立宪之诏，天下喁喁望宪政久矣，请国会之早开，亦以求实行宪政也，责军机之不负责，亦以求实行宪政也。天下臣民求实行宪政之日积日高，希望政府之心即日益日炽，挟最高最炽之希望，一睹新发布之内阁组织之总理，乃于东西各立宪国外开一未有之创例，方疑朝廷于立宪之旨，有根本取消之意，希望之隐变为疑阻，政府之信用一失，宪政之进行益难，未识朝廷何以处之。"他们以尖锐的口吻说，"皇族内阁""为患何堪设想"，"实大变之所伏"，所以"仍请皇上明降谕旨，于皇族外另简大臣组织责任内阁，以符君主立宪之公例，

---

① 李剑农：《戊戌以后三十年中国政治史》第三章，第 70 页。
② 《清末筹备立宪档案史料》上册，第 577 页。
③ 梁启超：《饮冰室文集》第七册，卷九，见《饮冰室合集》。
④ 《啬翁自订年谱》。

以餍臣民立宪之希望。"①

尽管"议员等抱忠君爱国之隐,为披肝沥胆之词",但仍被清廷视为嚣张之举,特别颁发《各省谘议局议员请另组内阁议近嚣张当遵宪法大纲不得干请谕》,严词谴责议员们的陈情是"议论渐近嚣张,若不亟为申明,日久恐滋流弊。"② 严申:"黜陟百司,系君上大权,载在先朝钦定宪法大纲,并注明议员不得干预。"议员"均当懔遵宪法大纲,不得率行干请,以符君主立宪之本旨。"③ "皇族内阁"极大地挫伤了立宪派对清廷的幻想,广大民众由失望而转向愤怒,如同张謇所言:"是时举国骚然,朝野上下不啻加离心力百倍,可惧也。"④ 从此,立宪派开始了新的政治投机,清朝覆亡的厄运也由此日益迫近了。

2.《重大信条十九条》

晚清从宣布预备立宪到改革官制;筹设谘议局、资政院;颁布《钦定宪法大纲》等一系列活动,虽然赢得了国内外立宪派的期许,但却没能遏制以孙中山为首的革命党人推翻清朝的武装斗争。孙中山在《民报》周年纪念会的演说中,强调指出:作为革命党的目标,"定要扑灭他的政府,光复我们民族的国家。"⑤ 这种从民族主义立场提出的排满口号,对于晚清立宪是极具冲击力的。如果说"内乱可弭",是清廷实行宪政的重要考虑,然而实行的结果,却与他们的主观愿望相反,"汉人民族革命的风潮,一日千丈。"⑥ 革命党人以"颠覆现今之恶劣政府"为目标,于 1907 年至 1911 年间,先后组织了八次起义,虽然遭到清朝

---

① 《清末筹备立宪档案史料》,第 579 页。
② 同上。
③ 同上。
④ 《啬翁自订年谱》。
⑤ 孙中山:《民报周年纪念演说词》,见《民报》第十号。
⑥ 同上。

的镇压，均告失败，但是"人心不靖，乱党滋多"，① 清朝已经处于风雨飘摇，濒临危亡的绝境。作为资产阶级上层的立宪派，本来是反对革命，支持清朝立宪的，并且奢想借立宪分享权力，插足内阁。然而"皇族内阁"的出现，不仅使他们的幻想落空，而且深深地感到"人心愈涣"，举国骚然，"大局难支"，从而开始了新的转向。至此，清朝统治集团陷入空前的孤立，革命的危机已经完全成熟了。

宣统二年十一月二十三日（1910 年 12 月 24 日），清廷迫于立宪派发动的声势浩大的国会大请愿，宣布缩短预备立宪期限，并于宣统三年四月初十日（1911 年 5 月 8 日），颁布内阁官制，撤销军机处。因此，修改资政院院章中与军机处相关条款，并对资政院的权力加以限制。至宣统三年九月三十日（1911 年 11 月 20 日），在武昌起义的炮火声中，清廷进行最后一次修改资政院院章，总的精神是扩大了资政院的权力、地位，例如，资政院议决事件，由过去的"请旨裁夺"，改为"请旨颁布"。然而随着清王朝的覆灭，资政院院章也成为历史具文。

宣统三年八月十九日（1911 年 10 月 10 日），武昌起义爆发，各省纷纷响应，宣布独立。处于土崩瓦解中的清朝，一面派军队镇压；一面召集资政院临时会议商讨对策。在起义的炮火声中开幕的资政院第二次常年会，提出将"视议院如弁髦"的邮传部大臣盛宣怀，"视人民如土芥"的四川总督赵尔巽，"视职守如传舍"的湖广总督瑞澄等人，"按律严惩，以谢天下，而明国典"。与此同时，要求"迅速组织完全责任内阁，以一事权而明责任。并于明年提前召集国会，共筹大局，俾人心有所维系"。

九月初六日（10 月 27 日），驻滦州新军第二十镇统制张绍曾，和第二混成协统领蓝天蔚奏请实行立宪。

九月初九日（10 月 30 日），清廷连下数谕，如：

《准开党禁颁布特赦谕》，宣布："因政变获咎，与先后因犯政治革

---

① 《光绪朝东华录》第 5 册，第 5770 页。

命嫌疑惧罪逃匿，以及此次乱事被胁自拔来归者，悉皆赦其既往……嗣后大清帝国臣民，苟不越法律范围，均享国家保护之权利。"①

《实行宪政谕》，表示："誓与我国军民维新更始，实行宪政……务即实行。"②

《著溥伦等迅拟宪法条文交资政院审议谕》，要求："溥伦等敬遵钦定宪法大纲，迅将宪法条文拟齐，交资政院详慎审议，候朕钦定颁布，用示朝廷开诚布公、与民更始之意。"③

《组织完全内阁不再以亲贵充国务大臣谕》，指出："一俟事机稍定，简贤得人，即令组织完全内阁，不再以亲贵充国务大臣。"④

九月十二日（11月2日），在第二十镇统制张绍曾等电奏成立责任内阁，由议院制定宪法的胁迫下，颁发《组织完全内阁并令资政院起草宪法谕》宣告："另简袁世凯为内阁总理大臣，组织完全内阁。所有大清帝国宪法著即交资政院起草，奏请裁夺施行，用示朝廷好恶同民，大公无私之至意。"⑤

九月十三日（11月3日），张绍曾、蓝天蔚、卢永祥等五位军官，联名向清廷提出了类似最后通谍的《政纲十二条》，要求清廷"立决可否，明白宣示……"⑥《政纲》的主要内容是在本年内召开国会，由国会制定宪法、组织责任内阁，内阁总理大臣由国会公举，皇族永远不得充任内阁总理及国务大臣。并准备商组燕晋联军，进攻北京，实行兵谏。

面对南北夹击的严重威胁，清廷迅速作出反应。摄政王载沣下诏罪己，释放自戊戌变法以来的一切政治犯，承认革命党为正式政党，接受十二条政纲，命令资政院迅速起草和通过了《重大信条十九条》誓告太庙。

―――――――――――

① 《清末筹备立宪档案史料》，第96页。
② 同上。
③ 同上书，第97页。
④ 《辛亥革命》第4册，第92页。
⑤ 《清末筹备立宪档案史料》，第98页。
⑥ 《宣统三年九月十三日陆军第二十镇统制张绍曾会奏折》，见《辛亥革命》第4册，第96页。

　　九月十三日（11 月 3 日），发布《择期颁布君主立宪重要信条谕》，肯定资政院"采用君主立宪主义，并先拟具重大信条十九条"，"均属扼要，著即照准"，"择期宣誓太庙，将重要信条立即颁布……宣示天下。将来该院草拟宪法，即以此为标准。"①

　　《重大信条十九条》，是在清朝大势已去，而又迫于发生在滦州、娘子关的兵谏威胁下，抛出的"急切挽救之方"。出于"以固邦本，而维皇室"考虑，《重大信条十九条》第一条、第二条仍然规定："大清帝国皇统万世不易"，"皇帝神圣不可侵犯"，这是晚清立宪的一贯宗旨。正因为如此，在《择期颁布君主立宪重要信条谕》中，郑重申明，"将来该院草拟宪法，即以此为标准。"如果说在《钦定宪法大纲》中，这两条规定已经使人感觉到处境日非的清朝虽犹犹于此，但已不具备实施的保障，那么在《重大信条十九条》中仍作如此规定，只能使人斥为呓语。由于，在辛亥革命已然爆发的历史背景下，《重大信条十九条》与《钦定宪法大纲》相比，总的来说如同资政院总裁李家驹所说："固将采用最良君主立宪主义"，"伏查东西各国君主立宪，皆以英国为母。此次起草，自应采用英国君主立宪主义，而以成文法规定之。"② 但也具有一些新的特点。首先，缩小了皇帝的权力，如："皇帝之权以宪法所规定者为限"（第三条）；"宪法由资政院起草决议，皇帝颁布之"（第五条）；议员由国民公选产生，皇帝无权钦定（第七条）；"官制官规以法律定之"（第十三条）；皇帝"不得以命令代法律，除紧急命令应特定条件下，以执行法律及法律所委任者为限"（第十一条）；"皇族不得为总理大臣、其他大臣并各省行政长官"（第八条）。

　　其次，在国会、内阁和皇帝三者之间，实行权力制衡原则，提高了国会的权力地位，实行责任内阁制。如"宪法修正提案权属于国会"（第六条）；"总理大臣由国会公举，皇帝任命"（第八条）；"陆海军直接

---

① 《清末筹备立宪档案史料》，第 102 页。
② 同上书，第 101 页。

由皇帝统率，但对内使用时，应依国会议决之特别条件，此外不得调遣"（第十条）；"国际条约，非经国会议决，不得缔结。但媾和宣战，不在国会开会期中者，由国会追认"（第十二条）。此外，国会还拥有弹劾内阁总理之权，以及议决预算、皇室经费之权，这就使得国会有可能成为真正的权力机关。与此同时，扩大了内阁总理的权力。由国会选举产生的内阁总理，有权推举国务大臣，组织内阁；在受到国会弹劾时，有权解散国会，"但一次内阁不得为两次国会之解散"。至于皇帝与国会之间的权力制衡尤为明显，例如，国会有起草、修改、议决宪法权，但须以皇帝的名义颁布；有权公举内阁总理，但要由皇帝任命；有权议决条约、宣战、媾和诸事项，但仍以皇帝名义施行；皇帝有权任命国务大臣，但需由内阁总理推荐；有权统率军队，但对外宣战须由国会议决，对内使用时应依国会议决之特别条件，等等。可见原《钦定宪法大纲》中皇帝所掌握的内政、外交，军备、财政，赏罚、黜陟等大权，均已分散转归国会、内阁和司法机关，传统的至高无上的皇权，已不复存在。

　　上述规定反映了张绍曾等在《请愿意见政纲十二条折》中所提出的"以英国之君主宪章为准的"的意见。按英国宪章所规定的君主立宪政体属于虚君制，而与德、日的君主立宪政体不同，这正是立宪派所企望的。

　　《重大信条十九条》关于皇帝、国会、责任内阁三者之间的相互制衡，是资产阶级三权分立学说的具体体现，是实施宪政的保证，因此，比起《钦定宪法大纲》无疑前进了一步。但是《重大信条十九条》对臣民的自由平等权利，只字未提，就此而言，比起宪法大纲又是一个倒退。资政院总裁李家驹在"草拟宪法内重大信条"时，所着眼的"重大"之处就是确认皇帝、国会、内阁三者之间新的权力关系。除此之外，"凡属立宪国宪法共同之规定，则暂从阙略，俟全部起草时，再行拟具。"① 可见，在他们的观念中只重视当政者的权力分配，而忽视民

---

① 《清末筹备立宪档案史料》，第101—102页。

众的权利自由；以为只要调整好权力分配关系，就可以"以固邦本而维皇室"，没有料到被他们忽视的为自身权利而斗争的民众，才是最终覆灭清朝的根本力量。

综括以上，晚清立宪的发生，反映了世界进步历史潮流的推动和国内社会关系的发展，因而具有某种必然性。即使是奏请徐议立宪的通政使郭曾炘也承认："夫时势非前人所逆料，使孔孟复生今日，亦不能不研新理、谋变法。"① 作为清朝预备立宪重要成果的《钦定宪法大纲》、《重大信条十九条》以及《资政院、谘议局章程》，虽然是晚清特定条件下的产物，还不同程度地带有专制皇权与等级特权的遗痕，但却表现出了以宪法为法律体系的基石，以资产阶级某些民主形式和原则为基本内涵，以救亡图存、谋求自存、自立、自强为追求目标的近代政治文明与法制文明。

从改良派倡导西方议院制的舆论起，至晚清实行自上而下的预备立宪，是一个经历了近半个世纪之久的历史发展过程，它的每一个前进的步骤都与当时的经济条件、政治状况以及国民的教育程度和民主意识的觉醒密切相关。尤其是阶级力量对比关系的变化与斗争，是直接影响宪政进程的动力。正是在生死存亡的压力下，使得清朝统治集团不得不在保守与开明的分界线上进行抉择，由此而形成了晚清预备立宪的曲折性、矛盾性和某种欺骗性。

历史的发展常常与统治者的主观愿望相反，曾经被视为异端邪说的民主、自由、平等、宪法、三权分立等思想观念，逐渐由非法而合法，成为指导仿行宪政的理论依据。同时还为立宪派提供了号召民众、抨击政府、推进宪政的合法舞台——谘议局和资政院，彻底打破了清朝以严刑为后盾的结社之禁、集会之禁。晚清为保存国祚而进行的立宪，虽然没有避免清朝的覆亡，但却为继起的民国政府提供了历史的经验。

----

① 《清末筹备立宪档案史料》，第 208 页。

从 19 世纪 50 年代形成的"中体西用"论,虽然由于洋务运动的失败而失去了光彩,但仍在一定程度上支配着晚清政治与法律的走向,所谓"兼采列邦之良规,无违中国之礼教",就是具体的表现。由于中国传统的政治法律文化,有着深厚的积淀,以至于开明的官僚士大夫也常常运用古老的文献记载,来阐释西方的民主制度与宪法,借以减少推行的阻力。但是传统文化的强大惰性,往往使西方先进的制度在中国发生变形,由此不难理解中国宪法发展史上所出现的迂回曲折的过程和种种怪异的现象。美国学者费正清曾经指出:"受到现代变化压力影响的中国文化是历史上所有文化中最具特色、最独立、最古老、最能自我满足、最平衡、最厚实的文化。因此,在过去 150 年里中国所发生的间断性革命也是历史所要求的最深刻、最大规模的社会变化。"[1] 清末制宪,一方面强调"兼采列邦之良规",同时又要"无违中国之成宪",实际上仍在幻想重温"夷入中国则中国之"的往日春梦,结果却造成了"中学"的底色既不纯,而西学也丧失了原色。以致在清朝的官场上流行着西方的宪法、内阁、议院、地方自治、司法独立等,中国古已有之的奇谈怪论。

对于臣民的自由权利的理解,也体现了中国传统文化的深刻影响。譬如,在西方社会被视为天赋而神圣不可予夺的自由权利,但在考察宪政大臣眼里,臣民的权利自由不过是"徒饰宪法上之外观,聊备体裁,以慰民望已耳。"[2] 这反映了中国重君权、轻民权;重公权、轻私权;重国家、轻个人;重义务、轻权利的文化传统,以致中国在进行现代化选择时,经常陷入两难的境地。当然随着社会的发展,统治者所坚持的"无违"的"成宪",也在不断地退出历史舞台。

综观中国历史上逆历史潮流而动的顽固守旧派,都是嗜权如命的,只要他们还能够维持统治,绝对不会轻易地放弃手中的权力。清廷所以

---

① [美]费正清:《观察中国》,四川人民出版社 1992 年版,第 25 页。
② 《清末立宪档案史料》,第 35—36 页。

要作出预备立宪的姿态，恰恰证明了他们统治力量的极端虚弱。正如《民报》所揭露的：如果清朝有力量"则可以以无道行之，不必假立宪之虚名也。"① 端方在考察政治的奏折中曾以 1905 年俄国立宪为例，说沙皇"当时迫于时势，不能不由政府允许（立宪）。近则筹借外债、增练新兵、政府威信又稍稍复振，而议会所求各事，未能事事允行。"② 从而表明如果清朝恢复了统治力量，预备立宪的预备期也许会是遥遥无期的。马克思在揭露普鲁士国王玩弄的立宪骗局时，曾尖锐地指出："最后，他授权自己，如果春天反革命的势力扩大了，就用一种从中世纪等级差别中有机地产生出来的基督教、德意志的 Magna charna（《自由大宪章》）去代替这块悬在空中的"纸片"，或者"干脆结束玩弄宪法的把戏"。③

清朝覆亡前夕颁布的《重大信条十九条》，所确立的虚君立宪制，是国内外立宪派所追求而又不敢明言的，因此，他们对《重大信条十九条》是支持的，为了它的通过而在资政院极尽游说之能事。但是《重大信条十九条》的颁布，并未能挽救迅速覆亡的清朝，对此，立宪派们不胜遗憾，他们怨怼清廷觉醒太晚了。梁启超在《新中国建设问题》一文中说："吾十余年来，日夜竭其力所能逮，以与恶政治奋斗，而皇室实为恶政治所从出，于是皇室乃大憾我，所以瘛辱窘逐之者，无所不用其极。虽然，吾之奋斗，犹专向政府，而不肯以皇室为射鹄……盖吾畴昔确信美、法之民主共和制决不适于中国，欲跻国于治安，宜效英之存虚君，而事势之最顺者，似莫如就现皇统而虚存之。十年来之所以慎于发言，意即在是，吾行吾所信，故知我罪我，俱非所计也。虽然，吾盖误矣。今之皇室乃饮鸩以祈速死，甘自取亡，而更贻我中国以难题，使彼数年以来稍有分毫交让精神，稍能布诚以待吾民，使所谓十九条信条者

① 《民报》第 22 号。
② 《端忠敏公奏稿》卷六。
③ 《资产阶级革命和反革命》，见《马克思恩格斯全集》第 6 卷，第 146 页。

能于一年数月前发布其一、二，则吾民虽长戴此装饰品，视之如希腊、挪威等国之迎立异族耳，吾知吾民当不屑魼魼与较者，而无如始终不寤，直至人心尽去，举国皆敌，然后迫于要盟，以冀偷活而既晚矣。夫国家之建设组织，必以民众意向为归，民之所厌，虽与之天下岂能一朝居。呜呼，以万国经验最良之虚君共和制，吾国民熟知之，而今日殆无道以适用之，谁之罪也？是真可为长太息也。"[1]

处在帝国主义列强实际控制下的清朝政府，无论是实行变法、新政，还是预备立宪，都和帝国主义的政策导向分不开。1900年发生的义和团运动，虽然遭到帝国主义列强镇压，但也迫使他们承认"中国群众……尚含有无限蓬勃生气"，[2] "故谓瓜分之说，不啻梦呓也。"[3] 特别是在慈禧太后宣布："量中华之物力，结与国之欢心"的投降卖国的施政纲领以后，帝国主义列强在政策上转向"总须以华人治华地"，[4] 最好的办法"莫如扶植满清朝廷"。[5] 因此，他们从政治上、舆论上，财政经济上积极支持清朝政府实行立宪，以抵制革命。美国《世界杂志》说："革命最大之阻力，则立宪政策是也，中国苟早成立宪之国，能突起雄飞于世界上，则革命军无所施其技矣。"[6] 日本报纸也为之捧场，说："华人者，善处正事，不踰规矩……加以其民尊秩序、尚诚笃、好议论、重法律。……是故仿行立宪政体，于人民性质大致甚适，一旦颁布全国，必不难获见其成。"[7] 英国报纸不仅鼓吹："中国必能于数年之间，急起直追，与日本齐驱并驾。"[8] 甚至表示，"从此永静不动的中国，将一变而为鱼龙漫衍之中国，二十世纪新历史上，崭然露头角者，

---

① 梁启超：《新中国建设问题》，见《饮冰室合集》文集之二十七。
② ［德］瓦德西：《拳乱笔记》，第143—144页。
③ 王其榘：《有关义和团舆论》，见《义和团》第4册，第246页。
④ 同上书，第250页。
⑤ ［英］赫德：《中国实测论》。
⑥ 《美人吉包尔奈之中国观》，见《东方杂志》第8卷，第3号。
⑦ 《论中国立宪》，见《外交报》丙午年第四号，第10—11页。
⑧ 《外交报》丙午年第二十七号。

舍中国其谁属。"①

不仅如此，帝国主义还深知自《辛丑条约》签订后，庞大的赔款已使清政府财政枯竭，因此，奢想趁此机会通过借外债的方式进一步攫取中国的利权。《东方日报》曾经载文说："最近数年来，中国政府以预备立宪，欲于短岁月之间，实行一切新政，故不问中央与地方，其经费皆有日益增加之趋势……而财源亦将日益穷乏。……于此欲实行新政，只有借外债弥缝之。"② 值得注意的是，对于清朝政府为立宪而提出的借款，帝国主义表现了少有的慷慨，"极力承揽，惟恐所惜不多"。③

然而历史的潮流是不可阻挡的，帝国主义的支持，没有挽救了清朝的灭亡。帝国主义押在"预备立宪"上的赌注，随着清朝的被推翻而付诸东流，只能发出无可奈何地哀叹："这些改革如果不是那样受到粗暴的遏抑的话，当已经一步一步地为中国建立了崭新的制度，而又不破坏中国所拥有的惟一力量：传统。"④ "如果'老佛爷'还活着，那么在她已经安置好了的基础上，是可能建立起新中国的机构来的。"⑤

① 《东方杂志》第 8 卷第 5 号，引自比利时《远东通讯社稿》。
② 《论中国外债及财政之前途》，《东方杂志》第 8 卷第 4 号。
③ 《东方杂志》第 8 卷第 4 号，引日本大阪《朝日新闻》。
④ 比伦：《世界历史的巨流》。
⑤ 肯特：《满清的逝世》。

第四章
民主共和的宪政目标与
《中华民国临时约法》

一、资产阶级革命派的主要代表人物

19世纪末20世纪初，民族资本主义经济得到了进一步发展，与此相适应，资产阶级中下层的力量也有了迅速的成长，使得代表资产阶级中下层的革命派，迅速地走上历史舞台。由于民族资本主义经济只能在帝国主义、封建主义的夹缝中维持自己的生存和发展，从而决定了资产阶级带有两面性的阶级性格。

资产阶级革命派的领袖人物是孙中山。孙中山（1866—1925年）名文，字德明，号日新，后改号逸仙。他是中国近代史上向西方寻找真理的先进思想家，也是"适乎世界之潮流，合乎人群之需要"的民主革命的领袖。孙中山出生于广东香山县（现称中山县）的农民家庭，由于广东是反抗英国侵略的鸦片战争的爆发地，又是太平天国农民起义的摇篮，因此他幼年便受到革命传统的影响，怀有救国救民之志。青年时期在香港、广州、澳门读书，接受了西方资本主义文化科学知识的教育。面对清王朝的腐败，民族的危机，民生的痛苦，使他产生了"改良祖国"、"拯救同群"、扭转国家"积贫积弱"的伟大抱负，立志以欧美资产阶级民主共和国为模式，把中国改造成富强的民主国家。1894 年，在高涨的改良思潮的影响下，他曾经上书李鸿章，提出社会政治改革的建议，但遭到拒绝。现实的教训，使他"抚然长叹，知和平方法无可复施"。尔后迭经戊戌变法的失败，和义和团运动的被镇压，更使他清醒地认识到只有革命才是惟一的出路。

1894 年 11 月，孙中山于檀香山华侨中，建立了第一个以"振兴中华，挽救危局"为宗旨的资产阶级革命团体"兴中会"。他在会员入会的秘密誓词中，提出了"驱除鞑虏，恢复中华，创立合众政府"的纲领。为此于 1895 年 10 月发动了广州起义，这次起义虽因事泄未遂，但却是孙中山以武装起义，实现民主共和国理想的第一次尝试，标志着他的思想由某种程度的改良，转趋于革命的新的飞跃。广州起义失败以后，孙中山出走海外，历经日、英、美等国，体察世界发展的潮流，寻求救国的革命理论，初步形成了三民主义的思想体系。

1905 年，在孙中山的倡议下，成立了具有资产阶级政党性质的"中国革命同盟会"，制定了"驱除鞑虏，恢复中华，创立民国，平均地权"的纲领。同年 11 月，孙中山在同盟会机关报《民报》发刊词中，明确提出了以民族主义、民权主义、民生主义为组成部分的三民主义，这是近代中国资产阶级民主革命的理论指导，也是驳斥以康有为为代表的保皇派种种谬论的锐利武器。

同盟会成立以后，孙中山在广东、广西、云南等地，多次组织和领导武装起义，直到 1911 年爆发辛亥革命，终于推翻了统治中国 260 余年的清朝，结束了在中国延续两千余年的封建帝制，建立了中华民国，孙中山就任临时大总统。但是，辛亥革命虽然建立了民国，却并没有触动半殖民地半封建社会的经济、政治基础。以袁世凯为首的北洋军阀，在帝国主义列强的支持下，篡夺了国家权力，使得民国徒有虚名，依旧是军阀独裁政治。正如孙中山所指出的："去一满洲之专制，转生出无数强盗之专制，其为毒之烈，较前尤甚，于是而民愈不

聊生矣！"① 此后，孙中山与北洋军阀进行了不屈不挠的斗争。1914 年
7 月，孙中山赴日本东京组织中华革命党。1919 年 11 月，改组中华革
命党为中国国民党。1924 年 1 月召开了国民党第一次全国代表大会，改
组国民党为新民主革命统一战线的联盟，并将旧三民主义改造为联俄、
联共、扶助农工的三大政策的新三民主义。他在晚年，不顾国民党右派
的阻挠破坏，决心同共产党人合作，为实现独立、自由、平等的新中国
而奋斗，直至逝世。

孙中山的一生是战斗的一生，革命的一生，他是中国近代民主革命
的先行者和伟大的思想家。他创立的三民主义和五权宪法产生了广泛深
远的影响，他为改造中国耗费了毕生的精力，对中国革命做出了伟大的
贡献。

章太炎是资产阶级革命派的另一位代表人物。章太炎（1869—1936
年）原名炳麟，字枚叔，别号太炎，浙江余杭人，出身于世代书香门
第。青年时期曾就学于经学大师俞樾，对音韵、训诂、典章制度之学，
有很深的造诣。1894 年中日战争以后，民族危机的加深，对他的思想
产生了强烈的影响，使他满怀救国图存之志，走出书斋，投身于政治活
动，并且突破了封建传统教育的拘囿，发愤向西方学习。曾经赞助康有
为、梁启超等人推行的改良主义运动，跻身于康有为主持的强学会，并
在上海参加编辑当时很有影响的《时务报》。戊戌变法失败以后，迫于
清政府通缉，逃亡日本，在横滨结识了孙中山，开始接受资产阶级革命
民主主义思想。

19 世纪末 20 世纪初，正是中国风云突变的大动荡时代，阶级矛盾、
民族矛盾错综复杂，异常尖锐。1900 年义和团运动遭到中外反动势力
联合镇压的事实，使章太炎看清了清廷作为帝国主义走卒和帮凶的真面
目，认识到不推翻清朝的统治，"欲士之爱国，民之敌忾，不可得

---

① 《建国方略·心理建设》，见《孙中山选集》。

也"，① 从而与改良主义决裂，转向资产阶级民主革命。1900 年，他在上海张园，批评改良派唐才常欲趁慈禧太后逃窜西安之机，以勤王为名，要挟清廷作某些改革，是"不伦不类"。当场"断发易服"，以示反满革命的决心。1902 年，因受唐才常株连，再次流亡日本，进一步受到孙中山的思想影响。1903 年归国后，因替邹容所著《革命军》作序，公开宣传革命，以及在上海《苏报》上发表《驳康有为论革命书》的文章，被横加以"亵渎皇帝，倡言革命"罪，与邹容同时入狱。在监三年，斗志不屈，仍与外界的反满斗争保持联系。1904 年参与蔡元培、陶成章等人筹划组织革命团体光复会。1906 年 6 月获释后，东渡日本，加入孙中山领导的同盟会，主编同盟会机关报《民报》。在此期间，他以敏锐的思想、犀利的笔锋，痛斥保皇派的种种谬论，积极鼓吹革命，这是章太炎一生中最光辉的岁月。

从戊戌变法到辛亥革命前夜，章太炎"七被追捕，三入牢狱，而革命之志，终不屈挠"。② 他那饱含战斗气息的文章，"所向披靡，令人神往。"③ 促进了资产阶级民主革命思潮的发展，扫荡了保皇派散布的君主立宪的阴霾，为辛亥革命作了重要的舆论准备。

辛亥革命以后，以反满为职志的章太炎，错误地认为清朝专制帝制已被推翻，资产阶级民主革命已经成功，因而在组织上与孙中山闹分裂，主张解散同盟会，另立政党。公开反对孙中山和孙中山领导下的南京临时政府，转而拥护黎元洪、袁世凯，一度充当袁世凯政府的高级顾问和东三省"筹边使"。只是在袁世凯阴谋杀害宋教仁，血腥镇压孙中山领导的二次革命以后，才对袁世凯复辟帝制的阴谋有所觉察。1913 年秋，他只身到北京，"以大勋章作扇坠，临总统府之门，大诟袁世凯的包藏祸心"，④ 被软禁三年，直到袁世凯死后才重获自由。

―――――――――

① 《唐书·客帝匡谬》。
② 鲁迅：《且介亭杂文末编·关于章太炎先生二三事》。
③ 同上。
④ 同上。

1917 年，章太炎参加孙中山领导的"护法运动"，担任军政府秘书长。但是随着旧民主主义革命的失败和新民主主义革命的兴起，章太炎的思想由消沉停滞而顽固倒退，在汹涌澎湃的新文化运动的潮流面前，竟然大唱反调，鼓吹尊孔读经。稍后，又反对国共合作和孙中山的"三大政策"。正如鲁迅所说，"既离民众，渐入颓唐"，"用自己所手造的和别人所帮造的墙，和时代隔绝了"，"身衣学术的华衮，粹然成为儒宗"。[①] 章太炎思想的蜕变，是中国近代资产阶级软弱性的一种表现，封建思想文化的深刻影响，也对他在辛亥革命后背离民主思想潮流起了重要的作用。但是，章太炎毕竟是中国近代史上爱国反帝的思想家，他虽然发表过反共言论，但与惟利是图的反动政客不同。1931 年九一八事变后，章太炎虽届晚年，仍主张抵抗日本帝国主义侵略，反对卖国。1936 年临终之前，面对日益深重的民族危机，表示赞成中国共产党提出的"八一宣言"，和团结抗日的主张，说明他的爱国反帝之心至死不渝。

邹容是资产阶级民主派中最具有活力的青年思想家、革命家。邹容（1885—1905 年），原名绍陶，字蔚丹，又作威丹，四川巴县人。维新运动期间，受严复所译《天演论》以及宣扬新学的《时务报》的影响，开始接触西方资产阶级的政治法律思想。他曾经就读于吕冀文主办的重庆经学书院，后因"指天画地，非尧舜，薄周孔，无所避"，而被开除。1902 年春，他自费留学日本，进一步接触西方资产阶级的法律文化，热心研读卢梭的《民约论》、孟德斯鸠的《法意》、《法国革命史》、《美国独立宣言》等著作，并积极参加留日学生运动。1903 年 3 月 31 日，邹容邀集同学，痛打破坏留学生运动的清政府留日陆军学生监督姚文甫，剪其发辫以示惩。同年 4 月，邹容返回上海，随即参加上海爱国人士在张园召开的拒俄大会，他登台演说，慷慨陈词。5 月间，保皇派妄图将拒俄运动引入他们策划的君主立宪的轨道，对此，邹容不仅自己拒

---

① 鲁迅：《且介亭杂文末编·关于章太炎先生二三事》。

不参加保皇派组织的国民议政会，并劝说受骗的爱国学社学生退出议政会。不久，他创立了中国学生同盟会，以团结全国学生为宗旨，得到了广泛的支持。他撰写的《革命军》，以洋溢的爱国热情，辛辣而又流畅的文字，猛烈抨击清朝卖国残民的罪行，赞美革命是"天演之公例"、"世界之公理"，是"顺乎天而应乎人"的伟大行动，是"国民之天职"。他号召用革命的行动推翻清朝的统治，"扫除数千年种种之专制政体"，"以恢复我声明文物之祖国，以收回我天赋之权利，以挽回我有生以来之自由，以购取人人平等之幸福。"①

"苏报案"发生后，章太炎被捕，邹容毅然自动投案，在会审法庭上慷慨陈词，威武不屈。1905 年 4 月 3 日死于上海租界狱中，年仅 20 岁。1912 年 2 月，孙中山领导的南京临时政府追赠他为大将军。

二、以美国为范式的国家方案

孙中山作为伟大的民主主义革命家，对清朝的封建专制统治是深恶痛绝的。他说："前清沿数千年专制之秕政，变本加厉，抑又甚焉。"②"凡政治之书，多不得浏览；报纸之行，尤悬为厉禁，是以除本国外，世界之大事若何，人民若何，均非其所知。……谈兵之书，不特为禁品之一，有研究者，甚或不免于一死。……士人当束发受书之后，所诵习者，不外于四书五经及其笺注之文字……以养成其盲从之性。学者如此，平民可知。"③ 正因为如此，孙中山一直是把民族革命与推倒清朝专制政权的政治革命紧密联系在一起。他自称"予自乙酉中法战败之

① 《中国近代思想史参考资料简编》，生活·读书·新知三联书店 1956 年版。
② 《南京临时政府公报第四十一号》，见《辛亥革命资料》。
③ 《伦敦被难记》，见《孙中山选集》。

年"，便立下了"倾覆清廷、创建民国之志"。①

1894 年，孙中山创立兴中会，以"创立合众政府"为会员的入会誓词。他理想中的"合众政府"，是以美国政府为原型的。1903 年，孙中山对檀香山华侨的讲话中便明白表示："效法美国，选举总统，废除专制，实行共和。"②

1904 年，孙中山在美洲手订的"致公堂"章程中，进而提出"驱除鞑虏，恢复中华，创立民国，平均地权"的宗旨。创立民国与创立合众政府，不仅有着内在的联系，而且是它的发展，使得建立共和国的宗旨更为明确。

1905 年，同盟会成立以后，在同盟会宣言中，对于"建立民国"的政纲，作了如下的解释："今者由平民革命以建国民政府，凡为国民皆平等以有参政权。大总统由国民共举，议会以国民公举之议员构成之，制定中华民国宪法，人人共守，敢有帝制自为者，天下共击之。"③

同年，孙中山在《民报》发刊词中，提出了"民族"、"民权"、"民生"的三民主义，构成了完整的思想体系。其中民权主义是孙中山共和国思想的集中体现，他说，"顺乎世界的潮流，非用民权不可"，为民权而斗争的目标，就是仿欧美建立一个以自由、平等、博爱为其一贯精神的共和政体。由于孙中山坚持推翻清朝之后，代之以共和政府，因此，他强调"就算汉人为君主，也不能不革命"，④ 从而突破了单纯反满的目标，赋予民族革命以深刻的政治内容。

1916 年，孙中山在东京《民报》创刊周年庆祝大会的演说中，进一步指出："将来民族革命实行以后，现在的恶劣政治固然可以一扫而尽，却是还有那恶劣政治的根本，不可不去。中国数千年来都是君主专制政体，这种政体，不是平等自由的国民所堪受的。要去这政体，不是

---

① 《建国方略》，见《孙中山选集》上卷。

② 《檀香华侨》，第 14 页。

③ 《同盟会宣言》，见《孙中山选集》上卷。

④ 《三民主义与中国前途》，见《孙中山选集》上卷。

专靠民族革命可以成功……讲到那政治革命的结果，是建立民主立宪政体……中国革命之后，这种政体最为相宜，这也是人人晓得的。""惟尚有一层最要紧的话，因为凡是革命的人，如果存有一些皇帝思想，就会弄到亡国……所以我们定要由平民革命，建国民政府。"

孙中山关于资产阶级民主共和国的思想，是鸦片战争以来中国先进思想家向西方寻求真理的重要结晶，它不仅粉碎了保皇派关于君主立宪、开明专制等反历史潮流的说教，而且阐明了在推翻清朝之后，不是汉族帝国的重建，而是代之以民主共和的国家。这是一个具有划世纪意义的伟大思想，它论证了民主共和国是最可行的救国方案，它指导了辛亥革命的发动和南京临时政府的建设。

需要指出，孙中山的三民主义思想是一个动态的体系，随着形势的发展和孙中山认识的深化，而不断丰富其内容。旧三民主义主要以西方天赋人权的自然法理论为依据，以法国和美国的民主制度为样板，① 带有较为浓重的理想主义色彩。在经历了北京军阀政府以专制约法取代《临时约法》，并将民选的国会变为军阀的御用工具等事变以后；特别是俄国十月革命的胜利和五四运动的影响，使孙中山的思想发生了重大转变，提出了"联俄、联共、扶助农工三大政策"，使他的三民主义学说进入了一个新的历史发展时期。

邹容在《革命军》中，第一次提出了推翻清朝专制政权以后，为革命所建立的国家，应定名为"中华共和国"，这是具有划世纪意义的。邹容理想中的中华共和国，"为自由独立之国"，所有制定宪法与自治法律，以及设官分职，均参照美国办理。至于中华共和国内的国民，无论男女一律平等，无上下贵贱之分，既享有天赋的自由与权利，也承担对国家的法定义务。对于个人权利，中华共和国政府必须保护，如有"干犯人民权利之事，人民即可革命，推翻旧日之政府……整顿权利，更立

---

① 孙中山的民族、民权、民生与法国大革命以来平等、自由、博爱的人权学说与美国林肯政府民有、民治、民享的民主原则是对应的。

新政府"。在中华共和国中，"所有宣战议和、订盟通商，及独立国一切
应为之事，俱有十分权利与各大国平等。"他在《革命军》的篇末，大
书"中华共和国万岁"、"中华共和国四万万同胞的自由万岁"。这真是
惊天动地的一吼，显示了他的伟大无畏、气吞山河的革命胆略与气魄，
其影响极为深远。

与此同时，章太炎也设计了理想中的共和国方案。为了实现这一方
案，他有力地批驳了保皇派关于"君权变法"、开明专制等谬论，指出
"夫如是，则固君权专制也，非立宪也……以一人之诏旨立宪，其所宪
非大地万国所谓宪也。"① 他贬斥保皇派尊为"圣上"的光绪皇帝，不
过是"未辨菽麦"、"孱弱少用"、"仁柔寡断"的小丑，"夫一身之不能
保，而欲其与天下共忧；督抚之不能制，而欲其使百姓守法，庸有几
乎。"② 在当时的历史条件下，公开置皇帝于不屑一顾的小丑地位，的
确显示了一个革命者的胆略，引起了强烈的社会反响。

章太炎虽然主张建立共和政府，但对资产阶级议会制度并不盲目崇
拜，因而与19世纪60年代以来的早期改良派、维新派不同，这和他曾
经去日本实地考察政治不无关系。1908年10月，他写成《代议然否论》
一文，对议会制进行了尖锐的批评。他说，在"趣于拜金"的资产阶级
国家里，议会并不是"国民意志的代表"，而是富人利益的代表。"凡为
代议士者，营求人选，所费金无虑巨万，斯与行贿得官何异？"议员们
"依附政党，与官吏相朋比，扶持门户之见，则所计不在民生利病，惟
便于私党之为。故议院者，国家所以诱惑愚民而钳制其口者也。"③ 他
还尖锐地抨击说："官吏受贿，议院得弹劾而去之，议院受贿，谁弹劾
而去之？ 一议士受贿，他议士得弹劾而去之，尽议院皆受贿，谁弹劾
而去之。"④ 为了说明这一点，他举出以民主立宪著称于世的美法两国为

① 《驳康有为论革命书》，见《章氏丛书·文录二》。
② 同上。
③ 《官制索隐》，见《章氏丛书·文录一》。
④ 《五无论》，见《章氏丛书·别录卷三》。

例，说："今法之政治以贿赂成，而美人亦多以苞苴致显贵。"① 其所以如此，就在于"有议院，而无平民鞭筮于后，得实行其解散废黜之权，则设议院者，不过分官吏之赃以与豪民而已。"② 结果"民权不藉代议以伸，而反因之扫地。"③ 对于议会制度能否实行于中国，章太炎也持否定的态度，理由是：

中国地广人众，与欧美不同，多选议员，则集会不便，少选议员，则势必为富豪把持，"名曰议院，实为奸府"，"徒为力者缚其羽翼"。中国"尚不欲有一政皇，况欲有数十百议皇耶"；

中国如实行议会制度，在地方管理上势必分州，从而破坏了多民族国家的统一，"南北美战争将亟见于汉土"；

议会享有立法权，则"凡法自上定者，偏于拥护政府；凡法自下定者，偏于拥护富民……求垄断者惟恐不足，况肯以土田平均相配？"他批评自己曾经一度服膺美国的议会制，是"徒见肤表"。

章太炎在抨击资产阶级议会制度的论著中，还表达了无论农民、工人都应在政治上、经济上有地位、有权利，而无须"横置议士于其间"的构想。

由于章太炎在辛亥革命以前，便敏锐地觉察到资产阶级议院的实质和自由平等博爱口号的虚伪性，提出了选择政体要考虑到社会历史、文化传统、人口和地理环境等社会因素，而不能机械地照搬。他甚至把资产阶级议会制度说成是"蠹民"制度，由此在国家体制上，主张实行总统制的共和国，即不设议会为最高权力机关，而以民选的总统为国家元首，执掌行政、军事、外交大权。总统不得以非法手段谋取职位；总统对任职多年和有功的官吏，可以依法提拔，但不得以个人好恶，任意更换有专门技能和无罪的官吏；总统权力的行使，与有关国务长官共同负

---

① 《官制索隐》，见《章氏丛书·文录一》。
② 《五无论》，见《章氏丛书·别录卷三》。
③ 《代议然否论》，见《章氏丛书·别录卷一》。

责，不能卸过，如有失职受贿，一体治罪。在这个总统制的共和国内，人民不仅享有集会、言论、出版的自由，而且实行直接民权。譬如增税，地方官须先征询其民，民可则行之，否则止之。遇有外交宣战等急务，人民可以派人与政府共同议定。他反对以国家为主体，人民为客体的理论，指出："近世国家学者则云：国家为主体，人民为客体……或曰：国家自有制度法律，人民虽时时代谢，制度法律则不随之以代谢，即此是实，故名主体。此亦不然，制度法律自有变更，非必遵循旧则。纵令无变，亦前人所贻之……其功能仍出于人，云何得言离人以外别有主体然。"他指责持这种"谬乱无伦"之说者，"真与崇信上帝同其昏悖。"[1]

但是，章太炎由怀疑、批评资产阶级议会政治，竟然得出"代议政体必不如专制为善"的荒谬结论。甚至鼓吹"立宪无益，而盛唐专制之政，非不可致理。"[2] 从而表现了封建文化对他思想上的深深羁绊。正因为如此，在推翻清朝专制统治之后，顿感出路彷徨，被迫向他所熟悉的封建国学中寻找寄托，以致于对民族的前途，国家的命运和世界的未来，产生了"四惑"、"五空"的消极心态，终于成了与时代隔绝的落伍者。

三、政权建设与宪法理论

1. 建国三时期的政权建设阶段论

鉴于中国专制势力的强大，以及西方列强的干预，和人民教育程度的低下，孙中山认为中国的国民革命与政治民主化进程，需要循序渐

---

① 《国家论》，见《章氏丛书·别录卷三》。
② 《代议然否论》，见《章太炎政论选》。

进，不可能在短时期内建成民主国家。早在 1906 年拟订《中国同盟会革命方略》时，他便提出革命的次序应当分为军法之治、约法之治、宪法之治三个阶段。至 1919 年，综合辛亥革命以后的立法建设的经验进一步系统阐述了循序渐进的革命建国方略，他说："予之于革命建设也，本世界进化之潮流，循各国已行之先例，鉴于利弊得失，思之稔熟，筹之有素，而后定为革命方略，规定进行之时期为三：第一军政时期，第二训政时期，第三宪政时期。"①

军政时期，实行军法之治。"第一步使武力与国民相结合，第二步使武力为国民之武力"，② 以消灭割据的军阀，最终实现全国的统一。孙中山说："中国的各省在历史上向来是统一的，不是分裂的，不是不能统属的，而且统一之时就是治，不统一之时就是乱的。"③ 可见在他思想中，国家的统一，是民权建设和社会改造的前提。

训政时期，是从军政到宪政的"过渡时期"，"拟在此时期内，实行约法，建设地方自治，促进民权发达。以一县为自治单位，县之下再分为乡村区域，而统属于县。每县于敌兵驱除、战事停止之日，立颁布约法，以之规定人民之权利义务与革命政府之统治权。……俟全国平定之后六年，各县之已达完全自治者，皆得选举代表一人，组成国民大会，以制定五权宪法。"④ 训政时期的民权建设，是上下并行的，在中央公布全国根本法性质的约法，指导人民如何行使法定权利，在全国实现统一六年以后，选举国民代表，制定宪法。在地方以县为单位，实行自治，并由执政党训导人民行使选举权、罢免权、创制权、复决权四项政权。

宪政时期，为民权发展的最高阶段，以五权宪法作为人民权利的保障。宪政时期的民权，达到了自治民主与集权的完美结合。孙中山说："拟在此时期实行宪政，此时一县之自治团体，当实行直接民权。人民

---

① 《孙中山全集》第 6 卷，第 204 页。
② 《北上宣言》，见《国民日报》1925 年 4 月 12 日。
③ 《孙中山选集》，第 746 页。
④ 《孙中山全集》第 6 卷，第 204 页。

对于本县之政治，当有普遍选举之权、创制之权、复决之权、罢免之权，而对于一国政治除选举权之外，其余之同等权，则托付于国民大会之代表以行之。"① 宪政时期虽然公布了全国一体遵守的五权宪法，但是地方的自治权仍然得到尊重。由地方自治团体选举产生民选代表组成的国民大会，只决定国家政权层面上的事务，对于地方自治范围内的事务，由地方民选代表大会和政府决定。

孙中山循序渐进的革命方略，把国家的独立和统一放在首位，把发展和保障个人权利放在第二次序，也就是先取得民族主义革命的胜利，然后才能得到真正的民权。显然这和欧美资产阶级革命的民主进程有所不同，对此孙中山解释说："从前欧洲在民权初萌的时代，便主张自由，到了目的已达到，各人都扩充自己的自由。于是，由于自由太过，便发生许多流弊。"② 欧美"是为个人争自由"，"常常被自由引入歧路。"③ 在中国，"自由的用法不同"，为了国家能够自由，"便要大家牺牲自由"，④ 等到国家自由了，个人才能获得真正的自由。

孙中山关于建国三时期的学说，在一定程度上反映了民主革命运动的进程，以及在不同阶段的任务，从而有利于领导政党的把握，有序地促进革命运动的发展和深化。但是，其中也包含有消极的因素，主要是低估了人民群众的力量和觉悟，未能把政权建设的着眼点，置于发动群众的基础之上。以至这个理论被后来的南京国民政府的某些人利用来建立独裁统治。训政变成了肆行独裁的一块遮羞布。

2. 体现五权分立的五权宪法

孙中山在总结中外宪法历史经验的基础上，根据民权主义思想提出

① 《孙中山全集》第 6 卷，第 204 页。
② 《孙中山全集》第 9 卷，第 718 页。
③ 同上书，第 238 页。
④ 《孙中山选集》，第 729 页。

了五权宪法的理论，用来指导政权建设，创造政治与法制文明。孙中山的宪法理论，是在中国特定的历史条件下，将西方资产阶级的宪法学说与中国的实际国情相结合的产物，并且随着革命斗争的发展而不断地丰富、提高。

首先，阐述了宪法的概念。孙中山说："……到底什么叫做宪法？所谓宪法者，就是将政权分几部分，各司其事而独立。"① "宪法者，国家之构成法，亦即人民权利之保障书也。"② 又说："法律是一种人事的机器……宪法就是一个大机器……现在讲民治，就是要将人民置于机器之上。"③

其次，论证了制定宪法与建立民主共和国的关系。早在同盟会宣言中，孙中山便提出："今者由平民革命以建立国民政府……制定中华民国宪法，人人共守。敢有帝制自为者，天下共击之！"④ 而后又明确指出："我们有了良好的宪法，才能建立一个真正的共和国家"，⑤ 才能使人民有集会、结社、言论、出版、居住、信仰之绝对自由权。

孙中山不仅主张制定全国的统一宪法，而且主张各省也可以自定宪法，自举省长，以便实现地方自治，贯彻中央与地方的"均权主义"原则。

第三，以批判的眼光总结了欧美各国宪法。他说：历观各国宪法"有文宪法是美国最好，无文宪法是英国最好。英是不能学的，美是不必学的"，因为经过一百年的岁月，随着美国文明的进步和财富的增长，"当时的宪法现在已经是不适用的了"。

第四，实行五权宪法。1906 年 12 月，他在《民报》创刊周年纪念会上第一次提出了五权宪法。说："兄弟的意思，将来中华民国的宪法是要创一种新主义，叫做'五权分立'。""五权分立，这不但为各国制

---

① 《五权宪法》，见《孙中山选集》。
② 《中华民国宪法史前编序》，见《孙中山全集》，第 4 册。
③ 《五权宪法》，见《孙中山选集》。
④ 《军政府宣言》，见《孙中山选集》。
⑤ 《五权宪法》，见《孙中山选集》。

度上所未有，便是学说上也不多见，可谓破天荒的政体。"① 由于"五权分立"是"立宪政体之精义"，因此，以五权分立为基本内容的宪法，就称做五权宪法。孙中山强调："五权宪法是根据于三民主义的思想，用来组织国家的。……总而言之，三民主义和五权宪法，都是建国的方略。"②

所谓五权分立，是在欧美各国实行的立法、行政、司法三权分立之外，参酌中国固有的考试制度和监察制度，另立考选权和监察权。因此，五权分立和三权分立之间，并没有实质的不同，前者是在后者的基础上发展而来的，旨在克服三权分立的弊病。

孙中山对资产阶级三权分立的理论和实践，都进行了认真的研究和考察。认为从洛克、孟德斯鸠创立三权分立的理论以后，美国独立战争和法国革命所建立的资产阶级共和国，都以三权分立作为构建国家的根本原则。他说："英国宪法所谓三权分立……是从六七百年前由渐而生，成了习惯，但界限还没有清楚。后来法国孟德斯鸠将英国制度作为根本，参合自己的理想，成为一家之学。美国宪法又将孟氏学说作为根本，把那三权界限更分得清楚，在一百年前算是最完善的了。一百二十年以来，虽数次修改，那大体仍然是未变的。"③ 孙中山在研究考察中，虽然肯定了三权分立通过权力的制约，避免了封建专制时代集国家大权于君主一人之身的弊病，但是，他从民国以来的政治风云中也发现了三权分立存在着严重的缺陷，那就是没有直接民权，容易出现议会专制。他说："在代议制政体存在之先，欧美人民争民权，以为得到了代议制政体便算是无上的民权。各国实行这种代议政体，都免不了流弊，不过传到中国，流弊更是不堪问罢了。……大家都知道，现在的代议士都变成了猪仔议员，有钱就卖身，分赃贪利为全国人民所不齿。"④

---

① 《在东京〈民报〉创刊周年庆祝大会的演说》，见《孙中山全集》第 4 册。
② 《宣传造成群力》，见《孙中山选集》。
③ 《在东京〈民报〉创刊周年庆祝大会的演说》，见《孙中山全集》第 4 册。
④ 《孙中山选集》，第 756 页。

与此同时，他从欧美资本主义国家的现实统治中发现，经过选举和委任两个途径产生的政府官员，"难免于埋没人才和任用私人"。因此，他提出建立独立的考试机关执掌考选权，经过考试选用合格的大小官吏。他说：考试权是他"个人独创出来的"，"宪法中能够加入这个制度，我想是一定很完备，可以通行无碍的。""如果有了考试，那么必要有才能、有学问的人，才能够做官，当我们的公仆。"

此外，他鉴于西方国家由议会掌握弹劾纠察权，造成了议会专制，因而根据中国专制时代，监察官对于纠正官邪、澄清吏治所起的作用，提出了独立的监察权。通过建立独立的监察机关"专门监督国家政治""纠正其所犯错误"，只有如此才是"完全无缺的治理"。

第五，实施权能分治。

为了扩大直接民权，修正西方代议制政府的缺陷，孙中山提出"权"、"能"分治的政府组织理论。认为："政治之中，包含有两个力量：一个是政权，一个是治权……一个是管理政府的力量，一个是政府自身的力量。"① 人民是政权的享有者，为了使人民能够管理政府，必需赋予人民四项基本权利：选举权、复决权、罢免权、创制权，以保证其行使立法权和对官吏的监督权。至于治权由政府行使，这样才能使它成为万能的，高效率的；"人民和政府的力量，才可以彼此平衡。"② 孙中山把人民和政府的关系，比作阿斗与诸葛亮、车夫与车主的关系，在地位上是主从关系，在能力上是无能与有能的关系。他说："国民是主人，就是有权的人，政府是专门家，就是有能的人。由于这个理由，所以民国的政府官吏，不管他们是大总统、是内阁总理、是各部总长，我们都可把他们当作车夫，只要他们是有本领，忠心为国家做事，我们就应该把国家的大权托付于他们，不限制他们的行动，事事由他们自由去做，然后国家才可以进步，进步才是很快。如果不然，事事都是要自己

---

① 《民权主义第六讲》，见《孙中山选集》。
② 同上。

去做，或者是请了专门家，一举一动，都要牵制他们，不许他们自由行动，国家还是难望进步，进步还是很慢。"①

　　孙中山认为由人民掌握政权，政府行使治权，所体现的权与能的分治不是对立的，而是统一的。人民掌握政权，是为了造成一个为其服务的"万能"政府；政府行使治权是通过职能上的分工合作，实现有效率的统治，以确保人民掌握政权。可见，五权分立是直接民权的结果，又是直接民权的保证，它们"各有各的统属，各有各的作用。"② 孙中山说："……在一国之内，最怕的是有了一个万能政府，人民不能管理；最希望的是要一个万能政府，为人民使用，以谋人民的幸福。"③ 又说："用人民的四个政权，来管理政府的五个治权，那才算是一个完全的民权政治机关。""中国能够实行这种政权和治权，便可以破天荒在地球上造成一个新世界。"④

　　由此可见，直接民权是五权宪法的核心，权能分治是五权宪法的重要组成部分。正如孙中山曾经形象比喻的那样："五权宪法如一部大机器，直接民权又是机器的制扣。"⑤ 至于直接民权的内容，就是"其国民有直接选举官员之权，有直接罢免官员之权，有直接创制法律之权，有直接复决法律之权。"⑥ 他以简洁易懂的语言，表达了"直接民权才是真正的民权"⑦ 的重要结论，并以此作为衡量真假民国的尺度，猛烈抨击了北洋军阀控制下的民国是"徒有民国之名，毫无民国之实，实在是一个假民国。"⑧

　　综观孙中山的宪法思想是以直接民权的民权主义为核心的。他创立

---

① 《孙中山全集》第 9 卷，第 331 页。
② 《民权主义第六讲》，见《孙中山选集》。
③ 同上。
④ 同上。
⑤ 《五权宪法》，见《孙中山选集》。
⑥ 《国民政府建国大纲》，见《孙中山选集》。
⑦ 《五权宪法》，见《孙中山选集》。
⑧ 《在上海新闻记者招待会的演说》，见《孙中山选集》。

的五权宪法体现了西方的宪法学说与中国历史实际的结合，启发了民众的民主觉醒，推进了中国近代民主化的进程。然而孙中山的宪法理论，是存在着严重缺陷的。譬如，他认为国家权力之所以需要划分为政权和治权，并采取分治的原则，是因为社会是由"后知后觉"、"不知不觉"、"先知先觉"三种人构成的。后知后觉者，掌握选举、罢免、创制、复决的所谓政权，而被称为"有权的人"。先知先觉者，行使立法、司法、行政、考试、监察的所谓治权，而被称为"有能的人"。至于不知不觉的"群氓"，只可听任"训导"，而被排除于政权和治权之外。这种观点，反映了资产阶级唯心主义的天才论的世界观和社会历史观。而在实践中由于治权的作用凌驾于政权之上，使得独裁政治仍然有可能在民主的形式下，改头换面继续保留，使得人民的"四权"成为空话。这个理论的消极方面，恰恰被后来的南京国民政府中的少数人用来建立独裁统治。

　　孙中山创立的建国三时期和五权宪法学说，力图将西方的民主理论与中国的实际相结合，形成中国本土化的思想体系。这种观点和方法无疑是可取的，也取得了应有的历史价值。但是孙中山过高地估计了宪法的作用，也轻视了为民主宪法而斗争的艰巨性。以为宪法颁布之日，便取得了革命的成功，实现了民主的政治，保障了人民的权利自由，促进了国家的繁荣昌盛。所以他认为"中华民国成立，约法制定，民族民权两主义俱达到……惟有民生主义尚未着手，今后吾人所当致力的即在此事。"① 直到几经挫折之后，他才领悟到专制余孽、军阀官僚"一日不去，宪法即一日不生效力。"②"宪法之成立，……惟在列强及军阀之势力颠覆之后耳。"③

　　除此之外，他参考古今中外创建的"破天荒"的政体，并没有"使

---

① 陈廷一：《孙中山大传》。
② 同上。
③ 同上。

各机关能充分发挥它们的效能"① 和相互间的制衡关系，也没有能阻止专制独裁政治的发生。随着社会的奔腾向前，和政治理论的迅速发展，孙中山的建国三时期和五权宪法学说，都已失去了昔日的指导作用。

3. 发挥法律的作用，以法治国

早在 1878 年 5 月，孙中山随其兄孙眉抵达檀香山时，便对"地方秩序良好，物产丰富，商业发达，人民安居乐业"，而与清朝统治下的中国迥然不同，留下了深刻的印象。稍后，他发现其所以如此，"实由政府有法律，民众得保障所致"，② 表现了对法治的向慕。1897 年，孙中山在英国为寻求救国救民的真理，阅读了大量书籍，其中法律是他所关注的重要内容之一。据康德黎记述：孙中山经常"阅读有关政治、外交、法律、军事海军的书籍……占据了他的注意，而且细心和耐心地研究"，③ 这对孙中山思想体系的形成，有着重要的意义。经过艰苦的探索，特别是实际斗争经验的积累，他逐渐形成了"国家除了官吏之外，次重要的是法律"④ 的观念，认识到法律对于实现国家统治所起的重要作用。

章太炎也是法治的提倡者，他引古喻今，强调"以法律为治"管理国家，国势必张。为了说明这个问题，他提出法律就是为了建立一种秩序的需要，才产生的，在"法律未成"之时，人们可以"恣其情性，顺其意欲"，而无所约束，以至于"一切破败而毁弃"。但是"政府既立，法律既成"之后，人们的"一举一废"，不能不适应一定的准绳，否则"必不免于刑戮"。⑤ 他认为法律的基本职能是庇护强者，所以他认为即使是美日等资产阶级文明国家的法律，也主要是用来保护富人豪门，所

---

① 《与该鲁学尼等的谈话》，见《孙中山全集》第 1 卷，第 320 页。
② 胡去非：《总理事略》。
③ 《孙逸仙与新中国》。
④ 《三民主义之具体办法》，见《孙中山全书》第 3 册。
⑤ 《革命道德说》，见《章氏丛书·别录卷一》。

谓"今者法令滋章，其所庇仍在强者。"① 所以他主张实行法治的前提是统一适用法律。他以商鞅执政，法令虽疏，却可以统一适用，而无歧异为例，说："吾观古之为法者，商鞅无科条，管仲无五曹令，其上如流水，其次不从则大刑随之，律不亟见，奚有于歧者。"② 又说："法家不酷于刑，而厌歧于律。汉文帝时，三族法犹在，刑亦酷矣，然断狱四百，几于兴刑措之治者，其律一也。"③ 反之，"上歧于律，则下循于情，而州县疲于簿书之事，日避吏议，娓娓不暇给，故每蔽一囚，不千金不足以成狱，则宁过而贳之，其极，上下相蒙，以究于废驰，是故德意虽深，奸宄愈因以暴恣，今日是也。"④

正是从统一适用法律的角度出发，章太炎谴责汉董仲舒倡行的春秋决狱，说："余观汉世法律贼深，张汤、仲舒之徒益以春秋诛心之法，又多为决事比，转相贸乱，不可依准。"⑤"独董仲舒为春秋折狱，引经附法，异夫道家儒人所为，则佞之徒也。"其后果就是使执法者，不顾事实，而只是"占察人之心术"，难免出现"反唇之诛，腹诽之刑"，特别是"为人主一己便，而教天下谄谀。"⑥他抨击"仲舒之折狱二百三十二事，援附经谶……后之廷尉，利其轻重异比，上者得以重秘其术，使民难窥，下者得以因缘为市，然后弃表埒之明，而从掺游之荡，悲夫经之虮虱，法之秕稗也。"⑦

以上章太炎对董仲舒春秋决狱的抨击，是对封建司法实践中原心论罪、专横擅断主义的尖锐批判。借以阐明实行法治，不仅要统一适用法律，而且要做到罪刑相称，他说："杀一人不以其罪，圣王有向隅之痛，

---

① 《五无论》，见《章氏丛书·别录卷三》。
② 《訄书·儒法》。
③ 同上。
④ 同上。
⑤ 《五朝法律索引》，见《章氏丛书·文录一》。
⑥ 《原法》，见《章氏丛书·检论卷三》。
⑦ 同上。

是故持仁恕之说者，必曰省刑。"① 又说："苟诛杀而当，虽少憯酷，犹足以庇民，何取于省。夫中国所患，非刑重之失也，特其米盐琐细，罪不致死而必致之弃市磬首者，为可减耳。"② 在中国封建时代，罪与刑殊，因人而异，是普遍的现象，因此，章太炎关于罪刑相称的议论，也含有批判封建等级特权法的意义。

由于章太炎以西方的法治相尚，因此在中国由来已久的"治法"和"治人"的问题上，作出了重法而轻人的回答。认为"专重法律，足以为治"，"释法而任神明，人主虽圣，未无不知也。"③ 只要上下都不违反既定的法律，即使商君、武侯之政，也可能出现。如果"过任治人，不任治法"，则适足以招乱。所以他强调："为治固当循绳墨，无所用贤，且有劳者得超除，溺职者受罢黜，材者固无患其沉滞，虽下资自见冷汰矣。"④

四、革命派和保皇派围绕宪政问题的论战

《辛丑条约》的签订，使得中国社会固有的各种矛盾进一步加深，清朝统治者面临着前所未有的统治危机。为了缓解这种严重的危机，被迫宣布实行新政和预备立宪。清朝的这些自救措施，并没有瓦解资产阶级革命派的斗志。相反，他们从清朝的危机中，更加坚定了通过暴力革命推翻清朝，建立资产阶级共和国的决心。然而以康有为、梁启超为代表的改良派，却期望以此为契机，实现变中国为君主立宪国家的理想。梁启超说："从此政治革命问题，可告一段落，此后所当研究者，即在

---

① 《五朝法律索引》，见《章氏丛书·文录一》。
② 同上。
③ 《秦政记》，见《章氏丛书·文录一》。
④ 《代议然否论》，见《章氏丛书·别文录一》。

此过渡时代之条理何如。"[1] 中国的前途，究竟是走共和革命的道路，还是君主立宪的改良道路？是摆在资产阶级革命派和保皇派面前无法回避的重大问题。一场围绕中国政治出路的大论战不可避免。

戊戌变法失败以后，康有为、梁启超等人被迫流亡海外，当时孙中山等许多革命派领导人，错误地以为康、梁会改变对清朝的态度，因而多次派人联络康有为、梁启超，谋求共同起义，推翻清朝。但是康、梁等人坚持改良立场，积极发展保皇会等组织，不仅如此，还竭力在革命派的一些传统根据地发展势力。以致兴中会横滨分会几乎被瓦解；甚至在檀香山这个兴中会最早的活动基地，也出现兴中会的成员纷纷加入保皇会的严峻形势。这使孙中山等人认识到，"革命、保皇二事，决分两途，如黑白之不能混淆，如东西之不能易位"，因而决定与保皇派划清界限，并对他们的保皇谬论进行有力的回击。1900 年 4 月革命派在横滨兴办了《开智录》，宣传推翻清政府，驳斥保皇派的谬论，经过一番努力，逐渐收复了被保皇派占领的阵地。

从 1901 年至 1904 年间，保皇派陆续出版了《清议报》、《新民丛报》、《外交报》、《东方杂志》、《扬子江》等刊物，大肆宣传保皇立宪的观点。1902 年，康有为发表《致美洲华侨论中国只可行君主立宪不可行革命书》和《与同学诸子梁启超等论印度亡国由于各省自立书》两封长信，阐述君主立宪，反对革命。1903 年，梁启超发表《政治学大家伯伦知理之学说》，力主保皇，大讲改良。自此，革命派与改良派之间论战不断。

1905 年同盟会的成立和《民报》的创刊，标志着革命派和保皇派的论战开始全面升级。保皇派以《新民丛报》为阵地，对同盟会的政纲进行了批评。革命派立即以《民报》为阵地，给予反击，从而展开了一场声势浩大的论争。全国其他各地的报纸也相应地分成两派，演发为全国性的思想大论战。这场论战参与的人数众多，论辩激烈，所涉及的问

---

① 丁文江等编：《梁启超年谱长编》，上海人民出版社 1983 年版，第 365 页。

题以中国的政治出路为中心，十分广泛，在近代中国历史上具有极为深远的影响，起到了更深刻的思想启蒙的巨大作用。

1906 年 4 月 28 日，同盟会在《民报》第三号上发表题为《〈民报〉与〈新民丛报〉辩驳之纲领》的号外，列举了双方在十二个问题上的根本分歧，可以被视为这次论战的论纲：

"近日《新民丛报》将本年《开明专制论》、《申论种族革命与政治革命之得失》诸篇合刊为《中国存亡一大问题》。本报以为中国存亡诚一大问题。然使如《新民丛报》所云，则可以立亡中国。故自第四期以下，分类辩驳，期与我国民解决此大问题。兹先将辩论之纲领，开列折下，以告读者：

(1)《民报》主共和；《新民丛报》主专制。

(2)《民报》望国民以民权立宪；《新民丛报》望政府以开明专制。

(3)《民报》以政府恶劣，故望国民之革命；《新民丛报》以国民恶劣，故望政府以专制。

(4)《民报》望国民以民权立宪，故鼓吹革命与教育，以求达其目的；《新民丛报》望政府以开明专制，不知如何方副其希望。

(5)《民报》主张政治革命，同时主张种族革命；《新民丛报》主张开明专制，同时主张政治革命。

(6)《民报》以为国民革命自颠覆专制而观则为政治革命，自驱逐异族而观则为种族革命；《新民丛报》以为种族和政治革命不能相容。

(7)《民报》以为政治革命必须实力；《新民丛报》以为政治革命只需要求。

(8)《民报》以为革命事业专主实力，不取要求；《新民丛报》以为要求不遂，继以惩警。

(9)《新民丛报》以为惩警之法在不纳租税与暗杀；《民报》以为不纳税与暗杀不过革命实力之一端，革命须有全副事业。

(10)《新民丛报》诋毁革命，而鼓吹虚无党；《民报》以为凡虚无党皆以革命为宗旨，非仅以刺客为事。

（11）《民报》以为革命所以求共和；《新民丛报》以为革命反以得专制。

（12）《民报》鉴于世界前途，知社会问题必须解决，故提倡社会主义；《新民丛报》以为社会主义不过煽动乞丐流民之具。

以上十二条皆辩论之纲领。《民报》第四号刻日出版，其中数条皆已解决。五号以下接连辟驳。请我国民平心公决之。"

这个纲领，大体展示了革命派与保皇派在这场大论战中各自的基调。在论战中基本上是围绕以下三个问题进行的：

其一，是推翻还是保留清政府。

革命派认为必须以革命的暴力推翻清朝统治，进行种族革命。这是由于，自满人入关 260 年以来，执行的是民族歧视和民族压迫政策。既然"满洲之对于汉民也，无一而非虐，则汉民之对于满洲也，亦无一而非仇"。不仅如此，自鸦片战争以来，清朝与外国所定的条约大多数都是损己以益人的卖国条约，为了拯救中华民族的深重灾难，必须坚决推翻蔑弃我国权利的异族专制政府。

至于清廷推行的"预备立宪"不过是一时的骗局，"满政府，必不能实行立宪也明矣，即能行之，亦必非真正立宪，不过如朝鲜之宪法，俄罗斯之宪法，或不然，而英人对于印度之宪法，日本对于台湾之宪法也明矣。吾汉人切勿为那拉氏之言所愚焉可也。"① 清廷是在玩弄以"立宪为表，中央集权为里"、"阳收汉人之虚望，阴殖满人之实权"的政治权术，因此不能抱有任何的幻想，为了拯救中华民族必须进行种族革命。

针对革命派的民族革命论，保皇派指责为狭隘的"排满复仇主义"。

———

① 宋教仁：《清太后之宪政谈》，见《辛亥革命前十年间时论选集》第 2 卷（上），第 71 页。

梁启超质问道："排满者以其为满人而排之乎？抑其为恶政府而排之乎？"他要革命派"多从政治上立论，而少从种族上立论"。应当承认，当时革命派中确实有人具有狭隘的民族思想和复仇情绪，但是多数人已经认识到，种族革命并非狭隘的民族复仇主义。孙中山在《民报》周年纪念大会上的演说中特别申明："民族革命的原故是不甘心满洲人灭我们的国，主我们的政，定要扑灭他的政府，光复我们民族的国家。这样看来，我们并不是恨满洲人，是恨害汉人的满洲人。假如我们实行革命的时候，那满洲人不来阻害，我们绝无寻仇之理。他当初灭汉族的时候，城攻破了，还要大杀十日，才肯封刀，这不是人类所为，我们决不如此。"[①]

然而以康梁为首的保皇派，完全否认在清朝统治下民族歧视和民族压迫的存在，进而否认推翻清王朝的必要。康有为称颂康熙朝的薄赋为中国"唐虞至明之所无，大地各国所未有也，亦可谓古今至仁之政矣。"[②] 梁启超则声称在清朝统治下，"举国人民其在法律上本已平等，无别享特权者。"[③] 尤其是对清廷推行的"预备立宪"寄予厚望，称赞光绪帝："舍身轻万乘，而思以保国救民，自非至圣仁人，孰能若此者乎？"[④]"虽向来英君令辞，临政数十年，可书之事，未有若皇上九十日之多者，岂非绝世间出之圣主哉？"[⑤]

保皇派反对革命的最主要的理由，是革命会引起国内绵延不绝的内乱。梁启超说："暴动事业，无论在何国，无论在何时，其必出于嚣聚，必为无机的群众，至章章也。就令革命军主动之内部团体若干人，稍为有机的组织，而其他多数之景从者，固不能不出于嚣聚，若夫响应于四

────────────

① 《辛亥革命前十年间时论选集》第 2 卷（上），第 536 页。
② 康有为：《辨革命书》，见《辛亥革命前十年间时论选集》第 1 卷（上），第 214 页。
③ 梁启超：《申论种族革命与政治革命之得失》，见《辛亥革命前十年间时论选集》第 2 卷（上），第 230 页。
④ 《康南海先生遗著汇刊》第十三集，宏业书局，第 3 页。
⑤ 同上书，第 9 页。

方者，更无论矣。以十八省之大，苟并时云扰，合此大多数之无机的群众，向于激动爆发以进行，其混乱状态之所极，谁能测之?"① 所以革命只会造成遍地流血的惨剧，而丝毫无补于国家。

针对保皇派的"革命引发内乱论"，革命派指出，中国所要进行的革命和以往的农民暴动和因争夺帝位而进行的战争是不同的。过去在推翻旧的王朝后，往往因为争夺帝位而长期陷入混乱的局面。与此不同的是现实的中国革命，其目的在于建立"民族的国家"和"民主的立宪政体"以及实行"民生主义"，这是适合社会需要和合乎正义人道的革命。破坏只是它的手段，建设才是它的目的。既不存在帝位之争，也不会导致内乱。

与此同时，批驳保皇派所喧嚣的革命会引发杀人流血之惨剧的论调，是"杞人之忧也"，"不知革命而骇革命也"。指出革命犹如治病，清朝已经病入膏肓，非用刀砍不行。进行革命固然有时会造成杀人流血的局面，但即使不革命，在满族统治下，实际上已经长期处在"杀人流血"的境地。为了摆脱这种被奴役的痛苦局面，付出短暂出现的"杀人流血"的代价，是不得已的。既然清朝用残暴的方式对待自己的人民，人民就必然有权用武力的方式去对待这样的政府。革命必须流血，不流血不能革命。英国与日本均是如此，最终不仅成为宪政国家，而且是世界上的一流强国。因此，保皇派关于革命会导致亡国灭种的预言，不过是耸人听闻而已。

保皇派反对革命的另一个理由是革命会招致帝国主义的干涉，"当革命军之起也，主动者虽自宣言能守战时法规惯例，不至危及外国人之生命财产，恐外国人未能遽信也。于是竟借口于国际法上正当之防卫，各调兵于其所自认之势力范围内，如日、俄之于满洲也，俄之于蒙古也，德之于山东也，法之于广西、云南也，其他甲国于某省也，乙国于

---

① 梁启超：《暴动与外国干涉》，见《辛亥革命前十年间时论选集》第 2 卷（上），第 282 页。

某省也，莫不皆然。"① "以此诸原因，而谓当一方揭竿，万里响应之时，能定共同之目的，为秩序之革命，绝不诒外国以干涉之口实，苟非欺人，其必自欺而已！"② 从而得出"革命可以召瓜分，而国随以亡"的结论。对此革命派批驳说：中国被瓜分的原因是由于在清朝统治下不能自立所致，因此，推翻清朝的统治，适足以从根本上避免被瓜分的危险。

革命派特别指出：中国革命只是"排满"，而不是"排外"，不妨碍列强在中国的利益，所以也不会引起列强的干涉。即使列强干涉，经过革命洗礼的中国人民将会奋起抵抗，并能取得最终的胜利。

其二，是民主共和还是君主专制。

1906 年，梁启超在《新民丛报》上撰写《开明专制论》，认为：中国不能建立共和政体，理由之一国家是平衡正义、调和利害冲突的团体，若在君主国，君主超然于人民利害之外，所以能调和人民的利益冲突。若在共和国，人民之上没有超然于利害关系以外之人。因此除盎格鲁撒克逊人种富于自治性质，可以采取这一制度外，长期处于专制政体下的人民一旦采取共和政体，必然导致激烈的党争和"下等社会猖獗"，各恃个人主义以营其私，形成阶级争夺，大乱不已，最终不得不将政府自由交给一个人，专制制度因而复活。理由之二：中国民智未开，"未有可以行议院政治之能力者也……故今日中国国民非有可以为共和国之资格者也，今日中国政治，非可采用共和立宪制者也。"由此，他得出结论："与其共和，不如君主立宪，与其君主立宪，又不如开明专制"，③ 实行"开明专制"是当时"独一无二之法门"。从开明专制到君主立宪，最后再到民主共和，只能逐渐进行，不能急于求成，否则会引起社会内乱。

革命派首先批判了所谓"认君主为国家"，"以人民为统治之客体"

---

① 梁启超：《暴动与外国干涉》，见《辛亥革命前十年间时论选集》第 2 卷（上），第 285—286 页。

② 同上书，第 283 页。

③ 朱育和等著：《辛亥革命史》，人民出版社 2001 年版，第 237 页。

的理论，指出这实质上是把领土和人民当作君主可以任意处分、抛弃、赠与、继承的私有物。在中国延续几千年的封建专制统治下，中国人民既无自由，又无平等和民主权利，如果在推翻清朝的同时不进行政治革命，人民仍然要受专制政治的压迫。按照人类进化的历史规律，专制政府早已不符合时代的潮流，仍行专制就是逆历史潮流而动，是亡国之道。只有兴民权，使国民具有独立的人格，既不是任人宰割的奴隶，也不是他人的所有物，而是国家的构成分子，亦即"权利义务之主体"。只有国民全体才是国家的"最高总揽机关"。

其三，是民智未开还是民智已开。

保皇派认为中国国民能力差，"民智未开"因而"欧美可以言民权，中国不可一言民权，欧美可以兴民主，中国不可一行民主。"针对保皇派的观点，革命派明确指出中国人的能力并不逊于世界上任何别的民族，只有"被压制于历来之暴君污吏，稍稍失其本来，然其潜势力固在也。此亦如水之伏行地中也。遽从外观之，而即下断语曰：中国之民族，贱民族也，只能受压制，不能与以自由……一若吾民族万古不能有能力，惟宜永世为牛为马为奴为隶者。何其厚诬吾民族也！"[1] 真正没有能力的只是清朝的皇帝和大臣。

革命派还特别举例说明当时的中国人不是"民智未开"，而是民智大开。自从"民族主义提倡以来，起而应之者，如风之起，如水之涌，不可遏抑，是岂绝对无能力者所能之耶。"[2] 孙中山指出："鄙人往年提倡民族主义，应而和之者，特会党耳。至于中流社会以上之人，实为寥寥。乃曾几何时，思想进步，民族主义大有一日千里之势，充布于各种社会之中，殆无不认革命为必要者。"[3] 发生在1905年的"东京罢学事

---

① 陈天华：《论中国宜改创民主政体》，见《辛亥革命前十年间时论选集》第2卷（上），第121页。
② 同上。
③ 孙中山：《在东京留学生欢迎会上的演说》，见《辛亥革命前十年间时论选集》第2卷（上），第125页。

件"和上海反美罢市运动，不仅说明了中国人"能力发舒，一日千里"，更雄辩地说明了，国民革命是开启民智的最好办法。孙中山比喻说："今使有见幼童将欲入塾读书者，而语其父兄曰：'此童子不识字，不可使之入塾读书也。'又通理乎？惟其不识字，故须急于读书也。……故今日中国之当共和，犹幼童之当入塾读书也。"① 孙中山还针对"中国今日无一不在幼稚时代"，政治改革"殊难望其速效"，以及"各国皆由野蛮而专制，由专制而君主立宪，由君主立宪而始共和，次序井然，断难躐等，中国今日亦只可为君主立宪，不能躐等而为共和"的观点，运用"取法乎上"的原则加以反驳。指出中国之所以不能因袭西方的君主立宪制，而要采取更先进的共和制度，就好像"铁路之汽车，始极粗恶，逐渐改良。中国而修铁路也，将用其最初粗鄙之汽车乎？抑用其最近改良之汽车乎？"② "各国发明机器者，皆积数十百年始能成一物，仿而造之者，岁月之功已足。中国之情况，亦犹是耳。"③

早在 1903 年，孙中山在檀香山演讲时，就已经清楚地表述说："有人说我们需要君主立宪政体，这是不可能的，没有理由说我们不能建立共和制度，中国已经具备了共和政体的雏形。"④ 孙中山关于建立民主共和国的主张，通过宣传、实践和一系列的论战，越来越赢得人民群众的拥护，为民主共和的中华民国的建立作了一定的理论和舆论准备。

其四，要不要"平均地权"，改变封建土地制度。

梁启超在《社会革命果为今日中国所必要乎？》一文中，攻击主张社会革命论的革命派是"妄言惑人"，"利用此以博一般下等社会之同情，冀赌徒、光棍、大盗、小偷、乞丐、流氓、狱囚之悉为我用，惧赤眉、黄巾之不滋漫，复从而煽之而已。"他甚至说："虽以匕首揕吾胸，

---

① 《孙中山选集》上卷，第 66 页。
② 朱育和等著：《辛亥革命史》，第 237 页。
③ 《孙中山选集》上卷，第 66 页。
④ 《孙中山文集》上，团结出版社 1997 年版，第 463 页。

吾犹必大声疾呼曰：'敢有言以社会革命，与他种革命同时并行者，其人即黄帝之逆子，中国之罪人也，虽与四万万人共诛之可也'。"①

革命派则针锋相对地指出，社会革命的原因在于社会经济组织不完全，存在着严重的贫富差别；社会革命的目的，不仅在于使人民不受资本家的残害，还要解决中国社会问题的根源，即土地问题。实行"土地国有"，废除土地私有制，废除土地买卖，每个人可以根据自己的需要向国家租用土地，保证"劳动者有田可耕"，又可以聚财富于国家，为国民所共享，避免陷于欧美国家贫富悬殊的困境。

革命派和保皇派的论战一直持续到 1907 年 8 月《新民丛报》停刊，最终以革命派取得全面的胜利而告结束。保皇派在《新民丛报》上发表的《论中国现在之党派及将来之政党》一文中，不得不承认"数年以来，革命论盛行于国中，今则得法理、政治理论以为之羽翼，其壁垒益森严，其势力益旁薄而郁积，下至贩夫走卒，莫不口谈革命，而身行破坏。""革命党指政府为集权，詈立宪为卖国，而人士之怀疑不决者，不敢党于立宪。遂致革命党者，公然为事实上之进行；立宪党者，不过为名义上之鼓吹。气为所慑，而口为所箝。"

通过这次时间长、范围广、针对性强的论战，革命派和保皇派彻底划清了界限，他们以充满激情的论辩，捍卫并宣传了自己的革命纲领，夺取了思想舆论的主导权，起到了思想发动的作用。从此以后，民主共和的思想开始深入人心，推动了民主革命高潮的到来。

曾经在戊戌变法中开一代风气的维新派领袖康有为、梁启超，在革命形势不断发展，人们对清朝种种作为日益失望的历史条件下，以保皇为号召的言论，越来越难以吸引人们的注意力，尽管他们的文字功夫和对西方的宪政知识并不亚于资产阶级革命派。但由于他们的行径与历史潮流相对抗，因此其失败带有历史的必然性。革命派既顺应了时代的潮流，又提出了明确的国家方案，并努力借诸革命付之实践，因此他们的

---

① 梁启超：《开明专制论》，见《辛亥革命前十年间时论选集》第 2 卷（上），第 189 页。

胜利也同样带有历史的必然性。

五、南京临时政府——民主共和国方案的产物

1. 建立"一个二十世纪头等的共和国"

自 1905 年以来，随着民主革命形势的发展，群众性的自发斗争普遍高涨。不仅次数激增，形式也复杂多样，如抗捐抗税、抢米骚动、工人罢工、反教会压迫，特别是山西、安徽、山东、云南、河南、四川等省，都发生了收回矿权的斗争，还掀起了收回路权的全国性风潮。终于在 1911 年汇合成辛亥革命，推翻了清朝政权，结束了延续两千余年的封建专制制度，建立了南京临时政府，宣布了中华民国诞生。

南京临时政府是在辛亥革命中诞生的，在南京临时政府筹建的过程中，充分显示了孙中山建立民主共和国的国家方案的指导作用。例如，武昌起义后不久，湖北军政府发刊的《中华民国公报》，便以"中华国民军政府大总统孙"的名义，向各省发出号召："凡我各省义军代表，同心戮力，率众前驱……直抵黄龙府，与同胞痛饮策勋，建立共和国。"[1] 上海沪军都督府都督陈其美，在邀各省代表来沪的通电中也声称："自武昌起义，各省响应，共和政治，已为全国所公认……美利坚合众国之制，当为我国他日之模范。"[2] 对此，美国报纸作出了符合实际的报道："武昌革命军为奉孙逸仙命令而起者，拟建共和国体，其首任总统，当属之孙逸仙云云。"[3] 这时，尚在国外的孙中山，多次向媒

---

① 《湖北军政府文献资料汇编》，第 31—32 页。
② 转引自李新：《中华民国史》，中华书局 1982 年版，第 417 页。
③ 《孙中山选集》上卷，第 184 页。

体表述了在中国创建共和国的夙愿。1911 年 11 月中旬，他在《与伦敦〈海滨杂志〉记者的谈话》中说："启蒙和进步的浪潮，业已成为不可阻挡的，中国……是全世界最适宜建立共和政体的国家。在短期间内，它将跻身于世界上文明和爱好自由国家的行列。"① 在与英国人康德黎的谈话中说："今之中国似有分割与多数共和国之象，余甚希望国民速建设一善良之中央政府。"② 同年 11 月中下旬，《在欧洲的演说》中又说："中国现时除北京及直隶一省外，均在革命军势力之下。但须联为一气，则满洲皇室早无望矣。……甚愿洗尽所有极秽恶之记念，则组织联邦共和政体尤为一定不易之理。"③

同年 11 月 21 日至 23 日间，孙中山《在巴黎的谈话》中再次阐明："中国革命之目的，系欲建立共和政府，效法美国，除此之外，无论何项政体，皆不宜于中国，因中国省份过多，人种复杂之故。美国共和政体甚合中国之用，得达此目的，则振兴商务，改良经济，发掘天然矿产，则发达无穷。"④ 他在回答美国《独立》杂志代表李佳白关于"共和政府的形式，是否真正适合于中国人民"的问题时，斩钉截铁地表示："那正是我们的计划的一部分；我不但要推翻满清政府，并且要建立共和政府的制度。……没有理由要以君主政体，去妨害这种民主观念。中国人民不但爱好和平，而且……感染了选择自己的代表，来管理己事务的观念。我们所需要做的，只是要把这种民主观念实行出来，在首都及各省都有人民自己选出的代表，为人民自己最高的利益而工作。"⑤ "总要择地球最文明的政治、法律，来救我们中国"，建立"一个二十世纪头等的共和国来"。⑥

---

① 《孙中山全集》第 1 卷，第 557—558 页。
② 同上书，第 559 页。
③ 同上书，第 560、563 页。
④ 同上。
⑤ 孙中山：《中华民国》，见《史料与史学》，第 328 页。
⑥ 《国父全集》第 2 册，第 196 页。

2. 湖北军政府与《中华民国鄂州约法》

武昌起义以后成立的湖北军政府，为了巩固与发展新生的地方革命政权，进而推进革命，同盟会领导人之一的宋教仁起草了《中华民国鄂州约法》，1911 年 11 月 14 日由湖北军政府发布《特别通告》，希望对"所拟鄂州临时约法草案尽可逐条指摘评论，录送总监察处，由监察长取决多数，以划定规，而昭合议制度。"① 1911 年 12 月 2 日至 12 月 6 日，《民立报》陆续刊载《中华民国鄂州约法及官制草案》。

《中华民国鄂州约法》分为总纲、人民、都督、政务委员、议会、法司、补则 7 章，共 60 条。②

《鄂州约法》总纲规定："中华鄂州人民……组织鄂州政府统治之"。体现了人民有权组织自己的政府。其次规定，"中华民国完全成立后，此约法即取消，应从中华民国宪法之规定"。但得到"中华民国之承认"后，可以"自定鄂州约法"。总纲还规定"鄂州政府以都督及其任命之政务委员与议会、法司构成之"。即按三权分立的原则组织政权机构，行使统治权。

第二章"人民"。规定："凡具有鄂州政府法定之资格者，皆为鄂州人民。"人民一律平等，有言论、著作、集会、结社、通信、信教、居住、迁徙、财产保有、营业、身体、家宅等自由；有诉讼于法司、陈情于议会、陈诉于行政官署、任官考试、选举与被选举等权利。鄂州宪法以法律的形式确定上述人民的民主自由权利，这在中国历史上是第一次。它同《钦定宪法大纲》关于臣民权利自由的规定形成强烈的对比。

第三章"都督"。规定："都督由人民公举，任期三年。"由人民公举政府首脑，并确定任期，在中国的立法史上也是前所未有的创举。不仅如此，都督行使职权，要受到议会同意权的限制。

---

① 《湖北军政府文献资料汇编》，第 44 页。
② 同上书，第 40—44 页。

第四章，"政务委员"。规定：政务委员的任命及其职权，从"政务委员……执行政务、发布命令，负其责任"，以及"政务委员可以行使牵制都督权力的副署权"的规定中，可以看出政务委员制度，近似西方资本主义国家的责任内阁制。这是和起草人宋教仁是"一个责任内阁制的坚决主张者"① 分不开的。此外，黎元洪担任都督的现实及其影响，也使得革命党力图改变都督集权制度为政务委员制度。它既可防止都督的独裁统治，也可以为革命党人争得一些实权。

第五章，"议会"。规定：议会由人民于人民中选举议员产生。议会有立法、质问和弹劾政务委员以及对人民请愿的受理权，等等。这些规定虽然还较为粗疏，但却是西方国家的议会民主制，在中国地方政权建设中的初步落实。

第六章，"法司"。规定："法司以都督任命之法官组织之"，"依法律审判民事诉讼及刑事诉讼"。为了保障依法独立审判的职权，"法官非依法律受刑罚宣告，或应免职之惩戒宣告，不得免职。"

综上可见，《中华民国鄂州约法》是一个具有宪法性质的地区性重要文件。它宣告了湖北地区封建专制主义的地方制度的死亡，和资产阶级民主共和的地方制度的诞生。在全国人民面前展示了资产阶级共和国的雏型，对于推动湖北地区和全国革命形势的发展，为继起的独立各省的政权建设，起了示范的作用。江西、浙江等独立省份，也仿效制定了类似的约法。同时也为稍后南京临时政府制定《中华民国临时约法》提供了蓝本。虽然由于形势的变化，鄂州约法并没有得到全面实施，它本身也存在着缺陷和不足，但在中国宪法史上的地位是不应忽视的。

3. 《中华民国临时政府组织大纲》

武昌起义后，各省纷纷响应宣布独立，组建都督府。为了建立中华

---

① 《宋教仁集》上册，第 365 页。

民国，以应当务之急，于 1911 年 11 月 30 日，各省都督府代表会议正式在汉口召开。12 月 2 日，通过并公布了《中华民国临时政府组织大纲》，共四章二十一条。规定：设立临时大总统、临时参议院，设立外交、内务、财政、军务、交通五个部。在参议院成立前，由各省都督府代表会议代行职权，从而赋予各省都督代表会议，以临时立法机构的职权。就此而言，比《鄂州约法》倒退一步。

1911 年 12 月 2 日，苏浙联军攻占了南京，革命形势的发展将建立中华民国中央政府的任务，更加紧迫地提上议事日程。16 日各省都督府代表来到南京，召开临时大总统选举会。在"临时大总统未举定之前，其职权由大元帅暂督之"。12 月 25 日，孙中山从海外回到上海，次日召集同盟会核心干部讨论政府组成形式和总统人选。当时，宋教仁主张实行内阁制，反对总统权力过于集中，孙中山则力主采取总统制，他说："内阁制乃平时不使元首当政治之冲，故以总理对国会负责，断非此非常时代所宜，吾人不能对唯一置信推举之人，而复设防制之法度。余亦不肯徇诸人之意见，自居于神圣赘疣，以误革命大计。"[1] 后经各省代表议决，总统制遂成定案。由各省都督府代表联合会制定的，并经过三次修正的《中华民国临时政府组织大纲》，接受了孙中山的意见，采用美国宪法所规定的总统制共和政体。

《中华民国临时政府组织大纲》第一章，"临时大总统、副总统"，规定了中华民国临时大总统、副总统的产生及其权限。第二章，"参议院"，规定了参议院的组成、议员的产生以及参议院的职权。第三章，"行政各部"，规定各部设部长 1 人，总理本部事务，部长经参议院同意由临时大总统任免。第四章，"附则"，规定了《临时政府组织大纲》的施行期限，以中华民国宪法成立之日为止。

作为"国家之构成法"[2] 的《中华民国临时政府组织大纲》，就内

---

① 《胡汉民自传》，见《近代史资料》，总第 45 页。
② 《孙中山全集》第 5 卷，第 319 页。

容而言，尚不完整，不全面，它所规定的"参议院以各省都督府所派之参议员组织之"，"临时大总统、副总统由各省都督府代表选举之"，表现了资产阶级革命派向立宪派和旧军阀官僚势力的妥协，但是，它用法律的形式肯定了辛亥革命推翻封建帝制，代之以资产阶级民主共和国。并且为建立以孙中山为首的南京临时政府提供了法律依据，树立了中华民国的法统，因而是具有重要历史意义的法律文献。

　　1911 年 12 月 29 日，各省都督府代表会议选举孙中山为临时大总统，1912 年 1 月 1 日，孙中山在南京就职，定国号为"中华民国"，组成中华民国政府，宣布 1912 年为民国元年。孙中山在就职典礼上宣读誓词："颠覆满清专制政府，巩固中华民国，图谋民生幸福，此国民之公意，文实遵之，以忠于国，为众服务。至专制政府既倒，国内无变乱，民国事立于世界，为列邦公认。斯时，文当解临时大总统之职，谨以此誓于国民。"① 与此同时，还发布了《临时大总统宣言书》和《告全国同胞书》。在宣言书中，提出中华民国临时政府的任务是："尽扫专制之流毒，确定共和，以达革命之宗旨。"其对内方针是："民族之统一"、"领土之统一"、"军政之统一"、"内治之统一"、"财政之统一"。对外方针是："满清时代辱国之举措，与排外之心理，务一洗而去之；持平和主义，与我友邦益增睦谊，将使中国重见于国际社会，且将使世界渐趋于大同。"② 从孙中山就职的誓词和宣言书中可以看出，他在推翻帝制以后，建立民主共和国的革命精神和原则立场。

　　南京临时政府是以孙中山为领导的，以革命党人为主体的，资产阶级共和国性质的政权。南京临时政府成立以后，遵照资产阶级的民主与法治原则，制定公布了《修正中华民国临时政府组织大纲》、《中华民国临时政府中央行政各部及其权限》和《中华民国临时约法》，力图以根本法的形式确认资产阶级共和制度。此外，还以"去专制之淫威，谋人

---

① 《孙中山全集》第 2 卷，第 1 页。
② 《临时政府公报》，第 1 号。

民之幸福"、"人权神圣"为中心，颁行了一系列反映革命民主主义精神的社会立法。南京临时政府的成立，显示了中华民族的崛起，它不仅开中国历史的新纪元，而且"惹起全世界之注目"。①

六、《中华民国临时约法》与护法运动

1.《中华民国临时约法》的产生与历史地位

为了确立中华民国南京临时政府的法统，利用宪法的形式确认共和政体，南京临时政府于 1912 年 1 月 2 日公布了《修正中华民国临时政府组织大纲》，作为《中华民国临时约法》制定颁布之前，南京临时政府的根本大法。

由于《修正大纲》在形式上和内容上都存在许多缺点，如没有规定人民的权利和义务；而限定 6 个月以内召集国民会议，也很难办到。因此各省都督府代表联合会及后来成立的参议院，便主持起草中华民国南京临时政府的宪法文件。2 月上旬，国内政局发生急剧变化，清帝逊位，南北议和告成。根据各省都督府代表联合会的许诺，袁世凯被公举为大总统。以孙中山为首的革命党人为保卫共和，巩固民国，寄希望于制定一部《中华民国临时约法》。孙中山后来回忆说：当时"北方将士以袁世凯为首领，与予议和。夫北方将士与革命军相距于汉阳，明明为反对民国者。今虽曰服从民国，安能保其心无他？故予奉临时约法而使之服从。盖以服从约法为服从民国之证据。予犹虑其不足信，故必令袁世凯宣誓遵守约法，矢忠不二，然后许其和议。故临时约法者，南北统一的条件，而民国所由构成也。"②

---

① 《国父全集》第 2 卷，第 399 页。
② 孙中山：《中国之革命》，见《中山丛书·传略》，太平书店 1927 年版，第 31 页。

如前所述，在孙中山设计的建国方略中，革命成功以后的建设程序，分为三个时期——军政时期，训政时期，宪政时期。与此相适应的国家统治，也分为"军法之治"、"约法之治"和"宪法之治"。因此，南京临时政府成立以后，便进入了约法之治的历史时期，制定《中华民国临时约法》，遂成为南京临时政府最主要的立法活动。在向袁世凯交权之势已成定局，又力图以法律限袁的思想指导下，南京临时政府加快了制定"约法"的步伐。2 月 7 日，临时参议院编辑委员会负责起草"约法"。至 1912 年 3 月 8 日，南京参议院完成三读程序，审议通过了中国近代宪政史上具有资产阶级共和国宪法性质的法律文件——《中华民国临时约法》，咨请临时大总统孙中山予以公布。3 月 11 日，即袁世凯在北京就任临时大总统的次日，孙中山在南京正式公布了《中华民国临时约法》。

《中华民国临时约法》共七章（总纲、人民、参议院、临时大总统、副总统、国务员、法院、附则）五十六条。在"宪法未施行以前，本约法之效力与宪法等"。[1] 主要内容如下：

（1）确立了国民在国家中的地位

在孙中山的民权思想中，最具有价值的是主权在民的思想，他在《建国方略》中，多次阐述说："夫中华民国者，人民之国也，君政时代则大权独揽于一人，今则主要属于国民之全体。""盖国民为一国之主，为统治权之所出。"正是在主权在民的思想指导下，《临时约法》第一条规定："中华民国由中华人民组织之"；第二条"中华民国之主权，属于国民全体"。这两条规定，是资产阶级革命派为之流血牺牲的奋斗目标，它不仅宣告了朕即国家的君主专制制度的死亡，而且与改良派主张的君主立宪、开明专制彻底划清了界限。1921 年，孙中山在一次演说中特别提道"'中华民国主权属于国民全体'这一条是兄弟所主张的。"[2]

---

① 《临时政府公报》第 35 号，1912 年 3 月 11 日。
② 《孙中山全集》第 5 卷，第 497 页。

（2）规定中华民国为统一多民族的国家以及国土疆域之范围

《临时约法》第一章第三条规定："中华民国领土为二十二行省、内外蒙古、西藏、青海。"这项规定在当时具有特殊意义。参与起草《临时约法》的马君武说，之所以如此规定，其目的就是让全世界知道："中华民国不仅是二十二行省而已，内外蒙古、青海、西藏亦在内。因为外人从前看中国的国土极不明了，现在列举出来，使其晓然于吾国国土乃由二十二行省及内外蒙古、西藏、青海等种种组织而成为中华民国。还有一层理由，在从前历史上，中国受莫大之损失者，即是中国人民对于国土观念向不明了之故。""既然中国人对于国土观念非常薄弱，所以国土规定非表现出来不可，使人民知道，中华民国由二十二行省、内外蒙古、青海、西藏等部分组织而成。"① 这也是中国历史上第一次以根本法的形式规定中国的领土疆域。其重要意义在于：对外维护中国领土的完整，不容侵犯，对内则反对民族分裂，增强人民的领土意识和统一多民族的国家观念。曾经提出"驱除鞑虏"的孙中山，在辛亥革命以后，着眼于中华民族的整体利益和长远利益，表现出高度的理性与宽容精神。他在致喀尔沁亲王的电文中，便明确宣布："实欲合全国人民，无分汉、满、蒙、回、藏，相与共享人类之自由。"在这里，反映了孙中山民族主义思想的新发展，以及它与民主思想的密切联系。

（3）规定了人民的权利和义务

《临时约法》将人民列为专章，置于总纲之后，体现了对人民基本权利的尊重。约法郑重宣告"中华民国人民，一律平等，无种族、阶级、宗教之区别"。

关于人民的权利，《临时约法》第二章第六条至第十二条作了如下规定：人民享有人身、住宅、财产、营业、言论、著作、刊行、集会、结社、通讯、居住、迁徙、宗教等自由权利。并享有请愿陈述、任官考试、选举及被选举等公权利。

---

① 转引自余明侠著：《中华民国法制史》，中国矿业大学出版社 1993 年版，第 70 页。

本章还规定了："人民保有财产及营业之自由。"这条规定，虽然主要是保护有财者的财产所有权，但对一般的民众也并非毫无意义。至于以法律的形式宣布自由营业的权利，等于否定了清朝实行的、限制私人资本主义发展的"官办"、"官督商办"的政策，从而有利于民族资本主义经济的发展。

关于人民的义务，《临时约法》第二章第十三条和第十四条规定："人民依法律有纳税之义务"和"服兵役之义务"。

如果说南京临时政府政治设计的蓝图，主要是来自美国，那么临时约法关于民主自由的规划，则取自法国、美国。孙中山曾经把美国总统林肯提出的"民有、民治、民享"，以及法国的自由、平等、博爱的口号与三民主义加以比较，并得出结论："民有、民治、民享主义就是兄弟的民族、民权、民生主义。"① 又说："法国的自由和我们的民族主义相同……平等和我们的民权主义相同，博爱和我们的民生主义是相通的。"②

尽管《临时约法》关于人民权利自由的规定，没有也不可能摆脱资产阶级宪法中通常所具有的，为限制人民权利自由而规定的"增进公益、维持治安，或非常紧急必要"的限语，但是就人民权利自由的广泛性是前所未有的，是对封建制度下等级特权与民族压迫的公开否定，使广大人民在精神上获得的一次解放。

（4）建构了中华民国的国家机构

《临时约法》根据三权分立的原则，规定了中华民国的国家机构。在总纲中第四条规定："中华民国以参议院、临时大总统、国务员、法院行使其统治权。"具体如下：

1）参议院

参议院是立法机关，行使立法权。参议院以各地方选派之议员组织之。参议员每行省、内蒙古、外蒙古、西藏各派五人，青海选派一人，

---

① 《三民主义的解释》，《孙中山全集》第 3 册。
② 同上。

选派方法由各地方自定之，参议院议长由参议员用无记名投票互选，以得票满投票总数之半者为当选。

参议院职权如下：决议一切法律案，临时政府之预算、决算，全国之税法、币制及度量衡之准则，公债之募集及国库有负担之契约；承诺临时大总统任命国务员及外交大使公使、宣战、媾和、缔结条约及宣告大赦事件；答复临时政府咨询事件，受理人民之请愿，提出质问书于国务员并要求其出席答复；咨请临时政府查办官吏贿赂、违法事件；对于临时大总统认为有谋叛行为时，得以总员五分之四以上出席，出席员四分之三以上之可决弹劾之；对于国务员认为失职或违法时，得以总员四分之三以上之出席，出席员三分之二以上可决弹劾之。

参议院议决事件，咨由临时大总统公布施行。临时大总统对于参议院议决事件如否决时，得于咨答后十日内声明理由咨院复议；但参议院对于复议事件如有到会参议员三分之二以上仍执前议时，仍由临时大总统公布施行。

参议员于参议院内之言论及表决，对于院外不负责任。除现行犯及关于内乱外患之犯罪外，会期中非得本院许可，不得逮捕。

2）临时大总统、副总统

临时大总统、副总统由参议员选举之，以总员四分之三以上出席，得票满投票总数三分之二以上者为当选。

临时大总统代表临时政府，总揽政务，公布法律；为执行法律，或基于法律之委任，得发布命令；统率全国海陆军队；制定官制、官规；任免文武职员，但任命国务员及外交大使、公使，须得参议院之同意；经参议院之同意，得宣战、媾和及缔结条约；得以法律宣告戒严；代表全国接受外国之大使、公使；得提出法律案于参议院；颁给勋章并其他荣典；宣告大赦、特赦、减刑、复权，但大赦须经参议院之同意。临时副总统于临时大总统因故去职，或不能视事时，代行其职权。

3）国务员

国务总理及各部总长，均称为国务员。由临时大总统任命，但须得参议院之同意。国务员辅佐临时大总统负其责任。于临时大总统提出法律案、公布法律，及发布命令时，须副署之。国务员及其委员，得于参议院出席及发言。国务员受参议院弹劾后，临时大总统应免其职，但得交参议院复议一次。

4）法院

法院以临时大总统及司法总长分别任命之法官组织之。法院依法律审判民事诉讼及刑事诉讼。但关于行政诉讼及其他特别诉讼，别以法律定之。法院之审判须公开，但有妨害安宁秩序者得秘密之。法官独立审判，不受上级官厅之干涉。法官在任中不得减俸或转职，非依法律受刑罚宣告或应免职之惩戒处分，不得解职。临时大总统如受参议院弹劾，由最高法院全院审判官互选九人组织特别法庭审判。

由此，立法、行政、司法三权分立，相互监督彼此制约的西方民主共和国的政体，用根本大法的形式确立下来了。

（5）规定了《临时约法》的宪法地位和修改程序

《临时约法》在"附则"中规定："中华民国之宪法由国会制定，宪法未施行以前，本约法之效力与宪法等。"（第五十四条）

"本约法由参议院参议员三分之二以上，或临时大总统之提议，经参议员五分之四以上之出席，出席员四分三之可决，得增修之。"（第五十五条）

总括上述，《中华民国临时约法》是伟大的辛亥革命的产物，它以西方的民主法治学说为理论基础，以美国合众政府的宪法为模式，开创了中国资产阶级民主政治的新局面。它以根本法的形式宣布：废除了在中国延续了两千年的封建君主专制制度；确认了资本主义生产关系的合法性；树立了帝制自为非法、民主共和合法的观念，使民主共和思想深入人心；造成了集会、结社、言论、出版自由等民主氛围，对于民众的民主觉醒，起了不可估量的作用，以至遵守约法成了民众的共识。

就世界范围而言，《临时约法》的出现也引起了极大的关注。特别是在20世纪初期的亚洲各国中，它不仅是一部最有影响的宪章，也是一面为民主宪法而斗争的旗帜。

可见《临时约法》适应了 20 世纪初期社会发展的趋势，反映了资产阶级的愿望和利益，也在一定程度上满足了人民群众的民主与自由的要求，在当时是具有权威性的，是中国近代宪法史上惟一的一部资产阶级民主共和国宪法性的文件。毛泽东曾经评价说："民国元年的《中华民国临时约法》，在那个时期是一个比较好的东西；……它带有革命性、民主性。"①

但是《临时约法》受到阶级和历史条件的局限，存在这样那样的缺点。毛泽东在对它作出肯定评价的同时，也指出它"是不完全的，有缺点的，是资产阶级性的。"② 譬如，《临时约法》的产生缺乏广泛的代表性和一定的民主形式。参予制定约法的 40 余名临时参议员，来自 17 个省，是各省都督所指派的代表，因而不能代表全国，也没有吸纳各阶级、阶层和政治势力的代表，这就为《临时约法》的实施，增加了极大的难度。

此外，《临时约法》没有提出反帝反封建的革命任务，没有反映同盟会纲领中的"平均地权"，也没有规定男女平等，特别须要指出：《临时约法》是在南北议和过程中开始起草的，资产阶级革命派立宪派和以袁世凯为代表的军阀势力之间，围绕着以政权为中心，展开了权力再分配的复杂而尖锐的斗争。面对南北和谈已经为袁世凯走向未来总统的宝座铺平了道路，因此，资产阶级革命派为了保卫辛亥革命的成果，限制即将就任临时大总统的袁世凯的权力，将《临时约法草案》中的总统制改为责任内阁制，并要求袁世凯宣誓遵守约法。由于《临时约法》的着眼点在于如何划分总统和内阁之间的权力，以预防和限制袁世凯走向独裁，以至影响了整个宪法结构的理性思考，和行政、立法、司法三权的合理的分配，造成了权力划分的混乱。譬如，《临时约法》第四十五条

———————————

① 《毛泽东选集》第 5 卷，第 127 页。
② 同上。

规定："国务员于临时大总统提出法律案，公布法律，及发布命令时，须副署之。"但同时在第四十四条又规定："国务员辅佐临时大总统负其责任。"从而将内阁置于总统行政权的控制之下，完全违背了责任内阁制的原则，总统和内阁之间不断权力摩擦，和毁法与护法之争。这种因人立法突出地反映了当时的阶级力量对比关系，和革命派的良苦用心。1923 年孙中山回忆这段经历时说，制定《临时约法》是因为"北方将士""明明为反对民国者，今虽曰服从民国，安能保其心之无他"，因而制订约法并使之服从，"盖以服从《临时约法》为服从民国之证据。余犹虑其不足信，故必令袁世凯宣誓遵守约法，矢忠不二，然后许其和议。故《临时约法》者，南北统一之条件，而民国所由构成也。"[①]

南北和议达成以后，孙中山坚持公布《中华民国临时约法》，"必令袁世凯宣誓遵守约法，矢忠不二"，作为南北统一的条件。可见 1912 年 3 月 11 日由南京临时政府颁布的《中华民国临时约法》，不仅是辛亥革命的胜利成果，也是孙中山为保卫民国而进行斗争的法律武器。但是，如果说推翻清朝建立民国以后，革命派便失去前进的目标，那么在制定《临时约法》以后，更是错误地以为民国已经得到了保全，而呈现出一派瓦解涣散的状态。事实上随着南京临时政府的终结，《临时约法》被撕毁的厄运也已经到来了。

2. 护法运动及其反思

从袁世凯上台之日起，便蓄意炮制舆论，诋毁《临时约法》，力图消除这个横在他窃国道路上的障碍。他叫嚣说："临时约法限制过苛，因而前参议员干涉太甚，即无内忧外患之压迫，必且穷年累月莫为功。"[②] 甚至以"朕即国家"的君主口吻声称："本大总统一人一身之受束缚于约法，直不啻胥吾四万万同胞之身命财产之重，同受束缚于

---

① 《孙中山全集》第 7 卷，第 69—70 页。
② 《袁大总统书牍汇编》卷一。

约法。"① 为了撕毁约法，他首先下令解散根据《临时约法》产生的国会，使《临时约法》变成毫无实际意义的一纸空文。然后又于 1914 年 3 月 18 日，召开了制定新约法的会议。袁世凯在开会颂词中，继续发出对《临时约法》的攻击，他说："若长守此不良之约法以施行，恐根本错误，百变横生，民国前途，危险不可名状。"② 经过约法会议，正式废除了《中华民国临时约法》，代之以被时人讥讽为《袁记约法》的《中华民国约法》。

《中华民国约法》以确认袁世凯无限膨胀的权力为特征，取消了责任内阁制和国会对总统行使权力的一切牵制。总统不仅垄断行政、立法、军事各种大权，而且可以连选连任终身。在施行新约法的名义下进行的官制改革，公然复活了部分封建官制，成为复辟帝制的先声。"司马昭之心路人皆知"，连外国的评论也指出："中国看来已趋向于一个民主外貌下的专制政府。"③ 袁世凯猖狂毁法窃国的事实，粉碎了资产阶级革命派"法律限袁"的迷梦，使一些人清醒了，所谓法律限袁，不过是在军阀势力的压迫下，无可奈何的消极抗争和自慰。

袁世凯帝制失败以后，皖系与直系军阀迭起执政，他们都拒绝恢复作为民国象征的《中华民国临时约法》，以示对民国的深恶痛绝。在此期间又一次发生了公然推翻民国，恢复帝制的张勋复辟。就在民国迭遭危机之际，孙中山鉴于《中华民国临时约法》是奠定资产阶级共和国的根本，如他所说："约法……共和国之命脉也。"④ 因此，他以恢复《中华民国临时约法》为号召，发起并领导了反对北洋军阀政府，保卫民国的"护法运动"。

1917 年 7 月，孙中山率领受革命影响的应瑞、应琛两舰和部分旧国会议员，由上海抵达广州。8 月 25 日，召开国会非常会议，通过《中华

---

① 《袁大总统书牍汇编》卷一，第 13，15 页。
② 《约法会议开会颂词》，见《袁大总统书牍汇编》卷一，第 39 页。
③ 惠勒：《中国与世界战争》。
④ 《中山先生之乐观——东京归客述》，见《民国日报》，1916 年 5 月 6 日。

民国军政府组织大纲》，建立了中华民国军政府。9月1日，选举孙中山为海陆军大元帅，正式揭开了保卫民国的护法运动。孙中山在《中华革命军大元帅檄》中，痛斥袁世凯"改毁约法，解除国会，停罢自治，裁并司法，生杀由己，予夺唯私……朋坐族诛，淫刑以逞。"同时，强调《中华民国临时约法》为"民国开创时国民真意之所发表，而实赖前此优秀之士，出无量代价购得之也。……违反约法，则愿与国民共弃之，……尊重约法，则愿与国民共助之。"①

护法与毁法的斗争，是以孙中山为代表的资产阶级革命派，和以北洋军阀为代表的封建势力之间，围绕真共和与假民国而展开的激烈斗争。护法运动是孙中山发动的又一次保卫民国的斗争，正如孙中山所阐明的那样："拥护约法，即所以拥护民国，使国人对于民国无有异志也。"他发愤借此"为民国一清官僚盗贼之害，以树立真正之共和。"②并且坚定地表示："即以护法为职志，则只有努力奋斗，期必达目的而后止。"③在北洋军阀肆无忌惮地践踏民国的情况下，高举保卫民主共和制度、反对军阀独裁的"护法"旗帜，具有一定的积极意义。四川、湖北、安徽、浙江、湖南、陕西等地，也遥相呼应，组织了护法军、靖国军，一时之间，声势大振。

但是，护法运动仅以恢复约法和旧国会为目的，缺乏积极的政治内容，既没有触及当时中国社会的根本问题，也未能反映广大工农群众的迫切要求，因而缺乏积极动员的力量，以至于"闻有毁法者不加怒，闻有护法者亦不加喜。"④尤其是孙中山寄希望于地方军阀的支持，这就注定了护法运动必然要失败。当时佯示拥护护法的滇桂两系军阀，不过是借以猎取政治资本，扩充实力，巩固其割据下的独立王国，对抗皖系军阀的"武力统一"政策而已，他们的立场是随着北京政府付出的筹码

① 《中华革命军大元帅檄》，见《孙中山选集》。
② 胡汉民：《复洪商陈庚如函》，见《总理全集》第3册。
③ 《中华民国宪法史前编序》，见《孙中山全书》第4册。
④ 《制定宪法大纲宣言》，见《中山丛书》，第21页。

而随时转移的。当直、皖系军阀由于权力之争公开分裂时，滇、桂系军阀遂即附和直系，互相勾结，极力排挤孙中山，破坏护法斗争。1918年5月，他们悍然修改了护法军政府组织法，将大元帅制改为总裁制，孙中山仅为七总裁之一，被剥夺了领导权，护法运动遂告夭折。孙中山在护法军政府内"艰难支撑一年之久，孑然无助，徒为亲者所痛，仇雠所快，终至解职而去。"① 至于各地的护法力量，互不统属，孤军作战，最终陷于自生自灭的境地。严酷的现实使孙中山认识到南北军阀"如一丘之貉"。② 护法运动虽然失败了，但是，袁世凯帝制自为和张勋复辟的瞬间破灭，也使孙中山深切感到民意不可违，约法对保卫民国所起的积极作用，归根结底在于它所代表的民意。他说："民国约法……此四万万人民公意之表示也，是故袁世凯以洪宪奸之于前而不可，张勋以复辟于后而辄败。"③

　　1921年1月，孙中山借助广东军阀陈炯明的支持，再度南下广州，被国会非常会议选举为大总统，又一次树起"护法"的旗帜，史称第二次护法运动。由于第二次护法运动发生在新民主主义革命已经开始时期，因此更加失去了政治上的号召力。而且屈从于军阀势力的旧国会，早已声名狼藉，失去人心，因此，第二次护法运动比起第一次护法运动的影响更小，势力仅及于广东一省之间，很快便由于陈炯明勾结直系军阀发动武装叛变，而宣告失败。

　　两次护法运动的失败，使孙中山认识到"护法断断不能解决根本问题"。④ 他在总结这段历史教训时，沉痛地说："辛亥之役，汲汲于制定《临时约法》，以为可以奠民国之基础，而不知乃适得其反……试观元年《临时约法》颁布以后，反革命之势力不惟不因以消灭，反得凭借之以

---

① 《复港商陈庚如函》，见《总理全集》第3册。
② 《中山丛书·讲演》，第55页。
③ 《中华民国宪法史前编序》，见《孙中山全集》第4册。
④ 《中山丛书·讲演》，第55页。

肆其恶，终且取《临时约法》而毁之。"①

历史证明，民主主义性质的《中华民国临时约法》，是进步的社会力量通过群众性的斗争的产物，它反映了阶级力量对比关系的新变化。但在外有帝国主义列强扼制，内有军阀势力割据称雄的历史条件下，要想实现资产阶级共和国性质的宪法，首先必须解决帝国主义和中华民族的矛盾、封建主义和人民大众的矛盾，这是一场更为深刻、更为尖锐的斗争，不是靠善良的愿望所能达到的。护法运动，是孙中山在辛亥革命以后，发动的保卫民国的一场严肃的斗争，也是中国旧民主主义革命的尾声。如果说把民国的命运系在一纸约法上，表现了革命派政治上的软弱，那么《临时约法》的迭遭撕毁和护法运动的频连失败，则进一步证明了"如果没有政权，无论什么法律，无论什么选出的机关都等于零。"② 孙中山在反思这一段历史经验和教训时，深刻地指出："元年以来尝有约法矣，然专制余孽、军阀官僚僭窃擅权，无恶不作，此辈一日不去，宪法即一日不生效力，无异废纸，何补民权。"③ 又说："宪法之成立，唯在列强及军阀势力颠覆之后耳。"④

经过辛亥革命和民主政权建设的实际教育，使孙中山对于西方民主制度的认识，进入了一个新的境界。他在《民权主义》的演讲中，指出："考察欧美的民权事实，他们所谓先进的国家，像美国、法国，革命过了一百多年，人民到底得了多少民权呢？照主张民权的人看，他们所得的民权还是很少。"不仅如此，他还从中国的具体情况出发，阐明了把代议政体视为"人类和国家的长治久安之计，那是不足信的。""各国实行这种代议政体，都免不了流弊，不过传到中国，流弊更是不堪问罢了。大家对于这种政体，如果不去闻问，不想挽救……国家的前途是

① 《制定建国大纲宣言》，见《中山丛书》第4册。
② 《杜马的解散和无产阶级的任务》，见《列宁全集》第11卷，第98页。
③ 《中国国民党第一次代表大会宣言》，见《孙中山选集》。
④ 《制定建国大纲宣言》，见《中山丛书》第4册。

很危险的。"①

1924 年国共第一次合作以后，孙中山重新解释了三民主义，提出了联俄、联共、扶助农工的三大政策，开始了他一生中又一次伟大的转变。他在《中国国民党第一次全国代表大会宣言》中，明确地提出了"推行宪法之先决问题"，在于民众的拥护和组织民众。他说："民众果无组织，虽有宪法，而民众自身亦不能运用之，纵无军阀之摧残，其为具文自若也。"② 从而表明这位站在时代潮流前面的思想家，已经远远摆脱了护法斗争的观念拘囿，迈出了更加铿锵有力的步伐。鲁迅先生在《中山先生逝世后一周年》一文中，对孙中山那永不停止的革命精神，作了如下的评价：他"站出世间来就是革命，失败了还是革命；中华民国成立之后，也没有满足过……直到临终之际，他说道：革命尚未成功，同志仍须努力！……"说明他是一个"永远的革命者。无论所做的那一件，全都是革命。"③

---

① 《民权主义》第四讲，见《孙中山选集》下卷，第 707—708 页，722 页。
② 同上书，第 522 页。
③ 《鲁迅全集》第 7 卷，第 393—394 页。

第五章
北洋政府的制宪活动与
《中华民国宪法》

　　中华民国是伟大的辛亥革命的产物，但由于中国资产阶级革命派的软弱性和政治上的极端幼稚，因而无力抗拒帝国主义列强的压迫和以袁世凯为首的北洋军阀势力的威胁，终于接受了南北议和，致使辛亥革命的胜利果实被北洋军阀袁世凯所篡夺。1912 年 3 月 10 日，袁世凯在北京就任中华民国临时大总统，建立北京政府，通称为北洋政府。

　　北洋政府是帝国主义支持下的、以军事实力为支柱的、带有浓厚封建性的军阀政府。从袁世凯到段祺瑞、冯国璋、曹锟等，虽然迭起执政，但在整个北洋军阀统治的 16 年间，政权的性质始终是"地主阶级的军阀官僚的统治"。[①] 这个政权及其主导下的政治运行，是与宪政和宪法的民主自由原则相对立的。但是社会经济的发展、文化的进步，特别是辛亥革命的实践所造成的影响，使得绝大多数中国人选择了民主共和的政治体制，这就使得他们虽不情愿，但又不得不进行制宪活动；虽不情愿，但又不得不标榜民国的法统。

　　所谓法统，按照西方学者的解释，是指统治权力的法律依据或法律来源而言，亦即先有一定的宪法性的法律，而后根据这种法律产生的国

---

① 《毛泽东选集》（合订本），人民出版社 1960 年版，第 625 页。

家政权，才是合法的、正统的、不可动摇的。正因为民国的法统来自《中华民国临时约法》，所以或者奉行或者撕毁《中华民国临时约法》，便成了法统斗争的焦点。也正因为如此，从袁世凯以至曹锟，都迫不及待地进行立宪活动，以取得法统地位。特别是洪宪帝制轰然倒塌，张勋复辟瞬间败灭以后，使得北京政府继起的当权者不得不承认封建专制已经回天无力，而民主政治却是中国政治历史发展的必然趋势。为了维护他们基础并不稳固的统治地位，力图得到最大限度的合法性支持，只能顺应历史发展的潮流，频繁地制定宪法，幻想借助宪法的形式确认其统治的合法性，以便在军阀们的斗争中，取得挟中驭外之势。

这时，处于当权者对立面的资产阶级政治势力，也希望通过制宪和行宪最大限度地发挥宪法的作用，限制北洋集团滥用权力，以保证本阶级的政治利益。因此，在北洋军阀统治的中国近代政治史上，出现了一股制宪的热潮。各种政治势力虽然对宪法的理解不同，制宪的政治目的有异，但都将权力斗争的着眼点放在制定宪法上。这一时期不仅产生了主要代表国民党人立宪主张的《中华民国宪法草案》（即1913年《天坛宪草》）；也炮制了代表袁世凯等封建军阀意志和利益的《中华民国约法》（即1914年《袁记约法》）；还制定出了内容虽有所建树，但制定过程却是违宪的《中华民国宪法》（即1923年《贿选宪法》）。

北洋政府统治时期，在民主与专制、帝制与共和之间较为复杂的斗争形势下，阶级力量对比关系发生了急遽的变化，民主力量保卫民主共和的斗争，使得抗拒这一历史主流的所谓"强人"纷纷陷于灭顶之灾。这一切使得中国近代宪法史上出现了一种奇异的现象，即制宪所需要的经济、政治以及文化基础虽不够完善，但却产生了规范内容较为全面的近代宪法。形式上的先进性与内涵的虚假性同时并存。由于宪法的实际规定与社会生活以及实际政治状况是脱节的，有些甚至与宪法的精神相背离。因此，考察这一时期的宪法史，需要进行严肃的历史唯物主义的分析，并从中领悟宪法所反映的各种政治势力的消长变化关系，以及先进的法学家、思想家，在探索符合近代中国国情与社会发展情势的政治体制与宪法所做的努力。

一、国会制宪与《中华民国宪法草案》
（《天坛宪草》）

1. 国会制宪的过程

根据 1912 年《中华民国临时约法》的规定，在《临时约法》施行后 10 个月内，由临时大总统召集国会，制定宪法。这项规定反映了资产阶级革命派借助国会和宪法，限制袁世凯专横恣肆的良苦用心。袁世凯虽然反对资产阶级民主制度，深恶国会的形式，但在辛亥革命后民主高涨时期，一时还不敢公开抵制国会的召开。同时，他也阴谋利用国会，把自己选为合法的总统，以便"挟国会以号召天下"。于是在北京参议院通过《中华民国国会组织法》、《参议院议员选举法》和《众议院议员选举法》之后，进行了国会议员选举。1913 年 4 月 8 日，在不同的阶级、不同的政治势力，围绕权力而展开的纵横捭阖的激烈斗争中，中华民国国会终于召开了。

在国会议员选举中获胜的国民党，鉴于"其时临时总统袁世凯对于临时约法束缚，极感不便，思于宪法根本纠正之"。因此，"亦思于宪法严厉预防之"。[①] 在这样的背景下，根据国会组织法关于先制定宪法，尔后依据宪法选举总统的规定，很快便将制宪问题提上议事日程，由参众两院各选出宪法起草委员 30 人，候补委员 15 人，于 7 月 12 日，成立宪法起草委员会，15 日通过《宪法起草委员会规则》。宪法起草委员会成立后，经过讨论议定，先拟定大纲，次依大纲草拟条文。7 月 22

---

① 吴宗慈著：《中华民国宪法史前编》第 2 章，第 17 页。

日，宪法起草委员会委员长汤漪指定孙钟、张耀曾等四人为起草员，拟定宪法大纲。9 月 20 日，宪法起草委员会通过了宪法大纲议决全案，并推举张耀曾、丁世峄等五人，依据宪法大纲拟定条文。由于在宪法起草委员会中国民党占居主导地位，因而主张实行责任内阁制，这和袁世凯实行总统制的意图是根本对立的，所以他从政治和军事两方面对国会的制宪活动进行干扰和破坏。特别是刺杀了力图以多数党组织责任内阁的国民党领导人宋教仁，由此而引发了所谓的"二次革命"。江西都督李烈钧于 1913 年 7 月 12 日，发布讨袁檄文，并得到江苏、安徽、广东等省的响应，国会中的部分国民党籍议员，包括一些宪法起草委员会委员离京南下，参加二次革命，致使宪法委员会经常因为不到法定人数而休会，宪法起草工作进展缓慢。

由孙中山领导的南方七省讨袁的"二次革命"，很快便在袁世凯镇压下遭到失败。宪法起草委员会中属于国民党籍的十几名成员，或被捕杀，或逃亡，只有少数人继续参加活动。袁世凯之所以同意先制定宪法，固然是迫于当时的形势，但更重要的是以宪法取代《临时约法》，巩固其"合法"的法统地位。而当时处于在野党地位的国民党等政治势力，也企图通过制宪限制总统的权力，实行政治权力的再分配。这种难以弥合的分歧，在"二次革命"失败以后进一步加剧了。国民党籍的宪法起草委员从"二次革命"的失败中认识到国民党的军事行动难以有效地维护民国政体，只有尽快制定出一部完备的宪法，用合法的手段维护民国政体，约束袁世凯的行动，即所谓"法律限袁"。

但是，"二次革命"的失败，增长了袁世凯颠覆民国政体的信心，而制宪工作的迟缓，又不能满足袁世凯就任正式大总统的迫切愿望。因此，他指使党徒制造舆论，说："宪法产生，需时甚久，若长此无正式负责之元首，对内对外均属不便。"与此同时，策动全国十九个省区的都督通电，声称："先选总统，后定宪法，在今是拥护共和、巩固民国的重要关键。"并以所谓"不先选出正式总统，列强不承认中华民国"相威胁，迫使国会接受了先选总统，后定宪法的意见。于 1913 年 10 月

4 日，通过《大总统选举法》，并于当日颁布。10 月 6 日，完成了选举袁世凯为总统的法定程序，10 月 10 日，袁世凯正式就职大总统。国会在完成这个程序以后，不仅在全国人民面前丧失了权威和尊严，也成了袁世凯滥施专制淫威的障碍物。因此，1913 年 10 月以后，袁世凯加快了压迫国会、扼杀宪法起草工作的步伐。首先，无视宪法起草委员会起草的宪法草案已进入三读程序，竟然提出《增修临时约法案》，要求国会迅速讨论通过。在《增修临时约法案》中，袁世凯以《临时约法》"关于大总统职权各项规定适用于临时大总统已觉得有种种困难，若再适用于正式总统，则其困难将益甚"为由，要求以扩大总统权限为指导思想，对《临时约法》进行修改，但这一要求由于宪法行将议定，约法无增修的必要，而被国会拒绝。

其次，要求宪法的公布权。10 月 18 日，在袁世凯提交的一份咨文中，提出新制定的宪法必须经由总统公布以后，方可生效。其目的是通过掌握公布权，以达到阻挠不利于己的宪法生效。但国会以宪法草案尚未完成为由，搁置不议。

再次，委派施愚、顾鳌、饶孟仁、黎渊、方枢、程树德、孙昭焱、余启昌等八人，列席宪法会议及宪法起草委员会，以陈述大总统对制宪的意见。但宪法委员会根据该会规则，仅许国会议员旁听，其他无论任何人，不仅没有发言权，也没有旁听权。同时，以宪法草案已进入三读程序，只能就修饰性文字作个别变动，不得改变具体内容为辞，将施愚等八人拒之门外。

袁世凯干涉国会的制宪活动，不仅受到国民党议员的抨击，也引起了曾经支持袁氏的进步党议员的反对，一些进步党议员与国民党议员联合成立了"民宪党"，以"保障共和，拥护宪政"为宗旨，声称"有摇撼吾民主国体者，必竭力以维持之，保护之。"① 进步党议员立场的改变，使袁世凯在国会内部干涉制宪的行径未能得逞。恼羞成怒的袁世凯

① 《顺天时报》1913 年 10 月 18 日。

于 1913 年 10 月 25 日，通电各省军、政长官，他在电文中说："此次宪法起草委员会，该党（即国民党）议员居其多数，阅其所拟宪法，妨害国家者甚多。特举其最重要者先约略言之：立宪精神以分权为原则，临时政府一年以内，内阁不易，屡陷于无政府地位，皆误于议会之有国务员同意权，此必须废除者。该草案第 11 条，国务总理之任命，须经众议院同意；第 43 条，众议院对于国务员所为不信任之决议；第 83 条，国务员受不信任之决议时，须免其职云云。比较临时约法，弊害尤甚。各总长虽将自由任命，然弹劾之外，又加入不信任投票一条，必使各部行政事事仰承意旨。否则，国务员即不违法，议员喜怒任意，只投不信任票。众议院议员数 596 人，以过半数列席计之，但有 150 人表决，即应免职，是国务院随时可以推翻，行政权全在众议院少数人之手，直成为国会专制矣。……各该文武长官，因为国民一分子，且各负保卫治安之责，对于国家根本大法，利害与共，亦未便知而不言，务望逐细研究，各纾谠论。于电到五日内，迅速条议电复，以凭采择。"①

根据袁世凯在电文中对宪法草案定下的基调，各省军政长官纷纷回电，攻击国民党和国会，主张解散国民党，解散宪法起草委员会，解散国会。尤其是张勋、冯国璋等人在复电中指责国民党"主张奇谬，破坏三权分立之原则"，"非将该党从速禁除，无以定国本之动摇，餍人民之心理。"② 之后，另行制定"中华民国万世不易之宪法"。

1913 年 11 月 4 日，袁世凯假借各省文武长官的意见，借口国民党议员"勾结乱党"，下令解散国民党、撤销国民党国会议员资格，并追缴证书、徽章，从而导致国会不足法定人数，无法开会。1914 年 1 月 10 日又发布《布告解散国会原因文》、《停止两院议员职务令》，正式解散国会。就在袁世凯蛮横地干预宪法起草过程和解散国会前夕，宪法起

---

① 《袁世凯致黎元洪电》，见《奉天省公署档》（辽宁省档案馆藏）。转引自徐祥民等著：《中国宪政史》，青岛海洋大学出版社 2002 年版，第 124—125 页。
② 吴经熊、黄公觉：《中国制宪史》上册，商务印书馆 1937 年版，第 50—52 页。

草委员会已于 1913 年 10 月 31 日三读通过了《中华民国宪法草案》，并提交国会两院宪法会议审议通过，这是北洋政府时期第一部宪法草案。由于该宪法于天坛祈年殿起草完成，以示"忠于民国之心，唯天可表"之意，故又称《天坛宪草》。然而就在三日之后袁世凯便下令解散国民党，取消国会两院中国民党籍议员的资格，使国会因不足法定人数无法对《天坛宪草》进行讨论和通过，致使《天坛宪草》成为胎死腹中的一张废纸。

2.《天坛宪草》的框架和基本特点

《天坛宪草》是由前言及国体、国土、国民、国会、国会委员会、大总统、国务院、法院、法律、会计和宪法之修正及解释等十一章组成。在前言中简要说明了立宪主旨在于"发扬国光，巩固国圉，增进社会之福利，拥护人道之尊严，制兹宪法，宣布全国，永矢咸遵，垂之无极"。根据拟定的宪法大纲，宪法条文原为九章，9 月 26 日，起草员根据最近学说，法律多另列专章，于是增加了法律一章。10 月 8 日，又议定增加国会委员会一章。10 月 14 日，宪法起草委员会召开二读会，至 31 日完成三读程序，定名为《中华民国宪法草案》，提交国会审议、通过。

《天坛宪草》延续了《临时约法》的立宪精神，是一部具有资产阶级共和国宪法性质的历史性文献。由于制宪时期的政治形势和制宪主体的地位有所变化，因此在内容上较之《临时约法》有了新的发展，体现了时代赋予它的鲜明特点。

《天坛宪草》第一章《国体》。规定："中华民国永远为统一民主国。"对此，宪法起草委员作了如下解释：世界各国宪法，有联邦主义和单一国主义之分。中国"联邦之事实发达未熟，不便弹造，减民国团体之力，一也"；"联邦制束缚国权，不能圆满活动，与现时政治状态不适，二也。故取单一国主义"。[1] 同时，中国"自辛亥革命之后，遂由

---

[1]《宪法新闻》第十三期，1913 年 7 月 27 日。

君主变为民主，然此种变更实非容易得之者。在辛亥未革命以前，已牺牲无数性命，及改革时，又抛掷无数头颅以为代价"，因此，将"民主国"规定为第一条，"即所以使后世之人知民主成立之难，必须常存保全之念。"① 这条规定，对于巩固民主共和制度，防止帝制复辟，是有一定积极意义的。

第二章《国土》。规定："中华民国国土，依其固有之疆域。国土及其区划，非法律不得变更之。"关于国土问题，国民党认为宪法上的领土规定，应采取列举主义。"列举之法，将二十二行省名称标出，略去省字，与蒙藏并列，凡领土变更应以法律定之。"② 理由就是："蒙藏向为藩属（即蒙古和西藏向来是中国领土的一部分），今全国各地平等，同为直接领土，然沿习既久，非明定之宪法，不足以一观听，一也"；"中国五大族，虽久杂居，然大体当各有久居之地，合五族之地，共组一国，明定之宪法，益足以定人心而维众志，二也。"③ 国民党的领土主张，在当时历史条件下，对于反对帝国主义侵略和民族分裂主义，无疑具有进步的意义。

第三章《国民》。规定："凡依法律所定属中华民国国籍者，为中华民国人民"；"中华民国人民于法律上无种族、阶级、宗教之别，均为平等"。委员们还考察了世界各国宪法皆有保护人权的规定，或"明定人权之范围"；或"只宣明人权之种类，其范围之广狭则委任立法部定之"。国民党认为，民国宪法应实行第二法则，不应实行第一法则，因为第一法则是资产阶级比较民主的制度，而中国人"自治力尚极薄弱，骤取此制，决非所宜"；④ 若行第二法则，立法部虽可限制或"消灭"⑤ 人民权利，但"立法部之组织，果足完全代表民意，决不至有任意剥削

---

① 《起草委员杨铭源说明》，见吴宗慈著：《中华民国宪法史前编》，第 101 页。
② 国民党宪法讨论会对于其宪法主张全案以外之决定。
③ 同上。
④ 《宪法新闻》第十三期，1913 年 7 月 27 日。
⑤ 同上。

自由之虞，且可得因时制宜之效"；① "以吾国今日社会情形政治状态论"，采用第二法则，仿《临时约法》第二章的规定，较为适宜。因此宪草继承了《临时约法》的精神，列举了人民所享有的权利和义务的种类。

就整体而言，该章的规定是积极的，但关于国民的权利自由规定，都有"非依法律不受限制"、或依法律享有的"但书"，其民主气息较之《临时约法》为逊色。尤其是"国民教育以孔子之道为修身大本"的规定，是一种倒退。这不是偶然的，自袁世凯出任临时大总统以后，为使人民从思想上服从他的独裁统治，使得思想领域的复杂性也反映到宪法中去。

第四章《国会》。议员们从"现在世界上各国土地无论大小，政体无论君主、民主，都采用两院制度，采用一院制者，居少数。并且采用两院制于将来政治上有种种之便利，很可以用调和之手段以促政治上之进步"② 的认识出发，主张国会由参议院和众议院组成。宪草规定："参议院以法定最高级地方议会及其选举团体选出之议员组织之"，"众议院以各选举区比例人口选出之议员组织之"。

由于国民党在国会议员选举中取得了胜利，因而主张仿照法国宪法，实行内阁制，即由国会中多数党组织内阁，掌握政权，并对国会负责，借以牵制总统袁世凯的权力。为此，宪草具体规定了国会的职权：如立法权、财政权（"募集国债及缔结增加国库负担之契约，须经国会议定。"）、建议权（"两院各得建议于政府。"）、受理请愿权（"两院各得受理国民之请愿。"）、质问权（"两院议员得提出质问书于国务员，或请求其到院质问之。"）、不信任权（"众议院对于国务员，得为不信任之决议。"）、弹劾权（"众议院认为大总统、副总统，有谋叛行为时，或国务员有违法行为时，得提出弹劾案。"）、审判权（"参议院审判被弹劾之大总统、副总统及国务员。"）、兼职权（"两院议员不得兼任文武官吏，但

① 《宪法新闻》第十三期，1913 年 7 月 27 日。
② 《参议院第二十三次会议速记录》。

国务员不在此限。"）、保障权（"两院议员于院内之言论及表决，对于院外不负责任。""两院议员除现行犯外，非得各本院或国会委员会许可，不得逮捕或监视。两院议员因现行犯被逮捕时，政府应即将理由报告于各本院或国会委员会。"）上述国会的职权，有的是为限制政府权力而设，有的是为监督政府权力而立，因此，这些规定，有助于防止袁世凯独裁。

第五章《国会委员会》。宪法起草委员会在草拟宪法大纲中并没有国会委员会的规定。1913 年 10 月 8 日，在拟定宪法条文时，为了加强对政府机关的监督，"谋行政立法两部之调和"，①　于是参考各界人士拟定的宪法草案，依照法国和智利的宪法，设立了国会委员会。宪法草案规定：国会委员会是国会闭会期间的常设机构，"国会委员会于每年国会常会闭会前，由两院各于议员内选出二十名之委员组织之"。然而设立国会委员会的规定受到袁世凯的反对，他说："国会闭会期间，设国会委员会"，"此不特侵夺政府应有之特权"，"尤蔑侮立法之甚者也。"②　他尤其反对大总统发布紧急教令须经国会委员会同意，视为实行独裁权力的巨大的法律障碍。

此外，国会委员会还享有受理请愿、建议及质问等权力，但"须将经过事由，于国会开会之始报告之"。

第六章《大总统》。规定了总统、副总统选举方法、任期及资格。大总统为国家元首，其职权包括：公布法律、发布命令、发布紧急令、任免文武官吏、统率陆海军、对外代表民国、宣战、缔结条约、宣告戒严、颁予荣典、宣告免刑、减刑及复权、停止众议院或参议院之会议，但每一会期，停会不得逾二次，每次期间，不得逾十日、解散众议院，但同一会期不得为第二次之解散。这是因为"专制初更，政习未革，凡抑制民权之权，最易滥用，果解散频繁，国会将削弱不堪，即设而不用，而议员时虑解散，真正民意亦将不能尽情发抒，民主政治，难举其

①　《宪法新闻》第二十一册，1913 年 10 月 19 日。
②　《袁世凯致黎元洪等电》，1913 年 10 月 25 日，见《奉天省公署档》。

实，一也；国民政治趣味，发达尚浅，使选举频繁，将启人民餍恶政治之渐，二也。"① 大总统除叛逆罪外，非解职后不受刑事上之诉究，等等。大总统行使上述权力，必须经国会或国会委员会之同意，或依照法律，或经最高法院之同意，从而体现了严格的议会制精神。

第七章《国务院》。宪法草案规定民国政府实行责任内阁制，国务院为中央政府。"国务院以国务员组织之"；"国务总理及各部总长均为国务员"；"国务员赞襄大总统，对于众议院负责任，大总统所发命令及其他关系国务之文书，非经国务员之副署，不生效力"。国务员享有副署权，意在分散总统的权力，又加强了对总统的监督，借以有效地防止总统独断专行。

第八章《法院》。规定："法院依法律受理民事、刑事、行政及其他一切诉讼，但宪法及法律有特别规定者，不在此限"；"法院之审判公开之，但认为妨害公安或有关风化者，得秘密之"；"法官独立审判，无论何人，不得干涉之"；"法官在任中，非依法律不得减俸、停职或转职；法官在任中，非受刑罚宣告或惩戒处分，不得免职，但改定法院编制及法官资格时，不在此限。法官之惩戒处分以法律定之"。宪草规定的公开审判制度、法官独立审判制度，以及法官职业保障制度，有利于司法独立。

第九章《法律》。规定："两院议员及政府各得提出法律案，但经一院否决者，于同一会期不得再行提出"；"国会议定之法律案，大总统须于送达后十五日内公布之"；"国会议定之法律案，大总统如否认时，得于公布期内声明理由，请求复议，如两院各有列席员三分之二以上仍执前议时，应即公布之；未经请求复议之法律案，逾公布期限，即成为法律，但公布期满在国会闭会或众议院解散后者，不在此限"；"法律非依法律不得变更或废止之"；"法律与宪法抵触者无效"。

第十章《会计》。规定由参议院选举审计员若干人，组成审计院。其职权是核准国家岁出之支付命令；审定每年国家岁出岁入的决算案。

---

① 国民党宪法讨论会对于其宪法主张全案以外之决定。

第十一章《宪法之修正及解释》。规定由国会议员组成宪法会议，负责修正宪法和解释宪法，但"国体不得为修正之议题"。

《天坛宪草》是在袁世凯蓄意制造政治与军事压力的氛围中制定的。它一方面反映了国民党坚持民主共和制和法律限袁的立场；另一方面也体现了各种政治势力的复杂关系与激烈斗争。由此决定了《天坛宪草》具有以下特点：

（1）围绕国家体制展开了激烈的权力角逐，表现了浓厚的因人设制、因人立法的色彩。如果说制定《中华民国临时约法》的基本着眼点是法律限袁，那么在制定《天坛宪草》时，正面对着袁世凯逐步拓展其权力，和意图颠覆民国政体的威胁。因此，制定《天坛宪草》的着眼点，仍是保卫民主与共和制度，约束袁世凯个人权力的膨胀，防止专制政体的复辟。反映在国家制度上，就是责任内阁制与总统制的较量。袁世凯主张实行总统制，以便于集权；国民党则坚持实行内阁制，以分享权力。宪法起草委员会否定了总统制的意见，确立了责任内阁制。《天坛宪草》第80条规定，"国务总理之任命，须经众议院之同意"；第81条规定，"国务员赞襄大总统，对于众议院负责任"，"大总统所发布命令及其他关系国务之文书，非经国务员之副署，不生效力"。这些规定的目的就是要通过国务总理及各部部长不向总统而向国会负责，以及国务员的副署权，最大限度地限制袁世凯总统权力的行使。但迫于袁世凯的压力，《天坛宪草》却又规定了总统有颁布紧急命令权、总统控制下的政府有财政紧急处分权。为了防止袁世凯利用总统享有的紧急命令权实行个人专制，起草委员会根据国民党提议，由两院议员内各选出二十名委员，组成"国会委员会"，作为国会常设机构，在国会闭会期间行使国会的部分权力，其中包括对总统发布紧急命令时的议决权。对此，袁世凯断然予以拒绝，他在1913年10月25日，发给各省文武长官的"有电"中，指责由国会委员会议决发布紧急命令权和财政紧急处分权，是"侵夺政府应有之特权"，是"以少数人专制多数人，此尤为蔑侮立法之甚者也"。与此同时，他也指责宪草所规定的"国务总理之任命，须经众议院同意"、"众议院对于国务员得为不信任之决议",是"行政权全在众议员少数人之手,直成为国会专制矣"。① 由此而引发了袁世凯迅即下令解散国民党,撤销国民党议员资格,解散国会,使《天坛宪草》成为一张废纸的一系列反民主行径。

(2) 体现了封建文化对宪法民主性的冲击。在宪法起草委员会拟定《国民》一章时,围绕孔教是否列入宪草发生了激烈的争论。进步党议员陈铭鉴提出应将孔教定为国教,他认为,孔教为文化进步之国教,并非野蛮时代之迷信可比,并举普鲁士、意大利等国,均有以宪法规定国教的先例,进行论辩。说:"信教自由之规定,列国皆所从同,我国之尊孔教,久成事实,许信教之自由,亦久成事实。两皆事实,则此条规定,本属骈枝,惟本宪法既从各国通例,将各种自由权悉为列举,信教一项,不容独遗。然比年以来,国人多误解信教自由之义,反成为毁教自由,孔教屡蒙污蔑,国人固有之信仰中坚,日以动摇削弱,其影响及于国本者非鲜。故以为既将许信教自由之事实,列入宪法,同时亦宜将崇仰孔教之事实,一并列入也。"②

进步党人提议将孔教作为国教列入宪法,固然反映了他们思想深处的封建文化的羁绊,但也和当时的政治气候与政策导向密不可分。以袁世凯为首的北洋军阀政府建立以后,全盘继承了封建文化传统,大力宣扬所谓"纲常不变";"治制虽变,纪纲则同",为其恢复专制统治甚至复辟帝制制造舆论准备。随着袁世凯野心的扩张,他进而极力鼓吹尊孔、隆礼、复古,以致把民主共和制度说成是孔子大同思想的实践。与此相呼应,以康有为为首的一批前清的遗老遗少、文人墨客,也纷纷成立各种名目的尊孔组织。康有为还和孔教会掀起了"以孔教为国教"、"编入宪法"的请愿活动。孔教会在上大总统书中,明确提出要稳定政治秩序,必须恢复传统的纲常礼教,不应随国体之变更而废弛。康有为

① 《袁世凯致黎元洪等电》,1913 年 10 月 25 日,见《奉天省公署档》。
② 《宪法新闻》第 18 册,1913 年 9 月 8 日,转引自《民国宪法史》,第 117—118 页。

在他主办的《不忍》杂志上连续发表文章，攻击共和制度，鼓吹只有孔教和复辟才能救中国。正是在这样的历史背景下，进步党议员才提出定孔教为国教的议案。对于这项议案国民党议员徐镜心、伍朝枢等人表示反对，理由是孔子的学说是一种哲学思想，不是宗教，中国也不是宗教国家。如果说信教自由是宪法通例，那么定孔教为国教，显然与宪法精神相抵触；不仅如此，孔子学说是两千年以前产生的，属于道德范围的学说，现在已经过时，不适用了，不能规定于宪法之中。特别是中国是五族共和的多民族国家，每个民族各有自己的宗教，不能强迫一个民族信奉他民族的宗教，所以定孔教为国教，会招致其他民族的疑忌，不利于五族共和。

经过激烈的争论，最后付表决时，反对票占多数，遂打消此议。但至二读会结束，进步党议员汪荣宝等又提出国民教育以孔子之道为大本的动议，遭到张耀曾等国民党议员的反对，数次表决均无结果，最后双方各作让步，在第十九条第二项增入"国民教育，以孔子之道为修身大本。"这个条款表现出浓厚的封建色彩，是辛亥革命后的民主思潮的反动，也是对《临时约法》的民主立场的冲击。直到袁世凯死后，《天坛宪草》续议时，虽然没有把孔教定为国教，但宪法中关于孔子地位的表述，不仅反映了封建传统思想的根深蒂固，更重要的是反映了新旧两种制度的冲突。

（3）《天坛宪草》在中国宪法史上的地位。

《天坛宪草》是宪法起草委员会依据国民党的宪法主张全案、进步党宪法讨论会拟定的宪法草案，和政友会议定的宪法重要问题十七条等文件，并参考各界人士提供的宪法草案而制定的；是国民党、进步党、政友会、共和党、超然社等政党、团体互相妥协的产物。由于国民党在宪法起草过程中发挥了主导作用，因此《天坛宪草》坚持了《临时约法》的基本精神，规定了责任内阁制，对总统的权力作了多方面限制，成为袁世凯专制独裁的重大障碍。在袁世凯不断制造的白色恐怖的氛围中，国会议员们怀着对共和制度的无限忠诚，抵制了各种威胁利诱，不怕流血牺牲，体现了可贵的斗争精神。尽管在这场较量中，以国民党为代表的资产阶级革命派最终陷于失败，但为了确保辛亥革命以后建立起来的资产阶级民主共和制度，他们对宪法草案进行了精心的设计，一方面继承了《临时约法》所确立的三权分立、基本人权的宪法原则和议会制、责任内阁制等体制；另一方面在制宪技术和制度设计上也有了很大的进步，确立了较为成熟的宪政体制。

　　就世界范围而言，近代以来的宪法的主要目的，就是要确立国家权力与公民权利之间的协调关系。因此，一部成熟和完整的宪法必须包括三个方面的内容，即国家政权体制、公民权利体系和宪法本身在制定、修改以及解释等方面的制度。据此而言，在《天坛宪草》中已有了较为明确的规定：首先在国家体制方面，《天坛宪草》对国会、总统及其政府和法院之间的权力关系做了明确的界定："中华民国之立法权，由国会行之"，"中华民国之行政权，由大总统以国务员之赞襄行之"，"中华民国之司法权，由法院行之"，使得三权分立从宪法原则落实为基本制度，尤其是国会制度的内涵更为充实和具体。如规定了《临时约法》所没有的国会两院制，以及国会对政府的建议权和不信任投票权。当国务员受不信任之决议时，大总统如不根据第75条的规定解散众议院，应即免国务员之职。不仅如此，还对国会的弹劾制度作了详细的规定，如"众议院认大总统、副总统有谋叛行为时，得以议员总额三分之二以上之列席，列席员三分之二以上之同意弹劾之"；"众议院认国务员有违法行为时，得以列席员三分之二以上之同意弹劾之"。对于大总统、副总统及国务员的弹劾，由参议院负责审判，但"非以列席员三分之二以上之同意，不得判决为有罪或违法"。

　　此外，还规定了由国会议员组织的总统选举会选举大总统、副总统；国会对于大总统的宣战、媾和条约及关系立法事项之条约的缔结、宣告戒严、复权之宣告、任命国务总理等有同意权；国会委员会对于大总统的紧急命令权有议决之权；国会以法律规定法院之编制及法官之资格。

为了对国家权力的运行进行更为有效的监督,《天坛宪草》在近代中国制宪史上首次以专章规定了会计和审计制度;对租税及其税率、国债的募集、国家岁出岁入的预算和决算,以及审计制度作了完整的规定,表现了对国家机构运转过程进行严格控制的指导思想。

在公民权利体系上,《天坛宪草》顺应世界各国的立宪潮流,对公民政治、经济和文化生活中的基本权利作出了较之《临时约法》更为全面和具体的规定。其内容涉及人身自由、居住自由、通信自由、宗教信仰自由、职业选择自由,和集会、结社、言论、著作、选举权和被选举权、从事公职等政治自由和权利,以及诉讼、请愿及陈诉的权利。宪草不仅将纳租税、服兵役规定为基本义务,还将接受初等教育规定为基本义务,这既符合近代中国社会建设的需要,也顺应了世界各国制宪的主导潮流,体现出一定程度的法律社会化倾向。

从权利的种类和范围看,《天坛宪草》与《临时约法》大致相当,但前者的规定更为具体。如关于人民的人身自由,《临时约法》只规定:"人民之身体,非依法律,不得逮捕、拘禁、审问、处罚",而《天坛宪草》于此之外还规定:"人民被羁押时,得依法律以保护状请求法院,法庭审查其理由",显然这是从诉讼程序上所规定的保障措施。再以财产权为例,《临时约法》只是宣布:"人民有保有财产及营业之自由",而《天坛宪草》则规定为:"中华民国人民之财产所有权不受侵犯,但公益上必要之处分,依法律之所定。"就私有财产权的规范体例而言,后者的规范方式更为合理和全面。

从宪法本身的有关制度来看,《天坛宪草》充实了《临时约法》关于宪法制定和修正的内容,规定两院议员须有"各本院议员总额四分之一以上之连署",方可为"修正宪法之提议";而且只有在"两院各有列席员三分之二以上之同意"的条件下,"国会得为修正宪法之发议"。至于具体的修宪工作,由国会议员所组成的"宪法会议行之",但"非总员三分之二以上之列席,不得开议;非列席员四分之三以上之同意,不得议决",而且特别强调"国体不得为修正之议题"。这些规定比较完整地建立了宪法修改的制度。另外，《天坛宪草》还对宪法的解释做了原则性的规定，即"宪法有疑义时，由宪法会议解释之"。

宪法是作为一定历史时期政治、经济和思想意识发展状况的产物，它也必然要随着社会形势，尤其是各种政治力量对比关系的变化而演变。但是宪法又是国家根本大法，它所规定的都是与国家政治稳定密切相关的国家体制问题，因而需要最大限度地保证其运行的稳定。《天坛宪草》之所以对宪法的修正条件和程序进行严格的限制，目的就是为了维护宪法运行的连续性，进而保证国家基本制度的稳定。而在宪法的稳定性和适应性上可以达成中和的就是宪法解释。宪法解释可以在遵循法定程序的前提下，根据不同时期社会形势的特点，灵活地对宪法进行解释，既保证了宪法文本的稳定，巩固了宪法的权威性；又维护了宪法与社会发展之间紧密的关联。因此，《天坛宪草》对宪法解释问题的规范，是其宪法制度完善的重要表现。

综上可见，尽管受到了袁世凯的各种干预乃至生命威胁，制宪者们出于对共和政体的忠诚和对民主宪政的向往，仍然在白色恐怖下制定了立宪技术水平较高的宪法文本。从近代中国的制宪历程来看，《天坛宪草》所建立起的政治体制和运用的立宪技术，成为以后中华民国政府制宪的参照物；同时也为以后的制宪运动提供了深刻的历史教训。

与《临时约法》相同，《天坛宪草》主要是由资产阶级革命派和一些中间政治势力所共同制定的，它具有与《临时约法》相同的阶级局限性；而且因为受到袁世凯等封建军阀的暴力干预，表现出了某种妥协甚至退步。首先，与《临时约法》一样，《天坛宪草》没有正面提出反对帝国主义和彻底的反对封建主义的民主革命纲领，而在半殖民地半封建的中国，作为国家根本大法的宪法，没有对近代中国面临的主要矛盾提供最终的解决方案，只能会降低它的号召力，失去广大人民的支持。不仅如此，《天坛宪草》没有明确规定中华民国的主权归属，而只是宣称"中华民国永远为统一民主国"，这种回避国家性质的规范方式，进一步损害了它的合法性和权威性的基础。没有以民主作为基础的议会选举，恰恰成了"劣绅、土豪之求官捷径"。① 在这个意义上,《天坛宪草》较之《临时约法》是一个退步。

其次,《天坛宪草》对于广大中下层劳动人民的利益没有给予应有的关注。它与《临时约法》相同,没有反映到农民对于土地的要求。尽管宪法草案规定了各项权利,但对于广大农民而言,由于缺乏起码的物质基础——土地作为保障,也只能是无法实现的幻象而已。

再次,《天坛宪草》对于地方制度没有作出规定。作为近代宪法基本原则和制度的权力分立,不仅体现为立法、行政和司法机关之间的权力划分,而且包含了中央与地方机关之间的权力分配。从世界各国制宪的历史发展进程来看,为了有利于国家权利机构的运转,必须结合特定时期社会发展的需要,寻求在中央与地方之间恰当的权力划分关系,以便既能维护国家的统一,发挥国家机构运行的效能,又能适应特定地区经济和发展的需要,充分发挥中央和地方的积极性。而承担确定中央与地方之间的权力划分关系和功能的,无疑只能是作为国家根本大法的宪法。因此,任何国家的宪法都必须对地方制度作出基本的规范。这一点,对于新建立的中华民国尤为重要。

晚清时期中央政府的权力重心不断下移,地方坐大曾是清末新政失败的原因之一。清政府被推翻以后,南北谈判,各派政治力量在建立民国、实行共和制度方面,毕竟取得了较大的共识,因而是从法律上确认中央与地方权力分配关系的最佳时机。但是,由于全国迅速陷于军阀割据状态,缺乏一个统一的指挥中心,而国民党与袁世凯在实行地方分权制与中央集权制上又存在着尖锐的分歧。醉心于独裁统治的袁世凯,力主强化中央集权制,反对地方分权制。国民党则坚持地方分权制,以抑制总统权力的膨胀,双方相持不下。宪法起草委员会一方面在袁世凯的威胁下急于使宪法出台;另一方面感到地方自治关系重大,非短时间内所能解决,因此,没有纳入宪法草案中去。宪法委员会回避了地方机关

① 《孙中山选集》第 7 卷,人民出版社 1963 年版,第 67 页。

的权限与组织问题，虽然解决了制宪过程中的争端，但却使现实政治中的中央与地方权力分配上出现了无法可依的状态。

最后，《天坛宪草》的制定者们对于宪法的本质仍然缺乏清醒的认识。他们抱着"法律万能"的浪漫主义观念，对"法律限袁"的主张深信不疑，以为通过宪法所确定的议会民主制度，就可以限制袁世凯的个人专断，将其行为纳入宪法所允许的轨道。为了保证宪法的稳定性和连续性，他们制定并且寄厚望于设定和修宪条件和程序，但他们不知道，任何政治制度，都必须依靠特定阶级的支持。只有当这些特定阶级占据了统治地位、掌握了国家政权以后，他们的代言人所制定出来的宪法，才是具有坚强后盾的国家根本法。在北洋军阀统治下的中国，制宪者们所代表的民族资产阶级无力与代表封建势力的北洋军阀相抗衡，从而决定了《天坛宪草》尚未出笼便已夭折的命运。无论历史和现实都证明了，"如果没有政权，无论什么法律，无论什么选出的机关都等于零。"[1]

不仅如此，由于任何宪法都是一定时期各种政治力量对比关系的表现，在《天坛宪草》制定过程中，同样反映了各派政治力量之间的斗争。从当时国会议员的党派成分来看，主导中国政局的主要是国民党和受袁世凯操纵的进步党（由先前的共和、统一和民主三党合并而成）。这两股政治势力在未来的政权体制建构和国家思想基础等方面存在较大的分歧，这种分歧在《天坛宪草》中有着鲜明的体现。例如，在政权体制上，《天坛宪草》除了较多地反映国民党在实行议会制和责任内阁制以限制总统权力的立宪思想的同时，又迫于进步党要求授予总统更多的权力的意图，而对总统权力作了较大的让步，如："大总统为维持公共治安，或防御非常灾患，时机紧急，不能召集国会时，经国会委员会之议决，得以国务员连带责任，发布与法律有同等效力之教令"（第65条）；"大总统得停止众议院或参议院之会议"（第74条）；"大总统经参议院列席议员三分之二以上之同意，得解散众议院"。至于进步党议员

———

[1] 《列宁全集》第13卷，人民出版社1986年版，第98页。

积极鼓吹将孔教规定为国教，《天坛宪草》也反映了各派政治势力在国家思想基础上的分歧。

二、梁启超拟制的宪法草案

辛亥革命以后，梁启超于 1912 年撰写《宪法之三大精神》一文，文中提出，为了把中国建设成为"完全之立宪政体"，须要发挥国权与民权相调和、立法权与行政权相调和、中央权与地方权相调和的三大精神。针对当时特重民权主义者和特重国权主义者的两种观点，他认为制定宪法应该兼顾国权与民权，而不可偏废，并把国权与民权相调和的精神，列为宪法创制三大精神之首。但他对民权主义进行了较多的批评，说："政在一人者，遇尧舜则治，遇桀纣则乱；政在民众者，遇好善之民则治，遇好暴之民则乱，其理正同。若必谓以众为政，斯长治久安即可操卷，则天下岂复有乱危之国哉！"[①] 他还指出，主张政治目的在于为全体人民谋利益的观点，不符合政治实际，因为"欲施一政而使国中无匹夫不被其泽，虽神圣有所不能。无论何种善政，其利之所薄，亦不过及于国民一部分而已。而同时必有他部分焉，不蒙乐利而反感苦痛，此本势之无可逃避者也。持极端民权说者，知此义之不可通也，乃渐变其范围，而曰政治之目的，在谋最大多数之最大乐利。……夫少数阶级，往往为国家之中坚，善谋国者恒特加保护焉。蔑视压抑之，其去图治之道亦远矣。……自昔善政至道，往往由极少数先觉之士倡导之，而群众莫之或喻，相率骇而仇焉。谓从众必能善治，此百年前欧洲学者所构之幻想也。及其后累积经验，而事实恒适得其反。故近世学者，于此种政制，类多失望。就中瑞士之公民投票制，自信为最轨于正。而近数

---

① 梁启超：《宪法之三大精神》，见《饮冰室合集》文集之二十九，第 98—99 页。

十年试行之结果，其最完美之法律，得否决者什而六、七，彼中政治家深患苦之。谓询万民必猛然获善治，识者疑其诞矣。"

不仅如此，他批评民权论者关于共和国总揽主权者应为国民的观点，说："考近世立宪国之原则，凡总揽主权者，恒不直接躬亲以行此权。故君主虽有随意任免官吏之权而不自用也，虽有不裁可法律之权而不自用也。以彼例此，则共和国国民之总揽主权，其用之不勤，亦当如是。必谓如瑞士之法律动经投票，如美国之官吏悉由民选，如是乃能举共和之实。揆诸事理，皆无取焉。"他对"政出民众"的民众政治，持怀疑态度，因为"无论何国，多数之民众，往往为少数之野心家所利用，而罕或能真自保其天职。虽以美、瑞等国，此弊犹且不免，而在程度幼稚之国为尤甚。"

鉴于以上数端，结论就是："极端之民权主义，不过百年前欧洲学者一种空想。按诸真理，揆之事实，其窒碍皆不一而足。"①

梁启超对极端民权主义的批评，是针对提倡民权主义的资产阶级革命派的，他也不认为辛亥革命所建立起来的共和制度，是真正的民主共和制，因此，他采取的调和办法就是，"稍畸重国权主义以济民权主义之穷。"并认为这是当时立宪惟一可行的，"故在今日，……此宪法所宜采之精神一也。"② 这种重国权轻民权的观点，在《进步党拟中华民国宪法草案》中，更以直截了当的形式表现出来，那就是"主权皆在国家"。

戊戌时期梁启超是民权的鼓吹者，他曾大声疾呼："言爱国，必自兴民权始。"他的民权观是以参政权、结社集会的自由权，以及男女平等作为主要内容的。尽管他所论证的民权载体的国民是有着特定对象的，主要是指构成国民政治中坚的中等社会。他说："中等社会者何？则宦而未达者，学而未仕者，商而致小康者，皆是已。"③ "古代之英

---

① 梁启超：《宪法之三大精神》，见《饮冰室合集》文集之二十九，第100页。

② 同上。

③ 梁启超：《雅典小史》，见《饮冰室合集》专集之十六，第8页。

雄，多出于政治家与军人，今日之英雄，强半在实业界。"① 他的民权论在当时仍然起着历史的进步作用。可是辛亥革命以后，由于梁启超所主张的民权，和以孙中山为代表的革命派所主张的民权有所不同，以致他对民权主义的批评竟然漠视，甚至怀疑近代立宪基本原则之一的主权在民，得出了"政治之目的，其第一义在谋国家自身之生存发达"的结论，如同泼洗澡水，连同婴儿也一起泼掉了。

与此相类似，在寻求立法权与行政权相调和的宪法的另一精神中，梁启超也改变了他过去对孟德斯鸠三权分立学说的尊崇，公然表示："昔孟德斯鸠倡三权鼎立之义，欲使国会之立法权与政府之行政权，画鸿沟而不相越，此空想耳。国会所应行者不仅立法权，而立法权又不能专属于国会。征以各国之经验，孟说久不攻自破，即墨守孟说之美国，今亦蒙其名而乖其实矣。国会与政府，其职权既相倚而相辅，则当行此职权时，恒不免相轧而相猜。……夫国家所以分设此两机关，原欲使之互相限制而各全其用。倘运用之结果，致以一机关压他机关，而被压者变为隶属，则其乖分设之本意明矣。然使两不被压，巍然对峙，而此两机关者日挟敌意以相见，遇事各图牵制，则国家大计，将全堕于意气，复何国利民福之能致者。"在这里三权分立的制衡原则不见了，近代立宪政治中的立法机关的权威地位也不见了，国会成了"专为防闲政府而设"。他的这种观点同样是针对主张建立共和政体的革命派的。

至于中央权与地方权相调和的宪法精神，梁启超在文中虽只列有标题，没有展开阐述，但参照他的其他论著可以看出，其主要观点在于"确立地方自治，正中央地方之权限"。他认为地方自治是西方各国立宪政治的基础，鉴于中国幅员辽阔，国情复杂，民众受教育的程度不齐，他在《政闻社宣言书》中提出："故我国今日，颁完备适当之地方自治制度，且正中央与地方之权限，实为最困难而最切要之问题。"② 所谓

---

① 梁启超：《敬告国中之谈实业者》，见《饮冰室合集》文集之二十一，第119页。

② 梁启超：《政闻社宣言书》，见《饮冰室合集》文集之二十，第26页。

"正中央与地方之权限"，就是建立惟一集权的最高政府和分权的下级自治团体，① 各自按照法定的职权范围分层次管理。

1913 年梁启超撰写了《进步党拟中华民国宪法草案》，② 进一步具体化了他的宪法思想，《草案》设有"总纲"、"人民"、"国民特会"、"国会"、"总统"、"国务员"、"法律"、"司法"、"附则"等十一章，95条。其中贯穿了"主权在国"的观点。如第一章总纲第 1 条规定："中华民国永远定为统一共和国，其主权以本宪法所定之各机关行之"。他在说明中明确指出"临时约法（指《中华民国临时约法》）第二条，采主权在民说，与国家性质不相容，无论何种国体，主权皆在国家。"因此他拟制的宪法草案比起《中华民国临时约法》关于"主权在民"的规定，倒退了一大步。在国民权利与义务的规定中虽然较为详尽，但是草案第 15 条规定："中华民国，以孔子教为风化大本"，这既反映了他思想深处儒家学说的羁绊，也有违历史发展的潮流。在梁启超这个思想指导下，进步党议员在《天坛宪草》起草过程中也提出了应将孔教定为国教，由于遭到国民党议员的反对，最后折衷为"国民教育，以孔子之道为修身之本"。尽管如此，仍然表现出背离辛亥革命时期的民主思潮，只是赢得了阴谋复辟帝制的袁世凯的认可和保皇党魁康有为的赞赏。

三、为复辟帝制铺路的《中华民国约法》
——《袁记约法》

1. 约法会议与《袁记约法》

袁世凯利用政治、军事各种手段解散国会，将《天坛宪草》扼杀在

① 梁启超：《中国立国大方针》，见《饮冰室合集》文集之二十八，第 59 页。
② 梁启超：《进步党拟中华民国宪法草案》，见《饮冰室合集》文集之三十，第 59—82 页。

摇篮以后，便蓄意制定一部体现自己意志的根本法。一则为实行独裁统治提供法律根据；一则用以取代构成实行独裁障碍的《中华民国临时约法》。鉴于《中华民国临时约法》是辛亥革命的产物，是民主共和制度的象征，是中华民国的根本法，因此，在袁世凯还没有公开站到共和政体的对立面，还须要伪装对民主共和制度的忠诚，以赢得民众的支持，特别是争取尊奉中华民国政体的中国知识界的同情，一时不便于撇开《临时约法》，另立他法；也不能在形式上否定《临时约法》的法律效力，而只能采取修正《临时约法》的名义，制定新约法。由于《临时约法》是由南京临时政府参议院制定的，因此修正《临时约法》也须要由政治地位等同于参议院的权力机关进行。然而这时"民选"的国会已经被强行解散，如何迅速组建一个制宪性质的机关，就成为十分迫切的问题。为此，袁世凯将原有的行政会议改组为政治会议，以此作为新的造法机关。

行政会议原是进步党人熊希龄奉命组阁以后，专为讨论"废省留道"的地方行政问题，而于 1913 年 11 月上旬下令召开的。至 12 月，袁世凯将行政会议改为政治会议，其出席人员包括大总统特派 8 人，国务总理举派 2 人，各部总长各举派 1 人，法官 2 人，蒙藏事务局酌派数人，以及每省选派有行政经验 10 年以上、明于世界大势、品学兼优者 2 人。从名单中可以看出，政治会议的议员多系帝制派、旧官僚，实际上是中央政府官员与地方政府当局所派代表之集合体，完全不具备代议机关的性质。对此，政治会议议长李经羲并不讳言，他说："政治会议为一种特别组织，大总统之所以召集本会，在使全国邃于学识，富于经验之人才，萃于一室，共谋国利民福……而救国之道，则以扶植强有力之政府为归。"[1]

1914 年 12 月 15 日，在政治会议成立的开幕式上，袁世凯对"平

---

[1] 岑学吕：《三水梁燕孙先生年谱》，转引自秦孝仪主编：《中华民国政治发展史》第一册，近代中国出版社 1985 年版，第 359 页。

等"、"民主"、"共和"等思想和主张进行了全面的抨击。特别是他在向政治会议提出的《约法增修咨询案》中，继续对《临时约法》进行猛烈的攻击，指责"约法因人而立，多方束缚，年余以来，常陷于无政府之地"；"现在救国之计，尤须有强有力之政府"，如果政府适用《临时约法》，"究于政治刷新大有妨碍。"① 尤有甚者，竟然将《临时约法》说成是造成社会政治动荡、人民生活困苦的主要根源，明白表达了废除约法、另立新章的意图。

　　为了迎合袁世凯急欲增修约法的意图，黎元洪等人于16日致电袁大总统，以1787年美国在费城召开联邦大会制定宪法一事为先例，说"历考中外改革初期，以时势造法律，不以法律强时势。美为共和模范，而开国之始，第一次宪法，即因束缚政府，不能有为，遂有费拉德费亚会议修正之举……论者不诋为违法。先例具在，可为明证。现在政治会议，已经召集，与美国往事，与各州推举之例正同"。因此，"请大总统饬下国务员，咨询各员以救国大计。"② 以此为借口，袁世凯于22日咨询政治会议增修约法程序，并令将"讨论办法"，迅速"具覆"。③ 但政治会议却认为自己"既为政府之咨询机关，即无参预增修根本法律之职责"。因此"依据法理，参以时势，佥以为宜于现在之咨询机关及普通之立法机关以外，特设造法机关，以改造民国国家之根本法"。④ 在取得袁世凯的同意以后，12月24日，政治会议开会讨论通过了《组织造法机关各项大纲》，并将造法机关定名为"约法会议"。约法会议以"议决增修法案及附属于约法之重要法案"为其职权，并建议"为尊重造法机关起见，拟仍酌用选举办法，然当以学识经验为标准。而其选举区划取都会集中主义；选举资格取人才标准主义"，⑤ 作为选举约法会议成

① 《袁大总统书牍汇编》，新中国图书局1914年版。
② 《中华民国政府公报汇编》（政治会议）。
③ 《中华民国政府公报汇编》（约法会议）。
④ 《中华民国政府公报汇编》（造法机关）。
⑤ 同上。

员的指导思想。

与此同时，政治会议还拟定了《约法会议组织条例草案》，呈请大总统裁夺。1914 年 1 月 26 日，袁世凯发出《组织约法会议组织令》，并公布了《约法会议组织条例》，下令内务部"督饬筹备约法会议事物处，将约法会议议员选举事宜尅日筹办"。

根据《约法会议组织条例》，约法会议由京师选举会选出 4 人，各省选举会选出 2 人，蒙藏青海联合选举会选出 8 人，全国商会联合会选出 4 人组成。凡进入选举会的选举人，除年满 30 岁的男子外，必须是曾任或现任高等官吏而通达治术，或曾由举人以上出身而夙著闻望，或在高等专门学校三年以上毕业而研精科学，或有万元以上财产而热心公益者。蒙古、西藏、青海选举人必须是在京王公、世爵、世职及其他殷实会员，通达治术者，或热心公益者为限。至于被选举人除年满 35 岁以上男子外，必须是曾任或现任高等官吏五年以上而确有成绩，或曾在国内外专门以上学校学习法律政治三年以上，或曾由举人以上出身学习法律政治而确有心得，或硕学通儒富于专门著述而确有实用者。不仅如此，经各种选举会选出的约法会议成员，还须由大总统指派组成的"约法会议议员资格审定会"进行最后审查，以保证约法会议确为袁世凯的驯服工具。

1914 年 3 月 18 日，约法会议开幕，袁世凯在颂词中再次表示了他与《临时约法》不共存的心态，并以威胁的口吻说："若长守此不良之约法以施行，恐根本错误，百变横生，民国前途，危险不可名状。"[1]

3 月 20 日，袁世凯向约法会议提交《增修临时约法大纲》七条，阐述了制定新的国家根本法的指导思想，他说：民国草创时期的国家根本法，"虽不能不取决于共和先进诸国"，但也不能"事事削足适履"。"故为目前国家建设计，根本法上之关系，宜有两种时期……实行约法为一时期。而施行宪法当别为一时期也"。"施行约法，为国家开创时代之所

---

[1] 《约法会议开会颂词》，见《袁大总统书牍汇编》卷一，第 39 页。

有事，即与施行宪法，为国家守成时代之所有事者，截然不同"。也就是说，在当时所处的民国初期，新制定的根本法应为约法，而制定宪法要等到民国的各项制度趋于完备、政治趋于稳定以后才有可能。至于增修约法大纲的 7 项内容，旨在无限制地扩大总统的权力，具体如下：

1. 外交大权归诸总统，对外宣战、媾和及缔结条约，不须参议院或国会之同意。

2. 大总统制定官制官规，及任用国务员，与外交大使、公使，无庸经参议院或国会之同意。

3. 采用总统制，不置国务总理，各部总长均称国务员，直隶于大总统。

4. 正式宪法应由国会以外之国民会议制定，大总统公布之；正式宪法之起草权，归于大总统及参政院，其修正权归于大总统与立法院。

5. 关于人民公权之褫夺回复，大总统得自由行之。

6. 大总统有紧急命令权，但次期国会开会时，须于 10 日内，提出于国会，得其承认。

7. 大总统有紧急财政处分权，但次期国会开会时，须得其承认。

根据袁世凯提出的修改大纲，约法会议很快便完成了对《临时约法》的修改稿，定名为《中华民国约法》，为了标明这一约法实施的长期性，删去"临时"二字，由于《中华民国约法》系修改《临时约法》而成，故又称为"新约法"，同时《中华民国约法》是在袁世凯实际控制下制定的，集中体现了袁世凯的意志，因而时人称之为《袁记约法》。

1914 年 5 月 1 日，袁世凯正式公布和宣告实施《中华民国约法》，与此同时废止《中华民国临时约法》。《袁记约法》的公布实施，标志着袁世凯独裁政治进入了一个新的阶段。

从《中华民国约法》产生的过程可以看出，制定约法的约法会议实际上是总统控制下的修宪机关。无论是约法会议的召集、职权范围，乃至其每一步行动，都是秉承袁大总统的意志，致使修宪权完全从属于行政权，这是与资产阶级宪政理论完全背离的。制定这部约法，除了以合法的形式确认袁世凯独裁统治的权力外，别无其他目的。因此，称之为《袁记约法》，是符合实际的。

2.《中华民国约法》（《袁记约法》）的主要特点

《中华民国约法》十章，六十八条。依次为：国家、人民、大总统、立法、行政、司法、参政院、会计、制定宪法程序和附则。《袁记约法》虽然沿用了欧美和日本等资本主义国家的某些宪法形式和条文，但它与《临时约法》和《天坛宪草》并无传承关系。恰恰相反，它是对《临时约法》和《天坛宪草》所确认的民主精神与原则的背叛。《袁记约法》的主要特点是：

第一，实行总统制，对袁世凯的个人独裁给予合乎宪法的肯定。

如前所述，无论是《中华民国临时约法》还是《天坛宪草》都出于法律限袁的考虑，在国家体制上采取责任内阁制，这是袁世凯所深忌的。尽管在中华民国的实际政治运行中，责任内阁制早已名存实亡，但袁世凯并不以此为满足。他所要求的是法定的总统制，而《袁记约法》恰恰从法律上满足了袁世凯所希望的废止责任内阁制，实行总统制。它规定，大总统为国家元首，代表中华民国总揽统治权。根据近代国家权力划分的宪法理论，"统治权"实际上就是国家的全部权力，而从《袁记约法》"立法"、"行政"、"司法"三章所体现的大总统对权力的控制程度，充分说明了大总统所总揽的统治权是凌驾于立法、行政和司法权之上的。如第39条规定："行政以大总统为首长，置国务卿一人赞襄之"；第42条规定："国务卿、各部总长及特派员，代表大总统出席立法院发言。"由此可见，大总统不仅是国家元首，还是行政首脑；国务卿并不像《天坛宪草》所规定的国务员那样对议会负责，具有独立的宪法地位，而是作为大总统的代表并对大总统负责。因此，在行政机关体系内部，没有制约大总统的力量，极便于大总统独裁专断。

另据约法会议制定的《修正大总统选举法》，大总统的任期为 10 年，连任没有任期上的限制。在新的大总统选举之前，须由现任总统提出总统候选人三名，由总统将候选人名单亲书于"嘉禾金简，衿盖国玺，密贮金匮于大总统府特设尊藏金匮石室尊藏之"——此制与清代的秘密立储制颇有相合之处。如果大总统选举会不投票于候选人，"得对于现任大总统投票"，从而使大总统的终身制和世袭制成为可能。

大总统不仅为行政首长，独揽行政大权，还有权召集立法院，宣告开会、停会、闭会；经参议院的同意，有权解散立法院；有权提出法律案及预算案于立法院；有权为增进公益，或执行法律，或基于法律之委任，发布命令；有权为维持公安，或防御非常灾害，事机紧急，在不能召集立法院时，经参议院之同意，发布与法律有同等效力的教令；有权制定官制官规，任免文武职官；大总统为海陆军大元帅，统率全国海陆军；有权定海陆军之编制及兵额；有权宣告开战、媾和；接受外国大使、公使；缔结条约；经立法院同意，变更领土；有权依法律宣告戒严；有权颁给爵位、勋章，并其他荣典；有权宣告大赦、特赦、减刑、复权。由此可见，在《袁记约法》中，大总统的权力和地位超越了近代任何西方总统制国家的总统。可以说《袁记约法》体制之下的大总统，与《钦定宪法大纲》体制下的大清皇帝，在权力上并没有多大差异。因此，《袁记约法》的颁布和实施，实际上意味着辛亥革命以后建立起来的民主共和制度已被颠覆，取而代之的是袁世凯的个人专制独裁。

第二，废除国会，代以大总统控制下的立法院和参政院。

在近代宪法理论中，民主是宪法的主要价值，在国家权力体制中，对民主价值的崇尚，主要表现为代议机关的宪法地位高于行政、司法等机关，而居于首要地位，这也是《临时约法》和《天坛宪草》所确认的政权体制。但却为一意孤行个人独裁的袁世凯所不容。因此《袁记约法》取消了"国会"、"参议院"或"众议院"，代之以"立法院"和"参政院"。但无论是权力的范围还是与大总统之间的关系，它们都不具有近代宪政体制中议会的地位。就立法院而言，《袁记约法》虽然规定其享有"议决法律"之权（第31条），但又规定，对于为大总统所否定的法律案，"如立法院出席议员三分二以上仍执前议，而大总统认为于内治外交有重大危害或执行有重大障碍时，经参政院之同意得不公布之"（第34条）。这与《天坛宪草》第92条对于为大总统否定的法律案，"如两院议员三分之二以上仍执前议时，应即公布之"的规定是完全相反的。可见立法院的立法权是不完整的。再者，在《袁记约法》体制下，大总统并不由立法院选出，也不对其负责。而且从大总统"总揽统治权"的规定，以及第31条第八款关于立法院有权"提出关于政治上之疑义，要求大总统答复。但大总统认为须秘密者得不答复之"的规定来看，立法院位居大总统之下，完全不具有真正宪法意义上的代议机关的性质和地位。

至于参政院，《袁记约法》明确规定："参政院应大总统之咨询审议重要政务"（第49条）。从而表明参政院只是大总统的咨询机关，但在实际上它却行使着比立法院更为完整的立法权，这不仅表现为"立法院未成立以前，以参政院代行其职权"（第67条），也表现为其行使职权的范围。根据《袁记约法》参政院行使的职权主要有三项：一是对大总统解散立法院、否决法律案、发布紧急命令以及行使紧急财政处分权等行为的同意权；二是推举宪法起草委员会委员，并审定中华民国宪法案；三是审议大总统交议事项及咨询事件。由此可见，《袁记约法》用立法院和参政院代替代议机关的目的，不外是维护袁世凯独享权力而已。

第三，《袁记约法》在形式和内容上袭用《临时约法》和《天坛宪草》的某些规范。

这是因为，参与起草《天坛宪草》的亲袁的进步党议员中，也有人担任了《袁记约法》"增修案"的审查员，从而对于《袁记约法》的制定产生了一定的影响。再则《天坛宪草》制宪技术的成熟和宪法内容的完整性，也为《袁记约法》提供了范例。例如，《天坛宪草》中大总统的发布紧急命令权，便为《袁记约法》所袭用。此外，尽管袁世凯殚精竭虑地蓄意建立独裁统治，但在民主思想和共和观念广为传播的北洋政府初期，还慑于人民对民主、共和制度的拥护，不敢公开建立专制主义的统治模式，还需要打出一些民主、自由、权利、法治等口号来欺骗民众，借以最大限度地减少反对力量，巩固其统治基础。《袁记约法》以增修《临时约法》的名义进行制定，便说明了这一点。

从条文内容来看，《袁记约法》从《临时约法》和《天坛宪草》中所袭用的，主要是宣布"中华民国由中华人民组织之"，"中华民国之主权本于国民之全体"。尽管袁世凯梦寐以求的是专制独裁，但在当时却又不得不挂羊头卖狗肉。

其次，关于人民的权利和义务，除了个别字眼有所改动外，基本袭用《临时约法》和《天坛宪草》的规定。如将《临时约法》中的"请愿于议会之权"，改为"请愿于立法院之权"。在"保有财产及营业之自由"，"言论、著作、刊行及集会结社之自由"，"书信秘密之自由"，"居住迁徙之自由"及"信教之自由"等条款中，按照《天坛宪草》的规范方式冠以"于法律范围内"的限语。

再次，在第六章"司法"中，除将任命法官的权力由《临时约法》的"临时大总统及司法总长分别任命"，改为"大总统任命"，以及对大理院审理弹劾大总统案做特别规定以外，其余的都抄自《临时约法》和《天坛宪草》的相关章节。

最后，有关"会计"问题。在起草《天坛宪草》过程中，由进步党宪法讨论会拟定的宪法草案中，就设有"会计"的专章，目的是加强对财政的监督，并被纳入到《天坛宪草》之中。《天坛宪草》夭折以后，对"会计"事项的规范仍然得到统治者的关注。在约法会议上，袁世凯就曾提出增列"会计"专章，以备审核预算收支的意见。从《袁记约法》的规定来看，"会计"一章的条文多来自《天坛宪草》，但根据独裁统治的需要，也有所取舍和修改。对《天坛宪草》条文作原则性保留的主要是关于租税及税率的变更问题（第 50 条）、因特别事件而设继续费的问题（第 52 条）和对于岁入岁出之决算的报告问题（第 57 条）。作原则性变动的主要有预备费的设立问题（第 53 条）和财政紧急处分问题（第 55 条）。这种变动的指导思想就是强化大总统对财政问题的控制权，弱化对大总统控制权的制约。例如，《天坛宪草》就预备费的设立问题规定为："政府为备预算不足或预算所未及，得于预算案内设预备费。预备费之支出，须求众议院追认。"但《袁记约法》却将其简化成"为备预算不足或于预算以外之支出，须于预算内设预备费"，其间看不到对预备费设立的监督，其目的只能是强化大总统的财政控制权。再以财政紧急处分为例，《天坛宪草》规定，政府在为财政紧急处分之前，须经国会委员会议决，但《袁记约法》却改为经受大总统控制的参政院之同意，使形式上的制约权化为乌有。不仅如此，《袁记约法》还删去了《天坛宪草》中有关审计院对国家岁出的支付命令行使审核权的条文，却保留了对于岁入岁出之决算的报告问题的规定（第 57 条）；删除了对预算案的编制问题的条文，却增加了预算的施行方面的规定（第 51 条）。这些本末倒置的规范思路，同样是出于弱化对大总统财政控制权的监督考虑的。

综观《袁记约法》对《临时约法》和《天坛宪草》的袭用与所谓创制，一个明显的现象是：有关巩固和强化大总统专断权力的"大总统"、"立法"、"行政"和"参政院"四章，其条文几乎是全新设计；而对于"人民主权"等口号性的条文，以及在近代中国特有的宪法文化氛围中并不受重视的人民的权利和司法制度等问题，则有较大程度的保留。对于宪法本身的制定程序等问题，则在保留其规范框架的基础上，做适于现实需要的修改。这种现象充分说明了，制宪者所关注的重心是国家政权体制的设计问题，因为它与当权者的政治和经济利益的关系最为密切；至于人民权利、国家主权的归属问题，当权者很清楚这些规范在近代中国宪政体制中的实际意义，只是用来增强其统治的欺骗性而已。所以，无论袭用，还是改造，对于《袁记约法》的制定者来说，一切取决于是否有利于维护袁世凯的独裁统治，这是惟一的标准。

第四，《袁记约法》确认大总统的军事特权。

作为北洋军阀总头目的袁世凯，从戊戌变法时期光绪皇帝和康梁意图借重他的军队以推行新政时起，就认识到了武力在政治斗争中的重要作用。此后，他一贯以武力作为其从事政治斗争的后盾，无论是南北谈判，还是登上大总统的宝座，武力的后盾作用都是十分突出的。因此为其量身打造《中华民国约法》，自然要以根本法的形式来巩固军事上的优势地位。

在西方国家的近代宪法中，军事化色彩较为浓厚的主要有1871年德意志帝国宪法、1889年日本帝国宪法。前者确认了皇帝在"平时和战时"对"帝国的全部军事力量"的指挥权，因而这一时期的德意志帝国被马克思批判为"以警察来保卫军事专制制度的国家。"① 以1871年德意志帝国宪法为蓝本制定的日本帝国宪法，对军事制度的规定更为全面和独到。不仅强化了天皇对于军事力量的统帅权，而且将军事法的效力地位提升到"臣民权利义务"条款之上，鲜明地表现了日本帝国的军国主义色彩。而以1889年日本帝国宪法为样板制定出来的《袁记约法》，在强化军事特权方面，实有过之而无不及。它宣布大总统为"陆海军大元帅，统率全国陆海军"（第23条），有权发布紧急命令（第20条）、宣告开战媾和（第22条）、宣告戒严（第26条）、确定陆海军之编制及兵额（第23条），等等。与《天坛宪草》相比，大总统在行使这些权力时，已没有国会或国会委员会等机关的制约，其权力的范围与日本帝国宪法中的天皇完全相同。

此外，还将"陆海军法令及纪律"的宪法地位，置于《约法》中"人民"条款之上，有关人民权利和义务的条款，如与"陆海军法令及纪律"相抵触，则不适用于军人（第13条），使得封建军阀的利益僭越

---

① 《马克思恩格斯选集》第3卷，人民出版社1972年版，第22页。

于作为宪法基本价值的人权之上，再一次暴露了《袁记约法》的实质。

为了方便军事行动，《袁记约法》还在"会计"一章中，特别规定："陆海军编制所必需"之支出，"非经大总统之同意不得废除或裁减之"（第54条），从而为封建军阀采取军事行动提供了稳定的财政支持。这是日本帝国宪法中所没有规定的，是袁氏统治集团首创的宪法规范，它表明军阀特权加给《袁记约法》的烙印是何等深刻。

3. 《袁记约法》的历史评价

《袁记约法》从形式上看，袭用了《临时约法》和《天坛宪草》中的某些标明共和、民主、自由的规范和术语。但就内容而言，却从日本帝国宪法中抄袭了巩固独裁统治的政治、军事、行政、司法等大量条款。因此，《袁记约法》在中国制宪史上毫无价值可言。相反，由于它从法律上确认了袁世凯的独裁统治，对于颠覆资产阶级民主制度、促进袁世凯公开复辟帝制，起了推波助澜的作用。

袁世凯通过《袁记约法》并采取政治欺骗与军事镇压相结合的两手，建立了以军事武力为后盾的专制统治。袁记政权从根本上是与辛亥革命所建立的中华民国的政治体制相对立的，而与前清的封建政权倒是有许多暗合之处。这就决定了袁氏统治集团必然要抛弃南京临时政府的民主法制建设成果，或明或暗地采纳前清的封建法制。《袁记约法》第64条规定："约法施行前之现行法令与本约法不相抵触者，保有其效力。"也就是说，凡是与《袁记约法》的原则相抵触的南京临时政府颁布的法律、法规，如《中华民国临时约法》、《国会组织法》、《参议院议员选举法》、《众议院议员选举法》及《大总统选举法》等，都归于无效。相反，封建专制制度下政事堂之类的机构却死灰复燃，在国家机关体系中占据着重要地位。封建宗法等级制的旧法制，也在部门法中公然出现。例如，1914年12月24日公布实施的《暂行新刑律补充条例》，就是以袁世凯提出的"以礼教号召天下，重典胁服人心"的口号为指导思想，加强了对伦常、礼教秩序的维护，坚持尊卑长幼亲疏男女的等级身份在刑法适用中的区别，肆意恢复了封建刑法中的宗法等级特权原则。

特别需要指出，《袁记约法》以及在此基础上制定的《修正大总统选举法》，不仅赋予了袁世凯广泛、无限制、可以世袭的权力，而且为他悍然复辟帝制铺下了一块基石。尽管袁世凯的实际权力与封建君主已无多大的差异，但野心家的贪欲使他不惜违背历史发展的潮流，向着复辟帝制的险途行进。

1914 年 3 月，美国传教士利杜在上海发表演说，提出"清廷复辟"与"反清帝复辟"二说，何者适宜，一任听者自决，由此发出了帝制运动的先声。袁世凯的美籍宪法顾问古德诺、日籍政治顾问有贺长雄、著名的立宪党人杨度等人，既是君主立宪主张的鼓吹者，更是洪宪帝制的导演和指挥。他们的基本观点是共和制不适合中国的国情，只有君主立宪才能保证国家富强。古德诺发表《共和与君主论》一文，明确表示中国数千年以来，实行君主政治，大多数人民知识水平低下，缺乏研究政治之能力，因此由专制骤然一变而为共和，难望有良好的结果。从中国的历史、习惯、社会经济的状况以及与西方列强的关系来看，中国立宪应以君主立宪制比较适合。有贺长雄更是积极主张中国应当改共和为帝制。杨度在倡行君主立宪的同时，还谴责暴力革命对国家的破坏太大。

古德诺和杨度等主张君主立宪的另一理由是可以解决国家元首更迭带来的震荡。杨度在《君宪救国论》一文中，阐述了由于共和不能解决继承人的问题，必然酿成内乱，只有实行君主立宪制才可以避免元首继承人的争夺。结论就是："非立宪不足以救国家，非君主不足以成立宪。"在辛亥革命发生四年以后，而且民主共和观念已经深入人心的历史条件下，公然重弹君主立宪的老调，不仅仅是理论上的荒唐和认识上的大谬，更为严重的是为袁世凯下一步的复辟帝制，开历史的倒车，制造舆论准备。连外国的评论也指出："中国看来已趋向于一个民主外貌下的专制政府。"① 袁世凯猖狂毁法窃国的事实，粉碎了资产阶级革命派"法律限袁"的迷梦，使一些人清醒了，所谓法律限袁，不过是在军阀势力的压迫下，无可奈何的消极抗争和自慰而已。

1915 年 8 月，杨度、严复、刘师培等六人，在北京发起成立了筹安会，为复辟帝制，发表宣言。并分电各省将军、巡按使及各商、工、教育等团体，请派代表来京，参加讨论。从而把复辟帝制由酝酿推进到实施阶段。各省军政长官及商会很快便派出代表来京，经过几天讨论，作出了"我国拨乱之法，莫如废民主而立君主；求治之法，莫如废民主政治而行君主立宪"的决议。随后，筹安会便组织各省代表进行请愿活动，全国请愿联合会，还将请愿书送到参政院。据此，袁世凯令参政院代行立法院的职权，进行决议。经过讨论，参政院议决如下："国体为宪法重要问题，解决之权，应在国民会议。本院根据约法第三十一条第七款，建议政府，请大总统提前于年内召集国民会议，或另筹征求民意妥善办法，以定大局，而安人心。"② 10 月 6 日，参政院再次代行立法院职权，三读通过了《国民代表大会组织法案》，由袁世凯公布。之后，在各省将军、巡按使主持并监督下，按照拟定名单选出了各省的国民代表。10 月 28 日，各省国民代表在将军、巡按使监督下，采用记名的方式投票，决定国体。投票结果，1993 名代表全部赞成君主立宪国体，无一票反对。与此同时，奉上推戴书："谨以国民公意，恭戴今大总统袁世凯为中华帝国皇帝，并以国家最上完全主权奉之于皇帝，承天建极，传之万世。"③

经过参政院的两次推戴，袁世凯于 12 月 12 日申令承认帝位，并于次日在居仁堂接受百官朝贺。为了巩固帝位，12 月 14 日袁世凯令参政

---

① 惠勒：《中国与世界战争》。
② 《顺天时报》，民国十二年九月十四日。转引自秦孝仪主编：《中华民国政治发展史》第一册，近代中国出版社 1985 年版，第 395 页。
③ 参见秦孝仪主编：《中华民国政治发展史》第一册，近代中国出版社 1985 年版，第 396—397 页。

院推荐宪法起草人员讨论起草宪法。参政院遵命推荐施愚、杨度、曾彝进、王世澂、李国珍、方枢、陈国祥、严复、夏寿田、黎源等 10 人为宪法起草人员。12 月 16 日，袁世凯颁布《修正大总统政事堂组织令第四条、第五条》，将原来的"大总统发布之命令，国务卿副署之"，改为"大总统发布之命令，由政事堂奉行，政事堂衿印，国务卿副署"。依此，大总统发布命令，不再用大总统印玺，而用政事堂官印，其格式类同于清代皇帝的诏令。在此之后，又大肆封爵。12 月 31 日，袁世凯正式下令改中华民国为中华帝国，改民国五年为洪宪元年，改总统府为"新华宫"，改收文处为"奏事处"，正式复辟帝制。然而袁世凯的帝制自为遭到了全国各种政治力量的反对，仅仅 83 天便草草收场，帝制运动和帝国宪法草案，随着袁世凯一起被扫进历史的垃圾堆。

袁世凯复辟帝制是以《袁记约法》所建立的政权体制为基础而进行的。至于参政院的议决，国民代表的选举、投票，也是遵照《约法》的立法程序而制定的《国民代表大会组织法案》为依据的。可以说整个复辟过程，都是在《袁记约法》所规定的国家权力运行机制范围内进行的。所以，复辟帝制是《袁记约法》施行的必然结果；《袁记约法》是颠覆民国政治体制，复辟帝制的政治基础。

《袁记约法》在中国制宪史上是一个反面典型，它使我们认识到评判一部宪法的标准，必须以其所建立的政权体制和权利规范体系是否符合民主、自由、人权等宪法的基本精神；它所规定的内容是否符合当时社会发展的总体态势和现实国情，只有如此才可以判断一部宪法的真实性和合法性。

四、《天坛宪草》续议与《中华民国宪法》

袁世凯死后，全国出现了军阀割据的混乱局面。北洋军阀主要分裂为皖系和直系，它们和西南军阀之间为了各自的利益，展开了各种形式的争斗。各派军阀为了表明其既得权力和利益的合法性，往往乞助于宪法的形式，因而将制定宪法视为巩固其统治地位的重要手段，各自展开了频繁的制宪活动。这种现象发生在袁世凯死后不是偶然的。帝制自为的迅速失败，以及全民的愤怒声讨使继起的军阀意识到，在民主共和观念深入民心的时代，任何强奸民意，违背历史发展潮流的举动，最终都要被人民所抛弃。正是在这个规律的作用下，继袁氏以后建立起的军阀政府，无不打着民主、宪法的旗帜，尽管实行的仍然是军阀独裁的专制统治。

袁世凯死后，段祺瑞发表了他与徐世昌拟定的《袁大总统遗令》，宣告根据《中华民国约法》（即《袁记约法》）以副总统黎元洪代行中华民国大总统职权，开始组阁，建立新的民国政府。段祺瑞之所以继续沿用《袁记约法》并作为黎元洪继任总统的宪法依据，是因为根据《袁记约法》制定的《修正大总统选举法》的第 11 条规定，副总统继任后，必须于三日内召开大总统临时选举会，选举正式大总统。这样，段祺瑞就可以利用手中的军事力量，逼迫议员选举他为正式大总统。然而段氏此举司马昭之心路人皆知，遭到了资产阶级革命派、国会议员和西南独立各省的反对。指出《袁记约法》是袁世凯私造的、非法的，随着袁世凯之死，黎元洪应根据民国二年十月国会所制定的《大总统选举法》第 5 条之规定"继任"大总统，而不是"代行"大总统。此时孙中山明确提出了"规复约法"① 的主张，并得到西南各省的支持。西南军务院通电要求恢复《临时约法》，召开国会，组织内阁。于是南北双方展开了新旧约法有效性的争论。1916 年 6 月 25 日，海军总司令李鼎新、第一舰队司令林保怿、练习舰队司令曾兆麟等联合发表宣言，宣布海军独立并加入护国军。在各方压力之下，段祺瑞被迫屈服，1916 年 6 月 29 日，发布了由黎元洪签署、段祺瑞副署的大总统令，宣称："亟应召集国会，速定宪法，以协民志，而故国本。宪法未定以前，仍遵行中华民国元年

---

① 《孙中山全集》第 3 卷，中华书局 1982 年版，第 305 页。

三月十一日公布之《临时约法》，至宪法成立为止；其二年十月五日宣布之《大总统选举法》，系宪法之一部，应仍有效。"① 8月1日，旧国会恢复，黎元洪被确定为继任大总统。10月30日，冯国璋被选为副总统，段祺瑞则被重新任命为国务总理。至此，新的中华民国政府得以建立。

　　由于此次恢复的国会是继民国二年召开的第一届国会，因此又称第一届国会第二次常会，两院议员共五百余人。国会在选举黎元洪为正式大总统以后，面对的紧急任务就是速定宪法，于是遂以《天坛宪草》作为讨论基础，起草宪法。1916年9月5日、8日、13日，宪法会议听取宪法起草委员会说明旨趣，完成初读程序。9月15日至1917年1月10日，完成一读会程序。1917年1月26日至4月20日，召开二读会，逐条议决宪法草案。经二读会议决后的宪法草案，与《天坛宪草》草案相比有以下增修：

　　在宪法体例上，增加了"主权"一章，删除了"国会委员会"一章；废止了大总统发布紧急命令权，取消了议员兼任国务员的规定；承认国会自行集会、开会及闭会，但常会以外的临时会，依总统之牒集，或两院议员各三分之一的联名通告，得以召开。对于《天坛宪草》有关孔教的规定，仍然引起激烈的辩论。反对者主张取消此项规定；提倡孔教者认为原草案中的有关规定尚觉不够。最后双方妥协，删除《天坛宪草》第19条第2项"国民教育，以孔子之道为修身大本"，修改为"中华民国人民有尊崇孔子及信仰宗教之自由，非依法律不受限制"（第11条）。这种荒诞的规定，突出地反映了中国的国情，与正统文化的强烈影响。

　　在讨论地方制度时，部分议员从限制皖系地方军阀的特权出发，主张省制问题写入宪法。他们说："民国成立以来，各种法制未备，中央与地方每多自由行动，于是中央责地方之跋扈，地方责中央之专横，此皆无法律为之限制，故发生此种问题耳。若使省制定入宪法，则中央与地方皆有所遵守，跋扈者无从跋扈，专横者无从专横。"又说："省制不

① 李剑农：《戊戌以后三十年中国政治史》，中华书局1965年版，第253页。

加入宪法，则中央不能稳固。如将省制列入宪法，则地方人民视国事如家事，无不自行负责。各国之强盛全由地方人民权力扩张，中国屡弱俱由地方人民无法行使权力，以致遇有国事之事，即如秦人视越人之肥瘠漠不相关，似此地方安能发展，如将省制定入宪法，则人民政治思想日益发展，国事必视如家事，自行负责，国事必臻强盛。"他们还举世界各国为例，强调："无论单一国、联邦国，所有地方制度大抵多加入于宪法之中。"①

但是，也有一部分议员反对将省制列入宪法，认为这将影响宪法的稳固；增加议会与督军的隔阂，有负全国人民切盼早日制定宪法之期望。双方争执不下，大打出手，酿成民国宪法史上有名的"大讼案"。段祺瑞为了抵制总统集权和将省制列入宪法，竟然唆使由皖系军阀各省督军组成的督军团，悍然攻击上述主张造成总统权力过大，议会专制，"与责任内阁制的精神完全不相符合"。之后，各政治团体经过协商，达成妥协，拟定了地方制度十六条草案，准备将地方制度及修正案再付审议。但未及审议，国会便再次被非法解散。

在宪法修改的过程中，发生了总统府和国务院之间的权限之争，即所谓府院之争。1916年8月下旬，总统提出《府院办事手续草案》，其中规定总统可随时出席国务会议，总统对国务院议决的事项及任免官吏可以退回再议。对此段祺瑞不能容忍，以辞职相威胁，最终府院双方达成协议：总统不出席国务会议，但国务会议议事日程先期呈阅，国务会议记录随时呈阅；总统对国务会议议决的案件，如有不同意见可让总理及有关领导说明情况，如说明后，总统仍不满意，可交复议一次。经过双方让步，黎段矛盾有所缓和，但在是否对德宣战的问题上，再次激化。段祺瑞因受梁启超对国际形势分析的影响，主张对德宣战。黎元洪等人则反对加入协约国对德宣战。双方各执己见，相持不下，段氏被免去国务总理之职。之后，他赴天津策动安徽、奉天、陕西、河南、浙

① 吴宗慈：《中华民国宪法史》，第287页。

江、山东、黑龙江、直隶等省通电宣布独立，迫使黎元洪于 1917 年 6 月 1 日邀张勋来京调停，"共商国是"。张勋则以解散国会为进京调停的前提条件。黎元洪被迫于 6 月 12 日下令解散参众两院，遂使对《天坛宪草》的审议不了了之。6 月 14 日张勋入京，7 月 1 日，即拥清废帝溥仪复辟。这时段祺瑞利用张勋解散国会、推翻黎元洪的目的已经达到，又乘机打起了反复辟的旗号，自任"讨逆军"总司令，长驱直入北京城。张勋复辟失败，段祺瑞以"再造共和"的身份重新组阁，他把推翻《临时约法》和"武力统一"作为施政重点，因而不可避免地遭到全国人民的反对。

　　1917 年 7 月，孙中山率领受革命影响的应瑞、应琛两舰和部分旧国会议员，由上海抵广州，建立了中华民国军政府，揭开了保卫民国的护法运动。1918 年 1 月 1 日，孙中山在《元旦布告》中宣称"共和国家，首当守法"，如果"约法毁灭，国会废弃"，势必"燃人治已死之灰，播专制未尽之毒"，军阀武人将会窃权盗国。因此"国法不容妄干，而人治断无由再复也"。[①] 1918 年 2 月 23 日在致西南护法各省将帅电中，再次指出"国家治乱，一系于法"。[②] 在《通告海外革命党人书》中进一步强调护法的使命，就是要"纳举国之人于法轨，以自进于文明。"[③]

　　孙中山所进行的二次护法运动均以失败告终，它表明了随着时代的迅速发展，人们的认识逐渐超越了资产阶级的民主范畴，《临时约法》已经失去了昔日的权威性。至于国会的号召力也同样是微乎其微的。而护法运动所依靠的力量，又是翻云覆雨、以利益为驱动的地方军阀。因此，它的失败是不可避免的。

　　段祺瑞重新掌握北京政权以后，以旧国会中国民党议员仍居多数，而所拟定的宪法草案又对内阁权力限制过多为由，决定召集临时参议

[①] 《孙中山全集》第 4 卷，第 285 页。
[②] 《军政府公报》第 40 号。
[③] 《孙中山全集》第 4 卷，第 499 页。

院，重新制定国会组织法与参众两院议员选举法，另行选举参众两院议员，召开新国会。1917 年 9 月 29 日，发布成立临时参议院命令。11 月 10 日，由各省军政长官推选的参议员组成临时参议院在北京开会。议员们唯段祺瑞之命是从，很快便通过了《修正国会组织法》、《修正参议院议员选举法》和《修正众议院议员选举法》，由代理大总统冯国璋于 1918 年 2 月 17 日公布施行。在随后进行的国会议员选举中，受皖系军阀操纵的安福系成为国会的第一大党，并控制了国会的活动，因此，这个第二届国会，被称为安福国会。1918 年夏，安福国会在北京开会，王揖唐当选为众议院议长，李盛铎当选为参议院议长，选举徐世昌为中华民国第二任大总统，段祺瑞任参战督办，掌握军权，并控制着安福国会。

1918 年 12 月中旬，参众两院遵照段祺瑞废弃《天坛宪草》，重新起草宪法草案的指示，依据《修正国会组织法》第 20 条的规定，于 1918 年 12 月由参众两院各从议员中选出 30 人，组成宪法起草委员会，并于次年 8 月 12 日完成了新的《中华民国宪法草案》。这个草案以扩大行政机关职权、缩小立法机关权力为指导思想，仍采用责任内阁制，但总统的权力比《天坛宪草》中的规定略有提高。此外，仅在禁止议员兼职、废除国会委员会、解散众议院之权的归属等问题上有所修改，其余多从《天坛宪草》抄袭而成。同样，这个草案还未来得及提交国会讨论，便爆发了直皖战争，皖系落败，1920 年 8 月 3 日，徐世昌下令解散安福俱乐部。8 月 30 日，安福国会宣布闭会，所修定的宪法草案等同于一张废纸。

1920 年 10 月 30 日，徐世昌以大总统令，宣布参众两院依照 1912 年《临时约法》及 1912 年《国会组织法》、《参议院议员选举法》、《众议院议员选举法》重新选举国会。但是呼应者不超过 11 个省，已经选出的议员也始终没有集会，因此所谓的第三届国会，纯属有名无实。

经过直皖和直奉两次战争，直系军阀于 1922 年开始控制北京政权。为了使其统治合法化，同时也为了对付西南军阀的"联省自治"，达到

"南北统一"的政治目的，直系军阀提出恢复法统的主张，驱逐受皖系军阀控制的安福国会所选出的总统徐世昌，恢复黎元洪的总统职务，重新召开被非法解散的旧国会。这一主张得到了广东陈炯明、云南唐继尧、贵州袁祖铭等非北洋系统的军阀的支持和旧国会多数议员的拥护。在直系军阀的压力下，徐世昌被迫退位，黎元洪上任后，宣布撤销1917年6月12日解散国会的命令，要求在籍议员，早日莅京。1922年8月1日，第一届国会第二期常会在北京正式复会。

　　国会恢复前后，先有梁启超、熊希龄、蔡元培等人于1922年5月22日发出通电，表示："谋统一当以恢复民国六年国会完成宪法为最敏速、最便利之方法"；① 后有"姚桐豫等数十人提议，此次国会应先行制定宪法，暂停行使其他一切职权"。直系军阀吴佩孚和全国商会联合会也通电，"请国会专意制宪。"② 据此国会决定先行制宪。议员们鉴于以往议宪，常因到会议员人数不足而流会，主张修改民国元年制定的《国会组织法》，以减少关于出席宪法会议人数的限制，有利于宪法会议议事活动的正常开展。1923年3月，国会两院一致通过了对《国会组织法》的修正案，将原《国会组织法》中"非两院各有议员三分之二以上出席不得开议，非出席议员四分之三以上之同意不得议决"的规定，修改为"非两院有总议员五分之三以上出席不得开议，非出席议员三分之二以上之同意不得议决"，使法定的出席人数和作出有效决议的法定人数均有一定程度的减少，以便于宪法会议的召开和议决。但由于政局混乱，《国会组织法》修正案的公布和生效，并没有能消除出席宪法会议议员日见减少的流会现象。因此，国会又于5月决议修正民国二年颁布的《宪法会议规则》，除对议员的请假进行限制外，并设立了议员出席会议的奖惩措施，规定议员出席宪法会议，每次可得出席费20元，缺席者扣除议员岁费20元。

---

① 丁文江：《梁任公年谱长编》，上海人民出版社1981年版，第616页。
② 《东方杂志》第十九卷第十七号，1922年9月10日。

上述国会组织法和宪法会议规则的修改，虽然便于宪法会议的议事活动，但却降低了它的代表性。至于设立的宪法会议议员出席会议的奖惩办法，为直系军阀日后的贿买议员提供了先验。

由于1917年国会被解散之时，宪法草案还有部分条文未经二读，其中最重要的便是地方制度。因此，宪法会议决定自1922年8月10日至11月25日召开审议会，先审议地方制度，再决定增加国权、教育和生计三章，最后议定应行增修的条款，交宪法起草委员会起草条文。其中，国权和地方制度两章于12月23日送交宪法会议讨论；教育、生计两章定于1923年4月17日送交宪法会议审议。

需要指出，自1920年至1924年间，部分省份掀起了轰轰烈烈的联省自治的省宪运动。其源起是鉴于袁世凯实行独裁统治，一部分具有民主思想的知名人士，如张东荪、丁佛言、章士钊等人，倡导实行联邦制，以此来抵制袁世凯的独裁统治和保卫民主共和制度。1920年7月直皖战争与8月粤桂战争的发生，使得民众对军阀割据混战深恶痛绝，而军阀们也力图巩固自己的地盘，向北京政府谋求权力的再分配。在这种背景下，联省自治的省宪运动，首先在湖南浮上了历史舞台。1920年11月2日，湖南省政府宣布自治，开始制定宪法，于1922年元旦，公布实施湖南省宪法，同年12月依据省宪，成立新政府。

《湖南省宪法》共13章，141条。分为人民权利义务；省的事权；省政府机关组织及省政权行使；下级地方自治组织；本法的修正及解释等五个部分。《湖南省宪法》在总纲中首先明确了"湖南为中华民国之自治省"，"省自治权属于省民全体"，使省自治有了立法依据。其次，列举了省的权力，以使省机关在一定范围内活动。而最具有特色的部分是扩大了公民的权利。无论男女都享有选举权，以及创制权、复决权、直接罢免权。无论是省议会的解散、省宪法的修改、省长的选举与罢免等，都需经过全省公民投票决定。其后将直接选举改为间接选举，以减少执行的难度。《湖南省宪法》在湖南军阀的统治下，只不过是一种形式，没有也不可能实施，但它的影响却及于浙江、上海、云南、广西、贵州、陕西、江苏、湖北、福建等省市，这些省市也纷起效尤拟定宪法，或宪法草案。例如，1920 年 6 月，浙江督军卢永祥通电宣布实行省宪，9 月 9 日公布"九九宪法"和宪法实施法。但由于卢永祥是假自治之名抵制直系军阀的武力统一政策，借以保存自己的地盘，因此，联省自治也好，省宪也好只是招牌而已。"九九宪法"不过是一纸空文。

联省自治原是资产阶级改良派的政治主张，梁启超曾经起草"湖南省自治法大纲"，以推动湖南省自治。但是联省自治的实践，却证明了它在实质上是借助"民主"、"宪法"的外衣，继续维持地方军阀割据的现实，民众没有从联省自治的省宪中得到真正的民主权利，它所起的主要作用，就是使得直系政府在制定宪法时，不得不赋予省以较大的自治权。

然而当宪法起草委员会讨论地方制度时，省宪派与反对派之间发生了激烈的论争，后经双方反复协商达成协议。但随即发生北京政变，议员们也纷纷南下，致使国会中断，对宪法草案的审议也告一段落。

1923 年 5、6 月间，直系军阀曹锟在美国的支持下（美国驻华公使亲赴保定与曹锟面商选举总统的"最高问题"，美国总统哈丁表示美国银行团可以帮助中国"统一"），蓄意登上总统的宝座。1923 年 6 月，曹锟指使国会内外的亲信，以总统任期已满为由，威逼黎元洪交出总统印玺，并且贿赂众议院议员 160 多人，通电全国迫使黎元洪辞职。此即所谓北京政变。部分国会议员对此甚为不满，他们赴沪集会，声称"俟足法定人数，即行正式开会，行使职权"。曹锟为了使国会选举他为正式大总统，一方面限制议员人身自由，不许离开北京；一方面派人赴京津地区，通过以每人出席一次会议可得一百元大洋，并且延长议员任期的高价诱使出走议员返京。此后议员们纷纷回京，但仍未达到总统选举会所需要的法定人数，于是提高收买议员的价码，大选出席费另加 200 元，带病出席再加 200 元医药费，另给每个议员 5000 元的支票一张，至于议长以 40 万元的高价被收买。总计用于贿选的费用高达 1350 万元。

　　1923 年 10 月 5 日，总统选举会正式召开，出席议员 593 人，超过 586 人的法定人数，在大批军警宪兵严密监视下，曹锟以 480 票当选总统。曹锟实现了大总统梦，国会却在全国人民面前完全失去了光彩，议员们博得了"猪仔议员"的称号。为了掩盖贿选的罪行，两院议员企图以宪法为遮羞布，加紧制宪工作。在不到一周的时间内，匆匆制定了一部宪法。10 月 4 日，宪法会议以一次会议将"地方制度"全章通过二读会；10 月 6 日，又将"国权"全章通过二读会。有关生计、教育两章由于时间紧迫，弃置未议。10 月 8 日，宪法全案通过三读会。10 月 10 日，曹锟就职总统，同日公布《中华民国宪法》。

　　这是中国宪法史上正式公布的第一部宪法，通称《贿选宪法》。

　　《贿选宪法》共 13 章，即国体、主权、国土、国民、国权、国会、大总统、国务院、法院、法律、会计、地方制度和宪法之修正解释及效力。从这部宪法的体例和内容，都可以看出它是以《天坛宪草》为蓝本的。由于 1912 年以来，十几年的制宪历程和多次起草的宪法草案，为这部宪法的制定提供了必要的理论的和资料的基础以及实际的操作经验，所以这部宪法规范体系的完整、立宪技术的优化，以及制度设计和内容的完整性，都达到了当时的最高水平。

　　首先，确立了较为完整的宪法规范体系。较之《天坛宪草》增加了国土、国权、地方制度三章；删除了"国会委员会"一章。这种调整，体现了时代的变化加给它的烙印，不仅相对完整，而且合理化。特别需要指出，在近代宪法理论中，确认公民权利与规范国家权力是宪法的两项基本内容，即如 1789 年法国《人权宣言》所宣布的："任何社会，如果在其中不能使权利获得保障，或者不能确立权力分立，即无宪法可言。"就规范国家权力而言，一部内容完整的宪法必须对国家权力基础（主权在民还是在君）、国家权力的界限（地理意义上和权力内容意义上）、政权体制（政权组织形式和国家结构形式）、国家机构等内容作出规定。在公民权利确认方面，宪法必须明确公民基本权利的种类和救济方法；同时，为了确保自身所拥有的根本法地位和在现实生活中的实施，宪法还要规定自身的效力地位、修正和解释等问题。前两者是宪法的实质性内容，后者是宪法的技术性内容，它们对于宪法的实现都是必不可少的。无论是《临时约法》还是《天坛宪草》，都因为特定的政治原因和制宪经验的不足，而在宪法规范体系方面存在着这样或者那样的缺陷。如《临时约法》对地方制度、约法的解释问题未作规定；《天坛宪草》则缺乏国家权力基础、地方制度、宪法的效力地位等方面的规定。

《贿选宪法》以三倍于《临时约法》、近两倍于《天坛宪草》的篇幅，对中国政治体制相关的国家根本问题作了较为系统的规定。因而在规范体系上的完整性是这部宪法突出特点。第一，在规范国家权力方面，宪法开篇就宣布："中华民国永远为统一民主国"，表明它所确认的国家实行的是民主的根本制度，以防止地方军阀提出的分治和独立要求。接着又吸取了《临时约法》的基本经验，宣布："中华民国主权属于国民全体"，从而表明了这一国家政权的权力基础。不仅如此，宪法还针对袁世凯帝制自为和张勋的复辟教训，特别规定："国体不得为修正之议题"（第 138 条），"国体发生变动或宪法上根本组织被破坏时，省应联合维持宪法上规定之组织至原状回复为止"（第 37 条），从而将维护国体的神圣性，确定为各省的权力和责任，以示国家利益的神圣不可侵犯。

在"国土"和"国权"两章中，分别从地理意义和权力内容角度规定了国家权力的界限，与"国民"一章中所宣布的公民基本权利相对应，体现了宪法规范国家权力、确认公民权利的基本功能。

在"国会"、"大总统"、"国务院"和"法院"四章中，宪法确立了立法、行政和司法三权分立的政权体制，规范了三者之间的分工与制衡的权力关系；并且重新恢复了《临时约法》所确立的责任内阁制。国务总理及各部部长（均为国务员），对众议院负责，而不是向总统负责。"国务总理之任命，须经众议院之同意"（第 94 条）。"国务院赞襄大总统，对于众议院负责任。大总统所发布命令及其他关系国务之文书，非经国务员之副署，不生效力"（第 95 条）。大总统经国会同意才能宣战、缔结条约、媾和（第 84、85 条）。但与此同时，宪法仍赋予了总统很大的权力，"大总统为民国陆海军大元帅，统帅陆海军"（第 82 条），"大总统任免文武官吏"（第 81 条），"大总统为执行法律或依法律之委任，得发布命令"（第 80 条）。"大总统得停止众议院或参议院之会议"（第 88 条）。"大总统于国务员受不信任之议决时，非免国务员之职，即解散众议院"（第 89 条）。

在"国权"章中对国家与地方之间的权力划分格局作出明确规定，"中华民国之国权，属于国家事项，依本宪法之规定行使之；属于地方事项，依本宪法及各省自治法之规定行使之。"（第 22 条）并且列举了由"国家立法并执行"的权力范围 15 项，"由国家立法并执行或令地方执行"的权力范围 13 项（第 24 条），"由省立法并执行或令县执行"的权力范围 11 项（第 25 条）。此外，还对地方的行政区划、省与县在立法、行政及财政等方面的权力划分加以规定，表明《贿选宪法》所确认的国家结构形式是单一制前提下的中央与地方分权制。从而反映了直系军阀为了平衡、协调与地方各派军阀的关系，巩固对中央政府政权的控制权的用心。

宪法根据三权分立的原则确立了由国会和省、县议会所组成的中央及地方代议机关，由大总统及国务院和省务院和县长组成的中央及地方行政机关，由各级法院组成的司法机关以及审计院等机关所构成的国家机关系统。

其次，在国民权利方面，确认了国民的人身自由、政治自由、宗教信仰自由，以及私有财产、从事公职等实体法意义上的权利，和诉讼、请愿、陈诉等程序性的权利，在其他章节中还规定了公民权利行使的保证措施，如第 66 条规定："两院各得受理国民之请愿。"第 99 条规定："法院依法律受理民事、刑事、行政及其他一切诉讼。"宪法第 14 条规定："中华民国人民之自由权除本章规定外，凡无背于宪政原则者，皆承认之。"这些条文，不仅确立了公民权利行使的宪政原则，而且表达了这样的法治思想，即：对于公民而言，凡是法律所不禁止的行为，都是合法的。

再次，在宪法本身的技术性规范上，分别吸收了《临时约法》关于宪法修正和约法本身效力，与《天坛宪草》关于宪法解释上的规定，但又有所发展。在宪法的效力方面，《临时约法》第 54 条规定，"宪法未施行以前，本约法之效力与宪法等"，《贿选宪法》则在第 141 条规定："宪法非依本章所规定之修正程序，无论经何种事变永不失其效力。"这一规范方式明确表达了该宪法的最高效力地位和永久的实用性，体现了制宪者对于宪法稳定性的追求。再以宪法解释为例，《天坛宪草》仅仅规定由宪法会议对本宪法进行解释，而《贿选宪法》不仅规定了宪法解释的组织即宪法会议，还增加了宪法会议在解释宪法时须有"列席员三分二以上之同意决之"的程序性规定（第 140 条），使宪法解释制度得以完善。

再次，表现在制度建设上，与《临时约法》、《天坛宪草》、《袁记约法》因人设制的特点不同，没有表现出对曹锟等直系军阀的政治利益而设制的倾向。从具体内容来看，在总体框架和具体宪法规范的内容上，《贿选宪法》对《临时约法》，尤其是《天坛宪草》多有抄袭之处；但并非盲目抄袭。如《天坛宪草》第 26 条规定："两院议员不得兼任文武官吏，但国务员不在此限"，尽管这一规定有助于加强国会对内阁的控制，进而限制袁世凯的独裁专横；但从民主政治建设角度看，这一规定实际上破坏了三权分立的宪法原则。因此，《贿选宪法》将"但国务员不在此限"的文字删除，贯彻了完全的不兼容原则，维护了三权分立的原则和制度。

再如《天坛宪草》第 69 条规定："两院议员除现行犯外，非得各本院或国会委员会之许可，不得逮捕或监视。"这一规定是对议员的人身提供的保障措施。但它在《贿选宪法》的规范体系中，由于国会委员会已被废除，因此当需要在国会会期以外对有犯罪之虞的议员进行"逮捕或监视"时，就会因国会休会而无从获得许可。另外，不分国会会期内外，一律禁止对有违法或犯罪之虞的议员采取必要的强制措施，也违反了"中华民国人民于法律上无种族、阶级、宗教之别均为平等"（第5条）的基本原则。因此，《贿选宪法》在沿用这一条文时，作了十分关键修改："两院议员在会期中除现行犯外，非得各本院许可，不得逮捕或监视。"经过修改的这一条款更为合理，也更具适用性。

除此以外，《贿选宪法》还建立了一些新的制度，其中最为突出的就是地方自治和司法审查。《贿选宪法》在政权体制建设上最大的特点，就是在中央与地方分权制的基础上，实行较为完全的地方自治。一方面，宪法采用列举的方式划定了国家与地方在立法、财政等方面的权力界限，规定国家对于外交、国防、国籍法、刑事、民事及商事之法律、监狱制度、度量衡、币制及国立银行、关税、盐税、印花税、烟酒税、其他消费税及全国税率应行划一之租税等事项，独享立法权和执行权（第23条）；而省于不抵触国家法律范围内，得就农工、矿业及森林、学制、银行及交易所制度、航政及沿海渔业等事项，与国家共享立法权（第24条）。对于省教育、实业及交通、省财产之经营处分、省市政、省水利及工程、田赋契税及其他省税、省债、省银行等事项，省享有排他的立法权（第25条）。另一方面，宪法赋予省和县较为广泛的自治权，包括制定省自治法（第125条）；设立省议会为单一制之代议机关，其议员依直接选举方法选出（第127条第1款）；设立由省民直接选举之省务员五人至九人组成省务院，执行省自治行政（第127条第2款）等；县对其自治事项有立法权和完全执行权，除省法律规定惩戒处分外，省不得干涉之（第128条第1款和131条）；省及县以内之国家行政，除由国家分置官吏执行外，得委任省县自治行政机关执行之（第132条）。但是省制定的法律包括自治法不得与国家法律抵触，否则无效；省不得缔结有关政治之盟约、不得有妨害他省或其他地方利益之行为（第33条），不得自置常备军、不得设立军官学校及军械制造厂（第34条），不得违反国法上之义务（第35条），不得以武力侵犯他省（第36条），等等。

就制宪的形势而言，建立地方自治制度是直系军阀的武力统一政策，与各省军阀的连省自治主张之间进行妥协的产物；制宪者们力图以国家根本法的形式记载和巩固这种政治妥协的成果。在自古以来就形成的中央集权体制的氛围中，对于中央与地方权力分配方面作了开创性的尝试，并将这种尝试用宪法形式固定下来，无疑是中国宪法史上值得肯定的成就，并有一定的借鉴意义。

如果说在《临时约法》、《天坛宪草》和《袁记约法》中，立法机关（即国会）与行政机关（即大总统和国务院）之间的权力分配关系作了内容不同的规定，但性质完全不同的《临时约法》与《袁记约法》成为各派政治势力斗争的焦点，因而表现出因人设制的现象，那么对于司法制度则存在着惊人的相似，这只能用司法权不是立宪者们所关注的利益热点，来加以解释。然而《贿选宪法》的制定者们对于司法制度的功能却较为重视，表现为"依法律受理民事、刑事、行政及其他一切诉讼"（第 99 条）；对于宪法所列举的国家独享权力、国家与地方共享权力和地方独享权力之外的事项归属何种权力范围发生争议时，"由最高法院裁决之"（第 26 条）；"省法律与国家法律发生抵触之疑义时，由最高法院解释之"（第 28 条）。这种对于中央与地方权力管辖和法律争议所进行的裁决，实际上就是对立法权和行政权的运行所进行的监督，因而既维护了三权分立与制衡的宪法原则，也是司法审查制的价值之所在。

从当时的政治形势来看，正处于军阀割据状态，控制着中央政府的直系军阀与控制部分地方政府的各省军阀之间的权力纷争是十分复杂、尖锐和频繁的，将这种权力纷争提交给最高司法机关去解决，很难取得符合宪法规定的结果，但是这种制度设计表达了制宪者希望运用法律手段来解决政治纷争的意图，这种通过法律控制政治运行，正是宪法应有的含义。

再次，从规范内容上体现了对宪法精神的追求。1776 年的美国《独立宣言》宣告了一个"不言而喻"的真理："人人生而平等，他们都从他们的'造物主'那边被赋予了某些不可转让的权利……为了保障这些权利，所以才在人们中间成立政府。而政府的正当权力，则系得自被统治者的同意。"① 根据近代宪法理论，宪法是保障人们的天赋人权的；而对人权的保障，就必然要落实在对政府权力的限制上。英国近代宪法学家戴雪曾经指出，作为英国宪法基本原理的"法律主治"，其首要的"指意"就是"四境之内，大凡一切独裁、特权，以至宽大的裁夺威权，均被摒除。"② 基于这个评判标准，晚清为了巩固帝位而制定的《钦定宪法大纲》，和袁世凯为加强个人独裁而制定的《袁记约法》，都是虚假的宪法。

与《袁记约法》、《天坛宪草》相比较而言，《贿选宪法》在限制专断权力的宪法精神方面有了较大的进步。如《天坛宪草》第 65 条规定，"大总统为维持公共治安，或防御非常灾患，时机紧急，不能召集国会时，经国会委员会之议决，得以国务员连带责任，发布与法律有同等效力之教令"，其基本内容为《袁记约法》（第 20 条）所承继。显而易见这个规定是为了加强袁世凯的独裁权力而设立的。但在《贿选宪法》中这一条文已被删除，从而使总统在宪法上的地位受到较大程度的削弱。再以法官任命为例，《临时约法》第 48 条规定，法官由"临时大总统及司法总长分别任命"。而《贿选宪法》第 98 条则特别规定，"最高法院院长之任命须经参议院之同意"，从而加强了代议机关对法官任命的监督，防止在任命过程中受制于行政机关。这对于保障司法独立、限制行政权力，维护三权分立的宪法体制是十分关键的。

此外，《临时约法》第 23 条、《天坛宪草》第 92 条和《袁记约法》第 34 条都规定，对于参议院或国会、立法院所议定的法律等事件，总统有权予以"否认"，但须于法定期间内声明理由，交院复议。而《贿选宪法》在规定这一事项所使用的表述方法是："国会议定之法律案，

---

① 法学教材编写部《外国法编史》编写组：《外国法制史资料选编》下册，北京大学出版社 1982 年版，第 440 页。

② ［英］戴雪：《英宪精义》，中国法制出版社 2001 年版，第 244 页。

大总统如有异议时，得于公布期内声明理由，请求国会复议"，其中体现了大总统位居于国会权力之下的民主精神。

《贿选宪法》还增加了对各项行政权力进行限制的条款，如第 64 条规定，"两院对于官吏违法或失职行为，各得咨请政府查办之"；第 111 条规定，"凡直接有关国民负担之财政案，众议院有先议权"等。通过强化代议机关对行政机关行使权力行为的监督，得以有效防止行政权力的滥用，更好地保障公民权利不受侵犯。《贿选宪法》还完善了审计制度，第 121 条规定，"审计院之组织及审计员之资格，以法律定之"；"审计员在任中，非依法律不得减俸停职或转职"等，这些规定对于保证审计机关的独立性，加强审计机关对国家财政活动的监督，都是十分重要的。

如果说宪法用列举的方式规定了中央与地方之间的权力划分，那么在规范公民的基本权利时，却用列举和概括相结合的方式。如第 14 条的规定，"中华民国人民之自由权除本章规定外，凡无背于宪政原则者，皆承认之"，从而表达了制宪者对于国家权力和公民权利两种截然不同的态度。前者尽量列举，以示明确的权力划分，后者在突出某些关键性权利的同时，对于其他的宪法未能列举的权利，则以合乎"宪政原则"为前提，予以确认和保护。由此可见，《贿选宪法》在限制权力，保障权利的宪法基本精神方面是花费了心思的。

最后，《贿选宪法》同样具有较大的虚伪性。前述宪法规范内容上的完善和宪法基本精神的遵循，并没能掩盖这部宪法的虚伪性，相反更加映衬出它是欺骗中外舆论，粉饰直系军阀统治的"杰作"。

在北洋军阀专横统治下的近代中国，既没有发达的商品经济作为物质基础，也没有完善的民主政治作为制度基础，更没有发达的宪法观念、宪法文化作为思想基础。在这样的社会中，不可能产生一部内容先进的民主性的宪法。正是从这个意义上说，《贿选宪法》所规定的先进性的条款，恰恰反映了它的欺骗性，如同民国时期的法学家吴经熊等人所指出的："直系军阀虽以宪法为号召，但无行宪之诚意，所以这个宪法虽经公布，亦未施行，不过等于一纸具文而已。"① 而从制宪过程来看，这种虚伪性表现得更为明显。如前所述，直系军阀首领曹锟是通过行贿议员的手段，登上大总统的宝座，因此，遭到了全国人民的强烈反对。议员们为了掩盖其受贿罪行，在审议宪法过程中放弃了先前对于国权、地方制度等问题上的争论，甚至无暇顾及已经拟定好的"生计"和"教育"两章，便匆匆地在五天内（从 1923 年 10 月 4 日至 10 月 8 日）将迁延达 10 年之久（1913—1923 年）的《中华民国宪法》通过并予颁布。可见，《贿选宪法》的制定者们更多地是将这部宪法当作了他们的遮羞布，因此，这部宪法在形式和精神上的"先进性"也就不足为怪了。再从《贿选宪法》的内容来看，虽然规定："中华民国人民之自由权除本章规定外，凡无背于宪政原则者，皆承认之"（第 14 条）；宣布"法官独立审判无论何人不得干涉之"（第 101 条），但是剥夺犯罪嫌疑人上诉权、容忍军队干预司法的《惩治盗匪法》，仍然继续有效。② 这种根本法与普通法之间的对立，进一步反映了《贿选宪法》在规范内容上的虚伪性。

《贿选宪法》的历史地位。

长期以来，人们对于《贿选宪法》贬抑多于肯定。其中孙中山的观点比较具有代表性，他在《中国国民党第一次全国代表大会宣言》中指出，"迩者曹锟以非法行贿，尸位北京，亦尝借所谓宪法以为文饰之具矣，而其所为，乃与宪法若风马牛不相及"；③ 但也有相反的观点，如张君劢就认为"宪法由受贿之国会成立，然此项宪法，比较合理。一笔抹煞，国民无此力量，不如赞成之，责以实行。"④ 之所以形成不同的

① 吴经熊、黄公觉：《中国制宪史》上册，商务印书馆 1937 年版，第 70 页。
② 这部刑事特别法一直受到社会各界的非议，1922 年，北洋政府司法部也曾发文宣布废止该法，但因遭一些地方军阀的通电反对而被迫收回成命，于 1923 年恢复该法的效力。参见杨鸿烈：《中国法律发达史》，中国书店 1991 年版，第 1055 页。
③ 《孙中山选集》下卷，人民出版社 1963 年版，第 522 页。
④ 《君劢先生之言行》，见《张君劢先生七十寿辰论文集》。

认识，主要是观察问题的角度不同所致。但有一点是相同的，就是关注的重点都集中在这部宪法的效力基础。孙中山是以宪法的产生过程为着眼点，在他看来，《贿选宪法》是出于对曹锟和议员之间的贿赂行为进行粉饰而制定的，参与表决通过这部宪法的议员已丧失了作为代议士的政治品德，因此，《贿选宪法》不具备产生法律效力的政治和道德基础。而张君劢并不否认这部宪法在效力基础上的非合理性，但他强调了《贿选宪法》在规范内容上的合理之处。

还需要指出，当时被讨论的《贿选宪法》，还是一部"活的法律"，所以孙中山是从政治合法性的角度，否认这部宪法的效力。而张君劢则是从内容的合理性层面承认这部宪法的可行性。然而在今天，《贿选宪法》不过是一个待研究的历史性的文本而已。当我们回顾这段历史，研究这部宪法在中国宪法史上的地位的时候，所关注的是这部宪法在规范政治和社会生活方面，提供了哪些经验和教训；是对这部宪法在中国宪政文明发展进程中的地位和作用作出符合历史实际的评价。

首先，《贿选宪法》是前此中国制宪运动发展的经验总结。中国的制宪运动始于1898年的戊戌变法。至1905年以后，清政府下令仿行宪政，并制定了《钦定宪法大纲》。这部宪法大纲"本旨在于巩固君权"，[①] 开篇即宣称"君上神圣尊严，不可侵犯"，并采纳了"首列大权事项"，"次列臣民权利义务事项"的宪法体例，因而与近代宪法的基本精神相左。但不可否认的是，这部宪法大纲首次用成文宪法的形式将"君上大权"和"臣民权利义务"分别规定，这本身就表明了君权有限的宪政原则，因而应当被看作是中国制宪历史的开端。

但在政治和社会生活各个领域仍具有浓厚专制色彩的近代中国，要想完全实现西方先进国家那样的"有限政府"、"权利至上"、"宪法至上"的宪政模式，其难度是可想而知的。即便是资产阶级革命党人所主

---

① 张丹、王忍之编：《辛亥革命前十年间时论选集》卷3，生活·读书·新知三联书店 1960 年版，第 531 页。

持制定的《中华民国临时约法》，也在完善宪法制度、保障公民权利、建设政权体制等方面，存在着这样或那样的缺陷。然而不可否认的是，对于民主、共和、宪政等理想的追求，始终是近代中国社会高唱入云的主旋律，袁世凯和张勋复辟帝制丑剧迅速落败就是明证。尽管在中国制宪运动发展进程中出现过反复甚至倒退，但勇敢的中国人出于对社会进步和政治、法制文明的向往和追求，以及坚持不懈地拨乱反正，使中国的制宪运动得以持续地迂回曲折地向前发展。这种发展的重要基础和表现就是制宪经验的不断总结和积累，其中，《贿选宪法》在规范内容上的较为完备，便得益于此。试以国家主权问题为例，在近代宪法理论中，宪法是国家的根本法，它所规定的是有关国家的根本制度和基本原则。而在国家这个政治共同体中，其最高权力即主权的归属必须由宪法予以明确规定。《临时约法》根据主权在民的近代宪法理论，规定"中华民国之主权，属于国民全体"，明确了中华民国的国家性质；但《天坛宪草》却对这一国家的根本问题略去不定，因而遭到了广泛的反对，所以在1916年国会恢复以后召开的宪法草案审议会中，便有议员提议增加主权问题的规定，理由就是"民主国家本系以民为主，如无精确的规定，或恐解释为人民之主，易生误会"，[①] 这一提议得到了多数议员的赞成，并最终为《贿选宪法》所采纳，既阐明了"民主国"的内涵，也符合世界各国宪法发展的趋势。

再以地方制度的规定为例。在地理意义上和行政管理的层面上，任何国家都是由中央和地方构成的，国家机关所要处理的事项也就因此而分为中央的管理事项和地方的管理事项。《临时约法》和《天坛宪草》的制定者们，过多地将注意力放在维护民国政体的稳定和对于专制独裁的防范上，而忽略了对中央与地方权力关系的规范，结果导致"中央与地方每多自由行动，于是中央责地方之跋扈，地方责中央之专横，此皆

---

① 《审议中华民国宪法草案报告书》，见《宪法会议公报》第二十五册，民国六年。

无法律之为限制，故发生此种问题耳。"① 由此，人们认识到了规范中央与地方权力的划分对于国家建设和政治稳定的重要性，"若使省宪制定入宪法，则中央与地方皆有所遵守，跋扈者无从跋扈，专横者无从专横。"② 但在晚清政权崩溃以后，中央与地方分别为不同派系的军阀所把持，中央与地方之间的权力关系更多地是依靠军事实力来维系的。因此，在不同派系军阀控制下的国会，对于地方制度问题的讨论结果也有所不同。最后在直系军阀的武力统一政策与反对派提出的联省自治主张的互相妥协，使得中央与地方之间的权力划分达成了较为一致的协议，并将这一妥协的成果载入了宪法。

由于《贿选宪法》基本上是以《临时约法》和《天坛宪草》为基础，结合当时的政治形势，以及各派政治力量相互斗争与妥协的产物，同时在制宪过程中迫于直系军阀的要求，使得宪法中的一些规范尚未进行充分的讨论和斟酌，便匆匆议决、颁布，这就使得《贿选宪法》在整体内容上存在着较多的前后矛盾，对于许多规范的认识不尽一致，甚至对立。其中，最为突出的就是"国权"和"地方制度"两章。宪法第1条规定"中华民国永远为统一民主国"，但第五章的"国权"的规定中又表现出较为浓厚的联邦制特色。如同杨幼炯先生所指出的："此次公布之宪法，虽制定该宪法者否认为联邦性质之宪法，然从学理上评断，该宪法确有联邦宪法之性质。"③

此外，在公民信仰自由问题的规定上，《贿选宪法》也有前后矛盾之处。宪法第12条规定："中华民国人民有尊崇孔子及信仰宗教之自由。"这条规定虽然迎合了社会上尊孔势力的政治需要，但在宪法理论上却有不合理之处。按照世界各国宪法的惯例，对于公民个人的政治及道德观念等意识形态领域中的问题，是不宜规定于法律之中的。况且

① 《审议中华民国宪法草案报告书》，见《宪法会议公报》第二十五册，民国六年。
② 同上。
③ 杨幼炯：《近代中国立法史》，商务印书馆1936年版，第313页。

"尊崇孔子"规定，并不属于宗教信仰范畴之列，只是一种个人的道德和政治观念的问题，宪法作此规定，既不合法理，也无意义。这些规范上的缺陷，表明了制宪者在协调各派政治力量之间的利益冲突方面，力不从心的尴尬境地所致。这也表明，中国制宪水平还有很大的发展空间。

但总的来看，《贿选宪法》是在总结制宪经验和教训的基础上制定的，是近代中国制宪运动不断发展所取得的成果，起了承上启下的作用，为以后的制宪活动提供了一个可以参照的文本。因此，《贿选宪法》在中国制宪史上具有一定的意义。但是随着直奉战争中直系的失败，直系军阀控制下的北京政府崩溃，段祺瑞出任"中华民国临时总执政"，《贿选宪法》也遭到废弃，成为飘在空中的纸片。在段祺瑞召集的"善后会议"制定并公布了《国民代表会议条例》，规定国民代表会议的任务是"专门制宪"。然而国民代表会议只有"议决宪法权"，而无"宪法起草权"，宪法起草权由临时执政指派各省区军民长官组成的"国宪起草委员会"负责，实际是军阀代表机关掌握制宪权。1925年8月3日，国宪起草委员会成立，奉系政客林长民为委员长，历时四个月，议决《中华民国宪法草案》，通称段记宪草。段记宪草由于国民代表会议始终未召集，因而未能成为正式宪法。随着北洋军阀的覆灭，由他们所导演的一幕幕立宪的戏剧也随之收场。

作为手握兵权的北洋军阀，是凭借武力夺取并控制北京政府的，在他们眼里无论宪法、法律都是没有约束力的，但却又不得不积极制定宪法，标榜所谓的法统，以辩护其统治权的合法性和正统地位。尽管法统之说并不科学，但却反映了时代的变化所加给梦想武力统一者的一种约束，以致北洋军阀统治时期的制宪活动，都是和法统问题联系在一起的。

第六章
南京国民政府的制宪活动与
1946 年《中华民国宪法》

一、南京国民政府制宪的理论基础

以蒋介石为首的新军阀集团叛变革命后，于 1927 年 4 月 18 日建立了南京国民政府。至 1928 年东北易帜，在形式上"统一"了中国。1928 年 10 月国民党召开中央常务会议，决定改组南京政府，成立了由立法院、行政院、司法院、监察院、考试院组成的五院制的国民政府。尽管南京国民政府是在国民党一党控制下，而且推行蒋介石的高压统治政策，但是，经过辛亥革命以后民主与反民主斗争的实际教育和五四运动的洗礼，民主共和的思想更加深入人心，民主运动的发展也冲破了高压政策的重重阻挠，此伏彼起不可扼制。加之蒋介石以遵行总理——孙中山遗教的继承人自居，不得不在宪政上做些文章。在这样的背景下，国民政府相继制定了宪法性文件《训政时期约法》、《中华民国宪法草案》，至 1946 年，又制定了《中华民国宪法》。

南京国民政府的制宪活动和所制定的宪法，是以孙中山学说作为理论基础的。

孙中山是我国近代史上"适乎世界之潮流，合乎人群之需要"的，资产阶级民主革命的领导者，和向西方寻找真理的先进思想家。在他从事革命活动以后，便立志以欧美资产阶级民主共和国为模式，把中国改造成富强的民主国家。

1911 年爆发的辛亥革命，终于推翻了统治中国二百六十余年的清王朝，结束了延续两千余年的封建帝制。由于辛亥革命没有触动半殖民地半封建社会的经济、政治基础，所以北洋军阀控制下的北京政府徒有民国虚名，依旧是军阀独裁政治。正如孙中山所指出的："去一满洲之专制，转生出无数强盗之专制，其为毒之烈，较前尤甚，于是而民愈不聊生矣！"① 此后，孙中山与北洋军阀进行了不屈不挠的斗争。他在晚年，不顾国民党右派的阻挠破坏，决心同共产党人合作，为实现独立、自由、平等的新中国而奋斗，直到逝世。

孙中山的一生是战斗的一生，革命的一生，他始终站在中国民主革命的前头，指导着革命斗争。他为改造中国耗费了毕生的精力，对中国革命作出了伟大的贡献。

孙中山的宪法思想是在反封建的革命斗争中逐渐形成、发展起来的，因此具有明显的革命性与民主性。同时，它又是资产阶级民主主义与中国传统文化，以及近代中国实际相结合的产物，因而在中国近代宪法思想史上具有代表性与典型性，占有重要的位置。

除孙中山的民权与宪法学说为国民政府的制宪和宪法提供了指导思想和理论基础外，在 20 世纪 30 年代和 40 年代，中国的法学已逐渐成为显学，进入了与世界接轨的新阶段。其中对于民主宪政和比较宪法的研究，取得了丰硕的成果，出现了一批杰出的法学家。例如，王宠惠（1881—1958 年），曾留学日本、欧美，获美国耶鲁大学法学博士和英国律师资格，曾先后在南京临时政府、北洋政府、南京国民政府担任外交与司法的领导职务，是《中华民国训政时期约法》和《中华民国宪法》的主要起草者。他的著作《宪法评议》、《宪法危言》在法学界影响

① 《建国方略·心理建设》，见《孙中山选集》。

较大。

王世杰（1892—1983 年），是中国比较宪法学的奠基人，曾经担任《中华民国宪法草案》（《五五宪草》）起草委员会顾问。他的著作《比较宪法》（上、下）一书，在中国比较宪法研究领域起了开拓性的作用。

不仅如此，当时外国来华的法学家也从不同的角度传播了宪政思想和对宪法的诉求。例如，美国著名法学家庞德教授，于 1935 年和 1936 年两度来华访问，交流学术。还应国民政府司法行政部和教育部之聘，一度担任顾问。庞德于 1946 年撰写的《论中国宪法》一文，比较充分地论证了中国制宪应注意的基本原则，提出了中国需要一种具有中国性格，合乎中国国情的中国宪法。他的观点对国民政府的制宪活动产生了较大的影响。

二、《中华民国训政时期约法》与国民党一党专政

1. 《训政纲领》的制定与一党专政的确立

孙中山建国三时期的革命方略和他奉行的"以俄为师"，学习俄国党治主义的主张，为国民党以党治国提供了根据。苏俄十月革命以后，列宁主义政党所领导的革命和建设的初步成功，大大地鼓舞了孙中山，他决定"以俄为师"，学习俄国的建党经验，改造国民党。在《关于〈组织国民政府案〉之说明》中，孙中山提出，俄国革命之所以成功，"即因其将党放在国之上"，"俄国完全以党治国，比英，美，法之政党，握权更进一步，可为我模式。"[1] 他希望把中国国民党改造成具有铁的纪律和权力高度集中的党。

---

① 《孙中山选集》上册，人民出版社 1956 年版，第 153 页。

在孙中山之后，蒋介石将孙中山的以党治国和三时期论，发展成一种具有极权主义特点的政治体制。1931 年 5 月 5 日蒋介石在国民会议开幕词中，发表了极具法西斯主义色彩的讲话，鼓吹中国应仿效法西斯。20 世纪 30 年代，国内兴起的鼓吹极权主义的社会气氛，与蒋介石有着极大的关系。① 以党治国的思维模式，实质上是与宪政、民主思想相排斥，它窒息了宪政的生存空间。

1928 年以后，国民党已正式确立了党治形式，主要表现如下：

首先，军队的统帅同时又是党的领袖。直接听命于领袖的军队，是维系党和政权存在的最重要的柱石。

其次，不仅在中央建立了以党统治的党政互动体制，还建立了从中央执行委员会到省、市、县党部的垂直领导机构，"以党来管理一切"，"一切由党来负责"。

最后，通过行政权力使党的意识形态——三民主义社会化。

在南京国民政府稳定以后，国民党便积极设计与进入训政时期相应的政治体制。1928 年 6 月，胡汉民、孙科等从巴黎致电蒋介石，提供了一份《训政大纲草案》，强调国民党应有发动训政之全权，政府应负实行训政之全责，并应按照五权制度建立训政体制，改组国民政府，借"以党训政，培植宪政深厚之基。"② 据此，1928 年 8 月 8 日，在南京召开国民党二届五中全会，通过了《中国国民党训政纲领》六条，宣布军政时期结束。

《训政纲领》的宗旨是："中国国民党实施三民主义，依照建国大纲，在训政时期，训练国民使用政权，至宪政开始，弼成全民政治。"同时，根据孙中山权能分治的理论，将国家权力分为政权和治权两部分，"由中国国民党全国代表大会（代表国民大会）领导国民，行使政权"，在闭会期间，"以政权托付中国国民党中央执行委员会执行之"。

① 许纪霖等主编：《中国现代化史》第一卷，上海三联书店 1995 年版，第 418 页。
② 《国民党政府政治制度档案史料选编》上册，第 581 页。

至于"建国大纲所定选举、罢免、创制、复决四种政权，应训练国民逐渐推行，以立宪政之基础"；行政、立法、司法、考试、监察五项治权，则"付托于国民政府，总会而执行之，以立宪政时期民选政府之基础"；① 中国国民党中央执行委员会政治会议，"指导监督国民政府重大国务之施行"，② 并有权修正及解释中华民国国民政府组织法。

以上可见，《训政纲领》将国民党全国代表大会确定为国家最高权力机关，确立了国民党在全国的最高训政者地位。《训政纲领》形式上是国民党的纲领，实际上是训政时期国家的宪法性文件。为了把国民党一党专政的政治体制法律化，1928 年 10 月又通过了《中华民国国民政府组织法》，规定："国民政府总揽中华民国之治权"；"国民政府以行政院、立法院、司法院、考试院、监察院五院组织之"。在五院之上，设国务会议处理国务，成为联络、协调五院关系，支配五院一切重大决定的枢纽。由国民政府主席担任国务会议主席，以确保国家权力集中在国民政府主席手中。

需要指出 1928 年 10 月，蒋介石以国民党主席的身份担任国民政府主席以后，国民政府主席的权力逐步加强，不仅有权主持国民政府委员会会议，签署发布各种法律、法令，提请国民政府任免各院院长、各部部长及陆海空军副司令等，还可以兼任陆海空军总司令和其他官职。然而，1931 年 12 月由林森继任国民政府主席以后，国民政府组织法随即作了修改，删去了国民政府主席兼陆海空军总司令以及有权任免五院院长、副院长等条文。这同北洋政府时期大总统的职权因人而定，如出一辙。如果说《训政纲领》使国民党获得统治的全权，那么中华民国的国民却只有拥护国民党、誓行三民主义与接受训导使用四权的义务，此外没有任何实际的权利可言。显然这是与世界民主政治的历史发展主流相背离的。

---

① 《国民党政府政治制度档案史料选编》上册，第 586 页。
② 《革命文献》第 22 辑，第 316 页。

2. 约法之争与《中华民国训政时期约法》

由于孙中山在"革命之方略"中提出"训政时期"应颁布"约法"，以"规定人民之权利义务与革命政府之统治权"，所以他称训政时期为"约法之治"。根据孙中山的理论，1928 年 8 月 8 日，国民党中央执行委员会第二届第五次全体会议上，国民政府法制局局长王世杰、中央执行委员朱霁青等，分别提出制定颁布约法的建议案。并议决训政时期应遵照总理遗教，颁布约法。然而此后不久，在国民党内具有重要地位和影响的胡汉民，自欧洲返国，他反对五中全会关于制定约法的决议。理由是：有了孙中山的全部遗教和《国民政府组织法》及《训政纲领》，无须另订约法，由此而展开了所谓的约法之争。为了解决这场争论，1929 年 3 月，召开国民党第三次全国代表大会，正式宣布军政时期结束，训政时期开始。并通过了"确定总理主要遗教为训政时期中华民国最高根本法案"和"确定训政时期党政府人民行使政权治权之分际及方略案"。与此同时还追认了《训政纲领》的合法性，使争论暂告一段落，制定约法之议遂被搁置。

然而这时胡适等人发起了"人权运动"，提出保障人权是宪法的天职，在训政时期至少要制定一部约法，以保障人权。社会上的人权运动，重新引起了国民党内的"约法之争"。

由于蒋介石日益发展的独裁统治，造成了国民党内部改组派和西山会议派等反蒋的派别，同时，也遭到地方分裂割据的军阀集团的反对。1930 年 5 月，改组派联合西山会议派召开天津会议，否认国民党三全大会的决议，主张召开国民会议，制定约法。8 月 7 日，两派联合冯玉祥、阎锡山、李宗仁等地方军阀，在北平召开中国国民党中央党部扩大会议，并在发表的宣言中列举蒋介石违背孙中山遗教，以训政之名，行个人独裁之实，摧毁民主势力的七大罪状。决议根据孙中山北上宣言及遗嘱，召集国民会议，制定训政时期约法，责成约法起草委员会会同专家迅速起草。但是迫于蒋介石策动东北军入关以后的严重形势，约法起草委员会迁至太原，于 10 月 27 日公布中华民国约法草案，通称《太原约法草案》。

《太原约法草案》共 8 章，211 条，分别对公民的权利义务、国权、中央制度、省和县两种地方制度、教育、生计、约法的解释和修改等作出规定。其中列举了公民的 25 条自由权利，而且除创制、复决、选举、罢免及请愿、诉讼、受教育、应考试、任公职等规定要"依法律"行使外，其余各项权利都没有"非依法律"之类的限语。此外，还规定立法机关不得另立法律来缩小、限制约法所规定的权利与自由，等等。《太原约法草案》公布后，要求民众在三个月内提出修改意见，而后再将草案提交国民会议审议。然而在不久发生的中原大战中，反蒋同盟遭到失败。尽管《太原约法草案》在扩大公民权利与自由方面，是一个显著的特色，但随着中原大战的结束，终究成为一纸空文。

为了消除《太原约法草案》的影响，确立正统地位，蒋介石于 1930 年 10 月 3 日电请中央执行委员会，"提前召集第四次全国代表大会，确定召集国民会议之议案，颁布宪法之时期，及制定在宪法未颁布以前训政时期所适用之约法"。这时胡汉民虽仍坚持孙中山遗教即为训政时期的根本大法，反对制定约法，但蒋介石却有效地利用中原大战的胜利所膨胀起来的军政实力，迫使胡汉民辞去党和政府的一切职务，结束了喧嚣一时的"约法之争"。

1931 年 3 月 2 日，国民党中常会临时会议，通过了蒋介石提出的召开国民会议制定训政时期约法的提案，公推吴敬恒、于右任、王宠惠等 11 人为约法起草委员，由王宠惠主要负责起草初稿。该草案定稿后，先后经国民党中常会和国民党中央执行委员会、监察委员会临时全体会议审议通过。5 月 12 日，又在南京召开的国民会议上三读通过；6 月 1 日，由国民政府公布施行。

《中华民国训政时期约法》以国民党的《训政纲领》为基础，共 8 章，89 条。

第一章"总纲"。规定："中华民国之主权属于国民全体"，"中华民国永为统一共和国"。

第二章"人民之权利义务"。规定:"中华民国国民,无男女种族宗教阶级之区别,在法律上一律平等",国民有信仰宗教、迁徙、秘密通信与通电、结社集会、请愿之自由,以及财产所有权、请愿权、诉讼权和服公务之权。但是均附有"依法律"或"非依法律不受限制"等限语,从而便于国民政府根据形势的需要,予以合法地剥夺。

第三章"训政纲领",重申了在训政时期,由国民党全国代表大会代表国民大会行使中央统治权,在国民党全国代表大会闭会期间,由中国国民党中央执行委员会行使。国民政府行使行政、立法、司法、考试、监察五种治权,并训导国民行使选举、罢免、创制、复决四种政权。从而以根本法的形式确认了国民党一党专政的国家政治体制。

第四章"国民生计"。规定:奖励生产、发展农村经济、劳资协调,兴办油、煤、金、铁、矿业,创办国营航业,工商业之专利专卖特许权属于中央等等,主要目的在于促进官僚资本主义经济的发展。

第五章"国民教育"。规定以三民主义为中华民国教育的根本原则,男女享有平等的受教育机会,学龄儿童都应享受义务教育,失学成年人应受补习教育,等等。然而这些规定,在幅员辽阔,政治、经济、文化发展极端不平衡的中国,是很难实现的。特别是对挣扎在求生线上的劳苦大众来说,没有多少实际的意义。

第六章"中央和地方之权限"。规定:"依建国大纲第17条采均权制度",各地方于其事权范围内,得制定法规,但不得与中央法规相抵触;地方可以课税,但不得妨害中央收入之来源;工商专利、专卖特许权属于中央;省政府受中央指挥。可见这是在均权名义下的中央集权。

第七章"政府之组织"。规定:在中央制度中,根据1928年10月国民党中央颁布的《国民政府组织法》,国民政府实行五院制,设主席1人,委员若干人,"各院院长及各部会长以国民政府主席之提请,由国民政府依法任免之"。在地方制度中,县设县自治筹备会以及省于宪政开始时期国民代表会议可以选举首长外,其他略而不详。

第八章"附则"。规定:约法的解释权由国民党中央执行委员会行使，从而使党的意志凌驾于约法之上，党的决定或立法纵与约法有所出入，也仍然实行。这就从不同的层面再次显示了，国民党中央执行委员会政治会议，才是真正意义上的最高立法机关。本章还规定了宪法制定的程序。

总括上述，《中华民国训政时期约法》虽然袭取了资产阶级宪法民主自由原则，但它所确认的是国民党一党专政的党治主义，这是它的本质和特色。正如当时著名的宪法学家王世杰、钱端升所批评的那样："……约法虽已颁布，而党治的制度初未动摇，统治之权仍在中国国民党的手中。在党治主义之下，党权高于一切；党的决定，纵与约法有所出入，人亦莫得而非之……约法，并未尝为中国政治划一新的时期。"①

训政时期约法的制定，使孙中山设想的训政时期训导人民学会如何做国家的主人的愿望完全落空，只是给了国民党一党专政和党的领袖个人独裁提供了合法的根据。不仅如此，由于把三民主义、五权宪法、建国方略、建国大纲等总理的主要遗教，确定为训政时期中华民国最高之根本法，又使得国民党推行文化专制主义成为合法。约法中所规定的言论、出版、结社自由，等等，只不过是对笼罩一切的党治主义的辛辣讽刺。由于思想和言论自由是人权的重要内容，因此国民党通过约法控制人们的思想言论只能进一步激起民众为人权而斗争。如果说中国共产党对国民党利用约法实行一党专政进行了武力批判，那么胡适、罗隆基等人权派所掀起的争人权、争法治，就是在思想文化战线所进行的斗争。

三、《中华民国宪法草案》与"还政于民"

如前所述，《中华民国训政时期约法》并没有给中国带来民主与法

---

① 王世杰、钱端升：《比较宪法》，中国政法大学出版社 1997 年版，第 413 页。

治，相反它所确立的是一党专政和领袖独裁的法统，由此肆意地向苏区发动围剿的内战，并不惜对日本侵略者妥协、退让。因此，约法的颁布所得到的只是社会各界更为强烈的不满。随着日本侵略者发动九一八事变、"一·二八"事变，不仅占领了东三省，而且向全中国推进它的侵略步伐。国难当头，民族危机，面对即将爆发的全面抗日战争的严峻形势，中国共产党发出"停止内战，一致抗日"的号召，全国人民强烈地要求国民党当局结束训政，制定宪法，实行宪政，还政于民，以充分发动群众，挽救日益深重的民族危机。时局的急遽恶化，使国民党统治集团内部也发生了分化，一部分人主张结束训政，召集国民大会，制定宪法。

迫于来自各方面的压力，1931 年 12 月，国民党召开第四届中央执行委员会第一次全体会议，会上孙科提出了国民代表会议大纲；李烈钧、张知本等十余人提出了缩短训政时期、进入宪政时期的议案。此后不久，孙科在《申报》上公开发表《抗日救国纲领》，呼吁开放党禁，允许各政党竞争，在尽可能短的时间内建立宪政政府，建立真正的民主政治。① 他提议即由立法院草拟宪法，② 并针对反对意见反驳说："决不能说宪法一宣布，国民党就不能参与政权。到那时候，我相信国民党必能受全国人民的拥戴，国民党政权一定可以更加巩固的。"③

1932 年 12 月召开的国民党第四届中央执行委员会第三次全体会议根据孙科等人提出的"集中国力挽救危亡案"，命令立法院迅速拟定宪法草案发表，以备国民研讨。在国民党四届三中全会闭会宣言中被迫表示："国民党责任为训政完成以后，实现宪政，以归政权于全民。"

1933 年 1 月成立了宪法起草委员会，由立法院院长孙科兼委员长，张知本、吴经熊为副委员长，付秉常等三十余人为委员，开始起草宪法。1934 年 2 月完成了《中华民国宪法草案初稿》。从 1934 年 9 月 1 日

---

① 孙科：《抗日救国纲领》，见《申报》1932 年 4 月 25 日。
② 《孙科招待报界谈话》，见《申报》1932 年 4 月 26 日。
③ 同上。

起，立法院召开全体会议，审议宪法草案修正稿，10 月 16 日，完成三读程序，通过了《中华民国宪法草案》，经立法院呈报国民政府，转送国民党中央执行委员会政治会议审核。1935 年 10 月，国民党中央第 192 次常务会议议决修正"草案"的五项原则：主要是应以三民主义、建国大纲及训政时期约法之精神为"草案"之所本；行政权行使之限制不宜有刚性之规定；中央政府及地方制度应于职权上为大体规定，其组织以法律规定之，事实上有不能及时施行或不能同时施行于全国者，其实施程序应以法律定之；条款不宜繁多，文字务求简明。据此，立法院于 10 月 24 日、25 日对宪法"草案"重行审议，并于 25 日通过修正"草案"。1936 年 5 月 1 日提交国民党中央执行委员会第四届第五十九次会议通过，由国民政府于 5 月 5 日正式公布《中华民国宪法草案》，通称《五五宪草》。

《五五宪草》共 8 章，148 条。

第一章"总纲"。规定：中华民国为三民主义共和国，主权属于国民全体，各民族均为中华民族的构成分子，凡具有中华民国国籍者均为国民。

第二章"人民之权利义务"。规定：中华民国国民在法律上一律平等，并列举了人民应享有的各项自由权利及应履行的义务。

第三章"国民大会"。规定：国民大会为最高国家权力机关，由每县、市及其同等区域以及蒙古、西藏、华侨选出的代表组成。但是根据《国民大会组织法》，国民党中央执行委员、监察委员及候补执行委员、监察委员为"当然代表"。国民大会行使选举和罢免总统、副总统、立法院正副院长、监察院正副院长、立法委员、监察委员，创制和复决法律，修改宪法及宪法赋予的其他权力。国民大会每 3 年召集一次，会期为 1 个月，代表任期为 6 年。

第四章"中央政府"。规定：中央政府由总统及五院组成，总统为国家元首，对外代表中华民国，统率全国陆海空军，行使宣战、媾和、缔结条约、大赦、特赦、减刑、复权、授予荣典、宣布戒严和解严、任免文武官员、公布法律、发布命令等权力。但在公布法律、发布命令时，须经有关院的院长副署，方能生效。总统对国民大会负责，总统缺位时，由副总统继任，因故不能视事，由副总统代行职权。正副总统均因故不能视事，由行政院长代行职权。正副总统任期6年，连选连任。

行政院为中央政府行使行政权的最高机关。由正副院长、政务委员组成行政会议，下设各部各委员会分管各项行政。正副院长、政务委员、各部部长、各委员会委员长，对总统负责。

立法院为中央政府行使立法权的最高机关。

司法院为中央政府行使司法权的最高机关。

考试院为中央政府行使考试权的最高机关。

监察院为中央政府行使监察权的最高机关。五院各自对国民大会负责。

第五章"地方制度"。规定：各省参议会是地方国家权力机关，各县、市议会是地方自治基层机关。地方各级政权机关是各省、市、县政府。省政府负责执行中央法令及监督地方自治。

第六章"国民经济"。规定节制资本、平均地权、发展生产事业以及征收捐税、募债、公营专卖等事项。

第七章"教育"。规定教育宗旨、教育经费、基本教育、补习教育、教育事业及人员的奖励和补助。

第八章"宪法之施行及修正"。规定宪法的解释、修正等事项。

《五五宪草》在起草过程中，曾经在报纸上公布草案的初稿及修正案，供社会各界讨论和发表意见，然而这种民主样式在国民党中央的直接干预下，也只能是形式而已。相反，借助于宪法不仅确认了国民党的一党专政，而且将总统蒋介石推上了独裁的合法宝座。例如，在总统与五院的职权划分中，总统不但有超越"五院"的权力，而且还握有无须经过中央政府集体决议的一切权力。与此相对应的国民大会的权限不断缩小，而且取消了国民大会弹劾总统权，使得总统的权力无所约束。当时法学家陈茹玄便批评说："其召集五院院长会议，解决各院间争端之规定，更使总统成为五院之重心。至其统帅陆海空军之权，不受法律之限制，且必要时可发布紧急命令，及执行紧急处分，虽有终年不闭会之立法院，亦无须事先争取同意。在过渡时期，又有任命半数立法委员及半数监察委员之权。政府大权，可谓已尽量集中。其集权趋势，实超过现代任何行总统制之民主国家。"①

《五五宪草》虽然对于人民权利作了一系列规定，如中华民国人民在法律上一律平等；人民有身体之自由，非依法律，不得逮捕、拘禁、审问或处罚；人民有居住之自由，其居住处所，非依法律，不得侵入、搜索或封锢；人民有迁徙、言论、著作、出版、秘密通讯、信仰宗教、集会结社之自由，非依法律，不得限制之；非依法律，不得征用、征收、查封或没收，等等。但在实际上继续采用"法律限制主义"，利用"非依法律"的限语，可以任意限制或剥夺人民的自由权利。因此，这个宪法草案一公布，便遭到全国人民的坚决反对和无情揭露。本来国民党制定《五五宪草》就是为了应付社会上的民主压力，协调国民党内部的反对意见，特别是蒋介石也奢想通过宪法合法地膨胀独裁权力，所以有关总统权力的规定是实的，不可动摇的；而关于人民权利自由的规定是空的，缺乏物质保障的。如果说训政时期约法的主要特点是国民党一党专政，那么《五五宪草》的主要特点就是总统独裁。由于总统是国民党主席，因此总统独裁也是国民党的一党专政的集中反映。但在全国人民的反对下，国民党既没有召开国民大会，《五五宪草》也被束之高阁。

四、中华民国最后一部宪法——《中华民国宪法》

抗日战争胜利后，中国面临着建立一个什么性质的国家——是无产

---

① 陈茹玄：《中国宪法史》，台湾文海出版社 1985 年版，第 232—233 页。

阶级领导的人民大众的新民主主义的国家，还是大地主大资产阶级专政的国家？这将是一场尖锐复杂的斗争。由于战后国内的政治形势及各派政治力量对比发生了重大的变化，国民党单方面已不能左右国内的政治局势，必须由各党派共同协商来决定中国的未来。

与此同时，饱受战争之害和训政之苦的中国人民，普遍要求和平民主。1945年8月25日中国共产党发表了《对目前时局的宣言》，提出召开各党派和无党派人士参加的代表会议，商讨结束训政时期，制定民主的施政纲领。8月应国民党的邀请，毛泽东和周恩来赴重庆与国民党进行谈判。1945年10月10日，国共两党签订了《政府与中共代表会谈纪要》，又称《双十协定》。根据《双十协定》，1946年1月10日至30日，在重庆召开有共产党、民主同盟、青年党、社会贤达参加的政治协商会议。代表们分成政府组织、施政纲领、军事问题、国民大会和宪法草案五个小组，讨论有关问题。根据各方达成的协定，政治协商会议的所有决议都要五方（即国民党、共产党、民主同盟、青年党和无党派社会贤达）一致同意，而无论各方出席的人数多少，都只有一票表决权。参加宪法草案组讨论的有国民党的孙科、邵力子，共产党的周恩来、吴玉章，青年党的陈启天、党羯惠，民主同盟的张君劢、罗隆基、章伯钧和无党派社会贤达傅斯年、郭沫若。经过反复讨论和斗争，通过了《政协关于宪草问题的协议》，达成了对《五五宪草》修改的十二条原则。

宪草修改的十二条原则的主要内容如下：

首先，确立了五院制的制度框架。原则规定取消有形国大，代之以全国选民行使四权的无形国大（第1条）；立法院为国家最高立法机关，由选民直接选举产生，其职权相当于各民主国家的议会（第2条）；监察院为国家最高监察机关，由各省级议会及各民族自治区议会选举产生，其职权相当于各民主国家的参议院或上院（第3条）；司法院为超党派的最高地院（第4条）；考试院为超党派的考选机关（第5条）。

其次，确立了中央政体为责任内阁制。行政院为国家最高行政机关，行政院长由总统提名，经立法院同意任命之；行政院对立法院负责，立法院对行政院有不信任投票之权，行政院有提请总统解散立法院之权（第 6 条）；总统不负实际政治责任，如需要依法颁布紧急命令，必须经行政院决议，并于一个月内报告立法院（第 7 条）。

再次，确立了省自治的原则。省为地方自治之最高单位，省与中央权限的划分依照均权主义原则，省长民选，省得自制省宪（第 8 条）。

另外，十二条原则还对人民的权利义务（第 9 条）、选民的法定年龄（第 10 条），以及国防、外交、国民经济、文化教育等内容在内的基本国策（第 11 条）和宪法修改权（第 12 条），都作了明确规定。

十二条原则的基本精神就是在中国实行国会制、内阁制、省自治，用以反对国民党的一党专政和党领袖的个人独裁。它是在全国人民反对国民党独裁制度的形势下，中共与各民主党派联合斗争的结果。

但是，蒋介石是不愿放弃其一党专政的，修改《五五宪草》的原则，也不可能被国民党政府所接受。1946 年 2 月 10 日，蒋介石在与国民党内若干元老进行谈话时说："此次政治协商会议中，宪草所决定之原则与总理遗教出入处颇多。政治协商会议虽接受三民主义，而对五权宪法则多所改易。如此则本党不啻取消其党纲，而失其存在之地位。则他日本党同志必有揭五权宪法之名义而革命者，吾人将无法加以制止，而祸患将不堪言。决不可牺牲五权宪法之精神，否则本党将丧失其立场矣。"①

1946 年 3 月，国民党召开六届二中全会，蒋介石在向大会发表《认识环境与遵行政策的必要》时说："政治协商会议所决定的修改宪草原则，有若干点实在与五权宪法的精神相违背，这不仅各位已经感觉到，我个人也有同样的感觉。"并向代表们保证："我绝不会抛弃五权宪法而不顾的"，要"把握住重要之点多方设法来补救，务使宪草内容能够不

① 《中华民国重要史料初编——对日抗战时期》第 7 编，见《战后中国》，第 704 页。

违背五权宪法和'建国大纲'的要旨".① 国民党六届二中全会政治协商会议报告审查委员会提出了五项审查意见：其一，制定宪法应以"建国大纲"为最基本之依据；其二，国民大会应为有形之组织，用集中开会之方式行使"建国大纲"所规定之职权，其召集之次数应酌量增加；其三，立法院对行政院不应有同意权及不信任权，行政院亦不应有提请解散立法院之权；其四，监察院不应有同意权；其五，省无须制定省宪。从上述意见不难看出，它完全否定了国会制，责任内阁制和地方自治的政协修改宪草原则。

1946年3月20日举行的宪草审议委员会上，国民党以总理遗教为借口，迫使共产党与民盟代表在已正式签字的政协决议上进行部分修改，删去了包括"无形国大"在内的三个重要条文。对此，《新华日报》曾发表社论指出："由于有名无实的有形的国民大会的存在，而作为行政首领的总统，便成为一个实际上不受任何机关监督和控制的大独裁者了。"② 在国民党的蓄意破坏下，《政协关于宪草问题的协议》完全无法实施。

不仅如此，就在政协会议召开期间，国民党积极从事内战的准备。1946年4月24日，国民政府通告国民大会不能根据政协决议如期召开。6月底，国民党军队大举进攻解放区，发动了全面内战。7月3日，国防最高委员会违背政协决议精神，单方决议于同年11月12日召开国民大会。此举立即遭到中国共产党和民主党派的反对。中共驻南京代表团指出："国民党单独召开国大，违反政协精神。"③ 民主同盟也抗议说："召开国大，应先经政协各方协商，当局如此独行其是，已将政协各党派平等协商国是之精神摧毁殆尽。"④ 然而手握重兵并得到美国支持的

---

① 胡春惠编：《民国宪政运动》，台湾中正书局印行。转引自余明侠主编：《中华民国法制史》，中国矿业大学出版社1994年版，第315页。
② 转引自殷啸虎著：《近代中国宪政史》，上海人民出版社1997年版，第247—248页。
③ 《新华日报》1946年11月10日。
④ 《新华日报》1946年7月5日。

蒋介石，对此置若罔闻，10 月 11 日，国民政府于国民党军队占领张家口的同一天，颁布了同年 11 月 12 日召集国民大会令。对此，中国共产党、民主同盟和无党派人士郑重宣布不参加此种违背政协决议精神的国民大会。

1946 年 11 月 15 日，国民大会召开。国大代表法定人数为 2050 名，其中中国共产党代表 190 名，民盟代表 80 名，拒绝出席会议。实际报到的代表 1580 名。会议的主要内容就是制定中华民国宪法，故称"制宪国大"。

根据政协决议，只有经过宪草审议委员会修正后的宪法草案，才能提交国民大会讨论。但是，蒋介石却在国大开幕前，指令王宠惠、吴经熊、雷震等对《五五宪草》条文加以修改，很快便完成了名为"五五宪草修正草案订正稿"，送蒋介石核准。11 月 20 日，国民党中央执行委员会召开常务会议，正式通过宪法修正案，并决定交立法院。22 日立法院完成了《中华民国宪法草案修正案》（即《五五宪草修正案》）的立法程序。28 日，由国民政府提交国民大会审议。12 月 25 日国民大会通过了《中华民国宪法》，1947 年元旦由国民政府正式颁布。

《中华民国宪法》共 14 章，由总纲、人民之权利义务、国民大会、总统、行政、立法、司法、考试、监察、中央与地方之权限、地方制度、选举罢免创制复决、基本国策、宪法之施行及修改等组成，共 175 条。其主要内容如下：

（一）关于国体。总纲规定："中华民国基于三民主义，为民有、民治、民享之民主共和国"（第一条）；"中华民国之主权属于国民全体"（第二条）。

（二）关于人民权利义务。从第 8 条至第 25 条，对人民享有的权利和自由详加规定。如：中华民国人民，不分男女、宗教、种族、阶级、党派，在法律上一律平等；享有居住、迁徙、言论、讲学、著作、出版、秘密通讯、信仰宗教、集会、结社等项自由；有请愿、诉愿、诉讼、选举、罢免、创制、复决、应考试、服公职、受教育等项权利；人民的生存权、工作权、财产权受法律的保障。除现行犯的逮捕由法律另定外，非经司法或警察机关依法定程序，不得逮捕拘禁；非经法院依法定程序，不得审问处罚；非依法定程序之逮捕、拘禁、审问、处罚，得拒绝之。人民因犯罪嫌疑被逮捕拘禁时，其逮捕拘禁机关应将逮捕拘禁原因，以书面告知本人及其本人指定之亲友，并至迟于 24 小时内移送该管法院审问。本人或他人亦得申请该管法院，于 24 小时内向逮捕之机关提审。法院对于前项申请，不得拒绝，并不得先令逮捕拘禁之机关查复。逮捕拘禁之机关，对于法院之提审，不得拒绝或迟延。人民遭受任何机关非法逮捕拘禁时，其本人或他人得向法院申请追究，法院不得拒绝，并应于 24 小时内，向逮捕拘禁之机关追究，依法处理。凡公务员侵害人民之自由或权利者，除依法律受惩戒外，应负刑事及民事责任。被害人就其所受损害，可依法向国家请求赔偿。"以上各条列举之自由、权利，除为防止妨碍他人自由、避免紧急危难、维持社会秩序或增进公共利益所必要者外，不得以法律限制之。"

（三）国民大会。国民大会的制度设计来自于孙中山的建国思想。《建国大纲》第 24 条规定："宪法颁布之后，中央统治权则归于国民大会行使之，即国民大会对于中央政府有选举权，有罢免权，对于中央法律有创制权，有复决议。"孙中山设想的以国民大会代表人民行使"直接民权"的目的，是想在实行代议制的同时，兼采直接民主制来补救代议制的缺点，从而使人民能够真正"直接管理国家的政治"。然而《中华民国宪法》规定："国民大会依本宪法之规定，代表全国国民行使政权"，其主要职权是选举和罢免总统、副总统，修改宪法和复决立法院所提出的宪法修正案。这样的国民大会，实际上成了选举总统的机构。这就是为什么国民党一直坚持国民大会为行使间接民权的"有形国大"的真谛。

（四）中央政权体制。总统作为国家元首，统率陆、海、空军，对外代表中华民国；总统依法公布法律、发布命令，但必须经行政院院长等副署；总统依法行使缔结条约、宣战、媾和、大赦、特赦及减刑、复权、任免文武官员等项权力；总统可依法宣布戒严，但必须经立法院通过或追认；遇灾害或国家财政经济上的重大变故，在立法院休会期间，可经行政院会议决议，发布紧急命令，但此项紧急命令须在一个月之内提交立法院追认。如果立法院不同意，该紧急命令则立即失效；行政院院长由总统提名，须经立法院同意；司法院、考试院两院院长、副院长及大法官、考试委员等，由总统提名，经监察院同意而后任命。可见总统虽仍拥有较大权力，但总统的权力大多不能独立行使，受到立法院、行政院、监察院等机构的制约。总的来看，形式上采用的是责任内阁制，但实际上确立的则是一种既非总统制，又非责任内阁制的中央政体，是"英（责任内阁制）美（总统制）混合制。"[①] 孙科则比较实事求是地称它为"一种修正的总统制"。[②] 仅以发布紧急命令为例，1947年通过的《动员戡乱时期临时条款》，便以"戡乱战争"的需要为由，规定："总统在动员戡乱时期，为避免国家或人民遭受紧急危难，或应付财政经济上重大变故，得经行政院会议之决议，为紧急处分，不受宪法第 39 条或第 43 条所规定程序之限制。"从而不加掩饰地暴露了总统独裁统治的实质。

中央政府由五院组成。行政院为国家最高行政机关，行政院院长由总统提名，经立法院同意任命。行政院有责任向立法院提出施政方针和施政报告。

立法院为国家最高立法机关，由人民选举的立法委员组成，代表人民行使立法权。立法院院长、副院长由立法委员从立法委员中选举产生。立法院有权议决法律案、预算案、条约案、宣战案、媾和案、大赦案、戒严案等；但对于宪法，只可提出修正案，而由国民大会复决。立法院除行使立法权外，还实施对于行政权的制衡，包括对于总统和行政院权力的制衡。如立法院对行政院的重要政策不赞同时，可通过决议移

---

① 转引自郑大华：《重评 1946 年〈中华民国宪法〉》，见《史学月刊》2003 年第 3 期。
② 同上。

请行政院变更政策；行政院对立法院的决议可要求复议。如果三分之二的立法委员维持原决议，行政院院长则必须接受该决议，否则必须辞职；行政院如果认为立法院决议的法律案、预算案、条约案等难以执行，亦可移请立法院复议。若三分之二的立法委员维持原案，行政院院长则必须接受该案，否则必须辞职。立法委员开会时，有权向行政院院长及行政院各部、会首长提出质询。

司法院为最高司法机关，掌理民事、刑事、行政诉讼、审判及对公务员的惩戒权，同时还行使解释宪法、统一解释法律和命令的权力。司法院院长、副院长及大法官由总统提名，经监察院同意而后任命。

考试院为最高考试机关，掌握考试、任用、铨叙、考绩、级俸、升迁、保障、褒奖、抚恤、退休、养老等事项。考试院院长、副院长及考试委员由总统提名，经监察院同意而后任命。

监察院为最高监察机关，行使同意、弹劾、纠举及审计权。监察院设院长、副院长各1人，由监察委员互选产生。监察院对于行政院及相关部、会，可就其行政行为提出纠正案，对于中央及地方各级公务人员，若认为其有失职、违法行为，可提出纠举案或弹劾案；对于总统、副总统，可提出弹劾案。

在五院中，院与院之间发生争执，除按照宪法有关规定解决外，总统"得召集有关各院院长会商解决之"，表明总统凌驾于五院之上的特殊权力地位。

（五）中央与地方的权限划分。按照宪草的修改原则第八条第二项规定："省与中央权限之划分依照均权主义规定。"《中华民国宪法》专列"中央与地方之权限"一章（第十章），对中央与地方各自的权限范围作了明确的列举规定。由中央立法并执行的13项；由中央立法并执行之，或交由省县执行的17项；由省立法并执行之，或交由县执行的10项。除以上列举的事项外，还规定："如有未列举事项发生时，其事物有全国一致之性质者属诸中央，有因地制宜之性质者属诸各省。遇有争议时，由立法院解决之。"

（六）经济制度。规定："国民经济应以民生主义为基本原则，实施平均地权，节制资本，以谋国计民生之均足。"国家保护私营经济，但在规模上加以适当限制，以防止其"妨害国计民生之平衡发展"；在土地分配方面，"以扶植自耕农及自行使用土地人为原则，并规定其适当经营之面积"；对于"公用事业及其他有独占性之企业，以公营为原则"。"金融机构，应依法受国家之管理"。

（七）宪法的解释和修改程序。根据第 14 章"宪法之施行及修改"，肯定了宪法的至高无上的地位，法律、命令与之相抵触时无效。宪法由司法院负责解释，由国民大会代表总额五分之一提议，三分之二代表出席，并经出席代表的四分之三决议才能决定修改宪法。宪法修正案由立法院四分之一的立法委员提议，四分之三的立法委员出席，并经出席委员的四分之三决议通过。

综括上述，《中华民国宪法》作为民国最后一部宪法，如果从"文本中的法律"的角度考察评价，可以说制宪的基础具有一定的广泛性，参与 1946 年年初政治协商会议的一些党派，协商成立了宪草小组，参与制宪的主要执笔者，既非国民党也非共产党，而是著名宪法专家张君劢，这也体现了一种代表性。

再从 1946 年《中华民国宪法》的文本内容，并同其他欧美国家的宪法比较中，可以看出，它是将孙中山的五权宪法思想与现代民主国家的议会民主制相联结的，无论就其设计的国家权力的分立、平衡与制约，以及对政府权力的明确限制，对基本公民权利的保障，与其他欧美民主国家的宪法均有相似之处，而与《五五宪草》又有所差异。如同有关研究者所说："但实际上，如果我们将 1946 年《中华民国宪法》与国民党一党制定的《五五宪草》（1936 年 5 月 5 日公布）进行比较，就会发现它们之间存在着不少原则性区别。这些区别说明：1946 年《中华民国宪法》和《五五宪草》不同，它多多少少还带有一些民主性质或色彩。"[①]

---

① 　郑大华：《重评 1946 年〈中华民国宪法〉》，见《史学月刊》2003 年第 3 期。

曾经批评《五五宪草》实为"一权（党权）宪法"，而非"五权宪法"的自由派知识分子雷震，称《中华民国宪法》为"民主宪法"，并号召"根据这部宪法，建立民主制度。"① 萧公权当时也评述这部宪法："已含有充足之民主精神与实质，吾人果能充分实施，则中国必可列于世界民主国家之林而无逊色。"②

　　以上这些评论，都是从法律的表达层面作出的评价，但是，对法律的评价更重要的是要看它的实践层面。从实践层面来看，《中华民国宪法》虽然较之民国史上已有的宪法性文件，作出了更为充分的规定，比起限制人民民主自由权利，确认总统个人独裁的《五五宪草》也有所改进。但人民无权、总统集权的实质并没有改变，只是更具有虚伪性。宪法在序言中所表示的制定本宪法的目的是，"巩固国权，保障民权，奠定社会安宁，增进人民福利"，以及在制宪过程中所鼓吹的"还政于民"，都反映了国民党统治后期，民主与反民主的力量对比关系，发生了重大的变化，以至于更需要以伪民主来掩盖真独裁的时代特点。

　　具体来说，抗日战争胜利以后，国民党政权在接收敌产的过程中迅速腐败，而以蒋介石为首的统治集团又自以为得到美国的支持，可以肆行反民主的独裁政策，蓄意发动以消灭共产党和解放区为目的的内战。由此而引起了全国人民的愤怒和强烈的反抗。形势的发展，使蒋介石集团感觉到民主运动的兴起不可抗拒，和民意的不可侮。特别是双十协定的签订和政协会议的召开，在全国揭示了民主和平的新希望，激起了前所未有的全国人民要求民主，反对独裁，要求和平的伟大斗争。正是在这样的背景下，蒋介石集团被迫进行制宪，提出"还政于民"。正是民主与反民主力量的实际较量，和力量对比关系的变化，决定了1946年宪法在文本内容上加强民主色彩的新特点。

　　此外，二战以后世界范围民主和平运动的新发展，对国民党政权制

---

① 以上转引自 http：//www. libertas2000. net/gallery/zgxz/xiaoqiao. htm。
② 同上。

定 1946 年宪法也有一定的影响。但是 1946 年宪法虽然较之《五五宪草》，在形式民主上有了一定的进步，然而由于国民党独裁统治的实质没有任何改变，因此，宪法上的民主性规定更使人意识到，这种制宪不过是以民主宪法之名，掩盖独裁统治之实，它所确认的仍然是专制独裁的国家制度，它所维护的仍然是半殖民地半封建的社会经济制度。所谓的人民民主权利的种种规定，适足以证明它的虚伪性。1947 年 1 月 3 日延安《解放日报》社论指出："蒋记伪宪的精髓和实质可以八个字概括之：'人民无权，独夫集权。'"这一点还可以从所谓的行宪国民大会的召开中得到证明。

1948 年 3 月 29 日，在"制宪国大"后改组的国民政府的主持下，召开了第一届国民大会即所谓的"行宪国大"。由国民代表大会选举总统、副总统。蒋介石以 90% 的高票当选总统，李宗仁以微弱多数当选副总统。5 月，当选总统、副总统正式就任，标志着"训政"的国民政府结束，行宪的国民政府成立。当国民大会完成了将蒋介石推上总统宝座的升降机的作用以后，便已成为无足轻重的赘物。至于 1946 年宪法，在蒋介石的操纵下，国大代表提议并制定了《动员戡乱时期临时条款》，规定："总统在动员戡乱时期，为避免国家和人民遭遇紧急危难，或应付财政经济上重大变故，得经行政院会议之决议，为紧急处分，不受宪法第 39 条或第 43 条所规定之程序的限制。"对此，提案人之一的王世杰说明如下："现在政府有两个大任务，一为开始宪政，一为动员戡乱。但要宪法里，对于政府在变乱时期的权力，限制綦严，如果没有一个适当办法补救，则此次国大闭会以后，政府实行宪政，必会有两种结果：一为政府守宪守法，但不能应付时机，敉平叛乱；一为政府应付戡乱需要，蔑视宪法或曲解宪法条文，使我们数十年流血革命付出了很大牺牲而制定的宪法，变为具文。……我们提这个案，以沉重的情绪，要使国民大会休会以后，真正能行宪，而且能戡乱，故有此提案。"[①]

---

① 转引自李鸿禧著：《宪法与人权》，台湾元照出版公司 1999 年版，第 42—43 页。

　　依据宪法第 174 条第一款修改宪法的程序，《动员戡乱时期临时条款》是一个具有临时宪法性质的文件，是"戡乱时期"的"战时宪法"。在行宪国大通过以后，于 5 月 10 日由国民政府公布实行。从而合法地取消了立法院对总统权力的约束，总统重享"训政"时期集党、政、军权于一身的独裁权力，而且"动员戡乱"时期的结束由总统宣布。不仅如此，作为《中华民国宪法》组成部分的《动员戡乱时期临时条款》，实际上限制和剥夺了人民的权利自由，人民群众所幻想的，通过宪法限制国家权力，保护人民权利的目的化为泡影。

　　宪法学家萨托利曾经将宪法分类为保障性的宪法（真正的宪法）、名义性的宪法和装饰性的宪法。他认为："真正的宪法"意味着一个政治社会的框架，它通过并依据法律组织起来，其目的是为了制约绝对权力。名义性的宪法是"得到充分实施的，富有活力的，但它的本体实在只是现存政治权力定位的形式化，其目的在于为真正的掌权者取得排他性收益"。因此，名义性的宪法之所以是"名义性的"，是因为它只是"徒有虚名"的宪法。至于"装饰性宪法"，实质上是"圈套性宪法"，不过是一纸空文。① 根据萨托利的分类，1946 年《中华民国宪法》无疑是一部"装饰性宪法"。之所以如此，是因为当时执政的国民党根本无心实施宪政于中国，它所谋求的实际上是一党之私利。当国民党违背政协决议，单方面召开国民大会制定宪法的时候，其实预示着半个世纪以来中国人所追求的宪政之梦已经幻灭。

---

① ［美］萨托利：《宪政疏议》，见《公共论丛》第一辑，生活·读书·新知三联书店 1995 年版。

第七章
新民主主义宪政运动与宪法性文件

　　1919 年爆发的五四运动和中国共产党的诞生，标志着中国革命进入了新民主主义革命阶段。与此相适应的宪政运动，也揭开了以劳动人民为制宪主体的新民主主义宪政运动的历史序幕。

　　新民主主义宪政运动以革命根据地为依托，经历了工农民主政权、抗日民主政权和解放区的人民民主政权三个历史时期。在这个发展过程中制定的宪法性文件，虽然出现过脱离实际的缺点和这样或那样的不足，但是随着中国共产党奉行的马克思主义与中国革命实践相结合的新民主主义理论的不断成熟，和根据地内民主政权及时地总结经验教训，无论是争取民主政治的宪法运动，还是制定宪法性文件，都逐渐走上了科学化的发展轨道。1940 年 2 月 20 日，毛泽东在延安各界宪政促进会成立大会上发表的《新民主主义的宪政》的演说，就是一个例证。在这篇演说中，毛泽东提出"宪政就是民主的政治"。而"在革命成功有了民主事实之后，颁布一个根本大法，去承认它，这就是宪法"。[①] 在这里毛泽东区分了宪政与宪法的不同内涵，明确了民主制度是制定民主宪法的前提，宪法则是民主制度的法律化。他批判地总结了自北洋军阀至国民党所鼓吹的宪政，不过是"挂羊头卖狗肉"。他说："宪法，中国已

---

① 《新民主主义的宪政》，见《毛泽东选集》第 2 卷，第 735 页。

有过了，曹锟不是颁布过宪法吗？但是民主自由在何处呢？……中国现在的顽固派，正是这样。……他们是在挂宪政的羊头，卖一党专政的狗肉。……这根据就在于他们一面谈宪政，一面却不给人民以丝毫的自由。"① 他从当时的中国国情实际出发，指出："中国现在的事实是半殖民地半封建的政治，即使颁布一种好宪法，也必然被封建势力所阻挠，被顽固分子所障碍，要想顺畅实行，是不可能的。所以现在的宪政运动是争取尚未取得的民主，不是承认已经民主化的事实。"所以"这是一个大斗争，绝不是一件轻松容易的事。"②"是要经过艰苦斗争才能取得的。"③ 与此同时，他也明确地阐明："现在，我们中国需要的民主政治，既非旧式的民主，又非社会主义的民主，而是合乎现在中国国情的新民主主义。目前准备实行的宪政，应该是新民主主义的宪政。"

综观根据地所进行的制宪运动，始终把政权的民主性、人民权利的真实性摆在首位。并在不断总结制宪经验和教训的基础上，逐步实现了科学宪政理论与中国实际相结合的发展道路。从民主政权制定的各种宪法文件中可以看出，它在内容上的民主性（甚至是超前性）与技术上的成熟性之间不断的有机结合。这些文件是以民主为价值取向的宪政运动的产物，因而获得了深厚的社会基础。它不同程度地规范了民主政权的运行，维护了政治秩序的稳定，为新民主主义革命的最终胜利提供了必要的保证，而且为新中国成立之后的制宪，提供了丰富的历史经验。

---

① 《新民主主义的宪政》，见《毛泽东选集》第 2 卷，第 736 页。
② 同上书，第 735 页。
③ 同上书，第 736 页。

一、民主政权第一个宪法性文件——
《中华苏维埃共和国宪法大纲》

1.《中华苏维埃共和国宪法大纲》产生的时代背景

《中华苏维埃共和国宪法大纲》（以下简称为《宪法大纲》），是中国共产党领导工农民主政权进行宪政建设的初步成果。尽管它是不成熟的，但却有着较为深厚的时代背景支持和较为充分的群众基础。

首先，中国共产党在第一次国内革命战争时期，领导工农民主运动的实践，为《宪法大纲》的产生提供了重要的经验。

1922年6月15日，中国共产党在《第一次对于时局的主张》中提出了十一项基本原则；同年7月，在《第二次全国代表大会宣言》中提出了党的奋斗目标。这两个文件构成了党在民主革命时期的宪政纲领，明确地提出了："消除内乱，打倒军阀，建设国内的和平；推翻国际帝国主义的压迫，达到中华民族完全独立；统一中国本部（东三省在内）为真正民主共和国"；[1] "改正协定关税制，取消列强在华各种治外特权……肃清军阀、没收军阀官僚的财产，将他们的田地分给贫苦农民。"[2] 与此同时，还提出了保障劳动人民自由权利的主张，如："采取无限制的普遍选举制"、"保障人民的结社集会言论出版自由权"；[3] 废除包工制、实行八小时工作制、设立工厂保险、保护女工和童工、保护失业工人；限制田租率、改革税制、规定全国的土地税则；废除一切束缚女子的法律；改良教育制度等。这些主张鲜明地表达了中国共产党宪政建设的宗旨，为中国人民争取解放指出了正确的方向，更为以后革命根据地的宪政建设提供了理论准备。

---

① 中国科学院历史所编：《中国问题指南》第二册，中国科学院出版社1959年版。
② 《先驱》第九号，1922年6月20日。
③ 同上。

自中国共产党成立以后，就将关注的重点集中于工农运动。1922年8月，中国劳动组合书记部拟定了《劳动立法原则》和《劳动法案大纲》，重申工人应有集会、结社、罢工、休息、受教育和参加企业管理等基本权利，实行八小时工作制、保护妇女童工、劳动保险等保障措施。尤其是在1925年省港大罢工中，工人阶级首次按照民主集中制的原则，建立了由作为罢工工人最高权力机关的"省港罢工工人代表大会"，和作为最高执行机关的罢工委员会，及其下设的会审处、特别法庭、军法处、监狱所组成的罢工领导组织。它们履行了政权机关的某些职能，起到了革命政权的动员和组织作用，成为中国共产党领导政权建设的首次尝试，也为以后的宪政建设提供了宝贵的经验。

除此之外农民运动也是中国共产党宪政建设的着眼点，广大农民的解放并享有真正的民主权利，是中国宪政建设的根本任务。在农民运动深入的广东、湖南、湖北、江西等地区，纷纷建立了以贫雇农为中心的新型革命组织，即农民协会。农民协会基本上按照民主集中制的组织和活动原则开展工作，掌握着政治、军事、文化、司法等权力，有力地推动了农民运动的发展。有的地区还在农民协会的基础上，开始筹建乡村自治组织。

以上可见，在中国共产党领导下工农运动的发展，使局部地区实现了工农大众的民主政治，创造了人民行使权力的组织形式，揭示了在半殖民地半封建社会的中国革命与宪政建设之间的密切联系。工农运动中有关权力归属，和民主集中制的组织和活动原则，均为《宪法大纲》所传承。

其次，中国共产党对于宪政建设的思路的探索，为《宪法大纲》的产生提供了理论基础。

第一次国内革命战争及工农民主运动失败以后，中国共产党于1927年8月，在汉口召开了紧急会议，调整了党内领导，确定了土地革命和武装起义的总方针。1928年6月，召开中国共产党第六次全国代表大会，对当时的革命形势进行了分析，总结了斗争的经验和教训，在通过的《政治决议案》中，确认了中国革命的性质和动力，重申了"推翻帝国主义及土地革命是革命当前的二大任务"。与此同时，强调"必须用武装暴动革命的方法，推翻帝国主义的统治和地主军阀及资产阶级国民党的政权，建立苏维埃工农民权独裁制，在无产阶级的领导之下，然后才能解决这两个任务"。进而"力争建立工农兵代表会议（苏维埃）的政权"，作为"现在资产阶级民权主义阶段的第三个任务"，从而在全国人民面前明确提出了中国共产党的政权建设的主张。[①] 特别是在《政治决议案》中提出的《中国革命现在阶段的政纲》，成为此后各革命根据地建设的依据，也为《宪法大纲》的产生提供了必要的理论基础。

再次，"工农武装割据"的发展，为根据地的宪政建设提供了载体。

从秋收起义建立井冈山第一个农村革命根据地，至 1930 年，已在全国十多个省先后建立了大小 15 个革命根据地。如何用根本法的形式，把工农大众争得的胜利成果加以肯定，规范政权建设和经济建设，使"民主集中主义的制度，一定要在革命斗争中显出了它的效力"，[②] 改变各个革命根据地法律和政令不统一的缺陷，已成为迫切的任务。为此，一些革命根据地相继制定和颁布了作为未来宪法基本内容的政纲，如1929 年 4 月《兴国县革命委员会政纲》（8 条）、10 月《信江苏维埃政府政纲》（24 条）、10 月《湘鄂赣边区革命委员会革命政纲》（27 条）、1930 年 5 月全国苏维埃代表大会提出的《十大政纲》、1930 年 7 月《湖南工农兵苏维埃革命政纲》（25 条）等。综括这些政纲的主要内容如下：

申明反帝反封建的革命主张，宣布取消帝国主义一切特权，推翻帝国主义在中国的统治势力；废除不平等条约，收回租界占领地，撤销领事裁判权，驱逐帝国主义在华的海陆军，没收外国资本主义的企业、银

---

① 《中国共产党第六次全国代表大会文件·政治决议案》，见《中国法制史参考资料汇编》第三辑，西南政法学院法制史教研室 1979 年编印。

② 《井冈山的斗争》，见《毛泽东选集》第 1 卷，人民出版社 1991 年版，第 78 页。

行、工厂。同时提出推翻军阀、豪绅、地主、买办资产阶级的国民政府；没收一切地主阶级的土地和祠堂、庙宇等财产；取消国民党政府、军阀的一切捐税和厘金；建立工农兵代表会议（苏维埃）政府；统一中国，实行民族自决；建设水利，改良农业，奖励生产事业；实行保障工农利益的统一累进税；在遵守苏维埃政府法令下，允许商人自由贸易；宣布高利贷的契约一概无效；组织农业银行及信用合作社，办理低利借贷，扶助农村经济的发展；革命群众有言论、集会、结社、出版、罢工的自由；男女在政治、经济及教育上一律平等，保障婚姻自由，创办红色学校，发展社会教育；实行八小时工作制，男女同工同酬，保护女工童工，施行失业救济与社会保险等。

1930 年 8 月，中共中央提出了《中华苏维埃共和国国家根本法（宪法）大纲草案》，规定了七项"最大原则"。主要是实现代表广大民众真正的民权主义，保障劳动群众自由、平等；彻底地实行妇女解放；取消帝国主义在中国的一切特权，确立劳动民众完全的主权；实行工农民权的革命独裁，在将来社会主义的阶段更进于无产阶级的独裁；实行土地革命，消灭一切封建残余，有系统地进攻资本主义的剥削关系，努力进到社会主义发展的道路。

上述大纲草案的内容说明，中国共产党对于革命根据地的宪政建设的近期和远期目标，已有了较为成熟的设计，反映了理论探索所达到的水准。

最后，共产国际对于革命根据地宪政建设的意见，对于《宪法大纲》的形成具有重大的指导作用。

共产国际根据中国革命的发展态势，以通过决议案的形式对革命根据地的宪政建设进行指导。如 1930 年 6 月，在《共产国际执委政治秘书处关于中国问题的决议案》中，指出："苏维埃运动在党面前提出第一等重要的任务，即组织苏维埃中央政府。"同年 8 月，共产国际东方部又作出了《关于中国苏维埃问题决议案》，强调"必须通过苏维埃共和国的宪法及其他基本法律"，从而加快了《宪法大纲》起草的步伐。

由于第一次国内革命战争失败以后，国内阶级关系发生了重大变化，不仅民族资产阶级附和买办资产阶级叛变了革命，而且上层小资产阶级也离开了革命的阵营。在帝国主义、封建势力、买办资产阶级的扶持下，国民党取代了北洋军阀，成为了镇压革命的反动力量，所以中国共产党《政治决议案》中关于革命动力作出以下的表述，"资产阶级性的民权革命阶段之中的动力，现在只是中国的无产阶级和农民"，因此必须建立工农兵代表会议（苏维埃）的政权，"这是引进广大的英勇群众参加管理国家的最好方式，也就是实行工农民权独裁制的最好方式。"这个《政治决议案》对于根据地所拟定的宪法大纲，有关政权领导力量和专政对象的规定有着重要的影响。它不仅表现了宪法是一定历史时期的革命形势和阶级力量对比关系的反映，也带有当时中共领导集团中"左倾"路线的烙印。

2.《宪法大纲》的制定、修正和基本内容

经过中国共产党的理论准备及其领导下的革命根据地民主政权建设经验的积累，尤其是各地苏维埃政权的建立，使得成立全国性苏维埃政权不仅十分必要，而且也是可能的。与此同时，制定作为新兴工农民主政权根本法的任务，也随之被提上了议事日程。1930年5月，在上海召开全国苏维埃区域代表大会，确定建立全国苏维埃政权，并于会后成立了"全国苏维埃大会中央准备委员会"，筹备召开第一次全国苏维埃代表大会。1930年9月，全国苏维埃大会中央准备委员会全体会议在上海召开，讨论并通过了由中共中央提出的《中华苏维埃共和国国家根本法（宪法）大纲草案》。1931年2月，中国共产党六届四中全会根据共产国际的指示，为第一次全国苏维埃代表大会起草了《中华苏维埃共和国宪法草案》。

随着第三次反"围剿"的胜利，以江西瑞金为中心的中央各根据地已经连成一片，建立中央政权机关和制定宪法的条件已趋于成熟。1931

年 11 月 7 日，在江西瑞金召开第一次苏维埃代表大会，通过了《第一次全国工农兵代表大会宣言》，宣告中华苏维埃共和国的成立。大会决定由任弼时、王稼祥、毛泽东、曾山、张鼎丞和各代表团推举出 1 名代表共 17 人组成宪法起草委员会，以中共中央"关于宪法原则要点"为基础，起草宪法。鉴于当时的条件限制，已起草的《中华苏维埃共和国宪法草案》，没有提交大会通过，而以起草宪法大纲作为中华苏维埃共和国的临时根本法。11 月 16、17 日，宪法起草委员会举行二次全体会议，讨论和修改"宪法大纲"初稿，形成了提交代表大会的"宪法大纲草案"。18 日召开全体代表大会审议宪法大纲草案。经过 600 多位代表的热烈讨论，一致通过了《中华苏维埃共和国宪法大纲》。① 至 1934 年 1 月，召开中华苏维埃第二次全国代表大会，对《中华苏维埃共和国宪法大纲》进行修正，在第一条内增加了"同中农巩固的联合"，这是总结苏维埃建设和土地革命的经验教训之后，纠正"左倾"错误的带有政策性的重大修改。此外，有些变动基本是文字上的修改，如将"中国苏维埃"改为"中华苏维埃"等。

《中华苏维埃共和国宪法大纲》，全文共 17 条，主要内容如下：

第一，确认反对帝国主义和封建主义的任务。

《宪法大纲》第 1 条规定："中华苏维埃共和国的基本法（宪法）的任务，在于保证苏维埃区域工农民主专政的政权和达到它在全中国的胜利。这个专政的目的，是在消灭一切封建残余，赶走帝国主义列强在华的势力，统一中国，有系统地限制资本主义在中国的发展，进行苏维埃的经济建设，提高无产阶级的团结力与觉悟程度，团结广大贫农群众在它的周围，同中农巩固的联合，以转变到无产阶级的专政。"在《宪法大纲》第 8 条、第 6 条还具体规定了反帝反封建的一系列政策措施："宣布中华民族的完全自由与独立，不承认帝国主义在华的政治上、经济上的一切特权，宣布一切与反革命政府订立的不平等条约无效，否认

---

① 黄允升：《试论一苏大会制定宪法大纲》，见《党的文献》2002 年第 3 期。

反革命政府的一切外债，在苏维埃领域内，帝国主义的海、陆、空军不容许驻扎，帝国主义的租界、租借地无条件地收回，帝国主义手中的银行、海关、铁路、矿山、工厂等，一律收回国有，在目前可允许外国企业重新订立租借条约继续生产，但必须遵守苏维埃政府的一切法令。""中华苏维埃政权以消灭封建剥削及彻底的改善农民生活为目的，颁布土地法，主张没收一切地主阶级的土地，分配给雇农、贫农、中农，并以实现土地国有为目的。"

第二，宣布工农民主专政是中华苏维埃共和国的国体。

《宪法大纲》第 2 条规定："中华苏维埃所建设的，是工人和农民的民主专政国家。苏维埃政权是属于工人、农民、红色战士及一切劳苦民众的。在苏维埃政权下，所有工人、农民、红色战士及一切劳苦民众都有权选派代表掌握政权的管理。只有军阀、官僚、地主、豪绅、资本家、富农、僧侣及一切剥削人的人和反革命分子是没有选举代表参加政权和政治上自由的权利的。"这一方面是根据地民主政权本质的体现；另一方面也反映了第一次国内革命战争后期，民族资产阶级和上层小资产阶级在帝国主义和国民党政权双重压力下，退出了革命营垒，革命的动力只剩下了工人阶级、农民阶级和小资产阶级的特定的阶级关系。

第三，确定中华苏维埃共和国的基本政治制度。

《宪法大纲》第 3 条规定："中华苏维埃共和国之最高政权，为全国工农兵苏维埃代表大会。在大会闭会的期间，全国苏维埃临时中央执行委员会为最高政权机关，在中央执行委员会下组织人民委员会，处理日常政务，发布一切法令和决议案。"工农兵苏维埃代表大会是工农民主专政的政权性质所决定的、实现工农兵权力的组织形式。它既便于广大工农大众参加国家管理，又有助于实行民主集中制的原则，提高工农政府的职能和效率。

第四，规定工农劳动群众的各项民主权利。

根据《宪法大纲》第 4 条，凡"在苏维埃政权领域内，工人、农民、红色战士及一切劳苦民众和他们的家属，不分男女、种族、宗教，在苏维埃法律面前一律平等，皆为苏维埃共和国的公民……凡上述苏维埃公民，在十六岁以上者皆有苏维埃选举权和被选举权，直接选派代表参加各级工农兵苏维埃代表大会，讨论和决定一切国家的、地方的政治任务。"实行对政权的管理。另据《宪法大纲》第 10 条、第 11 条、第 12 条规定：工农劳苦民众"享有言论、出版、集会、结社的自由。……并用群众政权的力量取得印刷机关（报馆、印刷所等）、开会场所及一切必要的设备，给予工农劳苦民众以保障他们取得这些自由的物质基础。"为了彻底解放妇女，不仅规定婚姻自由，而且"实行各种保护妇女的办法，使妇女能够从事实上逐渐得到脱离家务的物质基础，而参加全社会经济的、政治的、文化的生活"。为了"保证工农劳苦民众有受教育的权利……在进行革命战争许可的范围内，应开始施行完全免费的普及教育，首先应在青年劳动群众中施行。……积极的引导他们参加政治的和文化的革命生活，以发展新的社会力量。"

《宪法大纲》第 9 条还特别规定，苏区工农劳苦群众享有"手执武器参加革命战争的权利"。

以上可见，《宪法大纲》不仅规定了苏区工农劳苦群众享有一系列的权利自由，而且更强调为实现这些权利自由应提供的物质保证。尽管在当时革命战争的严酷条件下完全不具备这种可能性，但都显示了它与资产阶级宪法有关人民权利自由规定的明显区别。

第五，彻底改善工人阶级和农民的生活，保障工农利益。

《宪法大纲》第 5 条、第 6 条、第 7 条规定，为"彻底改善工人阶级的生活状况……制定劳动法，宣布八小时工作制，规定最低限度的工资标准，创立社会保险制度与国家的失业津贴"；为"彻底的改善农民生活……颁布土地法，主张没收一切地主阶级的土地，分配给雇农、贫农、中农"；为"保障工农利益，限制资本主义的发展，使劳动群众脱离资本主义的剥削，走向社会主义制度去为目的，宣传取消一切反革命统治时代的苛捐杂税……采取有利于工农群众所了解的走向社会主义去的经济政策。"

第六，实行民族平等原则，承认中国境内少数民族的民族自决权。

《宪法大纲》第 14 条规定"中华苏维埃政权……要努力帮助弱小民族脱离帝国主义、国民党、军阀、王公、喇嘛、土司的压迫统治，而得到完全自主。更要在这些民族中发展他们自己的民族文化和民族语言。"

第七，确立外交政策的基本原则。

《宪法大纲》除宣布：中华民族完全自由与独立，不承认帝国主义在中国的一切特权和不平等条约外，还在第 15 条、第 16 条、第 17 条规定："中华苏维埃政权对于凡因革命行动而受到反动统治迫害的中国民族以及世界的革命战士，给予托庇于苏维埃区域的权利，并帮助和领导他们重新恢复斗争的力量，一直达到革命的胜利。""对于居住苏维埃区域内从事劳动的外国人，一律使其享有苏维埃法律所规定的一切政治上的权利。""宣告世界无产阶级与被压迫民族是与它（中华苏维埃政权）站在一条革命战线上。"

3. 《宪法大纲》的特点

（1）《宪法大纲》是中共中央的原则性要求，与革命根据地宪政建设的实际进程相结合的产物，是对各革命根据地政权建设经验的总结。

在《宪法大纲》产生之前，各革命根据地在党的土地革命路线指引下，已经开展了轰轰烈烈的工农民主政权建设，制定出数量可观的包括地方政权组织法和土地法等地方性法规。这些法律法规集中反映了广大工农群众反帝反封建的意志，维护了他们的切身利益和权利，初步建立起了革命根据地的法律秩序，为根据地的发展提供了法律保障。但是，由于根据地的政治经济和文化建设尚处于开创阶段，又处于白色政权包围之中，彼此分散孤立，因而在建设步伐和规模上存在着差异。《宪法大纲》在总结各根据地建设经验的同时，也作出了有针对性的一些规定。总起来说《宪法大纲》是对根据地内已然的民主事实的承认和巩固，它的制定过程，是与革命的形势和根据地内民主政权建设的进程紧密关联的。

在政权组织方面，《宪法大纲》肯定了各革命根据地已建立的政权组织形式为苏维埃代表大会制。1927年9月，临时中央政治局决定公开提出建立苏维埃政权的口号。同年11月，中共江西省委制定了《江西省苏维埃临时组织法》，对苏维埃政权的组织形式、产生办法、工作制度作了明确规定。12月，在广州起义中建立了全国第一个苏维埃政权，即广州苏维埃政府。随着革命根据地的开辟，各地先后制定了地方性的苏维埃组织法，如1929年8月《闽西苏维埃政权组织法》、1930年3月《信江苏维埃政府临时组织法》、1931年7月《鄂豫皖区苏维埃临时组织大纲》等。依据这些组织法的规定，各级苏维埃政府由苏维埃代表大会（或工农兵代表大会）、执行委员会、执行委员会主席团（或执行委员会常务委员会）以及下设的军事、财政、文教等专门委员会所组成。这种"议行合一"的苏维埃代表大会的组织模式，为《宪法大纲》所肯定。如《宪法大纲》第三条规定："中华苏维埃共和国之最高政权为全国工农兵苏维埃代表大会，在大会闭会期间，全国苏维埃临时中央执行委员会为最高政权机关，在中央执行委员会下组织人民委员会处理日常政务，发布一切法令和决议案。"苏维埃代表大会既是议事机关，又是执行机关，被选任为人民委员的人员，必须同时是中央执行委员会的委员，而不实行西方三权分立体制下的不兼容原则。这种体制有利于吸收工农分子管理政权机关，实现最广泛的工农民主。

在选举制度方面，《宪法大纲》传承并发展了各革命根据地选举实践中的规范。还在1928年7月，中共第六次代表大会通过了《苏维埃政权组织问题决议案》，据此，根据地政权开展了选举立法活动，制定了如1930年《鄂豫皖六安第六区苏维埃（选举）条例》及《湖南省工农兵苏维埃政府暂行组织法》等选举法规，并积极进行了各级苏维埃政府的选举活动。为了保障工农劳动群众的民主权利。《江西省苏维埃临时组织法》和《鄂豫皖六安第六区苏维埃（选举）条例》明确规定，选举权和被选举权属于劳动人民，不给剥削者和反革命分子。这一原则为

《宪法大纲》第 2 条所吸收，规定："在苏维埃政权下，所有工人、农民、红色战士及一切劳苦民众都有权选派代表掌握政权的官吏，只有军阀、官僚、地主、豪绅、资本家、富农、僧侣及一切剥削人的人和反革命的分子，是没有选举代表参加政权和政治上自由的权利的。"从而表明"中华苏维埃政权所建设的是工人和农民的民主专政的国家，苏维埃政权是属于工人、农民、红军兵士及一切劳苦民众的。"

为了维护工人阶级的领导地位，各根据地颁布的选举法对于工人和其他居民产生代表的比例，作了不同的规定，《宪法大纲》也重申了这一原则，宣布"为着只有无产阶级才能领导广大的农民与劳苦群众走向社会主义，中华苏维埃政权在选举时，给予无产阶级以特别的权利，增加无产阶级代表的比例名额"。

在《闽西苏维埃政权组织法》（1930 年）中，还突出了选民对代表的监督权，规定："各级代表会有不能代表他们所选出这区域机关之意见者，为该选区所不信任时，原区域机关将该代表撤回另派"，借以凸显工农民主的政权性质。《宪法大纲》继承了这一原则，除了重申"选举人无论何时皆有撤回被选举人及重新选举代表的权利"外，还明确规定："这种基本单位选出的地方苏维埃代表有一定的任期，参加城市或乡村苏维埃各种组织和委员会中的工作。这种代表须按期向其选举人做报告"，以使选举制度的民主性得到确实的保证。

在工农民主权利保障方面，《宪法大纲》以根本法的形式肯定了各根据地相关立法的合理性，进而以原则性的规范方式，规定了保障工农民主权利的指导思想。如关于维护工人的劳动权方面，《宪法大纲》沿承了《上杭县劳动法》（1929 年）、《永定县劳动法》（1930 年）及《闽西劳动法》（1930 年）的合理规定，同时又摒弃了其中如"破坏工人组织或禁止罢工者杀"，"工资按照生活程度增加，多少由工会自定"的过"左"规定。明确宣布："中华苏维埃政权以彻底改善工人阶级的生活状况为目的，制定劳动法，宣布八小时工作制，规定最低限度的工资标准，创立社会保险制度，与国家的失业津贴，并宣布工人有监督生产之权。"这既有利于维护工人的权利和利益，又合乎根据地经济和社会发展的实际。

再如，妇女权益的保障问题，各根据地不仅通过选举法、土地法、劳动法的规定，宣布了在选举权和被选举权、土地分配、同工同酬等方面的男女平等，还在婚姻立法的各项规定中，突出了对妇女权益的保护。从消灭封建礼教对妇女的束缚、使妇女实际享有与男子同等的权利思想出发，规定了禁止虐待童养媳、取消蓄婢制度、不得阻挠妇女参加革命活动等有针对性的内容。与此同时，考虑到妇女在经济上尚未完全独立，因而在离婚问题上偏重于对妇女权益的保护，将因离婚而引起的义务和责任，更多地交由男方负担。对于这方面创造性的立法实践，《宪法大纲》给予了充分的肯定，并以宪法独有的纲领性规范方式宣布："中华苏维埃政权以保证彻底的实行妇女解放为目的，承认婚姻自由，实行各种保护妇女的办法，使妇女能够从事实上逐渐得到脱离家务束缚的物质基础，而参加全社会经济的、政治的、文化的生活。"

从根据地法制建设的发展形势来看，《宪法大纲》的制定还有统一根据地法制的价值。在敌人分割和封锁的形势下，彼此分散孤立的革命根据地政权的法制建设，只能采用独立自主、各自为战的形式。虽然因地制宜，收到机动灵活的效果；但也出现了法律不统一的缺陷。毛泽东在领导井冈山的斗争中，已经深感创建统一法律的重要性，并因此而倡议由"中央制订一个整个民权革命的政纲，包括工人利益、土地革命和民族解放，使各地有所遵循。"[1] 而《宪法大纲》无疑正是统一法制的最好方式和根据。例如，关于劳动者的工作时间，《上杭县劳动法》和《永定县劳动法》未作明确规定，《闽西劳动法》只规定工厂工人和自由手工业工人，每日工作时间不得超过八小时。《宪法大纲》在总结各地经验的基础上，并以中国共产党的宪政建设思路为指导，明确规定实行八小时工作制，从而为各根据地的劳动立法提供了范式。

---

[1] 《毛泽东选集》第 1 卷，人民出版社 1991 年版，第 78—79 页。

（2）《宪法大纲》是中国共产党宪政建设主张的具体化。

《宪法大纲》是中国共产党领导人民制定的第一部宪法性文件，是中国共产党领导苏维埃政权建设的重要组成部分，因此，坚持中国共产党的领导是《宪法大纲》制定过程中一以贯之的指导思想。1928 年 7 月，中国共产党第六次全国代表大会关于《苏维埃政权的组织问题决议案》指出："苏维埃政权之正确的组织是要以党底坚固指导为条件的"，"党随时随地都应作苏维埃思想上的领导者"。如前所述，中国共产党领导革命根据地宪政建设的经验教训和理论探索，为《宪法大纲》奠定了理论基础。而在《宪法大纲》制定的过程中，中共中央更给予了经常性的指导，1930 年 8 月中共中央提出的《中华苏维埃共和国国家根本法（宪法）大纲草案》、1931 年 1 月中共六届四中全会起草的《中华苏维埃共和国宪法草案》就是具体的表现。如同苏区中央局于 1931 年 11 月 15 日给中央的电报中所说："宪法，此间根据中央来电原则……正讨论中。"[1]《宪法大纲》实际上是以中共中央发来的"宪法原则要点"电报稿为基础，结合各革命根据地宪政实践经验而成就的辉煌之作。

《宪法大纲》又是中国共产党宪政思想的法律表达，它明确了苏维埃政权反帝反封建的根本任务，确定了维护工农民主权利的基本原则，坚持了维护妇女权益的基本立场。这些具有革命性的宪法原则、国家政策和法律制度，标明了《宪法大纲》的先进性，其理论渊源就是中国共产党第二次全国代表大会所提出的奋斗目标。[2] 而《宪法大纲》中所规定的工农兵苏维埃代表大会制、没收帝国主义的银行及没收地主阶级的土地的经济政策、无产阶级的国际主义立场，则是中国共产党第六次全国代表大会通过的"中国革命之十大要求"的法律化。

需要指出的是，《宪法大纲》在以党的宪政思想为指导的同时，根

---

[1]　参见黄允升《试论一苏大会制定宪法大纲》，见《党的文献》2002 年第 3 期。
[2]　《中国共产党第二次全国大会宣言》，见《中国法制史参考资料汇编》第三辑，西南政法学院法制史教研室 1979 年编印。

据新的形势对某些问题的提法也有所变化。例如，关于苏维埃政权的阶级归属即国体问题，在中共第六次全国代表大会通过的《政治决议案》中，使用了"工农民权独裁"的口号。在中共中央提出的《中华苏维埃共和国国家根本法（宪法）大纲草案》中，仍然使用了"代表广大民众的真正的民权主义"的提法，当时党内有人指出："党的六次大会所指示的政治路线和组织路线是对的：革命的现时阶段是民权主义而不是社会主义……但是革命的发展将是很快的……只有积极的口号积极的态度才能领导群众。"[①] 因此，在《宪法大纲》中明确提出工农民主专政，摆脱了过去"左派国民党"的习惯性思维，体现了建设苏维埃政权的新思路。这种提法在当时的历史背景下，是积极的，有力地推进了革命和宪政建设的步伐。

（3）《宪法大纲》借鉴了苏联的制宪经验。

1922 年 5 月，中国共产党第二次全国代表大会宣布，加入以苏联为首的共产国际，成为它的一个支部，服从它的所有指示。因此苏联的宪政模式不能不影响中国工农民主政权宪政建设的进程。尤其是国共合作彻底破裂，中共走上独立领导中国革命的道路以后，无论是革命根据地的政权建设模式和国家基本制度以及宪法的取向都是以苏联为范本的，这在《宪法大纲》中有着明显的表现。

1917 年 10 月苏联社会主义革命胜利后，于 1918 年颁布了《俄罗斯社会主义联邦苏维埃共和国宪法（根本法）》，1924 年颁布了《苏维埃社会主义共和国联盟根本法（宪法）》，这两部宪法都确认了城乡无产阶级与贫农专政的国家性质，由全俄苏维埃代表大会、中央执行委员会和人民委员会组成中央最高国家权力机关体系，和苏维埃代表大会制的政权组织形式；都规定了无产阶级领导、民主集中制及"议行合一"的政权组织与活动原则；承认民族自决权的联邦制的国家结构形式。这种政权体制和系统，在共产国际的大力推动下，对于正在进行民族民主革命

———————————

① 《毛泽东选集》第 1 卷，人民出版社 1991 年版，第 102 页。

并渴望建立新型政权的民众说来，是很有吸引力和影响力的。这就是为什么中国共产党领导的根据地宪政建设，以苏联为范式的基本原因。在《宪法大纲》中也同样规定了由全国工农兵苏维埃代表大会、全国苏维埃临时中央执行委员会和人民委员会组成最高权力机关体系。在政权组织和活动上，都分别贯彻了无产阶级领导、民主集中制及"议行合一"的原则。特别是《宪法大纲》受苏联制宪模式的影响，违背了中国自秦朝建立以来一直实行的统一中央集权的国家结构传统，完全不考虑中国自古以来就形成了统一的民族大家庭的国情实际，竟然宣布"承认中国境内少数民族的民族自决权"，提出了"中国苏维埃联邦"的口号。

苏联制宪模式的影响还表现在《宪法大纲》的体例和结构上。如：《宪法大纲》正文之前的序言就是仿照两部苏联宪法的体例，用以宣布中华苏维埃政权的基本任务，及《宪法大纲》的制定理由。

此外，从《宪法大纲》的条文表达方式，也可以看到苏联宪法的痕迹。例如，1918 年苏俄宪法将权利主体规定为"劳动者"，《宪法大纲》也仿此将权利主体规定为工、农、劳苦民众。又如，1918 年苏俄宪法关于外国人权利的规定是："俄罗斯社会主义联邦共和国……对于居住在俄罗斯共和国境内从事劳动并属于工人阶级或不使用他人劳动的农民中的外国人民，给予俄国公民的一切政治权利。"《宪法大纲》则仿此规定为："中华苏维埃政权对于居住苏维埃区域内从事劳动的外国人，一律使其享有苏维埃法律所规定的一切政治上的权利。"

4. 《宪法大纲》的历史地位

《宪法大纲》是在中国共产党领导下制定的、中国历史上第一部体现人民民主的宪法性文件，它以其鲜明的革命性和进步性对中国立宪史产生了较为深远的影响。

首先，《宪法大纲》在中国立宪史上确立了全新的宪政模式。

自清末预备立宪到《宪法大纲》产生为止，中国曾经出现了形形色色的宪法或宪法性文件。但这些所谓的宪法，或者因为缺乏政治、经济等社会条件的支持而成为一纸空文；或是因为制宪者借民主立宪之名，行独裁专制之实，而成为一种政治骗局。因此尽管有了诸多的宪法，也建立了徒有其表的民意机关，但是这样的立宪并没有对中国社会的进步带来实质性的影响，相反，中国社会依然处于半殖民地半封建的状态，经济停滞，社会动荡不安，人民依旧处于水深火热之中。只有中国共产党领导的以《宪法大纲》为成果的宪政建设，才真正推动了根据地社会的发展和进步，从而显示了体现人民大众意志的宪政模式的社会推动力。

前述民国政府的宪法，虽然大都宣布："中华民国之主权属于国民全体"，但究其实质，从未反映占社会绝大多数的劳苦大众的意志和利益。外表的冠冕堂皇，只是更加反衬出它的虚假性。《宪法大纲》没有使用含义模糊的"国民"概念，而是明确宣布："中华苏维埃政权所建设的是工人和农民的民主专政的国家"，"苏维埃政权是属于工人、农民、红军兵士及一切劳苦民众的"，"只有军阀、官僚、地主、豪绅、资本家、富农、僧侣及一切剥削人的人和反革命的分子，是没有选举代表参加政权和政治上自由的权利的"，从而旗帜鲜明地表达了政权的阶级归属。劳动群众从对比中认识到，工农民主政权是属于自己的政权，《宪法大纲》是保护自己权利和利益的"经典"大法，由此而激发起革命的积极性和主动性，推动了土地革命的发展，促进了政权的巩固，保证了武装斗争的不断胜利。

民国政府所制定的宪法，虽然标榜人民主权，但是人们透过围绕实行内阁制，还是总统制的争论中，看穿了争论的实质不过是如何保证国家权力掌握在某一部分人手中，借以更有效地维护其利益而已，既不能解决劳动群众的参政权问题，也无法改善其生存和发展所需要的条件。中国共产党借鉴苏联政权建设的经验，并从总结中国近代民主建政的经验出发，摆脱了议会制和总统制的窠臼，创造性地建立了苏维埃代表大会制。所有行使国家权力的代表，都来自于人民的选举，而无前此宪法所强加的财产、种族、教育程度等多方面的限制，实现了广泛的工农民主。

《宪法大纲》还明确提出并坚定地贯彻了反帝反封建的基本原则。前此民国政府的宪法，都因其所代表的阶级属性，不敢或不愿提出反帝反封建的口号，更不会在宪法中作出规定。而《宪法大纲》的制宪者们根据《中国共产党第六次全国代表大会文件·政治决议案》所提出的"帝国主义是一切反动力量的组织者和支配者"；"地主阶级的私有土地制度并没有推翻，一切封建余孽并没有肃清"，[①] 而在《宪法大纲》中庄严宣布，"这个专政的目的，是在消灭一切封建残余，赶走帝国主义列强在华的势力，统一中国"，"中华苏维埃政权以消灭封建剥削及彻底的改善农民生活为目的"，"中华苏维埃政权以彻底的将中国从帝国主义压榨之下解放出来为目的，宣布中国民族的完全自主与独立"。

这是自鸦片战争以来，中国对阻碍社会发展威胁民族独立和主权的封建制度和帝国主义势力的首篇讨伐檄文，表达了中国人民自强不息、积极寻求民族独立和国家富强的革命精神。

民国政府制定的宪法关于国民的基本权利的规定，无论种类，还是范围，都迎合世界的潮流，模仿西方国家的规定，追求形式上的完善。但是，在国家未获独立、社会未得发展、人民生灵涂炭的近代中国，这些权利和自由对于广大劳苦大众而言，是可望而不可即的水中之月，镜中之花。然而革命根据地工农民主政权的阶级属性以及经济、文化、社会建设的实际现状，决定了《宪法大纲》所规定的权利和自由是具有真实性的。《宪法大纲》所确立的工农兵苏维埃代表大会制的政体，为工农大众的选举权及其他政治权利的行使，提供了组织保证。此外，没收地主土地、没收帝国主义的财产、保障工农利益的经济政策，也为工农大众的生存权和发展权的实现提供了物质保证。毛泽东曾经指出："苏维埃实现了世界上最完满的民主制度，他是为广大民众直接参加的，他

---

① 《中国法制史参考资料汇编》第三辑，西南政法学院法制史教研室 1979 年编印。

给予广大民众一切民主的权利，他对民众绝对不使用也绝不需要使用任何强力。"① 它证明了"充分的民主精神只有在苏维埃制度下才能存在。"② 人们从两类宪法的对比中看到了民主的曙光，验证了《宪法大纲》不同于以往宪法的特性。

除此之外，《宪法大纲》在建设和规范民主政权的组织和运行、确认工农民主权利以及实施的各项政策方面，积累了成功的经验，为以后抗日民主政权、解放区人民民主政权的立宪活动提供了范本。但是，必须指出《宪法大纲》也存在着严重的缺陷。由于《宪法大纲》是中国共产党领导人民制宪的初次尝试，加之当时党内"左倾"错误思想占据了领导地位，这些必然在《宪法大纲》中得到反映。例如，不顾中国的现实国情，照搬苏联的联邦制国家结构形式。如前所述，中国自远古以来，各民族便共同缔造了中华文明，形成了稳定而又巩固的民族大家庭。1840年鸦片战争以后，在抵抗帝国主义入侵的过程中，各族人民并肩作战，共同维护着中国的领土完整和主权独立。如果照搬苏联模式，必将造成严重的后果。另外，《宪法大纲》中关于最高权力机关的名称也脱离了中国传统的政治文化，对此，毛泽东曾经指出："苏维埃"就是"大会"的意思，苏维埃代表大会"就成了'大会大会'，这是死搬外国名词。"③

《宪法大纲》在对待地主阶级和资产阶级分子的问题上，也作出了过"左"的规定。1931年年初，党的六届四中全会后，"左倾"路线在党内取得了主导地位，其主要表现就是强调反对资产阶级、反对富农的斗争。它在《宪法大纲》中的反映就是宣布只有"工、农、劳苦民众"才能享有各种权利，而军阀、官僚、地主、豪绅、资本家、富农、僧侣及一切剥削人的人，是没有选举代表参加政权和政治上自由的权利的，

---

① 《中央革命根据地史料选编》下册，江西人民出版社1982年版，第310页。
② 同上书，第306页。
③ 《共和国走过的路（1949—1952）》，中央文献出版社1991年版，第14页。

"主张没收一切地主阶级的土地，分配给雇农、贫农、中农，并以实现土地国有为目的"。这种不区分地主与富农、无视资产阶级内部阵营的不同情况，一律采取同等对待的策略，偏离了此前党内的正确认识，不符合中国的阶级关系和革命的实际。这种剥夺地主和资产阶级分子生存所必需的基本权利的政策，只能是从肉体上消灭，而不是从思想上、政治上的改造，从而增加了革命和建设的阻力，而不是团结一切可以团结的力量。同时，以土地国有为目的的土地制度，也超越了当时革命根据地社会经济发展的现状，给社会经济的发展带来了负面的影响。

就《宪法大纲》的内容而言，也存在着一些需要补充和完善之处。如《宪法大纲》在序言中虽然宣布："只有打倒帝国主义及国民党在中国的统治，在全中国建立苏维埃共和国的统治之后，而且在那时，中华苏维埃共和国的宪法大纲才能具体化，而成为详细的中华苏维埃共和国的宪法。"但不能以此为理由辩解它所存在的重大疏漏。譬如在政权制度上，最为突出的就是没有作出对司法机关的规定。古希腊伟大的思想家亚里士多德基于对雅典政制的考察，得出了这样的结论："一切政体都有三个要素，作为构成的基础，一个优良的立法家在创制时必须考虑到每一要素，怎样才能适合于其所构成的政体。……三者之一为有关城邦一般公务的议事机能（部分）；其二为行政机能部分……；其三为审判（司法）机能。"[1] 这个规律性的认识，对于工农民主政权也同样适用。《宪法大纲》之所以出现这种疏漏，反映了制宪者对司法制度建设的忽视，和法制观念的缺乏。正因为如此，苏区内审判组织的设立及其运作，显得过于随意。尤其是国家政治保卫局及其分局的设立和活动，不仅缺乏法律规范，而且在实践中，竟然取得了"紧急处置权"，即直接逮捕（无须任何机关批准）、审判和处决反革命案犯的特权。[2] 由此导致了工作中的神秘主义和孤立主义，造成了严重的恶果。毛泽东曾经

[1] ［古希腊］亚里士多德：《政治学》，商务印书馆1965年版，第214—215页。
[2] 《中华苏维埃共和国临时中央政府人民委员会命令第五号》（1934年2月9日）。

指出："由于错误的肃反政策和干部政策中的宗派主义纠缠在一起，使大批优秀的同志受到了错误的处理而被诬害，造成了党内极可痛心的损失。"①

再如，《宪法大纲》中对工农基本权利虽然作出了一系列规定，却对财产权利只字未提。这不是偶然的，是企图借消灭个人所有权，实现简单的国家所有制，走向社会主义的经济政策的"左"倾错误的体现。

尽管《宪法大纲》存在着这样或那样的缺点问题，但是不能由此而抹杀它的革命性和民主性的价值，没有《宪法大纲》所提供的珍贵的经验与教训，便不会有此后民主政权制宪活动的成熟。

二、抗日民主政权的制宪活动与宪法性文件

1. 抗日民主政权制宪活动的历史背景

1931年九一八事变以后，日本帝国主义加紧全面侵略中国，中华民族同日本帝国主义的矛盾开始上升为主要矛盾。为了建立全民族的抗日统一战线，打败日本帝国主义，1935年8月1日，中央工农民主政府和中共中央在长征途中发表了《为抗日救国告全体同胞书》，提出组织全国统一的国防政府的主张。同年12月25日在陕北瓦窑堡召开中央政治局会议，通过了《关于目前政治形势与党的任务决议》，提出建立抗日民族统一战线的方针，并宣布将"工农民主共和国"改为"人民共和国"。人民共和国政府是抗日民主政权，"这种政权，是一切赞成抗日又赞成民主的人们的政权，是几个革命阶级联合起来对汉奸和反动派的民主专政。它是和地主资产阶级的反革命专政区别的，也和土地革命时期

---

① 《毛泽东选集》第3卷，人民出版社1991年版，第1008页。

的工农民主专政有区别。"① 从工农民主政权向抗日民主政权转变，主要是为了适应反对日本帝国主义斗争的需要。1936年5月5日，中共中央发出《停战议和一致抗日》的通电。同年8月25日，提出与国民党共同建立全国统一的民主共和国的设想。随着西安事变的和平解决，和建立抗日民族统一战线步伐的加快，1937年2月，中国共产党向国民党五届三中全会提出了五项要求和四项保证，将工农民主政府改为中华民国特区政府。1937年7月，抗日战争爆发后，中共中央于1937年8月25日，在洛川召开了政治局扩大会议，通过了《为动员一切力量争取抗战胜利而斗争》的决议，明确宣告："全国人民除汉奸外，都有抗日救国的言论、出版、集会、结社和武装抗敌的自由。废除一切束缚人民爱国运动的旧法令，颁布革命的新法令。"改革政治机构，"召集真正人民代表的国民大会，通过真正的民主宪法，决定抗日救国方针，选举国防政府。"②

抗日战争时期，陕甘宁边区是中共中央所在地，边区政府是抗日民主政权的代表。陕甘宁边区是第二次国内革命战争时期惟一保存下来的革命根据地，遵照1936年9月17日中共中央《关于抗日救亡运动与民主共和国的决议》，根据地政权进行了体制改革，逐步由工农民主政权向着抗日民主政权转变。1937年5月12日，陕甘宁边区通过《陕甘宁边区议会及行政组织纲要》和《陕甘宁边区选举条例》等法规，成立了陕甘宁边区参议会，确立了民主共和国的政治制度。7月15日，国共两党达成协议，国民党承认陕甘宁边区为国民政府的直辖区；9月16日，工农民主政府更名改制，陕甘宁边区政府正式成立。此后，陆续创立了晋察冀、晋冀鲁豫、晋绥、山东、东江边区政府等抗日民主政权。

为了彻底战胜日本侵略者，取得抗战的最后胜利，必须动员全国人民，组成千百万群众进入抗日统一战线，实行全民族的抗战。因此，民

---

① 《毛泽东选集》第2卷，人民出版社1991年版，第741页。
② 同上书，第355页。

主对于抗战具有十分重要的意义。毛泽东指出,抗日与民主,"是目前中国的头等大事。中国缺少的东西固然很多,但是主要的就是少了两件东西:一件是独立,一件是民主。这两件东西少了一件,中国的事情就办不好。一面少了两件,另一面却多了两件。多了两件什么东西呢? 一件是帝国主义的压迫,一件是封建主义的压迫。由于多了这两件东西,所以中国就变成了半殖民地半封建的国家。现在我们全国人民所要的东西,主要的是独立和民主。""把独立和民主合起来,就是民主的抗日,或叫抗日的民主。没有民主,抗日是要失败的。没有民主,抗日就抗不下去。有了民主,则抗他十年八年,我们也一定会胜利。"①

为了深入地开展民主的抗战运动,1937 年 8 月 25 日,中共中央发布《抗日救国十大纲领》,除宣布打倒日本帝国主义、实行全国军事总动员、全国人民总动员以外,还提出了改革政治机构,建立抗日的民族团结,实行抗日的教育政策、外交政策等政权建设方面的建议和主张,成为抗日民主政权制定宪法性文件的指导方针,1939 年 1 月陕甘宁边区第一届参议会通过的《陕甘宁边区抗战时期施政纲领》就是其中的代表。这个纲领宣布了"拥护团结,坚持抗战,争取最后战胜日寇的方针",依照孙中山先生三民主义的体例,从民族主义、民权主义及民生主义三个方面规定了陕甘宁边区抗日民主政权的民主制度。这个纲领得到陕甘宁边区政府的坚决执行,使边区得以克服种种危机,有效地抵抗了日寇的进攻,不仅保卫了边区和大西北,而且发展了边区的政治、经济和文化建设,初步建立起民主政治,为其他各抗日根据地树立了榜样。

1941 年以后,日寇对抗日根据地发动了更为残酷的进攻,加之国民党顽固派屡次掀起反共高潮,以及华北地区连年发生水旱等自然灾害,边区人民抗战进入最为艰苦的阶段,抗日民主政权面临着军事失利与经济退步的双重困境。在这种形势下,如何最大限度地满足军民生活

① 《毛泽东选集》第 2 卷,人民出版社 1991 年版,第 731、732 页。

和抗战的需要，调动根据地人民抗日的积极性，成为边区民主政权迫切需要解决的问题。在中国共产党的领导下，各抗日根据地纷纷开展加强团结、健全民主、保障人民权利的宪政建设活动。为此，各根据地在总结经验的基础上颁布和实施了新时期的施政纲领和人权保障条例，如：《陕甘宁边区施政纲领》（1941 年 5 月）、《晋察冀边区目前施政纲领》（1940 年 8 月）、《晋冀鲁豫边区政府施政纲领》（1941 年 7 月）、《晋冀鲁豫边区保障人民权利暂行条例》（1941 年 11 月）、《陕甘宁边区保障人权条例》（1942 年 2 月）、《淮南、苏皖边区施政纲领》（1942 年 5 月）、《晋西北保障人权条例》（1942 年 11 月）及《山东战时施政纲领》（1943 年 8 月）等。这些施政纲领在新民主主义的指导下，从保障抗战、团结人民的战略决策出发，在完善抗日民主政权的选举制度、三三制的政权组织原则，及加强抗日人民政治权利、人身权利和财产权利等方面，作出了全面的规定。实践证明，这些宪法性文件的制定和实施，极大地调动了根据地各阶层人民抗战、参加政权建设、发展经济的积极性，使抗日民主政权渡过了难关，为取得抗日战争的最后胜利奠定了坚实的基础。

1943 年以后，抗日战争和世界反法西斯战争进入了最后阶段。新的形势对宪政建设提出了新的要求。这时，蒋介石企图夺取人民抗战的胜利果实，恢复国民党一党专政和个人独裁制度。因此，根据地政权必须在争取抗战最后胜利的同时，反对国民党一党专政，积极寻求建立国内各阶层、各党派参与的、民主联合政府的有效途径。此后抗日根据地颁布的施政纲领，就是这一努力的集中表现。例如 1944 年 2 月，山东省战时行政委员会颁布的《山东省战时施政纲领》，重申了坚持抗战、加强民主建设、团结全省人民、克服困难的指导思想，号召人民准备反攻、迎接胜利，"为建设新民主主义的新山东而奋斗"。在政权建设上，该纲领除了宣布拥护三民主义和抗战建国纲领，坚持抗日民族统一战线的一贯方针以外，将重点放在团结各阶层人民，加强基层民主政权建设方面：规定为发扬民主精神，实行三三制，欢迎各党派、各阶层中拥护抗战及赞成民主的人士参加政权；健全各级参议会和各级行政机关；加强下层政权建设，彻底完成村政权的民主改选；并对群众进行广泛而深入的民主教育，"启发民主思想，反对法西斯主义及一切反民主的思想"，培养干部的"民主思想、民主作风，反对官僚主义"；强调调节各阶层的利益，保护抗战人民的财产，巩固一切抗日人民的团结。只有如此才能反对"挑拨内战、反对分裂投降……为建设新民主主义的山东而奋斗。"

从抗日民主政权宪法性文件的产生和发展历程，可以发现在不同历史时期，根据地政权建设的任务和宪政建设的内容虽然随之有所改变，但在坚持抗战、团结人民、加强民主建设、保护抗日人民权益等方面，却是一贯的，深刻地展现了抗日民主政权的原则性与灵活性相结合的基本立场。

2. 抗日民主政权制宪的指导思想

（1）坚持抗战，坚持民主

进入抗日战争时期以后，争取中华民族的独立自由与解放，是摆在中华民族面前最紧迫、最核心的任务。为此，各根据地施政纲领都规定了坚持抗战，保障抗战胜利的内容。如：扩大各边区的武装力量、实行全民武装自卫、广泛开展游击战争、改革兵役制度和后方勤务动员制度；保护军婚、优待抗日军人家属、抚恤荣誉军人和烈士遗孤，等等。同时，严惩罪大恶极的汉奸，对胁从分子和愿意改悔者，争取感化转变，给以政治上和生活上出路；对敌伪官兵俘虏，一律实行宽大政策。

为了动员一切人力、物力、财力、智力，驱逐日本帝国主义出中国必须加强宪政建设，切实保护抗日人民的政治、经济和文化权利，调动起全国各民族抗日的积极性，建立起全民族构筑的抗击日寇的钢铁长城。1937年10月25日，毛泽东在接受英国记者贝特兰采访时指出："必须加强统一战线，实行革命的政策，才能进行胜利的民族解放战争。

革命政策中特别重要的，是中国政府必须实现民主改革，以动员全体民众加入抗日战线。"① 也就是"须将现政府改造成为一个有人民代表参加的统一战线的政府"，"允许人民以言论、出版、集会、结社和武装抗敌的自由"，以及改良人民生活等。② 毛泽东还特别强调指出："对于抗日任务，民主也是新阶段中最本质的东西，为民主即是为抗日。抗日与民主互为条件……民主是抗日的保证，抗日能给予民主运动发展以有利条件。"③ 面对日本帝国主义要变中国为它的殖民地的严峻形势，必须建立广泛的统一战线，组织千千万万的民众，调动浩浩荡荡的革命军，才能抗击日寇的进攻，而"中国真正的坚实的抗日民族统一战线的建立及其任务的完成，没有民主是不行的"。④

正是出于对坚持抗战与坚持民主之间关系的理解，各根据地的施政纲领都明确宣布以此为指导思想，努力将其贯彻到政权建设、经济制度、民族政策、外交政策、人权保障等各个方面。

（2）加强团结，巩固抗日民族统一战线

毛泽东曾经指出，在民族矛盾取代阶级矛盾而成为当前中国主要矛盾的形势下，要想取得抗日战争的胜利，全中国人民、政府和军队，必须"团结起来，筑成民族统一战线的坚固的长城……中心关键在国共两党的亲密合作。政府、军队、全国各党派、全国人民，在这个两党合作的基础之上团结起来。"⑤

由于团结是抗战胜利的保障，是坚持、巩固与扩大抗日民族统一战线的根本，因此，各施政纲领中都强调团结的重要性，明确规定，团结边区内部各社会阶级，各抗日党派；动员一切人力、物力、智力，坚持抗日民族统一战线，为保卫边区、保卫西北、保卫中国，收复失地

---

① 《毛泽东选集》第 2 卷，人民出版社 1991 年版，第 373 页。
② 同上书，第 376 页。
③ 《毛泽东选集》第 1 卷，人民出版社 1991 年版，第 274 页。
④ 同上书，第 256 页。
⑤ 《毛泽东选集》第 2 卷，人民出版社 1991 年版，第 348 页。

而战。

为此在农村改变了过去的"打土豪、分田地"的土地改革政策，实行地主减租减息和农民交租交息的政策；在城市调节劳资关系，增强劳动生产率，适当地改善工人生活，使资本家有利可图，以加强团结，共同对敌。同时，加强军队与人民的团结，坚持与边区境外的友党友军以及全国人民的团结，反对一切投降分裂倒退行为，以巩固扩大抗日民族统一战线。

（3）以三民主义和新民主主义为理论基础

既然"抗日需要一个坚固的统一战线，这就需要一个共同纲领"，"这就是孙中山先生的三民主义和共产党……提出的抗日救国十大纲领。"① 对此，毛泽东解释说："共产主义者在现在阶段并不梦想实行共产主义，而是要实行历史规定的民族革命主义和民主革命主义，这是共产党提出抗日民族统一战线和统一的民主共和国的根本理由"；"现在的任务，是在全国范围内恢复孙中山先生的三民主义的革命精神，据以定出一定的政纲和政策，并真正而不二心地、切实而不敷衍地、迅速而不推延地实行起来。"所以"这个十大纲领，符合于马克思主义，也符合于真正革命的三民主义。"② 正是基于这一认识，抗日民主政权前期和中期的宪法性文件，都以三民主义和体现新民主主义的十大纲领为理论基础。如《陕甘宁边区抗战时期施政纲领》在序言中宣布："陕甘宁边区……本着拥护团结，坚持抗战，争取最后战胜日寇的方针；本着三民主义与抗战建国纲领的原则，根据陕甘宁边区的环境与条件，特制定陕甘宁边区抗战时期施政纲领作为边区一切工作之准绳。""根据孙中山先生的三民主义、总理遗嘱及中共中央的抗日民族统一战线原则，向我边区二百万人民提出如下之施政纲领。"而且按照三民主义的体系将各项规定分别纳入民族主义、民权主义和民生主义之中。

---

① 《毛泽东选集》第 2 卷，人民出版社 1991 年版，第 367 页。
② 同上书，第 368—369 页。

　　然而在建立抗日民族统一战线初期，面对两种思想体系、两种政权、两种法制体系并存的格局，有些根据地出现了一时难以适应的情形。或者不顾抗战实际，沿用苏区的法律和政策，不利于抗日民族统一战线；或者脱离根据地新民主主义社会的实际，机械地照搬国民党政府的法律，损害了广大工农群众的基本利益和革命事业。有鉴于此，毛泽东在全党批判教条主义，端正思想路线的基础上，结合抗日根据地的实践经验，确立了新民主主义的国家理论。明确指出：我们所要建设的"新民主主义共和国，一方面和旧形式的、欧美式的、资产阶级专政的、资本主义的共和国相区别"，"也和苏联式的、无产阶级专政的、社会主义的共和国相区别"，是"一切殖民地半殖民地国家的革命，在一定历史时期中所采取的国家形式"。"这是一定历史时期的形式，因而是过渡的形式，但是不可移易的必要的形式"。"在今天的中国，这种新民主主义的国家形式，就是抗日统一战线的形式。它是抗日的，反对帝国主义的；又是几个革命阶级联合的，统一战线的。"简言之，"国体——各革命阶级联合专政；政体——民主集中制。这就是新民主主义的政治，这就是新民主主义的共和国，这就是抗日统一战线的共和国，这就是三大政策的新三民主义的共和国。"①

　　1940 年 3 月 6 日，在毛泽东发表《新民主主义论》两个月之后，中共中央发出关于抗日根据地的政权问题的党内指示，提出要在华北、华中、西北各根据地内建立抗日民主政权，这种政权的性质是民族统一战线的，是一切赞成抗日又赞成民主的人们的政权，是几个革命阶级联合起来对于汉奸和反动派的民主专政。在这种政权中，要实行"三三制"，必须保证共产党员在政权中占领导地位。抗日民主政权经过人民选举产生，组织形式是民主集中制。并将建立"三三制"的抗日民主政权体制，作为各抗日根据地政权建设的基本内容。

　　上述新民主主义的政治指导原则，也体现在根据地制定的宪法性文

---

① 《毛泽东选集》第 2 卷，人民出版社 1991 年版，第 675—677 页。

件当中。如《陕甘宁边区施政纲领》在政权建设上规定："本党愿与各党各派及一切群众团体进行选举联盟"，以求实现各革命阶级的联合专政；"保证一切抗日人民（地主、资本家、农民、工人等)"的各项权利。《山东省战时施政纲领》也宣布要"为建设新民主主义的新山东而奋斗"。

抗日战争时期形成的新民主主义的理论，是将马克思列宁主义的普遍真理与中国革命和民主政权建设的实践相结合起来的产物，它较之苏区时期更趋于成熟与科学，无论对当时还是以后都起了重要的指导作用。

3. 民主制度建设是宪政建设的核心

中国传统社会的政治是以君主专制和等级特权为基本架构的系统，无论是政治制度还是政治文化都没有民主生存的土壤，"民主对于中国人是缺乏而不是多余"。[1] 明末清初的思想家黄宗羲，曾以"古者以天下为主君为客"[2] 的论断，展开了对中国古代君主专制的批判，可以说掀开了中国民主启蒙思想发展的序幕。

进入近代社会以后，这种与西方文明的强烈反差被知识精英们认定为中国始终处于落后挨打的原因。康有为就是从中国之所以积贫积弱，源于君权太尊的认识出发，主张只有"大开国会，以庶政与国民共之"，[3] 方能求得中国之富强。在中国共产党人看来，"各种事实证明，加给中国人民（无论是资产阶级、工人或农民）最大的痛苦是资本帝国主义和军阀官僚的封建势力，因此反对那两种势力的民主主义的革命运动是极有意义的：即因民主主义革命成功，便可得到独立和比较的自由。"[4]

---

① 《毛泽东选集》，第 1 卷，人民出版社 1991 年版，第 275 页。

② 《明夷待访录·原君》。

③ 《谢赏编书银两乞预定开国会期并先选才议政许民上书事折》，见《戊戌变法》第二册。

④ 《中国共产党第二次全国代表大会宣言》，见《中国法制史参考资料汇编》第三辑，西南政法学院法制史教研室 1979 年编印。

由于中国革命需要最广泛的革命群众参加，因此，无论是从中国革命的性质，还是从中国革命取得胜利的途径思考，都需要发扬和实行民主，使民主制度化。为了最大限度地实现民主，抗日根据地政权进行了一系列的体制改革和制度建设，如将苏维埃工农共和国改为人民共和国，扩大民主主体的范围，将"工人、农民和城市小资产阶级联盟的政府"，改为"除了工人、农民和城市小资产阶级以外，还要加上一切其他阶级中愿意参加民族革命的分子。"① 在抗日战争各个阶段所制定的宪法文件中，均以加强民主制度建设作为一项主要内容：

首先，在选举制度上，确立了抗日民主政权选举制度的基本原则。由于选举制度为广大人民选出自己所信赖的代表组成国家机构提供了制度保障，使人民当家做主这一根本要求得以实现，因此，选举制度是民主运行最为关键的环节，判断一个政权的民主性程度，就是考察其选举制度是否以保证人民表达意志、参与国家政权为尺度。《陕甘宁边区抗战时期施政纲领》对此做了如下原则性的规定，"发扬民主政治，采用直接、普遍、平等、不记名的选举制"，这些规定从而为抗日根据地选举法的制定和实施提供了指针。后者只是对这些原则性的规定作了具体的阐释。如《陕甘宁边区各级参议会选举条例》（1941 年 11 月）规定："各级参议会之议员，由人民直接选举。"直接选举就是指选民直接选出代表，而无须经过中间环节，以保证选民意志的真实性。该条例还规定："凡居住边区境内的人民，年满 18 岁，不分阶级、党派、职业、男女、宗教、民族、财产和文化程度的差别，都有选举权和被选举权。"这项规定着眼于选民范围的广泛性，使获得选民资格者达到真正的最大多数。此外，为了做到平等选举，要求在每一次、每一级的选举中，每个选民都只有一个投票权，其效力相等。借以保证选民实现参与政权的根本目标，充分体现政权的民主性。

其次，在政权组织上，抗日民主政权坚持民主集中制原则。毛泽东

① 《毛泽东选集》第 1 卷，人民出版社 1991 年版，第 156 页。

指出："抗日统一战线政权的产生，应经过人民选举。其组织形式，应是民主集中制。"① 具体而言，"一方面，我们所要求的政府，必须是能够真正代表民意的政府；这个政府一定要有全中国广大人民群众的支持和拥护，人民也一定要能够自由地去支持政府，和有一切机会去影响政府的决策。这就是民主制的意义。另一方面，行政权力的集中化是必要的；当人民要求的政策一经通过民意机关而交付与自己选举的政府的时候，即由政府去执行，只要执行时不违背曾经民意通过的方针，其执行必能顺利无阻，这就是集中制的意义。"②

上述原则得到了抗日根据地宪法性文件的肯定和贯彻。《陕甘宁边区抗战时期施政纲领》规定："健全民主集中制的政治机构，增强人民之自治能力。"在民主集中制原则指导下，抗日民主政权发展了三三制的政权组织形式，其后《陕甘宁边区施政纲领》进一步规定："本党愿与各党各派及一切群众团体进行选举联盟，并在候选名单中确定共产党员只占三分之一，以便各党各派及无党无派人士均能参加边区民意机关之活动与边区行政之管理。在共产党员被选为某一行政机关之主管人员时，应保证该机关之职员有三分之二为党外人士充任，共产党员应与这些党外人士实行民主合作，不得一意孤行，把持包办"，以保证其他党派和群众团体参与政权的同等机会和条件。

1942年9月1日，中共中央在《关于统一抗日根据地党的领导及调整各组织间关系的决定》中明确指示：在政权系统中，下级政府和下级党委必须无条件执行上级政府的决定、命令和法令；在政权工作上实行一元化体制，将过去各地政权工作中存在的政策、政令、制度不统一的问题进行了整顿，实行政权工作中的统一政策、统一政令、统一制度、统一政纪。可见，通过三三制的政权组织形式，既保证了共产党对抗日民主政权的领导，又实现了无产阶级领导的各个抗日阶级联合的专政。

────────────

① 《毛泽东选集》第2卷，人民出版社，1991年版第743页。
② 同上书，第383页。

再次，在政权构建上，实行民族平等的原则。在日本帝国主义侵略下，"不管是汉人或者是其他民族（蒙古、回族、满洲、西藏、苗瑶等），都处在一个非常危险的生死关头，他们都有受日本帝国主义轰炸、枪毙、格杀、拷打、强奸、侮辱的危险，他们都要更加受冻、受饿、受穷、失业"；"中国人民唯一自救和救国的方法"就是进行"为保障我国国家独立主权和领土完整的战争"。① 因此，在抗日民族统一战线体制下，民主政权的构建必须体现出保障少数民族平等参加政权的精神，以发挥其抗日的积极性。《陕甘宁边区抗战时期施政纲领》宣布，"实现蒙回民族在政治上、经济上与汉族的平等权利，依据民族平等的原则，联合蒙回民族共同抗日"，"尊重蒙回民族之信仰、宗教、文化、风俗、习惯，并扶助其文化的发展"。《陕甘宁边区施政纲领》进一步重申和发展了这一原则，规定："依据民族平等原则，实行蒙、回民族与汉族在政治经济文化上的平等权利，建立蒙、回民族的自治区，尊重蒙、回民族的宗教信仰与风俗习惯。"其他根据地的宪法性文件中，也从当地实际情况出发，不仅规定少数民族享有与汉民族同等的选举权和被选举权，而且在选区划分和代表名额分配上优于汉民族聚居地，以保证少数民族代表参加政权管理。

最后，在政权运行上，实行对权力行使者进行监督的原则。民主不仅是政权组织的基本原则，还是政权运行过程中所应坚持的基本要求，由于封建社会专制主义残余的影响，以及分散独立作战所形成的游击环境，使一些干部缺乏民主思想和作风，习惯于独断专行，违背了根据地民主政治的基本原则。为此，抗日民主政权宪法性文件提出了明确的要求，《陕甘宁边区抗战时期施政纲领》强调必须"发扬艰苦作风，厉行廉洁政治，肃清贪污腐化"，并建立了"工作检查制度，发扬自我批评，以增进工作的效能"。《陕甘宁边区施政纲领》除了重申"厉行廉洁政治，严惩公务人员之贪污行为"的基本原则之外，还明确规定："共产

---

① 中共中央统战部编《民族问题文献汇编》，中共中央党校出版社1991年版，第218页。

党员有犯法者从重治罪"，"实行俸以养廉原则，保障一切公务人员及其家属必需的物质生活及充分的文化娱乐生活"。同时，还赋予人民"用无论何种方式控告任何公务人员非法行为之权利"，以保障公务人员廉洁奉公，依照人民的意志和意愿行使权力，保证政府运行的民主化。

4. 注重人权保障

为了保障人权，在各抗日根据地的施政纲领中，都规定了相关的法律原则，有些根据地还制定了保障人权的单行条例。如 1941 年 11 月，冀鲁豫边区行署颁布了《冀鲁豫保障人民权利暂行条例》，1942 年 2 月，陕甘宁边区政府公布了《陕甘宁边区保障人权财权条例》，同年 10 月晋西北临时参议会通过了《晋西北保障人权条例》等。

保障人权条例是抗日民主政权制宪活动中最具有特色的内容，也是抗日战争时期各根据地法制建设的一项重要历史经验。

对于正在进行抗日的中国，民主自由始终是团结与进步的基础，而衡量民主自由的尺度，主要就是看人民的权利是否得到切实的保障。因此，无论各根据地制定的宪法性文件，还是单行条例，都强调了对于抗日人民权利的保障。具体如下：

（1）人权保障的对象为抗日人民。与苏区《宪法大纲》中将权利主体仅限于"工、农、劳苦民众"不同，抗日根据地所制定的宪法性文件，将享有各项政治、经济和文化权利的主体规定为"人民"，或"抗日人民"。按《陕甘宁边区施政纲领》解释："抗日人民"为"地主、资本家、农民、工人等"。该纲领还将俘虏纳入人权保障的范围，规定"对于在战斗中被俘之敌军及伪军官兵，不问其情况如何，一律实行宽大政策，其愿参加抗战者，收容并优待之，不愿者释放之，一律不得加以杀害、侮辱、强迫自首或强迫其写悔过书。其有在释放之后又连续被俘者，不问被俘之次数多少，一律照此办理"。甚至对汉奸及"阴谋破坏边区的分子"，也"给以政治上与生活上之出路，不得加以杀害、侮辱、强迫自首或强迫其写悔过书"。这些都体现了新民主主义人权理论与实践的新发展。面对新的严峻的抗战形势，尤其是在马克思主义与中国革命实际相结合的新民主主义理论的指导下，抗日民主政权克服了过去所存在的"左"的错误观念，将人权保护的对象界定为"抗日人民"，适应了民族矛盾取代阶级矛盾成为中国社会主要矛盾的革命形势，坚持了抗日民族统一战线的基本立场，使抗日民主政权获得了更为广泛的支持。

（2）扩大了权利内容。抗日战争时期，由于有了宪政理论的指导，和正反两方面的经验总结，使得各根据地宪法性文件中关于人民基本权利的规定较为全面，还在《陕甘宁边区抗战时期施政纲领》中便宣布人民享有言论、出版、集会、结社等政治权利（第 8 条）和信仰自由（第 8 条）、居住迁徙与通信自由等人身自由（第 8 条）以及武装自卫权（第 9 条）、受教育权（第 15、16、17 条）、私人财产所有权（第 18 条）、商业自由（第 22 条），和对妇女、抗日军人及其家属、儿童、老弱孤寡、难民权利的特别规定。《陕甘宁边区施政纲领》除对《陕甘宁边区抗战时期施政纲领》所宣布的权利予以肯定以外，还增加了健康权（第 15 条）及对海外华侨、社会游民分子和外国人的政策。

在这些权利当中，最值得注意的是对私人财产所有权的规定。工农民主政权时期，在"实现土地国有"和"走向社会主义制度"的目标下，《宪法大纲》不承认土地等重要财产的私人所有权。这种无视革命根据地社会和经济发展现状的"左倾"冒进主义错误的后果，不仅剥夺了非无产阶级从事生产的可能性，也严重打击了广大工农发展经济的积极性。鉴于过去策略的失误，面临新形势对决策的要求，抗日民主政权改变了过去对私有财产的基本态度，重新审视保护私有财产对发展经济和改善人民生活，进而为抗战胜利和政权建设奠定物质基础方面的积极作用。毛泽东指出："关于人民权利。应规定一切不反对抗日的地主资本家和工人农民有同等的人权、财权、选举权和言论、集会、结社、思想、信仰的自由权，政府仅仅干涉在我根据地内组织破坏和举行暴动的分子，其他则一律加以保护，不加干涉。"① 他不仅强调应当规定人民的财产权，还从限制政府行为的角度强化了对私有财产权的保障。

以此为指导，各"施政纲领"和根据地的"人权保障条例"，对私有财产权问题作了原则性的规范。例如《陕甘宁边区施政纲领》规定："在土地已经分配区域，保证一切取得土地的农民之私有土地制。在土地未经分配区域（例如绥德、富县、庆阳），保证地主的土地所有权及债主的债权，惟需减低佃农租额及债务利息，佃农则向地主缴纳一定的租额，债务人须向债主缴纳一定的利息，政府对东佃关系与债务关系加以合理的调整。"对于工商业主的私有财产权也实行保护的政策，规定："奖励私人企业，保护私有财产，欢迎外地投资，实行自由贸易。"以促进工业生产与商业流通的发展。

1942 年 12 月制定的《陕甘宁边区保障人权财权条例》，除了重复《陕甘宁边区施政纲领》中的有关规定外，还通过禁止对私有财产的非法征收、查封及没收等行为，强化了政府对私有财产权进行保护的责任。此外还规定，"边区人民之财产、住宅，除因公益有特别法令规定外，任何机关、部队、团体不得非法征收、查封、侵入或搜捕"；"司法机关受理民事案件，非抗传或不执行判决及有特殊情形时，不得扣押"；"被捕人犯之财物非经判决不得没收，并不得换掉或任意损坏"。《山东省战时施政纲领》还规定，"敌占区人民及工商业者，被敌伪没收强占之资产财产，得向附近民主政府声请登记，俟收复失地后尽量寓意查明发还。"上述规定，极其细致，这种注重维护私有财产权的立宪思路是应当借鉴的历史经验。

（3）强化和完善人权保障措施。从法理上分析，宪法文件中所宣布的权利，还仅仅是法定权利，或者说，是纸上的权利；对于作为权利主体的广大人民来说，只有实现了的权利才是真实的权利，才会对实际利益发生影响。而由法定权利向现实权利转化，必须有完善的权利保障措

———————————

① 《毛泽东选集》第 2 卷，人民出版社 1991 年版，第 768 页。

施。抗日民主政权对于权利保障的关注之点就在于，它重视和完善对权利实现的保证。从各根据地制定的施政纲领和人权条例中，对于权利保障措施，主要包括司法程序上的人权保障和政府责任的强化等方面。对于前者，《陕甘宁边区施政纲领》规定，"除司法系统及公安机关依法执行其职务外，任何机关、部队、团体不得对任何人加以逮捕、审问或处罚（现行犯不在此例），而人民则有用无论何种方式控告任何公务人员非法行为之权利"；"改进司法制度，坚决废止肉刑，重证据不重口供"。对于后者，《陕甘宁边区施政纲领》规定，"政府对东佃关系与债务关系加以合理的调整"，以维护双方的权益，《山东省战时施政纲领》还规定：政府负责调节各阶层的利益，对于土地、租佃和劳资纠纷，本着双方自愿的原则，采取调解方式加以处理，达到贫富互助、共同抗日的目的。

上述措施使得对人权的保障落到了实处，它是抗日民主政权民主性的突出表现，不仅极大地激发了边区人民抗日的积极性，也对日后人权保障法的制定提供了先验。

5. 对苏区《宪法大纲》的继承和发展

抗日民主政权的制宪活动是中国共产党领导的民主政权宪法历史的一个重要阶段，它与第二次国内革命战争时期工农民主政权的制宪活动，既有继承关系，又是对后者的发展。这种继承与发展的政治基础，就是中国共产党的领导和两种政权在阶级属性上的同质性。如前所述，无论是从制宪的过程，还是从宪法性文件的内容考察，坚持中国共产党的领导是共同的基本原则。另一方面，作为制宪主体的工农民主政权和抗日民主政权都属于一个政权体系，都以工农联盟为基础，都坚持民主集中制的政权组织原则，因而所制定的宪法性文件也属于同一系统。这就决定了《宪法大纲》有可能成为抗战时期根据地宪法性文件的历史渊源。但是，由于抗日战争时期和第二次国内革命战争时期民主政权所面临的问题和任务不同，加之中国共产党的宪政建设思想和理论的成熟，而有了较大的发展。

首先，在政权建设方面。抗日民主政权宪法性文件中关于发展民主的规定，与《宪法大纲》的思路是一脉相承的。但适应抗日战争的新形势和新任务，抗日民主政权的宪法性文件，无论民主制度的内容及其运作，都有了明显的充实和改进。一是扩大了政权参与者的范围，不仅有《宪法大纲》中所规定的工人和农民，还吸纳了坚持抗日与民主的地主、资本家及其他阶层的开明人士。政权参与范围的扩大，增强了抗日民主政权的合法性基础，为中国共产党领导的全民族抗战和政权建设赢得了广泛的社会支持。二是创造性地发展了三三制的政权组织形式，为吸收其他主张抗日与民主的党派和无党派人士参与政权，提供了制度保障，受到了各阶层人民的拥护。三是在选举制度上，不仅强调选举权和被选举权的普遍性、扩大了政治权利主体的范围，还在选举制度上加入了民族平等的规定，使得政权制度的民主性更为全面。四是加强了对政府权力行使的监督，《宪法大纲》中为了保证权力运行的正常化，规定："选举人无论何时皆有撤回被选举人及重新选举代表的权利"，显然是一种事后性的监督，往往因为缺乏及时性而使损失难以挽回。有鉴于此，抗日民主政权的宪法性文件增强了对权力行使过程的监控，除了规定"严惩公务人员之贪污行为"、"共产党员有犯法者从重治罪"的惩罚性措施外，还建立了"工作检查制度"、"发扬自我批评"、"实行俸以养廉原则"等，以使对权力运行的监督经常化，保证权力行使的合法度。

其次，在民族政策方面。与《宪法大纲》盲目参照苏联宪法，宣布承认民族自决权与实行联邦制不同，中国共产党已经停止使用"民族自决权"和"联邦"的提法，强调中国境内少数民族"与汉族联合建立统一的国家"；① 共同参与抗日民主政权，维护中华民族的统一性。据此，《陕甘宁边区施政纲领》宣布，"依据民族平等原则，实行蒙、回民族与

---

① 中共中央统战部编：《民族问题文献汇编》，中共中央党校出版社 1991 年版，第 595 页。

汉族在政治经济文化上的平等权利，建立蒙、回民族的自治区，尊重蒙、回民族的宗教信仰与风俗习惯"，这不仅反映了中国共产党和抗日民主政权在民族问题上决策的成熟，也更适合中国一贯的传统的国情。

再次，在人民权利保障方面。抗日民主政权继承了工农民主政权重视人民权利，尤其是政治权利的基本精神；但适应抗日战争的新形势，在人民权利的主体范围、权利内容和保障措施等方面，有了重大的变化和发展（前已论及）。在此，仅以妇女权益保护为例，辨析抗日民主政权宪法性文件与《宪法大纲》的差异。

在第二次国内革命战争时期，为了摧毁封建主义的婚姻制度，使广大妇女从封建的政权、神权、族权和夫权四大绳索中解放出来，激发她们参加生产、参与政治活动的积极性，《宪法大纲》宣布："中华苏维埃政权以保证彻底地实行妇女解放为目的，承认婚姻自由"，"实行各种保护妇女的办法，使妇女能够从事实上逐渐得到脱离家务束缚的物质基础，而参加全社会经济的、政治的、文化的生活。"以此为据，同一时期制定的婚姻法规都以婚姻自由、一夫一妻、禁止重婚、保护妇女权益为基本原则，建立了新型的婚姻家庭制度，体现了民主法制在破旧立新方面的革命性和先进性。

进入抗日战争以后，由于建立了抗日民族统一战线，实现了中国共产党与国民党的第二次合作，使得抗日民主政权有原则和有选择地援用国民党政府的法律，由此而带来了革命根据地原有法律与国民党法律之间的冲突。不仅如此，为了激发各阶层人民抗日的积极性，保护抗日的地主和资本家的权利，因此对于他们现有的妻妾并存的婚姻家庭关系，不能再适用工农民主政权的法律。为了化解冲突，协调矛盾，抗日民主政权采用了灵活变通的措施。如《陕甘宁边区施政纲领》在坚持"男女平等原则，从政治经济文化上提高妇女在社会上的地位，发挥妇女在经济上的积极性，保护女工、产妇、儿童"的前提下，规定："坚持自愿的一夫一妻婚姻制"；既重申了民主政权解放妇女、保护妇女权益的革命立场，又有条件地承认妻妾制的婚姻家庭关系，以保证了抗日根据地婚姻、家庭和社会的稳定。

最后，在经济制度方面。抗日战争时期，出于提高武装部队的战斗力，保障其物质供给和加强抗日根据地建设的需要，因而这一时期宪法性文件中对于经济制度的规定，与《宪法大纲》有很大的差异。以土地制度为例，《宪法大纲》规定："中华苏维埃政权以消灭封建剥削及彻底地改善农民生活为目的"，"主张没收一切地主阶级的土地，分配给雇农、贫农、中农，并以实现土地国有为目的。"对于这种脱离国情，过激的土地政策，在红军到达陕北以后，已经开始得到纠正。1935 年 12 月，时任中央执行委员会主席的毛泽东发布命令，宣布除没收富农的出租土地外，"其余富农自耕及雇人经营之土地"，一概不在没收之列，富农也可与普通农民一样分得土地。1936 年 7 月，工农民主政权规定在没收地主阶级土地财产以后，"仍分给以耕种份地及必需的生产工具和生活资料"，这一变化标志着工农民主政权的土地政策开始走上了正确的轨道。

1937 年 2 月，为了团结抗战，中共中央发表《中共中央给中国国民党三中全会电》，提出如果国民党"停止内战、集中国力、一致对外"，中国共产党愿意实行"停止没收地主土地"的政策。8 月 25 日中共中央公布《抗日救国十大纲领》，首次提出"减租减息"的土地政策，并成为抗日根据地土地政策的指导方针。例如，《陕甘宁边区施政纲领》规定："在土地已经分配区域，保证一切取得土地的农民之私有土地制。在土地未经分配区域（例如绥德、富县、庆阳），保证地主的土地所有权及债主的债权，惟需减低佃农租额及债务利息，佃农则向地主缴纳一定的租额，债务人须向债主缴纳一定的利息，政府对东佃关系与债务关系加以合理的调整。"这一规定既保护了农民的既得利益，维护了革命根据地土地改革的成果，体现了在土地制度上对《宪法大纲》的继承和发展；又最大限度地维护了地主阶级的合法权益。

另外，在工人的劳动保护上，继承了《宪法大纲》中"改善工人阶级的生活状况"的基本立场，但又有很大的发展。如《陕甘宁边区施政纲领》将最高工作时间限制由原来的"八小时工作制"改为"十小时工作制"；取消了"彻底改善工人阶级的生活状况"的口号，代之以"适当地改善工人生活"。与此同时强调"调节劳资关系"，"增强劳动生产率，提高劳动纪律"。这些规定，既体现了维护工人的权益的基本立场，又在一定程度上满足了资本家的利益需求，有利于提高资本家组织生产、发展经济的积极性。

6. 抗日民主政权制宪成果的历史作用和地位

抗日民主政权的制宪活动是抗日战争时期中国共产党领导的宪政运动的重要组成部分，它在新民主主义理论的指导下，以"民主"、"团结"、"和平"为价值取向，以抗日根据地为依托，创制出真正维护抗日人民的参政权、切实保障人民的基本权利的诸多宪法性文件，不仅有效地规范了根据地政权的运行，还促进了包括国民党统治区在内的全国范围争民主的宪政运动的高涨，教育和锻炼了中国的民主力量，为以后的中国宪政建设打下了重要基础，因而是中国宪法史上光彩的一页。

（1）为抗日战争的最后胜利提供了秩序保证

由于抗日与民主互为条件，民主是抗日的保证，因此如何反映各党派、各阶层的意见，保护他们的权益，便成为抗日民主政权宪政建设的基本内容。

从各根据地宪法性文件的内容可以看出，抗日民主政权在制宪过程中，注意到了保证抗日人民参与政权的基本权利，各根据地的选举法规都贯彻了"直接、普遍、平等和不记名"的基本原则，并注意采取相应的措施保障少数民族的选举权和被选举权。特别是政权组织的三三制原则，更以某种带强制性规范的方式，保证各党各派及一切群众团体共同参与抗日民主政权的机会和条件。各根据地制定的人权保障条例，还根据变化了的形势，最大限度地维护抗日的地主和资本家的人身和财产权。总之，通过根本法的形式，规范了农民与地主、工人与资本家、汉族与少数民族、抗日民主政府与国民党政府、中国共产党与其他党派及人民团体之间的利益关系，使之在抗日民族统一战线体制下互相协作，共同抗敌，造就了抗击日寇的秩序保证和陷日本帝国主义于灭顶之灾的天罗地网。

不仅如此，各根据地纲领有关经济、文化的规定，极大地推动了经济与文化建设事业的发展，这是边区社会秩序稳定的物质保证。

（2）为边区民主法制建设奠定了宪法基础

宪法既是对民主的肯定，又是对民主的规范；宪法所肯定的是民主的事实，宪法所规范的是民主运行的过程及各个环节上的基本要求，以使权力行使者有章可循，也有利于权力所有者进行监督。抗日民主政权所制定的宪法性文件正是这样的根本法。

各根据地的宪法性文件，肯定了抗日民主政权是包括工人、农民、小资产阶级、民族资产阶级、富农和一般地主在内的、抗日人民的联合民主政权的事实，同时，还对选举、政权组成、公务人员的权力行使、司法机关的行为等民主运行的基本环节，进行了明确规定，从而使权力的运行符合人民的根本利益。实践证明，各根据地政权在宪法性文件的指导和有效地规范下，真正变成了人民群众管理国家的工具，形成了中国历史上从未出现过的民主政治的生动局面。

抗日民主政权的宪法性文件还是各根据地法制统一的宪法基础。抗日民族统一战线的形成，带来了各根据地内部各阶层人民利益关系的复杂化，这就对利益关系的调整器即法律提出了更高的要求。因此，各根据地开展了前所未有的大规模的立法活动。以陕甘宁边区为例，在13年里，共制定出近60种、260多条法律法规，涉及的内容十分广泛。此外，由于各边区所属地域处于分割包围之中，彼此联系不易，客观上造成了根据地内法制不统一的局面。通过颁发宪法性文件，对于政治、经济、文化、外交的基本制度和基本政策进行规范，为各地的立法提供了方向指导和统一的基础。

综观抗日民主政权的法制建设，不仅向着规模化的方向发展，也向着完善、统一的层面深入。

（3）为以后的制宪提供了宝贵的经验

抗日民主政权的制宪活动是中国共产党领导下较为成功的范例，不仅表现在促进了抗日民主政权的发展和壮大、为最终取得抗日战争胜利提供了秩序保证；而且从中国民主宪政建设基本规律的认识和把握上，为以后的制宪运动提供了有益的经验。这些经验可以归纳为以下几点：

首先，根据形势和任务不断调整政策。

中国共产党自诞生以来，便为广大劳动人民争取独立、民主和自由而奋斗，早在第一次国内革命战争时期，就注重将新式的民主构想付诸实践。第二次国内革命战争时期，又依托革命根据地政权，制定并颁布了《中华苏维埃共和国宪法大纲》，成为中国第一部真正反映劳动人民意志和利益的宪法性文件。由于当时建设新民主主义的宪政经验不足，加上"左倾"错误的干扰，而使《宪法大纲》中存在着严重缺陷。尽管如此，它的制定和颁布，仍然表明了中国共产党致力于宪政建设的决心和信心，展现了一种新的宪法的风貌。

抗日战争爆发前后，中国共产党根据新形势下复杂变化的阶级关系，有针对性地提出了建立抗日民族统一战线，并在这一体制之下开展宪政建设的战略方针。为此，调整了对非无产阶级分子的政策，改变了对含有剥削因素的经济成分的态度，协调了与国民党政权之间的政治关系，努力维护了团结抗日的格局。特别是随着对中国民主革命认识的不断加深，发展了新民主主义理论，使得宪政建设的指导思想不断丰富，朝着科学和进步的方向发展。

抗日战争时期，各根据地政权所制定和颁布的宪法性文件，使中国共产党民主决策的科学性成为现实性，并且法律化。具有代表性的《陕甘宁边区施政纲领》便是在新民主主义理论的指导下，由中共陕甘宁边区中央局于 1941 年 5 月 1 日发布，并经陕甘宁边区第二届参议会于 1941 年 11 月通过颁布的。所以它既是陕甘宁边区政府的施政纲领，又是中国共产党的政策纲领。与国民党统治区的立宪相比较，更使广大民众清楚地认识到在宪政问题上真与伪的原则区别。

　　1939 年 11 月，国民党五届六中全会上，蒋介石表示接受国民参政会一届四次会议的决议，决定于 1940 年 11 月召开国民大会并制定宪法。但是，对于重庆各界宪政促进会的申请立案，国民党当局不仅不予批准，还派特务破坏各种宪政座谈会。与此相反，在抗日根据地，不仅注意从组织上和舆论宣传上动员边区人民参与宪政建设，而且重视发挥边区参议会的各项职能，注重保障人民的民主权利、人权和财权。抗日民主政权宪法性文件的实施和根据地民主联合政府的建立，展现了边区宪政运动的巨大成就。

　　其次，加强民主建设，注重人权保障。

　　从人类社会发展看，宪政的价值取向和模式有很大差异。英国是先寻求自由，后获得民主；美国则是自由与民主并重。但对于中国而言，长期的封建君主专制使得完全没有民主传统，而强韧的宗法等级束缚，也使人民对于政治自由异常陌生，这就意味着中国的宪政建设必须寻找自己的规律。毛泽东曾指出："中国缺少的东西固然很多，但是主要的就是少了两件东西，一件是独立，一件是民主。"因此，中国的宪政建设必须解决驱逐帝国主义出中国和推翻封建主义的统治两个问题。这两个问题在抗日战争时期被归结到了一起，就是民主的抗日。为此，抗日民主政权以民主为出发点制定的宪法性文件中，确认抗日人民的民主权利、规范民主权利的运行过程，保证人民对权力的监督和控制；赋予人民"用无论何种方式控告任何公务人员非法行为之权利"；注重发挥作为人民议事机关的参议会的职能，这一系列民主制度建设的经验为以后提供了非常有益的借鉴。

　　此外，由于中国是一个奉行家族本位的社会，个人没有独立的权利地位，由此而造成了中国社会的义务本位，权利意识十分淡薄。因此进入抗日战争时期以后，抗日民主政权力图通过保障人权、财权的法律，确认人民的合法利益，规范利益的获取方式，并确认其不可侵犯性。

　　最后，注意对权力的制约。

　　在中国，与权利意识淡薄相对应的是权力专横。中国传统政治运行所奉行的是官吏只对上级而不对百姓负责的权力本位主义，缺乏权利的制约，以致有权者肆无忌惮，随意侵犯人民的利益，成为封建政权反动性的突出表现。因此，体现革命性的民主政权的宪法，就必须在实现权力制约方面表现其先进性。在工农民主政权所制定的《宪法大纲》中，通过规定"苏维埃政权是属于工人、农民、红军兵士及一切劳苦民众"的人民主权原则，体现其对权力行使者的制约。但由于长期的封建专制主义残余的影响，一些干部缺乏民主观念，习惯于独断专行，甚至做出与革命人民意志与利益相左的违法行为，给革命事业带来了不利的影响。为此，抗日民主政权总结《宪法大纲》实行的经验和教训，在制定宪法性文件时，不仅强调政权归属于抗日人民，宣布人民的基本权利，还建立了工作检查制度，赋予人民"控告任何公务人员非法行为之权利"，从而将制约权力运作的动力，放在广大人民的手中，使权力制约原则和规范具有可操作性。

三、解放区民主政权的制宪活动与成就

解放战争时期，解放区民主政权的制宪活动经历了两个发展阶段——为争取和平改革社会政治阶段和武装夺取全国政权阶段。在这两个阶段，民主政权面临的社会政治关系和所担负的基本任务不同，制宪的过程和成果也因之有异。

1. 争取和平改革社会政治阶段的制宪活动和成果

抗日战争即将取得胜利之时，作为中共中央所在地的陕甘宁边区，已成为各解放区的指导中心。随着解放区的迅速扩大，先后在东北、晋察冀、山东、华中等地区建立了人民民主政权，为这一时期的制宪活动提供了组织保障。

抗日战争胜利以后，中国进入一个新的历史时期。中华民族同日本帝国主义的矛盾，让位给中国人民同代表大地主大资产阶级的国民党反动派的矛盾。而首先面临的是如何重新构建国家政权、分配国家权力，以满足经历多年战争以后人们所期待的和平、独立和民主。毛泽东在中共"七大"所做的《论联合政府》的报告中提出："把各党各派和无党无派的代表人物团结在一起，成立民主的临时的联合政府，以便实行民主的改革……然后，需要在广泛的民主基础之上，召开国民代表大会，成立包括更大范围的、各党各派和无党无派代表人物在内的、同样是联合性质的、民主的正式的政府。"① 这个主张是内战爆发前，中国共产党进行民主政治建设的奋斗纲领。为此，毛泽东建议：应"尽可能迅速地在延安召开中国解放区人民代表会议，以便讨论统一各解放区的行动……促进全国人民的团结和联合政府的成立。"②

1945 年 7 月 13 日，各解放区、各人民团体以及八路军、新四军等各方面的代表在延安开会，成立了"中国解放区人民代表会议筹备委员会"。9 月 17 日，解放区纲领起草委员会提出了《解放区纲领草案》，其中强调实行真正普遍、平等、自由的选举制和人民代表大会制，使由人民选举产生的各级人民代表会议成为各该级的最高权力机关，并选举产生同级政府；在各解放区成立区域（边区、专署、县）的民主联合政府；各级政府机构继续实行三三制原则，任何党派不得在各级政权机构的人员中占三分之一以上；实行地方自治，凡属地方性质之事务，在不违背上级民主政权规定的原则下，各区域政府或省政府得制定施政纲领和单行法规，等等。这个草案为以后的政权建设提供了范式。依此，同年 10 月，陕甘宁边区参议会常驻委员会和陕甘宁边区政府发布联合通知，宣布将乡（市）参议会改为乡（市）人民代表会，为建立民主联合政府进行准备。

---

① 《毛泽东选集》第 3 卷，人民出版社 1991 年版，第 1029 页。
② 同上书，第 1092 页。

重庆谈判以后，中国共产党及其所领导的解放区继续为争取国内和平、民主、独立而奋斗。1946 年 4 月，陕甘宁边区在延安召开了第三届参议会第一次大会，这次会议根据重庆谈判和政治协商会议决议的精神，为了反对国民党蒋介石的独裁统治及一党专政，推动全国的政治民主进程，保障解放区民主政治建设所取得的成果，提出了建设"模范自治省区"的口号。在会上，陕甘宁边区政府主席林伯渠根据政协《宪法草案决议》中在不与国宪相抵触的前提下，"省得制定省宪"的规定，指出，边区人民已经到了应该制定省宪的时候，并提议大会责成本届参议会常驻委员会限期完成宪法起草工作。

1946 年 4 月 23 日，大会通过了《陕甘宁边区宪法原则》，对边区的民主政治建设、人民的民主权利及发展经济的基本政策等根本问题，做了明确规定，作为"模范省区"建设的基本法依据。大会还决定由本届新选出的参议会常驻委员会，负责起草边区宪法，准备下次大会讨论通过。6 月底，《陕甘宁边区省宪（基本法）》草拟完成，但由于国民党反动派发动了全面内战，宪法制定工作被迫中断。

其他解放区也根据中国共产党的纲领、路线、方针、政策，结合本地区的实际情况，制定了各自的施政纲领，如 1945 年 9 月制定的《晋察冀边区行政委员会施政要端》、1945 年 12 月制定的《苏皖边区临时行政委员会施政纲领》等。

《陕甘宁边区宪法原则》以毛泽东的新民主主义理论为指导原则，分列"政权组织"、"人民权利"、"司法"、"经济"、"文化"五个部分，共 25 条。将边区民主政权建设实践经验和制宪的经验，以根本法的形式固定下来，成为这一阶段代表性的宪法性文件。

《陕甘宁边区宪法原则》以"经济繁荣，文化普及，民主生活更加发展"[①] 为奋斗目标，规定了陕甘宁边区政权的组织和活动的基本原

---

① 《边区建设的阶段——陕甘宁边区政府主席林伯渠在第三届边区参议会第一次大会上的政府工作报告》。

则、人民的各项权利和经济、文化的基本政策。

首先，关于政权的组成。规定："人民普遍、直接、平等、无记名选举各级代表"，这一规定与《陕甘宁边区抗战时期施政纲领》的内容及表述方式是相同的，表明解放战争初期的宪法性文件，力图延续抗日民主政权时期的选举制度。

其次，关于政权组织形式。抗日战争时期政权组织实行三三制的参议会制。但毛泽东早在 1940 年就曾经提出过人民代表大会制的构想，他认为："没有适当形式的政权机关，就不能代表国家。中国现在可以采取全国人民代表大会、省人民代表大会、县人民代表大会、区人民代表大会，直到乡人民代表大会的系统，并由各级代表大会选举政府。"[①]由于解放战争初期，各地实行人民代表大会制的条件还不成熟，因此，抗战结束后新成立的一些解放区政权，依然采用参议会制的形式，如1945 年 12 月建立的苏皖边区政府，就建立了苏皖边区临时参议会，作为该边区人民代表大会召开前的最高权力机关。《陕甘宁边区宪法原则》肯定了这一做法的合理性，规定："边区、县、乡人民代表会议（参议会）为人民管理政权机关。"一方面将人民代表会议制度作为政权建设的目标；另一方面又承认参议会存在的合理性，体现出一种尊重历史又放眼将来的灵活态度。

第三，关于民族区域自治。规定：边区各少数民族在其居住集中地区得划成民族区，组织民族自治政权；而且在不与省宪抵触的原则下，得订立自治法规。从而把少数民族的自治权利法律化、制度化，发展了陕甘宁边区抗日民主政权关于少数民族建立自治区的规定，是解放区民主政权在民族区域自治法制建设方面的重要成就。

第四，关于人民权利。规定：人民为行使政治上的各项自由、权利，应受到政府的诱导与物质帮助。边区人民不分民族，一律平等；妇女有与男子平等的权利。特别是规定了采用减租减息与缴租交息、改善

---

① 《毛泽东选集》第 2 卷，人民出版社 1991 年版，第 677 页。

工人生活与提高劳动效率、大量发展经济建设、救济灾荒、扶养老弱贫困等方法，使"人民有免于经济上偏枯与贫困的权利"。另外，采用免费的国民教育和高等教育、优待优等生、普施为人民服务的社会教育、发展卫生教育与医药设备，等等，使"人民有免于愚昧及不健康的权利"。

第五，关于司法制度。规定：各级司法机关独立行使职权，除服从法律外，不受任何干涉。这是不同于抗日时期施政纲领有关规定的新发展。此外，还规定除司法机关、公安机关依法执行职务外，任何机关、团体不得有逮捕审讯等行为。

第六，关于经济与文化政策。规定：应保障耕者有其田、劳动者有职业、企业者有发展的机会；用公营、合作、私营三种方式组织所有的人力、财力，为促进繁荣、消灭贫穷而斗争；欢迎外来投资，保障其合理利润；设立职业学校，创造技术人才；有计划地发展农工矿各实业，等等。在这里值得注意的是，将抗日时期的减租减息政策，改变为没收地主土地分配给农民的耕者有其田的土地政策，体现了抗日战争胜利后，随着形势的变化，所引起的新民主主义经济纲领的重大变化。

在文化政策方面，规定：普及并提高一般人民的文化水准，从速消灭文盲；减少疾病与死亡现象；保障学术自由，致力科学发展。

《陕甘宁边区宪法原则》是在新形势下，争取和平改革社会政治阶段的产物。它既是陕甘宁边区政府民主制宪经验的总结，又反映了政策上的调整与变动，具有重要的历史价值。

2. 武装夺取全国政权阶段的制宪活动和成果

1946 年 6 月，国民党反动派不顾中国共产党和全国人民的反对，悍然发动了全面内战，国内政治形势发生了急剧的变化，阶级矛盾上升为主要矛盾，官僚资产阶级和地主阶级成了人民的敌人。在这种形势下解放区民主政权转变为以工人阶级为领导的，以工农联盟为基础的，联合民族资产阶级、爱国民主人士对官僚资产阶级和地主阶级实行专政的政权。参议会制也转向人民代表会议制。随着解放战争的胜利推进，先后建立了华北、中原、西北和东北大区人民政府，以及省（市）、县、乡村的人民政权。在新解放的大中城市成立了军事管制委员会，作为该管区军政最高领导机关。1946年4月，成立了"内蒙古自治运动联合会"，以统一领导内蒙古人民自治运动。1947年4月，召开了内蒙古人民代表会议，成立了内蒙古自治政府，建立了内蒙古自治区，成为人民民主政权的重要组成部分。

各解放区人民政府建立以后，陆续制定了本地区的施政纲领，如东北解放区于1946年8月成立东北行政委员会，制定了《东北各省市民主政府共同施政纲领》；1947年4月，内蒙古人民代表会议通过了《内蒙古自治政府施政纲领》；晋察冀边区和晋冀鲁豫边区于1948年8月合并后，召开了华北临时人民代表大会，通过了《华北人民政府施政方针》。在这些施政纲领中，《华北人民政府施政方针》规定了军事、经济、政治、文化教育等方面的基本方针和政策，是中国共产党新民主主义的政治、经济和文化方针政策的具体化和法律化，不仅是华北解放区革命和建设的指导方针，对其他解放区乃至新中国成立后的政权建设和经济发展，也有借鉴意义，因而是这一时期具有代表性的宪法性文件。

此外，《内蒙古自治政府施政纲领》肯定了内蒙古各族人民革命的胜利果实，从民族关系、政治制度、经济制度、人民权利、文化教育卫生事业等方面，确认了内蒙古各族人民当家做主，管理自治区事务的权力，确立了民族平等和实行民族区域自治的基本原则，为我国建立统一的多民族国家的国家结构形式，创造了成功的范例，因而也是这一时期极为重要的宪法性文件。

综合上述宪法性文件可以看出解放区民主政权制宪的指导思想：

（1）军事斗争与经济建设并重

在新民主主义革命时期，中国共产党领导的民主政权，一方面带领广大劳动人民与帝国主义和封建军阀、官僚、地主阶级政权展开斗争，以劳动人民自己的政权取而代之；另一方面，作为新的生产力代表，这个政权需要开展政治、经济和文化等领域的建设，以巩固已经取得的斗争成果，进而为夺取全国政权后迅速转入社会主义建设奠定坚实的物质基础。因此，作为指导政权运行根本大法的宪法，自然要担负起消灭旧的社会关系和确立并规范新的社会关系的任务。

从解放区本身的情况来看，开展军事斗争与进行经济建设同样是刻不容缓的任务。为了粉碎国民党反动派的进攻，保卫解放区，必须"发展大规模的生产运动，增加粮食和日用必需品的生产，改善人民的生活，救济饥民、难民，供给军队的需要"。为了完成这项非常迫切的任务，毛泽东指出"只有减租和生产两件大事办好了，才能克服困难，援助战争，取得胜利"。[①] 他还指出，为了实现"发展工业生产，变农业国为工业国的任务"，必须"消灭封建制度，发展农业生产"。为此，"在任何地区，一经消灭了封建制度，完成了土地改革任务，党和民主政府就必须立即提出恢复和发展农业生产的任务……农村党的精力的最大部分，必须放在恢复和发展农业生产和市镇上的工业生产上面。"[②] 由此可见，军事斗争和经济建设是人民民主政权必须兼顾的两项任务，也是宪政建设的指导思想。

在全面内战尚未爆发之前，《陕甘宁边区宪法原则》本着和平建国和建设民主政治的方针，规范的重点在于政权组织、人民权利、发展经济和文化等属于国家建设方面的内容。全面内战爆发以后，武装斗争的重要性凸显出来，因此《华北人民政府施政方针》就将"继续进攻敌人，为解放全华北而奋斗；继续以人力物力财力支援前线，继续配合中国人民解放军向蒋匪军进攻"的军事斗争目标，和"有计划有步骤地进行各种建设工作，恢复和发展生产，在现有基础上，把工农业生产提高一寸"的经济建设要求，作为华北解放区的主要任务。为此，在"军事

---

① 《毛泽东选集》第 4 卷，人民出版社 1991 年版，第 1172 页。
② 同上书，第 1316 页。

方面"要"提高华北野战军的战斗力","继续加强边沿区接敌区的游击战争,自觉地、有计划地配合主力主动地打击敌人","继续加强各种军需工业的建设,以保证部队的供给";在"经济方面"要"努力恢复和发展农业生产"、"努力发展工商业"、"改革税制",以发展经济。

又如,《内蒙古自治政府施政纲领》,也根据军事与经济并重的指导思想,一方面规定建设与发展内蒙古人民自卫军,发展人民自卫武装,肃清土匪、奸细,保卫社会秩序;另一方面又规定发展农业、畜牧业、手工业、采矿业、林业,整顿财产,建立合理的税收制度,发展工商贸易,以保障人民的生活。

实践证明,解放区民主政权宪法性文件中,所规定的开展军事斗争与发展经济建设并重的指导思想,是合乎解放区政治与经济发展形势需要的。不仅有效地打击了敌人,推进了革命进程;同时也发展了经济,为解放区的壮大奠定了坚实的物质基础,二者之间互相促进。

(2)政权制度改革与建设并重

全面内战爆发以后,全国政治形势和解放区内部阶级关系,都发生了重大变化,从而决定了解放区民主政权已有的一些制度必须进行改革。譬如,原有的选举制度就不适应新的情况而必须改变。在《华北人民政府施政方针》中,明确宣布:"必须使各民主阶层,包括工人、农民、独立劳动者、自由职业者、知识分子、自由资产阶级和开明绅士,尽可能地都有他们的代表参加进去,并使他们有职有权。"又如,抗日民主政权曾经实行的参议会制度也为人民代表会议制度所取代。

毛泽东在总结了华北和晋绥两地政权建设经验的基础上,指出:"在反对封建制度的斗争中,在贫农团和农会的基础上建立起来的区村(乡)两级人民代表会议,是一项极为宝贵的经验。只有基于真正广大群众的意志建立起来的人民代表会议,才是真正的人民代表会议。"因此,"在一切解放区,也就应当这样做。在区村两级人民代表会议普遍地建立起来的时候,就可以建立县一级的人民代表会议。有了县和县以下的各级人民代表会议,县以上的各级人民代表会议就容易建立起来了。"① 进而又指出："人民代表会议一经建立，就应当成为当地人民的权力机关，一切应有的权力必须归于代表会议及其选出的政府委员会。"②

根据毛泽东的指示，《华北人民政府施政方针》用根本法的形式肯定了这一实践经验，规定："一定尽可能建立人民的、经常的民主制度，建立各级人民代表大会，并由它选举各级人民政府。"从而体现了政权制度改革与建设相结合的指导思想。但在《内蒙古自治政府施政纲领》中，根据内蒙古地区的历史和阶级关系的现状，仍采取参议会的形式，规定内蒙古自治区以内蒙古人民所选举的内蒙古参议会为权力机关；参议会选举内蒙古自治政府委员及政府主席、副主席组成自治区政府，是参议会闭会后的自治区的最高行政机关；自治区政府以下各级政府，由各级人民代表大会选举产生。人民有罢免其代表和参议员之权；人民有权控诉有不忠于人民利益行为的任何公务人员。上述有针对性的特殊规定，鲜明地反映了原则性与灵活性的结合。

（3）继承与发展并重

抗日民主政权与解放区民主政权，虽然在政权的性质及任务上不尽相同，但都属于中国共产党领导的革命政权，都是以新民主主义理论为指导，以谋求民族独立、建设民主政治、推进社会进步为基本目标。因此，在政权建设上必然表现出一定的连续性，这种连续性在宪法性文件中，就表现为对抗日民主政权宪法规范内容的继承与发展。

首先，无论是工农民主政权还是抗日民主政权，都以最广泛地吸收人民群众参加政权为主要特征，这是政权建设顺利进行，并不断发展壮大的最根本的动力，也是最宝贵的经验。解放区民主政权继承了这一传统，在《陕甘宁边区宪法原则》、《内蒙古自治政府施政纲领》、《华北人民政府施政方针》中，都将发展民主作为宪法规范的核心任务。

---

① 《毛泽东选集》第 4 卷，人民出版社 1991 年版，第 1308 页。
② 同上书，第 1308 页。

不仅如此，解放区的宪法性文件还延续了对权力运行实行监督的成功经验。规定了较为详尽地对政府机关工作进行监督和检查的措施。如：人民对各级政权有检查、告发及随时建议之权；各级政府人员违反人民的决议，或忽于职务者，应受到代表会议的斥责或罢免，乡村则由人民直接罢免之，人民有权控诉不忠于人民利益行为的任何公务人员。《施政方针》鉴于存在着的"强迫命令的作风和多占人民土地改革果实的现象"，提出了整顿区村级组织的任务，以巩固"民主建政的基础"。并规定："建立人民监察机关，以监督、检查、检举并处分政府机关和公务人员的贪污腐化、违法失职，并经常防止和反对脱离群众的官僚主义作风"；建立"村政大检查的制度，实行批评、自我批评，奖励模范，批评或处罚失职、贪污及其他不法分子"。

解放区民主政权在传承历史经验的基础上，取得了较大的发展。例如，政权的主体与抗日民主政权不同。解放区的人民民主政权是"工农兵学商各被压迫阶级、各人民团体、各民主党派、各少数民族、各地华侨和其他爱国分子"所组成的民主政权。在这个政权中，过去作为"联蒋抗日"政策而进行团结并被视为抗日民主政权友党友派的地主阶级和官僚资产阶级以及代表这些阶级的国民党，① 现在成了政权的专政对象。在各解放区开展了剥夺地主阶级和官僚资产阶级分子选举权和被选举权，没收一切地主的土地等财产的运动。《陕甘宁边区宪法原则》和各地《施政纲领》、《施政方针》，都用根本法的形式，肯定了对地主阶级和官僚资产阶级进行专政的合法性。

其次，解放区民主政权继承了抗日民主政权扩大权利主体范围，充实权利内容，规定权利保障措施的民主性的传统，同时，又根据解放区经济和社会发展的实际，规定了一些人民生存和发展所必需的基本权利，如："人民有免于经济上偏枯与贫困的权利"，"人民有免于愚昧及不健康的权利"。由于将保障人民基本权利作为政府决策的出发点，因

———————————
① 《毛泽东选集》第4卷，人民出版社1991年版，第1475页。

此体现了权利的真实性。

再次，在肯定抗日民主政权宪法性文件中有关民族平等、确认少数民族各项权利的同时，最显著的发展就是民族区域自治制度的建立。1945 年 4 月毛泽东在《论联合政府》中提出：要"改善国内少数民族的待遇，允许各少数民族有民族自治的权利。"[①] 依照这一指导思想，《陕甘宁边区宪法原则》宣布："边区各少数民族，在居住集中地区，得划成民族区，组织民族自治政权，在不与省宪抵触原则下，得订立自治法规"，用根本法的形式确立了民族区域自治制度的基本原则。1947 年 4 月内蒙古人民代表会议通过了《内蒙古自治政府施政纲领》，规定内蒙古自治政府是内蒙古民族各阶层联合内蒙古区域内各民族、各阶层实行高度自治的区域性的民主政府。它以内蒙古各盟（包括盟内旗县市）、旗为自治区域，自治区域是中国的一个组成部分。在自治区内蒙、汉、回各民族一律平等，建立各民族间亲密合作、团结互助的新民族关系，消除一切民族间的隔阂与成见，互相尊重风俗、习惯、宗教信仰等。根据《内蒙古自治政府施政纲领》，1947 年 5 月 1 日成立了内蒙古自治政府，标志着我国民族区域自治制度伟大实践的成就，并为新中国发展民族区域自治制度积累了宝贵的经验。

最后，由于改革封建的土地制度是新民主主义革命的主要内容，因而也是自苏区以来人民民主政权制宪活动一贯的重点规范。解放战争时期，为了满足农民对土地的要求，发动广大农民群众参加解放战争，中共中央于 1946 年 5 月 4 日，发出了《关于清算减租及土地问题的指示》，决定将土地政策由抗日战争时期的减租减息，改变为以各种方式从地主手中获得土地分配给农民，实现耕者有其田。1947 年 7 月至 9 月，召开了全国土地会议，制定了《中国土地法大纲》，宣布废除封建性及半封建性剥削的土地制度，实行耕者有其田的土地制度，并详细规定了土地的分配办法。《中国土地法大纲》的基本内容为新中国诞生前

---

① 《毛泽东选集》第 3 卷，人民出版社 1991 年版，第 1065 页。

所制定的宪法性文件《共同纲领》所确认。

3. 解放区宪法性文件的作用与历史地位

（1）推进了解放战争的胜利进程。

在整个新民主主义革命进程中，中国共产党针对不同历史阶段所面临的不同的形势和任务，制定了既有继承性、阶段性，又有发展连续性的宪法性文件，力图将政权运行纳入宪法规范的轨道，以维护政权的稳定和效能，有效地调整各种社会关系。就解放区民主政权所开展的制宪活动及其成果而言，首要的贡献就是推进了解放战争的胜利进程。如《华北人民政府施政方针》不仅将"继续进攻敌人，为解放全华北而奋斗"，"继续以人力物力财力支援前线，继续配合全国人民解放军向蒋匪军进攻，以争取人民革命在全国的胜利"作为解放区的基本任务，而且规定了解放区开展军事斗争的基本要求，即："继续消灭国民党反动派残留在华北的军事力量"，"继续建设和健全人民武装"，"继续动员华北的人力物力财力，更有计划地、有效率地支援前线"等。这些规定为军事斗争的战略决策，提供了法律保障，维护了战争所必需的物资装备供应的稳定性。

不仅如此，解放区宪法性文件还明确了政权的阶级归属，宣布了土地改革的基本政策和保护各阶层人民财产和民主权利，从而激发了解放区劳动人民生产建设和支援前线的高度的革命热情，调动了广大开明绅士和民族资产阶级以及知识分子支持革命战争的积极性，维护了解放区内部社会秩序的稳定。这些宪法性文件所表现出的民主性、进步性及其效果，也使得国民党统治区的爱国人士，看到了中国民主政治建设的新希望，从而促成了人民民主统一战线的形成，加速了国民党反动统治的灭亡和解放战争胜利的步伐。

（2）为新中国制宪活动提供了宝贵的经验。

解放区民主政权的制宪活动，是新中国成立以前中国共产党领导的，以革命根据地为依托的最后一次制宪活动。虽然它所制定的宪法性文件的效力所及还只是部分地区，无论内容还是形式也都不具备严格意义上的宪法的诸多要素，但由于它体现了新民主主义的政治、经济和文化等方面的基本政策，而且经历了严格的实践检验，因而为新中国制定全国性的宪法提供了宝贵的经验。刘少奇在《关于中华人民共和国宪法草案的报告》中关于人民代表大会制度，便明确指出：它是"根据我国人民革命根据地政治建设的长期经验"[①] 而确定的。这个"长期经验"自然就包括解放区制宪活动对人民代表会议制的确认和规范。又如，《中国人民政治协商会议共同纲领》第 51 条关于"少数民族聚居的地区，应实行民族的区域自治，按照民族聚居的人口多少和区域大小，分别建立各种民族自治机关"的规定，则显而易见地是以 1947 年《内蒙古自治政府施政纲领》为基础，又是它的发展。

再如，1949 年 6 月新中国成立前夕毛泽东发表《论人民民主专政》一文，对共和国的国体问题作了详尽的阐述，指出在现阶段，"工人阶级，农民阶级，城市小资产阶级和民族资产阶级"，"在工人阶级和共产党的领导之下，团结起来，组成自己的国家，选举自己的政府，向着帝国主义的走狗即地主阶级和官僚资产阶级以及代表这些阶级的国民党反动派及其帮凶们实行专政，实行独裁，压迫这些人，只许他们规规矩矩，不许他们乱说乱动。如要乱说乱动，立即取缔，予以制裁。对于人民内部，则实行民主制度，人民有言论集会结社等项的自由权。选举权只给人民，不给反动派。这两方面，对人民内部的民主方面和对反动派的专政方面，互相结合起来，就是人民民主专政。"[②] 这个科学论断来自于革命的实践，体现了马克思主义理论与实践关系的原理。没有解放区 28 年的政权建设与制宪的实际斗争历程与经验，就不会有完整的人民民主专政理论和 1954 年宪法。毛泽东在评价 1954 年宪法（草案）时

---

① 张友渔：《宪政论丛》下册，群众出版社 1986 年版，第 254 页。
② 《毛泽东选集》第 4 卷，人民出版社 1991 年版，第 1475 页。

曾经说过："这个宪法草案，总结了历史经验"，"总结了无产阶级领导的反对帝国主义、反对封建主义、反对官僚资本主义的人民革命的经验"，① 当然也总结了宪政运动和制宪的历史经验。

综括共产党领导的人民民主政权为宪政而斗争的漫长过程，可以清楚地看出，它是争取尚未取得的民主的一场大的斗争，它的目标既不同于西方国家的宪政，也不同于社会主义的宪政，而是新民主主义宪政，其根本标志就是无产阶级的领导权。在无产阶级的领导下革命阶级联合专政的国体，与人民代表大会制的政体的统一，决定了新民主主义宪政具有最广泛最深厚的群众基础。又由于新民主主义宪政运动是从属于反帝反封建的革命运动的一个组成部分，因而具有民国时期资产阶级领导的宪政运动所不可比拟的深刻性和艰巨性。

---

① 《毛泽东选集》第 5 卷，人民出版社 1977 年版，第 126 页。

第八章
中华人民共和国的制宪活动与宪法

一、废除伪宪法与《论人民民主专政》的发表

三年解放战争在全国人民的支援下，取得了迅速的发展。至 1949 年年初，国民党政权已经危亡在即，朝不保夕，新中国的诞生指日可待。为了贯彻废除伪宪法、废除伪法统的主张，1949 年 2 月，中共中央发布了《关于废除国民党的六法全书与确定解放区的司法原则的指示》（以下简称《指示》）。这个《指示》首先从马克思主义关于法律的基本观点出发，论证了废除国民党六法全书的必然性和必要性。指出："法律是统治阶级公开以武装强制执行的所谓国家意识形态。法律和国家一样，只是保护一定统治阶级利益的工具。国民党的六法全书和一般资产阶级法律一样，以掩盖阶级本质的形式出现……国民党全部法律只能是保护地主与买办官僚资产阶级反动统治的工具，是镇压与束缚广大人民群众的武器。……因此六法全书决不能是蒋管区与解放区均能适用的法律。""在无产阶级领导的工农联盟为基础的人民民主专政的政权下，国民党的六法全书应该废除。"

其次，强调指出："人民的司法工作，不能再以国民党的六法全书为依据，而应该以人民的新的法律作依据。""目前在人民的法律还不完

备的情况下，司法机关的办事原则应该是有纲领、法律、命令、条例、决议规定者，从纲领、法律、命令、条例、决议之规定；无纲领、法律、命令、条例、决议规定者，遵从新民主主义的政策。"

最后，要求司法干部从思想上划清新旧法律观的界限，建设一支由马列主义国家观、法律观武装的司法干部队伍。指示说："对国民党六法全书的认识，在我们好些司法干部中是错误的，模糊的。不仅有些学过旧法律的人把它奉为神圣，强调它在解放区也能运用，甚至在较负责的政权干部中也有人认为六法全书有些是合乎广大人民利益的。"特别是"抗日时期，在各根据地曾经个别的利用过国民党法律中有利于人民的条文，来保护和实现人民的利益。……无疑的，这样做是正确的。但不能把我们这种一时的策略上的行动，解释为我们在基本上承认国民党的反动法律，或者认为在新民主主义政权下，能够在基本上采用国民党的反动的旧的法律。""司法机关应该经常以蔑视和批判六法全书及国民党其他一切反动的法律、法令的精神；以蔑视和批判欧美日本资本主义国家一切反人民法律、法令的精神；以学习和掌握马列主义、毛泽东思想的国家观、法制观及新民主主义的政策、纲领、法律、命令、条例、决议的办法，来教育和改造司法干部。"

显而易见，《指示》具有明显的针对性，是为了纠正一些司法干部认为解放区法律不健全，意图按照抗日战争时期有条件地、部分地援用国民党法律的做法，以便解决解放区的某些法律纠纷的错误认识。但是《指示》的意义远远超出了这一点，它是在法律这个具体问题上，体现了马克思主义关于无产阶级革命必须打碎旧的国家机器的原理，因此完全是从政治角度提出问题、论证问题，由此带来的偏颇之处在所难免。这在新旧政权递嬗之际，在共产党号召将革命进行到底的历史背景下，是可以理解的。

根据《指示》的精神，1949 年 4 月 1 日，华北人民政府发布了《华北人民政府为废除国民党的六法全书及一切反动法律的训令》，重申了《中共中央关于废除国民党的六法全书与确定解放区的司法原则的指示》

中的主要内容和精神，并且进一步阐明："国民党的法律，是为了保护封建地主、买办官僚资产阶级的统治与镇压广大人民的反抗；人民要的法律，则是为了保护人民大众的统治与镇压封建地主、买办官僚资产阶级的反抗。阶级利益既相反，因而在法律的本质上就不会相同。""不要以为新法律尚不完全，旧法律不妨暂时应用。要知道这是阶级革命。国民党反动统治阶级的法律，是广大劳动人民的枷锁，现在我们已经把这枷锁打碎了，枷锁的持有者——国民党的反动政权也即将完全打垮了，难道我们又要从地上拾起了已毁的枷锁，来套在自己的头上吗？反动的法律和人民的法律，没有什么'蝉联交代'可言，而是要彻底地全部废除国民党反动的法律。""各级人民政府的司法审判，不能再援引其条文"。

由于国民党的六法体系，是以宪法为首的，因此废除六法全书首当其冲的是废除伪宪法。从此，南京国民政府于 1946 年制定的《中华民国宪法》，在中国大陆永远失去了效力，由它所确立的"法统"，也永远地结束了它的历史命运。

1949 年 6 月 30 日，为纪念中国共产党成立 28 周年，毛泽东发表了《论人民民主专政》一文，从理论和实践的结合上深刻地总结了中国革命的历史经验，系统地回答了新中国所要建立的是什么样的国家以及它所执行的基本任务和对内对外的基本政策。

早在 1948 年 9 月，在西柏坡召开的中央政治局会议上，毛泽东首次明确提出了"建立无产阶级领导的以工农联盟为基础的人民民主专政"的国家方案，"但不是仅仅工农，还有资产阶级民主分子参加的人民民主专政"。它"不必搞资产阶级的议会制和三权鼎立"，而是"建立民主集中制的各级人民代表会议制度"。①

1949 年 3 月，中国共产党在西柏坡召开第七届中央委员会第二次全

---

① 《在中共中央政治局会议上的报告和结论》，见《毛泽东文集》第 5 卷，人民出版社1996 年版。

体会议，毛泽东在会上进一步阐明："无产阶级领导的以工农联盟为基础的人民民主专政，要求我们党去认真地团结全体工人阶级、全体农民阶级和广大的革命知识分子，这些是这个专政的领导力量和基础力量。没有这种团结，这个专政就不能巩固。同时也要求我们党去团结尽可能多的、能够同我们合作的、城市小资产阶级和民族资产阶级的代表人物，它们的知识分子和政治派别，以便在革命时期使反革命势力陷于孤立，彻底打倒国内的反革命势力和帝国主义势力。革命胜利以后，迅速地恢复和发展生产，对付国外的帝国主义，使中国稳步地由农业国转变为工业国，把中国建设成为一个伟大的社会主义国家。"[1]

由此可见，《论人民民主专政》一文，是以较长时间的理论酝酿为基础的，是对近百年来历史经验总结的升华。毛泽东指出建立人民民主专政是历史发展的必然规律，"自从 1840 年鸦片战争失败那时起，先进的中国人，经过千辛万苦，向西方寻找真理"，但"帝国主义的侵略打破了中国人学西方的迷梦"，只有找到了马克思列宁主义，中国的面目才起了变化。于是，"西方资产阶级的文明，资产阶级的民主主义，资产阶级共和国的方案，在中国人民的心目中，一起破了产。资产阶级的民主主义让位给工人阶级领导的人民民主主义，资产阶级共和国让位给人民共和国。"

在《论人民民主专政》一文中，毛泽东首先界定了"人民"一词的内涵，他说："人民是什么？在中国，在现阶段，是工人阶级，农民阶级，城市小资产阶级和民族资产阶级。"[2] 人民民主专政就是"对人民内部的民主方面和对反动派的专政方面，互相结合起来，就是人民民主专政"。他强调"人民民主专政需要工人阶级的领导，因为只有工人阶级最有远见，大公无私，最富于革命的彻底性"。人民民主专政的基础是工人阶级、农民阶级和城市小资产阶级的联盟，而主要是工人和农民

---

① 《毛泽东选集》第 4 卷，人民出版社 1991 年版，第 1435、1436、1437 页。
② 同上书，第 1475 页。

的联盟，因为这两个阶级占了中国人口的80％—90％，反帝反封建和推翻国民党反动统治，主要靠这两个阶级的力量，由新民主主义到社会主义的过渡也主要依靠这两个阶级的联盟。至于民族资产阶级因为他们是反帝的，他们对恢复和发展国民经济可以起很大的作用，所以在现阶段有很大的重要性，但是，他们的社会经济地位决定了他们的软弱性，因而既不能充当革命的领导者，也不应在国家政权中占主要地位。只有地主阶级和官僚资产阶级以及代表这些阶级的国民党反动派及其帮凶们，才是专政的对象。

毛泽东在文章中还阐明了，人民民主专政政权对内对外的基本政策，回答了人民群众迫切需要明了的基本策略问题，并且指明了人民民主专政所肩负的历史使命，那就是强化人民的国家机器，借以巩固国防和保护人民利益，并以此作为条件，由新民主主义社会进入社会主义和共产主义社会，达到阶级的消灭和世界的大同。

《论人民民主专政》发表在新中国成立前夕，它规划了建设新中国的伟大构想，确立了人民民主专政政权的理论基础和各项基本政策的指导原则，统一了各革命阶级、派别、团体的思想认识，为新政治协商会议的召开和《共同纲领》的制定，作出了最杰出的贡献。

二、《中国人民政治协商会议共同纲领》—— 临时大宪章的制定

1949年6月15日至19日，在北平召开新政治协商会议筹备会第一次会议。参加这次会议的包括中国共产党和各民主党派、各人民团体、各界民主人士、国内少数民族、海外华侨等23个单位的代表共134人。毛泽东在讲话中指出："这个筹备会的任务，就是：完成各项必要的准备工作，迅速召开新的政治协商会议，成立民主联合政府"，"这是中国

共产党、各民主党派、各人民团体、各界民主人士、国内少数民族和海外华侨团结奋斗的共同的政治基础，这也是全国人民团结奋斗的共同的政治基础。"① 会议通过了《新政治协商会议筹备会组织条例》和《关于参加新政治协商会议的单位及其代表名额的规定》，并决定由周恩来主持《共同纲领》的起草工作。

9 月 17 日，筹备会召开第二次全体会议，正式决定新政协的名称为"中国人民政治协商会议"，通过了《中国人民政治协商会议组织法（草案）》、《中华人民共和国中央人民政府组织法（草案）》和《中国人民政治协商会议共同纲领（草案）》，准备提请中国人民政治协商会议第一届全体会议审议。

《共同纲领》草案在周恩来的主持下，广泛征求各方面的意见，进行反复讨论和修改，可以说它凝结了集体的智慧，是民主与集中相结合的产物。

1949 年 9 月 21 日，中国人民政治协商会议第一届全体会议在北平正式开幕。会议宣布：在普选的全国人民代表大会召开之前，由中国人民政治协商会议代行全国人民代表大会的职权。9 月 22 日，周恩来在大会上作了《〈中华人民共和国政治协商会议共同纲领〉草案的起草经过和特点的报告》，并根据讨论的意见作了最后修改。9 月 29 日，大会一致通过了《中国人民政治协商会议共同纲领》，共 7 章，60 条。

1. 《共同纲领》的主要内容

（1）关于国体。《共同纲领》第 1 条规定："中华人民共和国为新民主主义即人民民主主义的国家，实行工人阶级领导的、以工农联盟为基础的、团结各民主阶级和国内各民族的人民民主专政。"在《共同纲领》

---

① 《毛泽东选集》第 4 卷，人民出版社 1991 年版，第 1463、1464 页。

序言中以另一种表述方式，阐述了中华人民共和国的国体："中国人民民主专政是中国工人阶级、农民阶级、小资产阶级、民族资产阶级及其他爱国民主分子的人民民主统一战线的政权，而以工农联盟为基础，以工人阶级为领导。""一切勾结帝国主义、背叛祖国、反对人民民主事业的国民党反革命战争罪犯和其他怙恶不悛的反革命首要分子"及"一般的反动分子、封建地主、官僚资本家"是专政的对象。

　　（2）关于政体。《共同纲领》第 12 条规定："中华人民共和国的国家政权属于人民。人民行使国家政权的机关为各级人民代表大会和各级人民政府。各级人民代表大会由人民用普选方法产生之。各级人民代表大会选举各级人民政府。各级人民代表大会闭会期间，各级人民政府为行使各级政权的机关。"第 13 条规定："中国人民政治协商会议为人民民主统一战线的组织形式，在普选的全国人民代表大会召开以前，执行全国人民代表大会的职权；在普选的全国人民代表大会召开以后，就有关国家建设事业的根本大计及其他重要措施，向全国人民代表大会或中央人民政府提出建议案。"

　　人民代表大会制度完全不同于旧民主的议会制度，也不完全同于苏联的苏维埃制度。它是在参考外国的宪政历史，总结革命根据地宪政建设经验的基础上，形成和发展起来的。既具有中国国情的特色，又表现出了广泛的民主。《共同纲领》第 15 条规定：各级政权机关一律实行民主集中制，人民代表大会向人民负责并报告工作；人民政府向人民代表大会负责并报告工作。根据《共同纲领》制定的《中华人民共和国中央人民政府组织法》第 2 条规定："中华人民共和国政府是基于民主集中制原则的人民代表大会制的政府。"① 可见，全国人民代表大会是最高权力机关，行使立法权。政务院是中央人民政府委员会的执行机关，行使行政权，无论是最高行政机关或其他国家机关均由权力机关产生，并对它负责。国家机关职权上只有分工，不存在"分权"关系。至于军事

---

① 《论联合政府》。见《毛泽东选集》第 3 卷，人民出版社 1991 年版，第 1057 页。

权，由中央人民政府人民革命军事委员会行使。司法检察权，分别由最高人民法院和最高人民检察署行使。这样的政治体制，使得各级政府能集中地处理被各级人民代表大会所委托的一切事务，并保障人民的一切必要的民主活动。

（3）关于国家结构。《共同纲领》第51条规定："各少数民族聚居的地区，应实行民族的区域自治，按照民族聚居的人口多少和区域大小，分别建立各种民族自治机关。"这一规定表明，新中国实行的是单一制的国家结构形式，中央人民政府是全国惟一的中央政府，《共同纲领》是全国惟一的临时宪法。这种国家结构形式，在中国有着悠久的历史传统，是符合国情的最佳选择。

（4）关于人民权利和国民义务。《共同纲领》规定：人民依法享有选举权和被选举权（第4条）、经济利益及私有财产权（第3条），以及妇女的平等权（第6条、第9条）。人民还享有思想、言论、出版、集会、结社、通信、人身、居住、迁徙、宗教信仰及示威游行的自由（第5条）。同时，保障华侨的正当权益（第58条）和守法的外国侨民的合法权益（第59条）。

此外，还规定了国民均有保卫祖国、遵守法律、遵守劳动纪律、爱护公共财产、应征公役兵役和缴纳赋税的义务（第8条）。

（5）关于经济政策。《共同纲领》第26条规定："经济建设的根本方针，是以公私兼顾、劳资两利、城乡互助、内外交流的政策，达到发展生产、繁荣经济之目的。"还分别规定了国营经济、合作社经济、国家资本主义经济的性质、地位和国家应采取的政策（第28—31条）。并对土地改革、发展工业、农业、交通、商业、合作社及金融财政、税收等政策，作了具体规定（第27条、第34—40条）。

（6）关于文化教育政策。《共同纲领》第41条规定：文化教育的总方针是民族的形式、科学的内容和大众的方向，并对社会公德、发展自然科学、社会科学、文学艺术、教育、体育、卫生、新闻出版等作了具体规定（第42—49条）。

（7）关于民族政策。《共同纲领》规定：中华人民共和国境内各民族一律平等，实行团结互助，使中华人民共和国成为各民族友爱合作的大家庭。此外，还具体规定了各少数民族聚居地区实行区域自治，各少数民族有发展其语言文字、保持或改革其风俗习惯及宗教信仰的自由。政府帮助各少数民族发展政治、经济、文化、教育事业（第 9 条、第 50—53 条）。

（8）关于外交政策。《共同纲领》确立了新中国外交政策的原则是：保障本国独立、自由和领土主权的完整，拥护国际的持久和平和各国人民的友好合作，反对帝国主义的侵略政策和战争政策。对于国民党政府与外国政府所签订的各项条约和协定，新中国将本着上述原则加以审查，或承认，或废除，或修改，或重订；在平等互利、互相尊重领土主权的基础上，建立外交关系；保护国外华侨和守法外国侨民的正当权益等（第 11 条、第 54—60 条）。

2. 《共同纲领》的性质及意义

《中国人民政治协商会议共同纲领》是马列主义国家观和法律观，与中国争取民主政治伟大斗争的实际相结合的产物。它体现了新民主主义和人民民主专政的历史性要求，是中国近半个世纪以来宪政运动的历史经验的科学总结和最伟大的成就。它是在中国共产党领导下，全国各民主党派、各人民团体和各族、各界人民代表共同制定的建国纲领；是在中国共产党新民主主义的全部最低纲领的统领下，充分体现了各民主党派长期奋斗的目标，和全国各族人民的共同愿望。所以它是一个"统一战线的纲领，是照顾到四个朋友的纲领"，是一个"划清敌友界线的纲领"。[①]

《共同纲领》又是一部具有根本大法性质的临时宪法。毛泽东于 1950 年 6 月 14 日，在中国人民政治协商会议第一届全国委员会第二次

---

① 董必武：《关于人民政协共同纲领的讲演》，见《董必武政治法律文集》，法律出版社 1986 年版，第 139 页。

会议上的开幕词中，指出："我们有伟大而正确的《共同纲领》以为检查工作、讨论问题的准则。《共同纲领》必须充分地付之实行，这是我们国家现时的根本大法。"① 正因为如此，它全面地规定了中华人民共和国的国体、政体以及各方面的基本方针政策，是新中国的施政准则和建设蓝图。《共同纲领》的颁布实施，使得国家活动的方方面面有了宪法性的依据。巩固和推动了人民民主专政的政权建设，恢复和发展了国民经济，实现了社会稳定。由于《共同纲领》照顾到了工农阶级与小资产阶级、民族资产阶级的政治、经济利益，因此得到了绝大多数人民的衷心拥护，成为各革命阶级、阶层团结奋斗的政治基础，和全国人民共同遵守的宪政纲领。

鉴于《共同纲领》制定颁行之时，资产阶级民主革命的任务还没有完成，因此，从实际出发没有明确地提出社会主义的奋斗目标，也没有确认"不劳动者不得食"的分配原则。周恩来在《关于〈共同纲领〉草案起草的经过和纲领的特点》的报告中，对此作了专门解释，他说："社会主义是全中国人民的奋斗目标，这是毫无疑问的，之所以没有把社会主义的前途写入《共同纲领》，是因为当时的条件还不成熟，民族资本主义还有它的历史任务，过早地提出来不仅会乱了资产阶级的阵脚，而且可能使一部分人把前途当作现时的政策，导致"左"倾错误。""现在暂时不写出来，不是否定它，而是更加慎重地对待它。"② 由此可见，《共同纲领》是一部带有过渡性的建设新民主主义中国的大宪章。实践证明，《共同纲领》的内容比较完整地体现了新民主主义，符合当时中国社会和国家的实际情况，因而确实起到了临时宪法的历史作用，为1954年全国人民代表大会的召开和《中华人民共和国宪法》的制定奠定了重要的基础。

---

① 《在全国政协一届二次会议上的讲话》，见《毛泽东文集》第6卷，人民出版社1999年版，第77页。
② 《中华人民共和国宪法参考资料选编》第一分册，北京政法学院国家法教研室19891年编印，第69页。

三、《中华人民共和国宪法》——
新中国第一部宪法

1. 《五四宪法》制定的背景和过程

《共同纲领》的贯彻实施，极大地激发了全国人民建设国家的积极性，共产党的领导威信和政策的权威空前提高，以致在短短的三年时间里，胜利地完成了土地改革、抗美援朝、镇压反革命等重大任务；国民经济基本恢复，文化教育事业得到发展，人民民主专政的政权更加巩固；新中国在世界上树立了廉洁、效率、坚持原则，富有生气的形象。1952 年 12 月，中共中央提出了过渡时期的总路线，全国人民以极大的政治热情投身于社会主义革命和社会主义建设，各方面都取得了成效。随着国内形势的发展，召开全国人民代表大会和制定宪法的条件逐渐成熟。

根据《共同纲领》的规定："在普选的地方人民代表大会召开以前，由地方各界人民代表会议逐步地代行人民代表大会的职权"；"凡在军事行动已经完全结束、土地改革已经彻底实现、各界人民已有充分组织的地方，即应实行普选，召开地方的人民代表大会。"在此期间，毛泽东对召开各界人民代表会议，加速民主建政，作出了一系列重要指示，他说："必须将这种市的县的各界人民代表会议看成是团结各界人民，动员群众完成剿匪反霸，肃清特务，减租减息，征税征粮，恢复与发展生产，恢复与发展文化教育，直至完成土地改革的极重要的工具。"[①] 他强调"人民政府的一切重要工作都应交人民代表会议讨论，并作出决定。必须使出席人民代表会议的代表们有充分的发言权，任何压制人民

---

① 《必须充分注意召开市县各界人民代表会议》，见《毛泽东文集》第 6 卷，人民出版社 1999 年版，第 22 页。

代表发言的行动都是错误的"。①

1952 年 12 月 24 日，中国人民政治协商会议全国委员会常务委员会第四十三次会议开幕，周恩来代表中共中央提议，由中国人民政治协商会议向中央人民政府建议，根据《中央人民政府组织法》第 7 条第 10 款规定的职权，召开全国人民代表大会和地方各级人民代表大会，并进行起草宪法草案等工作，以进一步巩固人民民主，充分发挥人民群众参加国家建设事业和管理国家事务的积极性。中共中央的提议得到了与会代表的一致赞同。

1953 年 1 月 13 日，中央人民政府委员会举行第二十次会议，周恩来在报告中指出："及时地召开全国人民代表大会和地方各级人民代表大会，不仅必要，而且也有充分的条件。既然要召开全国人民代表大会，选举政府，共同纲领就不能再作为国家的根本法律了。当初共同纲领所以成为临时宪法，是因为政治协商会议全体会议执行了全国人民代表大会职权。那么，现在不执行这个职权了，这个职权还之于全国人民代表大会了，全国人民代表大会就应该有自己的法律——宪法。""宪法的主要内容，应该包括我们的国家制度、社会结构、人民权利三部分。"② 毛泽东也在会上作了重要讲话，他说："就全国范围来说，大陆上的军事行动已经结束，土地改革已经基本完成，各界人民已经组织起来，因此，根据中国人民政治协商会议共同纲领的规定，召开全国人民代表大会及地方各级人民代表大会的条件，已经成熟了，这是中国人民流血牺牲，为民主奋斗历数十年之久才得到的伟大胜利。召开人民代表大会，可以更加发扬人民民主，加强国家建设和加强抗美援朝的斗争。人民代表大会制度的政府，仍将是全国各民族、各民主阶级、各民主党

---

① 《为争取国家财政经济状况的基本好转而斗争》，见《毛泽东文集》第 6 卷，人民出版社 1999 年版，第 71 页。

② 周恩来：《全国人民代表大会应该有自己的法律——宪法》，见《党的文献》1997 年第 1 期，第 7、8 页。

派和各人民团体统一战线的政府，它是对全国人民都有利的。"①

经过讨论，中央人民政府委员会通过了《关于召开全国人民代表大会及地方各级人民代表大会的决议》，决定于 1953 年召开由人民普选产生的乡、县、省（市）各级人民代表大会，然后在此基础上召开全国人民代表大会。会议还决定：成立以毛泽东为主席的中华人民共和国宪法起草委员会、以周恩来为主席的中华人民共和国选举法起草委员会。

1953 年 3 月 1 日以中央人民政府命令，公布实施《选举法》，这是国家政治生活中一件具有重大历史意义的事件。邓小平在当时指出："选举法是中国人民在毛主席和中国共产党领导下，从长期艰难困苦的斗争中获得的一种胜利果实"。"如果说我们国家正开始的第一个五年建设计划标志着我国经济、文化发展的新阶段，那么，选举法的颁布正标志着我国人民民主政治发展的新阶段。"②

1953 年至 1954 年，在全国范围内进行了中国历史上第一次规模空前的普选工作，使广大人民群众和基层干部受到一次真正的民主政治的洗礼，从而焕发了前所未有的民主意识和参政的激情。

与此同时，毛泽东亲自领导起草宪法的工作。1954 年 3 月 23 日，宪法起草委员会举行第一次会议。毛泽东主持会议并代表中共中央向会议提出宪法草案初稿。宪法起草委员会完全接受了中共中央提出的宪法草案初稿，并决定将宪法草案分发政协全国委员会、各大行政区、各省市领导机关和各民主党派、各人民团体的地方组织进行讨论。25 日，中共中央发出《关于讨论中华人民共和国宪法草案初稿的通知》，要求各地党委认真领导和组织讨论。从 3 月 25 日至 5 月底，全国政协 500 多人进行了 40 天的讨论，提出意见和疑问 3900 多条。各大行政区、各省、市、自治区和省辖市，中国人民革命军事委员会、中国人民解放

---

① 毛泽东：《关于召开全国和地方各级人民代表大会问题的讲话》，见《建国以来毛泽东文稿》第 4 册，中央文献出版社 1990 年版，第 20 页。

② 邓小平：《关于〈中华人民共和国全国人民代表大会及地方各级人民代表大会选举法〉草案的说明》，《人民代表大会工作全书》，中国法制出版社 1999 年版，第 113 页。

军、中国人民志愿军等单位，组织了 8000 多人讨论宪法初稿，提出 5900 余条修改意见。6 月 11 日，在宪法起草委员会召开的第七次会议上，一致通过了宪法草案。毛泽东在会上阐述了宪法的起草与讨论修改过程，他说："宪法的起草，前后差不多七个月"，"每一段本身都有许多修改……前后算起来，恐怕有一二十个稿子。大家尽了很多力量，全国有八千多人讨论，提出了五千几百条意见，采纳了百儿八十条，最后到今天还依靠在座各位讨论修改。总之，我们是反复研究，不厌其详，将来公布以后，还要征求全国人民的意见。宪法是采取征求广大人民的意见这样一个办法起草的，这个宪法草案大体上是适合我们国家的情况的。将来全国讨论以后，会有好的意见提出来，会有所修改，但总的方面不会有什么改动了。"①

6 月 14 日，中央人民政府委员会召开第三十次会议，一致通过《中华人民共和国宪法草案》，并决定向全国公布，交付全国人民讨论。会上毛泽东作了重要讲话，他说："这个宪法草案所以得人心"，"所以得到大家的拥护，大家所以说它好，就是因为有这两条：一条是正确地恰当地总结了经验，一条是正确地恰当地结合了原则性和灵活性。"并指出："一个团体要有一个章程，一个国家也要有一个章程，宪法就是一个总章程，是根本大法。用宪法这样一个根本大法的形式，把人民民主和社会主义原则固定下来，使全国人民有一条清楚的轨道，使全国人民感到有一条清楚的明确的和正确的道路可走，就可以提高人民的积极性。"②

6 月 16 日，《人民日报》公布了宪法草案，并发表了社论，掀起了在全国广大城乡全民宪法草案大讨论的热潮。前后历时近 3 个月，有 1.5 亿多人参加讨论，提出了 1180420 条修改、补充意见和建议，为提

---

① 《宪法起草委员会第七次会议讨论通过宪法草案记录》，《党的文献》1997 年第 1 期，第 15—16 页。
② 《关于中华人民共和国宪法草案》，见《建国以来毛泽东文稿》第 4 册，中央文献出版社 1990 年版，第 501、504 页。

请全国人民代表大会审议前的最后一次修改，提供了重要基础。至此，历时1年零8个多月的宪法起草工作告一段落。

1954年9月14日，中央人民政府委员会召开临时会议，毛泽东在会上提出："宪法草案有两个地方要修改，这是全国人民代表大会代表提出的意见，改了比较好。一个地方是序言第三段：在'第一届全国人民代表大会'下面加'第一次会议'五个字……下面'我国的第一个宪法'改为'中华人民共和国宪法'。这些修改都是属于文字性的，但不改不行。过去中国的宪法有八个（草案不在内）……说这个宪法是'我国第一部宪法'，不妥，说它是'中华人民共和国宪法'，则名副其实。""另一个地方是第三条第三款：'各民族……都有保持或者改革自己的风俗习惯和宗教信仰自由'。问题出在'和宗教信仰'五个字上。代表中有人提出，说改革'宗教'可以，改革'信仰'则不妥，并且第八十八条已经规定'中华人民共和国公民有宗教信仰的自由'。再讲'改革宗教信仰的自由'，就重复了。这是西藏代表提出的意见……我看这一条意见是有理由的，把'和宗教信仰'五个字删掉，改为：'都有保持或者改革自己的风俗习惯的自由'。""这一点，刘少奇同志的宪草报告中应当提到。"毛泽东最后指出："这是一个比较完整的宪法了。最先是中共中央起草，然后是北京五百多位高级干部讨论，全国八千多人讨论，然后是三个月的全国人民讨论，这一次全国人民代表大会又讨论。宪法的起草应该说是慎重的，每一条每一个字都是认真推敲了的，但也不必讲是毫无缺点，天衣无缝。"[①]"为着这两处地方"的修改，临时召开一次中央人民政府委员会会议，可见，毛泽东对起草一部符合中国国情、符合中国近代历史实际的《中华人民共和国宪法》是何等的慎重。说明他意识到制定这部宪法对于全民族的团结和新中国的发展，具有极其重要的作用和意义，很可惜，这种意识并没有贯彻始终。

---

① 毛泽东：《关于宪法草案的修改问题》，见《党的文献》1997年第1期，第18、19页。

2.《五四宪法》的基本内容和特点

1954 年 9 月 15 日至 28 日，第一届全国人民代表大会第一次会议在北京中南海怀仁堂隆重开幕。毛泽东在开幕词中说："我们这次会议具有伟大的历史意义。这次会议是标志着我国人民从 1949 年建国以来的新胜利和新发展的里程碑，这次会议所制定的宪法，将大大地促进我国的社会主义事业。"① 刘少奇在会上作了《关于中华人民共和国宪法草案的报告》。9 月 16 日下午至 9 月 18 日下午，大会讨论宪法草案和刘少奇的宪法草案报告。20 日下午，以全票通过对宪法草案的表决，当日，大会主席团发布《中华人民共和国全国人民代表大会公告》："中华人民共和国宪法已由中华人民共和国第一届全国人民代表大会第一次会议于 1954 年 9 月 20 日通过，特予公告。"②

《五四宪法》由序言和总纲，国家机构，公民的基本权利和义务，国旗、国徽、首都等四章组成，共 106 条。对于《宪法》中载有序言的结构形式，在讨论中曾经引起争议，对此宪法学家张友渔作了说明，他说："我们之所以要有序言，是因为我们正处在过渡时期，有些必须规定在宪法里的东西不便写成条文。宪法的基本任务，即国家在过渡时期的总任务，和实施宪法的条件（如统一战线、全国人民的团结、各民族的团结）都不便写成条文。写成条文，不如放在序言里容易说得清楚，说得透彻。另外，如宪法产生的背景、革命胜利的过程、外交政策等，也都不便写成条文，放在序言里更恰当些。规定在序言里的东西，虽然不写成条文，但也具有宪法的作用。"③

序言部分着重阐明了过渡时期的总任务和总路线，即：逐步实现国家的社会主义工业化、逐步完成对农业、手工业和资本主义工商业的社

---

① 《为建设一个伟大的社会主义国家而奋斗》，见《毛泽东文集》第 6 卷，人民出版社 1999 年版，第 349—350 页。
② 《中华人民共和国全国人民代表大会公告》，见《党的文献》1997 年第 1 期，第 19 页。
③ 张友渔：《宪政论丛》下册，群众出版社 1986 年版，第 28 页。

会主义改造。《五四宪法》提出了建设社会主义的目标，以及实现这一
目标的国内外条件，这是《共同纲领》中所不具备的，因而是对《共同
纲领》的重大发展。

关于国体。《宪法》第 1 条规定："中华人民共和国是工人阶级领导
的、以工农联盟为基础的人民民主国家。"

关于政体。《宪法》第 2 条规定："中华人民共和国的一切权力属于人
民。人民行使权力的机关是全国人民代表大会和地方各级人民代表大会。"

关于国家结构。《宪法》第 3 条规定："中华人民共和国是统一的多
民族的国家"；"各民族一律平等"；"各少数民族聚居的地方实行区域自
治。各民族自治地方都是中华人民共和国不可分离的部分。"

关于经济制度。《宪法》确认中国的四种经济形式：国家所有制即
全民所有制、劳动群众集体所有制即合作社所有制、个体劳动者所有制
和资本家所有制，并且分别规定了国家对四种经济形式的政策。如：
"国营经济是国民经济的领导力量和实现社会主义改造的物质基础，国
家保证优先发展国营经济"；"合作社经济是劳动群众集体所有制的社会
主义经济，……国家鼓励、指导和帮助合作社经济的发展，并且以发展
生产合作社作为改造个体农业和个体手工业的主要道路"；"国家依法保
护农民的土地所有权和其他生产资料的所有权……鼓励他们根据自愿的
原则组织生产合作、供销合作、信用合作，对富农经济则采取限制和逐
步消灭的政策"；"国家依法保护手工业者和其他非农业的个体劳动者的
生产资料所有权，……鼓励他们根据自愿的原则组织生产合作和供销合
作"；"国家依法保护资本家的生产资料所有权和其他资本所有权，对资
本主义工商业采取利用、限制和改造的政策，并逐步以全民所有制代替
资本家所有制。"（以上引自《宪法》第 6—10 条）

《五四宪法》在经济制度中明确提出，用计划经济指导国民经济的
发展和改造。通过解放和发展生产力，不断改善和提高人民的物质生活
和文化生活水平（第 15、16 条），借以显示社会主义经济的优越性。

关于国家机构。《宪法》规定：全国人民代表大会是最高国家权力

机关，是行使国家立法权的惟一机关，每届任期 4 年，每年举行一次全体会议。其职权是：修改宪法、制定法律、监督宪法的实施；选举或罢免国家主席、副主席，最高人民法院院长，最高人民检察院检察长，决定或罢免国务院总理、国务院组成人员，决定或罢免国防委员会副主席、委员；审查和批准国家的预算和决算；批准省、自治区、直辖市的划分；决定大赦；决定战争和和平的问题，以及全国人民代表大会认为应当由它行使的其他职权（第 27、28 条）。全国人民代表大会常务委员会是全国人民代表大会的常设机关，对全国人民代表大会负责并报告工作。

《宪法》规定：中华人民共和国国家主席、副主席由全国人民代表大会选举产生。国务院是中央人民政府，是最高国家权力机关的执行机关，由总理、副总理若干人、各部部长、各委员会主任、秘书长组成。

《宪法》规定：自治机关依照宪法和法律规定的权限行使自治权。（以上见《宪法》第二章）

关于公民的基本权利和义务。《宪法》规定的权利与自由较为广泛，如平等权、选举权与被选举权，言论、出版、集会、结社、游行、示威、宗教信仰、人身及居住和迁徙的自由。此外，还规定了隐私权、劳动权、休息权、物质帮助权、文化教育权，等等。在义务方面规定了中国公民应当遵守宪法和法律、爱护和保卫公共财产、依法纳税、服兵役的义务。（以上均见《宪法》第三章）

综括《五四宪法》的内容，其主要特点如下：

（1）中外制宪历史经验的总结。

刘少奇在《宪法草案报告》中指出："我们提出的宪法草案，是中国人民一百多年以来英勇斗争的历史经验的总结，也是中国近代关于宪法问题和宪政运动的历史经验的总结"，"又是中华人民共和国成立以来新的历史经验的总结"，"而且是国际社会主义运动的产物"。从纵向看，自清末《钦定宪法大纲》、《重大信条十九条》，以及此后北京政府制定的形形色色的宪法，和南京国民党政府制定的《中华民国宪法》，都是发生在半封建半殖民地中国的宪政斗争的产物；都是地主阶级、资产阶级和买办阶级意志的体现，带有很大的政治欺骗性。但是，从上述宪法的制定过程可以清楚地看出，人民群众的民主要求是迫使当政者从事立宪活动的最重要的因素，他们力图借助宪法的形式确立自己合法的统治。正是民主压力的强度的大小，决定着统治者立宪策略的不断变化。这二者之间互相联系、互相影响的关系，是我们考察反民主的制宪活动及其制宪成果的出发点。

除此之外，1927 年以后 22 年革命根据地民主政权的制宪经验，也为《五四宪法》的制定，提供了直接的值得充分借鉴的历史经验。

《五四宪法》不仅注意纵向（本国历史）经验的总结，也注意横向（国际历史）经验的吸收。由于苏联和东欧人民民主国家和中国一样，都是共产党执政的国家，在国家根本制度上有相同或相似之处，宪法所依据的原则也大致相同，因而这些国家的制宪经验，摆在横向参考的优先位置。例如，"五四宪法"的结构，就接近于苏联 1936 年宪法的结构。关于总纲、国家机构和公民的基本权利和义务三章的某些条文，也参考了苏联和各人民民主国家的有关规定。对于西方资本主义国家的制宪经验和各式各样的宪法，在《五四宪法》起草过程中也进行了参考和比较。毛泽东说："我们对资产阶级民主不能一笔抹杀，说他们的宪法在历史上没有地位。"[1] 他还说："我们这个宪法草案，主要是总结了我国的革命经验和建设经验，同时它也是本国经验和国际经验的结合。""也带有国际性，是民族现象，也是国际现象的一种。"[2]

由于《五四宪法》认真总结本国经验，因此在国体、政体、民族问题、经济问题都充分表现了中国特色、民族特色，这是宪法在国家和社会生活中得到实施和发挥作用的前提。同时也注意参照国外的立宪经

---

[1]　《毛泽东选集》第 5 卷，人民出版社，第 127 页。

[2]　毛泽东：《关于中华人民共和国宪法草案》，见《建国以来毛泽东文稿》第 4 册，中央文献出版社 1990 年版。

验，从而开阔了宪法起草者的视野，吸取了世界政治文明与法制文明历史发展的优秀成果。当然，在中外制宪历史经验兼收并蓄的问题上，总结中国经验为主，兼取各国经验为辅，这是一项坚定的原则。

（2）以《共同纲领》为基础，又是它的发展。

如前所述，《共同纲领》是一个符合中国实际，建设新民主主义国家的纲领。在它实施的五年中，充分发挥了临时宪法的作用，国家和社会发生了巨大变化，中国永远结束了半殖民地的地位，成为一个真正独立的国家。从 1950 年起，在短短三年里基本完成了土地改革及其他改革，铲除了封建剥削制度；恢复了被帝国主义和国民党反动派所破坏的国民经济，实行了发展国民经济的第一个五年计划，并取得了显著成就。这五年的发展显示了社会主义是我国惟一正确的道路。所以毛泽东说，我们的宪法草案，"总结了历史经验，特别是最近五年的革命和建设的经验。"①

由于《共同纲领》的总纲和政治制度、经济制度、军事制度、文化教育政策、民族政策的基本原则，已被实际生活证明是合乎中国实际情况的，因此被《五四宪法》所肯定，所以它是以《共同纲领》为基础的。但是，《五四宪法》并没有停留在《共同纲领》的基础上，而是具有新的明显的发展。譬如明确规定了"一化三改"的总任务和建设社会主义社会的目标；将权利、自由的主体界定为"公民"，而不是《共同纲领》所界定的"人民"，从而扩大了《五四宪法》所保护的权利主体的范围。再以民族问题为例，《五四宪法》一方面重申《共同纲领》的有关规定；另一方面又增加了许多新的内容。规定"中华人民共和国是统一的多民族的国家"。"各民族自治地方都是中华人民共和国不可分离的部分。"这就从国家根本大法的高度，以最高的法律权威，确定了我国的民族区域自治，是在国家不可分割的完整领土内实行的区域自治，

---

① 《关于中华人民共和国宪法草案》，见《建国以来毛泽东文稿》第 4 册，中央文献出版社 1990 年版。

保障了国家的统一。从此，任何民族分离的主张和做法，都是违反《宪法》的。

为了适应各民族发展的特点，在社会主义改造的时间上可以有先后，步骤上可以有急缓，方式上也根据各民族自身情况而有所区别。但是社会主义改造却是势在必行，任何一个民族都不能例外。这就明确了建设社会主义社会是全国各族人民的共同奋斗目标，只是实现这个目标的具体方法和步骤有所不同而已。

《五四宪法》第 53 条把民族自治地方划分为三个不同行政级别的自治区、自治州、自治县，并分别设立相应的自治机关。对于县以下的少数民族聚居区，因区域太小，人口太少，不宜建立自治地方和设立自治机关，因而设立民族乡，并规定："民族乡的人民代表大会可以依照法律规定的权限，采取适合民族特点的具体措施。"这些规定确定了民族自治地方行政管理体制。民族自治地方的自治机关，不仅行使一般的地方国家机关的职权，而且可以依照宪法和法律规定的权限，管理本地方的财政；组织本地方的公安部队；制定自治条例和单行条例，报请全国人民代表大会常务委员会批准；使用当地通用的一种或几种语言文字。为了充分保障自治地方行使这些自治权，特别规定："各上级国家机关应当充分保障各自治区、自治州、自治县的自治机关行使自治权，并且帮助各少数民族发展政治、经济和文化的建设事业。"《五四宪法》使我国的民族区域自治制度进一步完善，为团结全国各族人民共同建设社会主义起了重要作用。

以上充分说明了，《五四宪法》又是《共同纲领》在新形势下的进一步发展。使得新中国的宪政建设有了更为完备的法律形式，它的法律效力、规范性和稳定性都是《共同纲领》所不及的。

（3）贯穿民主原则和社会主义原则，注意原则性和灵活性的结合。

毛泽东指出：我们的宪法"原则基本上是两个：民主原则和社会主义原则。……人民民主的原则贯串在我们整个宪法中"。至于社会主义原则也同样贯穿于整个宪法之中。他说："宪法中规定，一定要完成社会主义改造，实现国家的社会主义工业化。这就是原则性。"①

中华民国时期，无论是北京政府还是南京政府，虽然在宪法上规定了公民的权利，但与此同时又设置条款加以限制，或另立单行法，从实际上取消人民依法享有的权利。如1946年的《中华民国宪法》，就是借民主之名，行独裁内战之实。只有中国共产党领导的，依据马克思主义与中国实际情况相结合的原理制定的人民共和国的宪法，才是坚持人民民主，一切权力属于人民，切实保障人民当家做主的权利的宪法，而不再是欺世盗名的一纸空文。这种真实的民主性，体现在从《中华苏维埃共和国宪法大纲》到《中国人民政治协商会议共同纲领》等诸多宪法性文件之中，虽有范围和程度上的差异，但无实质的区别。至于《五四宪法》所确认的人民民主是一种极为广泛的民主，民主的主体不仅包括了工农劳动人民，还包括了"可以合作的非劳动人民"，主要是民族资产阶级。因而由《五四宪法》所确认的人民民主专政，是一个"以中国共产党为领导的各民主阶级、各民主党派、各人民团体的广泛的人民民主统一战线"的政权，人民民主原则是贯穿于整个宪法之中的最基本的原则。

在制定《五四宪法》时，我国正处于过渡时期，即由新民主主义社会向社会主义社会过渡。因此《五四宪法》不仅巩固了我国革命的成果和中华人民共和国建立以来政治上、经济上的新胜利，并且反映了国家在过渡时期的根本要求，和广大人民建设社会主义的共同愿望。它通过确认各种经济政策保证了社会主义方向，并且规定了建设社会主义的道路。譬如，宪法序言部分，明确宣告："国家在过渡时期的总任务是逐步实现国家的社会主义工业化，逐步完成对农业、手工业和资本主义工商业的社会主义改造。"国家以发展生产合作为改造个体农业和个体手工业的主要道路。对资本主义工商业则采取利用、限制和改造的政策，

---

① 《关于中华人民共和国宪法草案》，见《建国以来毛泽东文稿》第4册，中央文献出版社1990年版，第502—503页。

鼓励和指导它们转变为各种形式的国家资本主义经济，逐步以全民所有制代替资本主义所有制，消灭剥削制度，建立社会主义社会。正是由于坚持人民民主原则和社会主义原则，决定了《五四宪法》的性质："我们的宪法是新的社会主义类型，不同于资产阶级类型。"[1]

　　然而由于我国幅员辽阔、人口众多，各地区、各民族发展不平衡，整个社会还处于从新民主主义社会到社会主义社会的过渡时期，生产资料私有制的社会主义改造还没有大规模进行，民族资产阶级是作为一个阶级存在，农民大多数还处于小生产者的地位，知识分子的思想改造工作也还在进行之中。因此，在我国进行社会主义革命和建设，不能采取一刀切的办法，而要充分照顾到各方面的特点。这就需要把原则性和灵活性紧密地结合起来，这种灵活性是为了更好地贯彻原则性，实现宪法所规定的各项制度。毛泽东指出，《五四宪法》草案另一个重要特点是"正确地恰当地结合了原则性和灵活性"。[2] "这个宪法是适合我们目前的实际情况的，它坚持了原则性，但是又有灵活性。"[3] 毛泽东还扼要地论证了灵活性的必要性，以及它在宪法中的具体规定，他说："要实行社会主义原则，是不是在全国范围内一天早晨一切都实行社会主义呢？这样形式上很革命，但是缺乏灵活性，就行不通，就会遭到反对，就会失败。"因此，"现在能实行的我们就写，不能实行的就不写"，"一时办不到的事，必须允许逐步去办。"譬如，"社会主义全民所有制是原则，要达到这个原则就要结合灵活性。灵活性是国家资本主义，并且形式不是一种，而是'多种'，实现不是一天，而是逐步。"[4]

　　再如，在少数民族问题上，"它有共同性，也有特殊性。共同的就适用共同的条文，特殊的就适用特殊的条文。"因此，《宪法》规定，民

---

① 《毛泽东选集》第 5 卷，第 127 页。
② 《关于中华人民共和国宪法草案》，见《建国以来毛泽东文稿》第 4 册，中央文献出版社 1990 年版，第 504 页。
③ 毛泽东：《关于宪法草案的修改问题》，见《党的文献》1997 年第 1 期，第 19 页。
④ 《毛泽东选集》第 5 卷，人民出版社 1991 年版，第 128 页。

族自治地方的人民代表大会有权依照当地民族的政治、经济和文化特点，制定自治条例和单行条例。"所有这些，都是原则性和灵活性的结合。"① 我国有 56 个民族，有的少数民族还处于原始社会末期，有的依然实行农奴制度，各民族间经济文化发展极不平衡，而作为在全国范围内适用的宪法，必须考虑到少数民族的特点，因地制宜，才能保证宪法民主原则和社会主义原则的实现。《宪法》序言特别申明，"国家在经济建设和文化建设的过程中，将照顾各民族的需要，而在社会主义改造的问题上，将充分注意各民族发展的特点。"

原则性和灵活性的结合，恰恰体现了《五四宪法》是过渡时期社会主义类型的宪法。毛泽东指出："我们这个宪法是社会主义类型的宪法，但还不是完全社会主义的宪法，它是一个过渡时期的宪法"，② "我们的各种办法，大部分是过渡性质的。"③ "大概可以管十五年左右。"④

3. 《五四宪法》的历史地位和评价

《五四宪法》以毛泽东"人民民主专政"的理论为指导，以《共同纲领》为基础，是中国宪法史上是第一部社会主义类型的宪法，也是新中国宪政建设初期的一个标志性成果。它的制定和颁行，开辟了中国社会主义法治国家的新历程。

《五四宪法》规定了中国社会主义革命和建设的方向与道路；规定了中华人民共和国人民民主政权的基本原则和各项政治制度，对于巩固人民民主专政政权，促进社会主义经济发展，团结全国各族人民进行社

---

① 《关于中华人民共和国宪法草案》，见《建国以来毛泽东文稿》第 4 册，中央文献出版社 1990 年版，第 503、504 页。
② 同上书，第 506 页。
③ 毛泽东：《在宪法起草委员会第一次会议上的插话》，见《党的文献》1997 年第 1 期，第 9、10 页。
④ 《关于中华人民共和国宪法草案》，见《建国以来毛泽东文稿》第 4 册，中央文献出版社 1990 年版，第 506 页。

会主义革命和建设，发挥了积极推动和保障作用，为全面改革和政治民主化提供了正确的方向和基本原则。

《五四宪法》虽然公开申明它的阶级性、革命性，但从整个制定过程来看，基本上采取了从实际出发，实事求是的科学态度。毛泽东在这个问题上的认识是正确的，他说："搞宪法是搞科学，我们除了科学以外，什么都不要相信。"①

《五四宪法》的颁行，极大地提高了广大民众的宪法意识和国家观念，是否遵守宪法被看作是衡量政治觉悟的尺度，他们以国家主人翁的姿态，积极投身于各项建设事业，由此更加显示了新中国蓬勃的生机和活力。特别是民主法制建设取得了明显的进展，全国人大常委会适应经济、政治、社会、文化发展的需要，制定了一批重要的法律和法令。各级各类执法机关和司法机关逐步建立；辩护制度、公证制度开始实施；司法制度也逐步走向正规化建设。总体来看，根据《五四宪法》，人民民主法制为中国各项民主改革的完成，为中国各项建设事业的成功，作出了应有的贡献。

但是，1955年由于胡风上书而引发的全国范围的"肃反运动"，是对《五四宪法》最初的冲击。1957年发动的全国性反右派斗争，更是对《五四宪法》的严重践踏。此后，"左"的思想取得统治地位，《五四宪法》所确立的正确原则和制度被横加挞伐。法律虚无主义取代了新中国成立初期的法制观念，封建的人治思想取代了毛泽东曾经认为是克制腐败的重要方法的民主制度。就这样《五四宪法》成为一张被尘封起来的纸片。这是偶然的吗？从制定《五四宪法》的指导思想、理论和有关规定中可以发现，它不是偶然的。

首先，《五四宪法》本身存在着不可忽视的缺陷，那就是法律服从政治，政治统率法律。毛泽东虽然提出过："一个团体要有一个章程，

---

① 《关于中华人民共和国宪法草案》，见《毛泽东选集》第5卷，人民出版社1977年版，第131页。

一个国家也要有一个章程，宪法就是一个总章程，是根本大法。"但是无论从理论到实践，他都没有赋予宪法应有的权威地位。在当时占统治地位的法学理论，是法律从属于政治，政治是前提，因而不可能提出"依宪治国"或"依法治国"的思想。相反，依法治国被作为资产阶级典型超阶级的法律观点加以批判。如果说中国封建时代法律被视为"治国之具"，存在着悠久的法律工具主义的观念，那么在中国共产党领导人的思想中，"法律"工具主义的影响仍然有着它的烙印。毛泽东曾经明白表示说："所以，为了发扬民主，为了加强经济建设，为了加强反对帝国主义的斗争，就要办选举，搞宪法。"① 在这里，政治实用主义的思想痕迹和宪法工具主义的倾向十分明显。

宪法作为国家的根本大法，必然要规定国家的政治任务。但是，政治任务不能与宪政、宪法的目标相混淆，更不能取代宪政目标。《五四宪法》在"序言"部分对于政治任务作了相当充分的阐述，体现了高度的意识形态化和纲领化。但对于宪法作为国家的"根本法"的地位，以及宪法的法的特征都缺乏必要的说明。其他，如以宪法来限制和约束政府权力的机制、监督宪法实施的措施，公民基本权利的宪法保障等都缺乏应有的规定。这就存在着一个潜在的危机，一旦政治形势和任务发生变化，必然会影响宪法的稳定性，损害宪法的权威和价值，成为新的政治意图的赘物，历史的悲剧性发展正是如此。

不可否认，新中国成立初期共产党领导人对宪政和法制建设是重视的，也取得了重大成就，但是他们的制宪的动机，是把新民主主义的理论、政策、方针以及过渡时期的总任务等政治主张合法化。实际上是共产党统治的合法化。由此而带来的宪法的政治工具性便不可避免。在共产党具有绝对威信，人民政府被认为是一切代表人民利益的历史背景下，《五四宪法》没有也不可能规定，为防止权力滥用而限制和约束政府权力的条款与机制；没有也不可能建立完善的宪法监督体制，和追究

① 《毛泽东文集》第6卷，人民出版社1996年版，第258—259页。

政府与官员违宪责任的程序；没有也不可能通过宪法的途径来解决侵犯公民基本权利的问题。由此决定《五四宪法》在保障权利、限制权力方面，没有起到应有的作用。

建立在政治实用和政治家的权力理论基础上的宪法，反映了制宪者们所受到的深厚的传统法律文化和传统社会主义宪法理论的论证。尤其是缺乏对于宪法意识某种自觉的社会群众基础。再加上"一边倒"地学习苏联，使得苏联高度集中的政治制度，计划管理的经济体制，片面的阶级斗争和无产阶级专政的观点，在中共领导人的头脑中占据主导地位，而"依宪"的观念逐渐被挤到一边。一旦形势变化，法律虚无主义首当其冲地指向宪法，以至于《五四宪法》在形式上存在的价值也丧失了。

四、《一九七五年宪法》——
"文化大革命"的产物

1966 年爆发了"史无前例"的"文化大革命"，在无法无天的思想引导下，砸烂了公检法；公民的基本权利在"群众专政"的名义下，遭到了任意侵犯。作为国家主席刘少奇在第一次被批斗后，竟然天真地想起了《中华人民共和国宪法》和他这位由《宪法》产生的国家主席，没有意识到无产阶级专政是不受宪法和法律限制的。当他被打倒后，受株连而被判刑者多达 28000 余人，[1] 其他一般公民所受到的迫害可想而知。

修改《五四宪法》是基于中国共产党"九大"所确立的无产阶级专政下继续革命的国家体制，还需要通过宪法的形式予以确认，以示其合法性。因此，1970 年 3 月 8 日，毛泽东向政治局提出准备召开第四届全

---

① 《中共党史导读》下册，中国广播电视出版社 1991 年版，第 1672—1762 页。

国人民代表大会，修改宪法和不设国家主席的建议。[①] 3月9日，由康生、张春桥、吴法宪、李作鹏、纪登奎5人组成宪法修改工作小组，开始修改宪法的准备工作。

1970年7月20日，成立了以毛泽东为主任的57人组成的中共中央修改宪法起草委员会。9月6日，中共中央九届二中全会基本通过由修改宪法起草委员会提出的《宪法修改草案》，并建议在适当时候召开四届全国人大。在这个过程中围绕着是否设国家主席，展开了激烈的权力斗争。毛泽东多次提出不设国家主席和他不担任国家主席的意见，但是急于抢班夺权的林彪，坚持设国家主席，以便为他自己篡夺最高权力提供法律依据。这场权力争夺随着发生"林彪事件"而告一段落，制宪工作也随之搁浅，直到1974年才又重新启动。

1975年1月13日至17日，第四届全国人民代表大会第一次会议在北京举行。2885名全国人大代表不是经由选举产生，而是通过"民主协商"的途径推选产生的，而且从选代表到开大会都是在极端秘密的条件下进行的，这在中国近代宪政史上是绝无仅有的。1月17日，大会一致通过了修改后的中华人民共和国宪法，即《七五宪法》。

《七五宪法》虽然坚持了《五四宪法》的人民民主原则和社会主义原则，但是《七五宪法》作为"文化大革命"的产物，它以阶级斗争为纲和无产阶级专政下继续革命的理论为指导思想。在《宪法》序言明确指出："社会主义社会是一个相当长的历史阶段。在这个历史阶段中，始终存在着阶级、阶级矛盾和阶级斗争，存在着社会主义同资本主义两条道路的斗争，存在着资本主义复辟的危险性，存在着帝国主义、社会帝国主义进行颠覆和侵略的威胁。这些矛盾，只能靠无产阶级专政下继续革命的理论和实践来解决。"在这一错误思想和理论的指导下，虽然《七五宪法》也提到要"多快好省地建设社会主义"，但国家的基本任务是无产阶级专政下继续革命，因此，不可能以经济建设为中心。

---

① 李剑：《关键会议亲历实录》，中共中央党校出版社1998年版，第750页。

《七五宪法》在一系列根本性问题上都表现了左的路线影响。譬如，关于国体，它将《五四宪法》中人民民主专政的国家性质改变为"无产阶级专政"；并在"无产阶级专政"的口号下，实行包括文化领域在内的全面专政。这种任意扩大专政范围的观点和实践，混淆了专政与民主的关系，削弱了人民政权的社会基础，和应有的权威。

关于政体，"以工农兵为主体的各级人民代表大会"为政权组织形式，贬低了人民民主统一战线在国家政治生活中的重要作用，倒退到苏区时期宪法大纲的原则上去。规定全国人民代表大会是"中国共产党领导下的最高国家权力机关"，从而极大地强化了党的一元化领导，削弱了国家权力机关的职能。与此同时，也大大地削减了对全国人民代表大会及其常务委员会的职权规定。而在第 15 条第 2 款还规定"中国共产党中央委员会主席统帅全国武装力量"，更是体现了党的一元化领导的极端例证。

在地方国家机关规定上的一个重要变化，就是将"革命委员会"这一"文化大革命"中的特定产物，正式确立为地方国家机关，在乡一级政权中，则建立了人民公社"政社合一"的体制。同时，取消了民族自治地方自治机关的自治权利。

在司法检察制度上，取消了《五四宪法》所确立的"人民法院独立进行审判"、"上级人民法院监督下级人民法院的审判工作"等原则；取消了"人民法院审判案件依照法律实行人民陪审员制度"、"人民法院审理案件，除法律规定的特别情况，一律公开进行"、"被告人有权获得辩护"等制度。甚至取消了检察院的设置，检察机关的职权由各级公安机关行使。

《七五宪法》正式取消了国家主席的设置。一个世界上人口最多的泱泱大国，竟然没有自己的国家元首，这说明文革时期的国家政治生活完全处于极不正常状态，在中外宪法史上也是绝无仅有的。

关于公民权利，由《五四宪法》的 13 条缩减为 2 条，取消了"公民在法律上一律平等"的原则和国家对公民享有的基本权利的保障性规定。与此相对应地却规定了："资产阶级必须在上层建筑其中包括各个文化领域对资产阶级实行全面专政"，"大鸣、大放、大辩论、大字报，是人民群众创造的社会主义革命的新形式。国家保障人民群众运用这种形式……巩固无产阶级专政"。《宪法》作出如此规定，充分说明了在那个时代公民的权利是没有任何保障的。

最后，从宪法的形式上看，条文的粗疏简单也是制宪史上所少有的。1975年宪法由五部分组成：序言；第一章，总纲；第二章，国家机构；第三章，公民的基本权利和义务；第四章，国旗、国徽、首都。与《五四宪法》相比，《五四宪法》共106条，《七五宪法》仅30条。不仅如此，一些本应该属于党的章程规范的内容，却不适当地规定在宪法之中，混淆了党的领导权与国家权力的界限，表现了严重的党政不分。

《七五宪法》在体例上也存在着相当大的缺陷。例如"公民的基本权利和义务"一章，置于国家机构的条文之后，不符合制宪的世界通例。在该章的具体条文中，有关义务的条文提前，有关权利的条文置后，从而造成标题与条文不一致的逻辑混乱。这种先义务后权利的宪法条文，是世界各国宪法所罕见的，只能从那个漠视个人权利的时代大背景中寻求解释。在《五四宪法》中关于公民的权利自由，分为公民的政治权利自由、人身权、经济文化社会权利三部分，界定清晰，体系完整。而《七五宪法》却将这三方面的权利相互混杂，例如，第27条规定了政治权利自由和经济文化社会权利，第28条又规定政治权利和人身自由。

从宪法各章之间的结构比例来看，也明显地失衡。例如，宪法全文30条，而"总纲"部分就占了15条，为总数之半；第二章国家机构的第四、五节各自1条，实际上成了一个大纲性的文件。

《七五宪法》在文字运用上尤其不规范。缺乏法律语言表述的科学性、准确性、统一性、严谨性。不仅内容空洞，而且缺乏实际的可操作性。例如，宪法第15条第3款规定："中国人民解放军永远是一支战斗队，同时又是工作队，又是生产队。"这种严重缺陷不属于立法技术问题，而是表现了浓厚的文革时代的特色。

综括上述，《七五宪法》不是对《五四宪法》的修改，而是践踏；不是对《五四宪法》的继承和发展，而是从"极左"的角度加以否定。《七五宪法》只是把"文化大革命"的所谓成果合法化。譬如，它以宪法的形式确认了"无产阶级专政下继续革命理论"、"以阶级斗争为纲"，实行"全面专政"的极左路线；肯定了"无产阶级文化大革命的伟大胜利"，为一小撮野心家进行篡权窃国的阴谋活动提供法律保障。《七五宪法》既没有树立作为国家根本大法的权威，当无产阶级继续革命的口号响彻入云，和个人权威被神化了的时候，谁还理会宪法是何物？

《七五宪法》是"文化大革命"的产物，是新中国制定颁行的第二部宪法。它记载的不是民众争得的民主事实，而是文革中间出现的反民主的"成果"，这个荒唐时代的荒唐宪法只能被扫进历史的垃圾堆。一贯高唱无法无天、并以砸烂公检法自诩的"四人帮"，为什么却又搞起《七五宪法》？说到底就是要利用和发挥宪法工具的作用，确认"文化大革命"的合法性，以及肯定有利于他们窃取更大权力的体制。

五、《一九七八年宪法》——"拨乱反正"
中的过渡性宪法

1. 《七八宪法》的制定过程

1976 年 10 月 6 日，"四人帮"被粉碎，肆虐十年的"文化大革命"宣告结束。为了纠正"文化大革命"的错误，肃清"四人帮"在国家政治生活中的影响，需要在指导思想上进行"拨乱反正"。1977 年中共中央决定修改《七五宪法》，力图从宪法上清除文革的余毒，恢复法制秩序。但是十年"文化大革命"造成的政治上思想上的混乱，不是在短期内便可以消除的。尤其是当时担任党中央主席的华国锋坚持"两个凡是"（凡是毛主席作出的决策，我们都坚决拥护，凡是毛主席的指示，我们都始终不渝地遵循）的错误方针，压制 1978 年开展的、对"拨乱反正"具有重大意义的、关于真理问题的讨论。以致在打倒"四人帮"后的第二年，中国政治、经济、文化、思想都处于曲折徘徊、缓慢前进的状态。《七八宪法》就是在这样背景下起草的。

1977 年 10 月 24 日，四届全国人大常委会通过了《关于召开第五届全国人民代表大会第一次会议的决定》，定于 1978 年春召开五届人大一次会议，修改中华人民共和国宪法。为此，成立了宪法修改委员会起草宪法。1978 年 2 月 18 日，党的十一届二中全会通过了准备提交五届人大一次会议审议的《中华人民共和国宪法修改草案》和《关于修改宪法的报告》。

1978 年 3 月 1 日，第五届全国人民代表大会第一次会议，听取叶剑英受中共中央委托所作的《关于修改宪法的报告》。3 月 5 日，大会一致通过了《中华人民共和国宪法》，《七八宪法》由此诞生。

2. 《七八宪法》的特点与评析

《七八宪法》由序言；第一章，总纲；第二章，国家机构；第三章，公民的基本权利和义务；第四章，国旗、国徽、首都五部分组成，共60 条。

由于当时刚刚粉碎"四人帮"进入新的历史发展时期，还来不及全方位地总结新中国成立以来社会主义革命和社会主义建设的经验教训；也来不及彻底清除文革余毒对宪法的影响，因此，《七八宪法》既反映了"拨乱反正"的初步成果，又带有《七五宪法》的某些痕迹，是新旧交替阶段带有过渡性的宪法。

（1）恢复了《五四宪法》中的正确规定，提出了新时期的总任务

《七八宪法》删除了在上层建筑领域里实行全面专制的条款；恢复了 1954 年宪法关于人民代表大会制度的规定和国家机构的设置；恢复和强调了社会主义的民主原则和法制原则。重新设置人民检察院，以实现宪法赋予的法律监督职能。特别是《七八宪法》在序言中明确规定："在本世纪内把我国建设成为农业、工业、国防和科学技术现代化的伟大的社会主义强国。"这是国家在新的发展时期的总任务和全国人民的奋斗目标，因而深得全国各族人民的拥护。在相关的条款中增加了"高速度地发展国民经济，不断提高社会生产力"，大力发展科学文化教育事业，保护环境和自然资源，防治污染及其他公害等。这些新规定反映了社会的进步要求和宪法起草者的宪政意识，标志着中国的宪政运动开始走上恢复与发展的正常轨道。

（2）保留了《七五宪法》中的某些错误规定

由于《七八宪法》制定时还没有彻底摆脱"左"的指导思想的影响，还没有能够彻底纠正"文化大革命"的错误理论、政策和口号，以致在《七八宪法》的序言中继续肯定了"文化大革命"，认为"第一次无产阶级"文化大革命"的胜利结束，使我国社会主义革命和社会主义建设进入了新的发展时期"；继续确认在新时期要坚持无产阶级专政下的继续革命，开展阶级斗争；在国家机构中，依旧将地方各级人民政府规定为"地方各级革命委员会"；仍然将"大鸣、大放、大辩论、大字报"规定为公民的基本权利；在社会主义法制原则上，依然没有恢复"公民在法律上一律平等"、法院独立行使审判权、检察院独立行使检察权等正确原则，却保留了"文化大革命"时摧残人权的"群众专政"，等等。既然正确和错误并存，也就决定了日后必须对这部宪法加以修改。

（3）《七八宪法》的二次修改

《七八宪法》颁布不久，发生了影响深远的真理标准问题的讨论，特别是党的十一届三中全会胜利召开，实现了建国以来党和国家历史上

伟大的转折,为社会主义宪政建设开辟了光辉的前景。

1979年7月1日五届全国人大二次会议和1980年9月10日五届人大三次会议,对《七八宪法》的一些内容作了修改和补充。还在人大第三次会议召开之前,邓小平于1980年8月18日,发表《党和国家领导制度的改革》的讲话,指出:"中央将向五届人民代表大会三次会议提出修改宪法的建议。要使我们的宪法更加完备、周密、准确,能够切实保证人民真正享有管理国家各级组织和各项企业事业的权力,享有充分的公民权利,要使各民族真正实行民族区域自治,要改善各级人民代表大会制度,等等。关于不允许权力过分集中的原则,也将在宪法上表现出来。"他还针对党政分开和健全社会主义法制,强调说:"斯大林严重破坏社会主义法制,毛泽东同志就说过,这样的事件在英、法、美这样的西方国家不可能发生。他虽然认识到这一点,由于没有在制度上解决领导制度问题及其他一些原因,仍然导致了"文化大革命"的十年浩劫。"在国家体制中,党政不分,权力过分集中的状况一定要改变,"今后凡属政府职权范围内的工作,都由国务院和地方各级政府讨论、决定和发布文件,不再由党中央和地方各级党委发指示,做决定。"①

邓小平的上述论断,不仅对修改《七八宪法》具有指导意义,对于中国社会主义宪政建设,也具有重要的历史意义。

《七八宪法》经过二次修改,主要之点是:县和县以上的地方各级人民代表大会设立常务委员会,以有利于发挥地方国家权力机关的作用;将地方各级革命委员会修改为地方各级人民政府;将县人民代表大会由间接选举修改为由选民直接选举;将上级人民检察院同下级人民检察院由监督关系修改为领导关系;取消公民基本权利中"有运用'大鸣、大放、大辩论、大字报'的权利"的规定。

《七八宪法》经过二次修改,虽然某种程度上完善了民主建政和法制的原则,消除了文革的恶劣遗痕,但总的来说并没有完全摆脱"左"

---

① 《关于党和国家领导制度的改革》,见《邓小平文选》,人民出版社1983年版。

的影响，一些已经为实践所证明了的错误思想和制度，仍然没有从《宪法》中废除，仍然没有真正体现社会主义宪政的精神和原则。从整部《宪法》的内容看，许多重要的问题这部《宪法》都未能涉及，相反一些本来不应该由《宪法》加以规定的，反而出现在《宪法》的条文中，使得《宪法》缺乏科学性、规范性。随着改革开放和社会主义现代化建设事业的发展和不断深入，《宪法》中的许多内容已经与时代的进步要求格格不入，有的甚至成为社会政治、经济、文化等各方面发展的制度性障碍。因此，制定新宪法的历史任务很快便提上了议事日程。

六、《一九八二年宪法》——社会主义宪法新发展的里程碑

1. 《八二宪法》的制定

《八二宪法》是中国正式公布的第四部宪法，也是社会主义宪法新发展的里程碑，这是由历史条件的发展所决定的。

首先，1977 年 7 月，内部刊物《理论动态》上发表了《"继续革命"问题的探讨》，该文对"无产阶级专政下的继续革命"的理论提出质疑，从而揭开了新的思想解放运动的序幕。稍后《理论动态》上又发表了《实践是检验真理的唯一标准》的署名文章，从而在全国上下开启了真理标准问题的讨论。经过真理标准问题的讨论，从理论上确立的实践才是检验真理的惟一标准，驳倒了"两个凡是"的错误观点，为《八二宪法》确立正确的指导思想提供了前提。

其次，1978 年 12 月 18 日，中国共产党在北京召开了中共第十一届三中全会，这次会议实现了新中国成立以来中国共产党历史上具有深远意义的伟大转折，重新确立了正确的思想路线、政治路线和组织路线。

这次会议提倡实事求是，停止了"阶级斗争为纲"的口号，作出了把党的工作重心转移到社会主义现代化建设上来的战略决策和改革开放的战略决策。十一届三中全会以后，中国的政治、经济体制开始了改革的进程，社会生活各个方面发生了巨大的变化。形势的发展要求制定一部新宪法取代"文化大革命"刚刚结束后所制定的 1978 年宪法。

再次，1981 年 6 月 27 日，中国共产党第十一届中央委员会第六次全体会议通过了《关于建国以来若干历史问题的决议》，标志着党在指导思想上完成了"拨乱反正"的任务。《决议》总结了建国以来正反两方面的经验，指出："逐步建设高度民主的社会主义政治制度，是社会主义革命的根本任务之一。新中国成立以来没有重视这一任务，成了"文化大革命"发生的一个重要条件，这是一个沉痛的教训。必须根据民主集中的原则加强各级国家机关的建设，使各级人民代表大会及其常设机构成为有权威的人民权力机关，在基层政权和基层社会生活中逐步实现人民直接民主，特别时要着重努力发展各城乡各企业中劳动群众对于企业事务的管理。必须巩固人民民主专政，完善国家宪法和法律并使之成为任何人都必须严格遵守的不可侵犯的力量，使社会主义法制成为维护人民权利，保障生产秩序、工作秩序、生活秩序，制裁犯罪行为，打击阶级敌人破坏的武器。绝不能让"文化大革命"的混乱局面在任何范围内重演。"《决议》为新宪法的制度建设指明了方向。

最后，1982 年 9 月，中国共产党召开了第十二次全国代表大会。邓小平在开幕词中提出走自己的道路，建设有中国特色的社会主义。这是十二大的指导思想，也是整个新的历史时期改革开放和现代化建设的理论先导。大会提出了党在新的历史时期的总任务和经济建设的战略目标、战略重点、战略步骤。同时还提出努力建设高度的社会主义精神文明和高度的社会主义民主，等等。从而体现了社会主义现代化建设的全面性，丰富和发展了科学社会主义。这些都为新宪法奠定了原则性的基础。

为了制定新宪法，1980 年 8 月 30 日，中共中央向第五届全国人民代表大会第三次会议主席团提出了成立宪法修改委员会、全面修改《宪法》的建议，指出，《七八宪法》由于当时历史条件的限制，加之《宪法》颁布以后的短短时间里，中国的情况发生了巨大变化，许多规定已经不适应当前的政治经济生活和人民对于建设现代化国家的需要。为了完善国家制度，切实保障人民的权利和各民族的利益，巩固和发展安定团结的政治局面，充分调动一切积极因素，发挥社会主义制度的优越性，加速四个现代化建设事业发展，需要对《宪法》做比较系统的修改。为此，中共中央建议全国人民代表大会成立宪法修改委员会，主持宪法的修改工作，并提出了一个包括中共中央政治局和书记处全体成员以及各民主党派、人民团体主要负责人在内的宪法修改委员会组成人员名单。邓小平在政治局扩大会议上的讲话中指出："要使我们的宪法更加完备、周密、准确，能够切实保证人民真正享有管理国家各级组织和各项企业事业的权力，享有充分的公民权利；要使各少数民族聚居的地方真正实行民族区域自治；要改善人民代表大会制度，等等。"①

1980 年 9 月，五届人大三次会议通过决议，同意中共中央关于修改宪法和成立宪法修改委员会的决议；同意中共中央提出的由叶剑英任主任委员，宋庆龄、彭真任副主任委员，委员 103 人组成的宪法修改委员会的名单。决定由宪法修改委员会主持修改宪法，提出宪法修改草案，由全国人大常委会公布，交付全国各族人民讨论，再由宪法修改委员会根据讨论意见修改，提交本届全国人大四次会议审议。宪法修改委员会在广泛听取干部、群众、机关、团体、专家、学者意见的基础上，先后五易其稿，交付全国各族人民讨论，进行了周密的调查研究，历时两年零三个月，至 1982 年 12 月 4 日，《宪法》经五届全国人大五次会议审议通过并公布实施。

《八二宪法》是经过充分的民主程序产生的，因而它的贯彻实施，有着坚实的基础。

----

① 《邓小平文选》第 2 卷，人民出版社 1994 年版，第 339 页。

2. 《八二宪法》的主要内容

《八二宪法》由"序言"、"总纲"、"公民的基本权利与义务"、"国家机构"、"国旗、国徽、首都"5 章组成，138 条。它以 1954 年宪法为基础，同时又在宪法框架结构上作了重要调整。其主要内容如下：

（1）在序言中肯定了四项基本原则，指出了国家的根本任务是实现现代化，把中国建设成高度文明、高度民主的社会主义国家。并且突出地明确了《宪法》作为国家根本大法的地位，宣布："本宪法以法律的形式确认了中国各族人民奋斗的成果，规定了国家的根本制度和根本任务，是国家的根本法，具有最高的法律效力。全国各族人民、一切国家机关和武装力量、各政党和各社会团体、各企业事业组织，都必须以宪法为根本的活动准则，并且负有维护宪法尊严、保证宪法实施的职责。"

（2）在经济体制方面，规定了在以公有制为主体的前提下发展多种经济成分的原则。也就是从国家现阶段的生产力发展水平出发，在肯定公有制经济基础地位的同时，允许其他经济形式的存在和发展，这对于认为公有化程度越高越好的倾向是一个纠正。与此相适应的规定了以按劳分配为主体，多种分配方式并存的分配形式。特别是确立了计划经济与市场调节相结合的原则。《宪法》第 15 条规定："国家在社会主义公有制基础上实行计划经济。国家通过经济计划的综合平衡和市场调节的辅助作用，保证国民经济按比例地协调发展。"

（3）在政治体制方面，《八二宪法》以《五四宪法》为基础，在党政分开与民主集中两个原则的指导下，对中国的政治体制进行了改革。

首先，扩大了全国人大常委会的职权，将原来属于全国人民代表大会的一部分职权交由全国人大常委会行使；在全国人民代表大会下设立专门委员会，研究、审议和拟定有关议案；人大常委会增设由委员长、副委员长和秘书长组成的委员长会议，处理重要的日常工作；人大常委会组成人员不得担任国家行政机关、审判机关和检察机关的职务；县级以上地方各级人大设立常委会；省级人大和它的常委会有权制定和颁布地方性法规等。

其次，恢复了国家主席的建制，国家主席是国家机构的有机组成部分。《八二宪法》总结了新中国成立以来关于国家领导体制方面的经验与教训，恢复了国家主席的建制，这不仅对于健全国家的领导体制有着重大的意义，而且也体现了党政分开的原则。

再次，加强了行政机关的建设。国务院实行总理负责制，总理、副总理、国务委员和秘书长组成国务院常务委员会议；总理召集和主持国务院常务会议和全体会议；各部、委实行部长、主任负责制，部长、主任召集和主持部（委）会议；国务院设立审计署，对国务院各部门和地方各级政府的财政收支，对国家的财政金融机构和企事业组织的财务收支进行审计监督；地方各级人民政府实行首长负责制；县级以上各级人民政府设立审计机关；改变农村政社合一的体制，设立乡政权；在民族区域自治地方，扩大了民族自治机关的自治权。特别是总纲第 31 条规定："国家在必要时得设立特别行政区。在特别行政区内实行的制度按照具体情况由全国人民代表大会以法律规定。"这是具有开创性的规定，为香港、澳门的顺利回归，奠定了宪法基础。

再次，规定国家设立中央军事委员会作为国家的军事机关，领导全国的武装力量。《五四宪法》曾规定设立国防委员会，领导全国武装力量，由国家主席担任国防委员会主席。《七五宪法》取消了国防委员会的规定，由中国共产党中央委员会主席统帅全国武装力量。《八二宪法》对此作了修改，使军队纳入国家体制之中。

最后，在精神文明建设方面，鉴于中国尚处在社会主义初级阶段，还存在着旧社会遗留下来的不良影响，并由此而可能滋生出各种弊端和邪气歪风，因此《八二宪法》在文化领域规定了"加强精神文明建设"的有关内容，对思想道德建设提出具体要求和措施。如："国家通过普及思想教育、道德教育、文化教育、纪律和法治教育，通过在城乡不同范围的群众中制定和执行各种守则、公约，加强社会主义精神文明建设"、"国家提倡爱祖国、爱人民、爱劳动、爱科学、爱社会主义"。努力使越来越多的公民成为有理想、有道德、有文化、守纪律的公民，自觉抵制各种消极、腐朽的思想。

3. 《八二宪法》的主要特点

（1）扩大了公民的基本权利，不仅使一切权力属于人民的规定更加完备，而且扩大了公民的基本权利。由《五四宪法》的十九条，扩大到二十四条，特别是将《公民的基本权利和义务》从原来第三章改为第二章，凸显了公民权利的重要地位。

1）政治权利与政治自由

政治权利是指公民依法享有参与国家政治生活和社会生活的各项权利和自由，是衡量一个国家人权状况的主要标志之一。主要包括选举权、被选举权与监督权。关于选举权与被选举权，规定："中华人民共和国年满十八周岁的公民，不分民族、种族、性别、职业、家庭出身、宗教信仰、教育程度、财产状况、居住期限，都有选举权和被选举权；但是依照法律被剥夺政治权利的人除外。"（第34条）《八二宪法》使选举制度进一步民主化，还表现为县及县以下的直接选举制。按《五四宪法》第五十六条第一款规定："省、直辖市、县、设区的市的人民代表大会的代表由下一级人民代表大会选举，不设区的市、市辖区、乡、民族乡、镇的人民代表大会的代表由选民直接选举。"《八二宪法》第97条第1款则规定："省、直辖市、设区的市的人民代表大会的代表由下一级的人民代表大会选举，县、不设区的市、市辖区、乡、民族乡、镇的人民代表大会的代表由选民直接选举"，把直接选举扩大到县一级，这有助于选民能在更大的范围内表达自己的意愿，选出自己最满意的代表。

监督权是指监督国家机关及其工作人员活动的权利，包括批评建议权、申诉权和检举控告权。监督权和选举权与被选举权作为公民基本的政治权利，两者之间存在着必然的内在联系，监督权是选举权的必要的补充。《宪法》第 3 条规定："全国人民代表大会和地方各级人民代表大会都由民主选举产生，对人民负责，受人民监督。国家行政机关、审判机关、检察机关都由人民代表大会产生，对它负责，受它监督。"《宪法》第 41 条规定："中华人民共和国公民对于任何国家机关和国家工作人员，有提出批评和建议的权利；对于任何国家机关和国家工作人员的违法失职行为，有向国家机关提出申诉、控告或者检举的权利。"

除了选举权和被选举权、监督权外，《八二宪法》还规定了公民享有的政治自由，即言论、出版、集会、结社、游行、示威等六项自由（第 35 条）。在这六项自由中，核心是言论自由，其余无非是言论表达的方式方法而已。

2）人身权

人身权，是指人的生命安全、身心健康、人身自由、人格以及同人身自由相联系的住宅不受侵犯、通信自由、通信秘密、知识产权和环境权等。它是公民最起码、最基本的权利和自由。

关于人身权，《共同纲领》只在第 5 条作了简单的规定。1954 年第一次明确地将人身权写进了《宪法》，规定"中华人民共和国公民人身自由受宪法保护。任何公民，非经人民法院决定或者人民检察院批准，不受逮捕"（第 89 条），"中华人民共和国公民的住宅不受侵犯，通信秘密受法律保护"，"中华人民共和国公民有居住和迁徙的自由"。《八二宪法》在继承 1954 年宪法的基础上，又作了许多新的补充：

关于人身自由。《宪法》规定："中华人民共和国公民的人身自由不受侵犯。任何公民，非经人民检察院批准或者决定或者人民法院决定，并由公安机关执行，不受逮捕。禁止非法拘禁和以其他方法剥夺或者限制公民的人身自由，禁止非法搜查公民的身体。"（第 37 条）

关于人格尊严。在中国宪政史上，《八二宪法》是首次对这个问

题作明确规定："中华人民共和国公民的人格尊严不受侵犯，禁止用任何方法对公民进行侮辱、诽谤和诬告陷害。"（第 38 条）

关于住宅权。住宅权是人身自由的延伸，从广义上看，仍应属于人身权的范畴。《宪法》规定："中华人民共和国公民的住宅不受侵犯。禁止非法搜查或者非法侵入公民的住宅。"（第 39 条）

关于通信权，包括通信自由和通信秘密。这是属于人身权范畴的一项个人隐私权。《宪法》规定："中华人民共和国公民的通信自由和通信秘密受法律的保护。除因国家安全或者追查刑事犯罪的需要，由公安机关或者检察机关依照法律规定的程序对通信进行检查外，任何组织或者个人不得以任何理由侵犯公民的通信自由和通信秘密。"（第 40 条）

3）宗教信仰自由

这是公民一项重要的基本权利。《五四宪法》虽然专列一条规定，"中华人民共和国公民有宗教信仰的自由"（第 88 条），但不够具体。《八二宪法》则明确规定："中华人民共和国公民有宗教信仰自由，任何国家机关、社会团体和个人不得强制公民信仰宗教或不信仰宗教，不得歧视信仰宗教的公民和不信仰宗教的公民。国家保护正常的宗教活动。"（第 36 条）

4）财产权

财产权也是基本人权之一，在某种意义上说经济财产权利，是公民享有其他人权的基础。《八二宪法》在继承《五四宪法》的基础上作了新的补充。第一，确立了公民的经济平等权。规定："中华人民共和国的社会主义经济制度的基础是生产资料的社会主义公有制，即全民所有制和劳动群体集体所有制"（第 6 条），"在法律规定的范围内的城乡劳动者个体经济，是社会主义公有制经济的补充。国家保护个体经济的合法权利和利益"（第 11 条）。（1988 年宪法修正案对第十一条补充规定"国家允许私营经济在法律规定的范围内存在和发展，私营经济是社会主义公有制经济的补充。国家保护私营经济的合法权利和利益，对私营经济进行引导、监督和管理"。）第二，进一步明确了公民的财产所有权的内涵。《五四宪法》在公民的财产所有权中，对"生活资料的所有权"的规定，含义不清。《八二宪法》则明确规定："国家保护公民的合法收入、储蓄、房屋和其他合法财产所有权"，用"其他合法财产所有权"代替"各种生活资料所有权"，含义更为明确，内容更为广泛。第三，进一步扩大了企业经营管理权和职工的民主管理权。"国营企业在服从国家的统一领导和全面完成国家计划的前提下，在法律规定的范围内，有经营管理的自主权。国营企业依照法律规定，通过职工代表大会和其他形式实行民主管理"（第16条），"集体经济组织在接受国家计划指导和遵守有关法律的前提下，有独立进行经济活动的自主权。集体经济组织依照法律规定实行民主管理，由它的全体劳动者选举和罢免管理人员，决定经营管理的重大问题"（第17条）。这些规定应该说是符合当时的实际的，对于企业自主权的获得，职工民主管理权的实现，以及企业经济效益的提高，都起到了积极的作用。

5）社会经济权利

社会经济权利是指劳动权、休息权、退休人员的生活保障权以及物质帮助权，因而也是公民的基本权利。

关于劳动权。"中华人民共和国公民有劳动的权利和义务。国家通过各种途径，创造劳动就业条件，加强劳动保护，改善劳动条件，并在发展生产的基础上，提高劳动报酬和福利待遇。"（第42条）

关于休息权。"中华人民共和国劳动者有休息的权利。国家发展劳动者休息和休养的设施，规定职工的工作时间和休假制度。"（第43条）

关于退休人员的生活保障权。"国家依照法律规定实行企业事业组织的职工和国家机关工作人员的退休制度。退休人员的生活受到国

家和社会的保障。"(第 44 条)

关于获得物质帮助权。"中华人民共和国公民在年老、疾病或者丧失劳动能力的情况下，有从国家和社会获得物质帮助的权利。国家发展为公民享受这些权利所需要的社会保险、社会救济和医疗卫生事业。"(第 45 条)

6）公民享有文化教育权

"中华人民共和国公民有受教育的权利和义务。"(第 46 条)"中华人民共和国公民有进行科学研究、文学艺术创作和其他文化活动的自由。国家对于从事教育、科学、技术、文学、艺术和其他文化事业的公民的有益于人民的创造性工作，给予鼓励和帮助。"(第 47 条)

7）特定人群的特殊权利

关于妇女的权利。规定："中华人民共和国妇女在政治的、经济的、文化的、社会的和家庭的生活等各方面享有同男子平等的权利。国家保护妇女的权利和利益，实行男女同工同酬，培养和选拔妇女干部。"(第 48 条)

关于未成年人的权利。规定：国家有义务培养"少年、儿童在品德、智力、体质等方面全面发展"。(第 46 条)"父母有抚养教育未成年子女的义务。"(第 49 条)

关于华侨、归侨和侨眷的权益。规定："中华人民共和国保护华侨的正当权利和利益，保护归侨和侨眷的合法权利和利益。"(第 50 条)

与公民的基本权利相对应的公民的基本义务，也是《宪法》的重要内容。《八二宪法》规定我国公民必须履行的基本义务有以下几个方面：

维护国家统一和各民族团结。"中华人民共和国公民有维护国家统一和全国各民族团结的义务。"（第 52 条）此外，在《宪法》总纲中也规定："禁止破坏民族团结和制造民族分裂的行为。"

遵纪守法，尊重社会公德。"中华人民共和国公民必须遵守宪法和法律，保守国家秘密，爱护公共财产，遵守劳动纪律，遵守公共秩序，尊重社会公德。"（第53条）

维护祖国安全、荣誉和利益。"中华人民共和国公民有维护祖国的安全、荣誉和利益的义务，不得有危害祖国的安全、荣誉和利益的行为。"（第54条）

依法服兵役。"保卫祖国、抵抗侵略是中华人民共和国每一个公民的神圣职责。依照法律服兵役和参加民兵组织是中华人民共和国公民的光荣义务。"（第55条）

依法纳税。"中华人民共和国公民有依照法律纳税的义务。"（第56条）

（2）强化了民主与法制建设。

首先表现为健全人民代表大会制度。人民代表大会制度是中国的根本政治制度，《八二宪法》根据改革开放和社会主义建设新时期的要求，进一步充实和发展了这一制度。主要是扩大全国人民代表大会常务委员会的职权，赋予全国人民代表大会常务委员会以国家立法权；设立专门委员会，以协助全国人民代表大会和全国人民代表大会常务委员会的工作；县级以上各级人民代表大会设立常委会，省级人民代表大会及其常设机关享有地方性法规的制定权。为保证全国人大常委会能集中精力工作，更好地发挥最高权力机关对其他机关的监督职能，常委会组成人员不得兼任其他国家机关职务。

为了发挥地方各级人民代表大会在监督宪法实施中的重要作用。《宪法》第99条规定：县级以上地方各级人民代表大会在本行政区域内，保证宪法、法律、行政法规的遵守和执行，"有权改变或撤销本级人民代表大会常务委员会不适当的决定。"第104条规定：县级以上地方各级人民代表大会常务委员会有权撤销本级人民政府和下级人民代表大会的不适当的决议、决定和命令。第89条、第108条则规定：国务院和县级以上地方各级人民政府有权改变或撤销所属各部门和下级人民政府的不适当的决定和命令。这些规定中的"不适当"主要是指违宪或违法而言，实际上授予了各级人民代表大会、各级人民代表大会常务委员会和上级人民政府"监督"宪法实施的权力。

其次，规定了国家最高领导人的任期。国家主席、副主席，全国人大常委会委员长、副委员长，国务院总理、副总理、国务委员、最高人民法院院长和最高人民检察院检察长任职不得超过两届，取消了过去实际上存在的领导职务的终身制。

再次，明确了加强社会主义法制建设的方针。为了实现国家的根本任务，必须发扬社会主义民主，健全社会主义法制，规定：《宪法》"是国家的根本大法，具有最高的法律效力，全国各族人民、一切国家机关和武装力量、各政党和各社会团体、各企事业组织都必须以宪法为根本的活动的准则，并且负有维护宪法尊严、保证宪法实施的职责"（序言）。还规定："一切法律、行政法规和地方性法规都不得同宪法相抵触。一切国家机关和武装力量、各政党和各社会团体、各企事业组织都必须遵守宪法和法律。一切违反宪法和法律的行为都必须予以追究。任何组织和个人都不得享有超越宪法和法律的特权"（第5条）。党的十二大通过的党章更把宪法确立的原则具体化："党必须在宪法和法律的范围内活动。"胡耀邦在中共十二大政治报告中强调："这是一项极其重要的原则，从中央到基层，一切党组织和党员的活动都不能同国家的宪法和法律相抵触。"这个原则的贯彻与实施有利于树立宪法的权威性，是广大群众所关注的加强社会主义法制的重要保证。

最后，贯穿改革开放精神。彭真在关于宪法修改草案的报告中指出："当前我国正在进行经济体制的改革，并取得了很大的成绩，今后还要全面、深入地进行下去。草案有关规定为这种改革确定了原则。"①

---

① 中国人民公安大学编：《宪法参考资料》第1辑，第266页。

由于《八二宪法》是改革开放时代的产物，因此改革开放是"四项基本原则"之一，不仅成为宪法的总的指导思想，而且还通过条文进行规范，为改革开放的各项措施提供了可靠的宪法保障。既要坚持以社会主义现代化建设为中心，还要突出建设有中国特色的社会主义，既反映了新的时代背景对宪法的要求，也体现了宪法所承担的历史使命。为了在改革开放的环境中保持宪法的稳定性，维护《宪法》的权威和尊严，《八二宪法》还规定了严格的修宪程序。

4. 《八二宪法》的历史地位与历次修改

《八二宪法》是新中国宪法史上一个重要的里程碑。它在继承《五四宪法》精神和原则的基础上，排除了极左路线和思潮的影响，结合中国改革开放初期的社会实际，适应新时期政治经济和文化等各方面发展的需要，进行了重大的改革，是一部公认的比较好的、具有中国特色的社会主义宪法。彭真在《关于宪法修改草案的报告》中指出：这个《宪法》"继承和发展了《五四宪法》的原则，充分注意总结我国社会主义发展的丰富经验，也注意吸取国际的经验；既考虑到当前的现实，又考虑到发展的前景"，是一部"有中国特色的、适应新的历史时期社会主义现代化建设需要的、长期稳定的新宪法"。这是对《八二宪法》的历史地位和价值的准确评价。

但是，由于《八二宪法》是在改革开放初期颁布的，随着改革开放和社会主义建设事业的不断深入，有些规定已经不能适应时代的要求。所以对宪法中个别条款的修改是客观形势发展的需要。为了保证宪法的稳定性，也考虑到修改的必要性，只是对个别条文进行修改。

（1）第一次修改

1988 年 2 月 28 日，中共中央"根据几年来经济体制改革和对外开放进一步发展的实践"，致函全国人大常委会，"提出修改中华人民共和国宪法的个别条款的建议"。1988 年 4 月，举行的第七届全国人民代表大会第一次会议上，审议了全国人大常委会根据中共中央的建议，提出的宪法修正案草案，通过了修正案两条并由国家主席公布施行。

一是适应私营经济逐步发展的现实状况和需要，将原第 11 条规定的个体经济，修改为"国家允许私营经济在法律规定的范围内存在和发展。私营经济是社会主义公有制经济的补充。国家保护私营经济的合法的权利和利益，对私营经济实行引导、监督和管理。"经过修改明确了私营经济的法律地位，促进了私营经济的迅猛发展。

二是根据改革开放后，土地使用的关系发生变化的实际，将《宪法》第 10 条第 4 款："任何组织或者个人不得侵占、买卖、出租或者以其他形式非法转让土地。"修改为："任何组织或者个人不得侵占、买卖或者以其他形式非法转让土地。土地的使用权可以依照法律的规定转让。"从而解决了现实生活与宪法的冲突，为中外合资与外商独资企业获得土地使用权的转让，提供了法律依据。

1988 年宪法修正案公布以后，中共召开了第十四次代表大会，作出了我国还处在社会主义初级阶段的科学论断，强调这是一个至少上百年的很长的历史阶段。这时中国的经济体制改革迅速深化，计划成分进一步弱化，而市场调节则从辅助地位上升到主导地位。与之相适应，政治体制改革也逐渐展开。在这样的历史背景下，宪法需要进行第二次修改，以推进继往开来的伟大事业。

（2）第二次修改

1993 年 3 月举行的第八届全国人民代表大会第一次会议，根据中共十四大提出的"经济体制改革的目标，是在坚持公有制和按劳分配为主体、其他经济成份和分配方式为补充的基础上，建立和完善社会主义市场经济"，决定对《宪法》进行第二次修改。全国人民代表大会"关于修改宪法部分内容的说明"中指出："这次宪法修改，以党的十四大精神为指导，对涉及国家经济、政治、社会生活的重大问题的有关规定，必须进行修改的加以修改。修改中突出了建设有中国特色社会主义的理论和党的基本路线，并根据十多年来我国社会主义现代化建设和改革开放的新经验，着重对社会主义经济制度的有关规定作了修改和补充，使其更加符合现实情况和发展的需要。"

1993年3月29日，第八届全国人民代表大会第一次会议通过了宪法第二次修正案。共9条，综括如下：

在序言中增加："我国正处于社会主义初级阶段"，"根据建设有中国特色社会主义的理论，集中力量进行社会主义现代化建设"，"坚持改革开放"。并将"把我国建设成为高度文明、高度民主的社会主义国家"修改为："把我国建设成为富强、民主、文明的社会主义国家。"还增加了"中国共产党领导的多党合作和政治协商制度，将长期存在和发展"。这次修改突出了建设有中国特色社会主义理论的指导地位，比较集中表述了党领导和团结全国各族人民，以经济建设为中心，坚持四项基本原则，坚持改革开放，自力更生，艰苦创业，为把中国建设成为富强、民主、文明的社会主义现代化国家而奋斗的基本路线。

在条文中，将第7条："国营经济是社会主义全民所有制经济，……国家保障国营经济的巩固和发展"中的"国营经济"，修改为"国有经济"。一字之改为国有企业改革的发展和深化，提供了宪法依据。

将第8条第1款："农村人民公社、农业生产合作社……等各种形式的合作经济"，改为"农村中的家庭联产承包为主的责任制和……各种形式的合作经济"。家庭联产承包为主的责任制，是十多年的改革产物，是社会主义劳动群众集体所有制经济的一种生产经营形式，它调动了广大农民的积极性，发展了农村生产力，因而用宪法的形式加以肯定。

将第15条："国家在社会主义公有制基础上实行计划经济。国家通过经济计划的综合平衡和市场调节的辅助作用，保证国民经济按比例地协调发展。""禁止任何组织或者个人扰乱社会经济秩序、破坏国家经济计划。"修改为："国家实行社会主义市场经济"；"国家加强经济立法，完善宏观调控"；"国家依法禁止任何组织或者个人扰乱社会经济秩序"。

这是由计划经济向市场经济转变的一项重大修改，是中国经济体制迈出的具有革命性的一步，为我国的经济转轨提供了宪法依据。与此相适应，将国家对市场经济的管理，纳入法制轨道。为此，将第16条："国营企业在服从国家的统一领导和全面完成国家计划的前提下，在法律规定的范围内，有经营管理的自主权"；"国营企业依照法律规定，通过职工代表大会和其他形式，实行民主管理。"修改为："国有企业在法律规定的范围内有权自主经营"；"国有企业依照法律规定，通过职工代表大会和其他形式，实行民主管理"。

将第17条："集体经济组织在接受国家计划指导和遵守有关法律的前提下，有独立进行经济活动的自主权"；"集体经济组织依照法律规定实行民主管理，由它的劳动者选举和罢免管理人员，决定经营管理的重大问题。"修改为："集体经济组织在遵守有关法律的前提下，有独立进行经济活动的自主权"；"集体经济组织实行民主管理，依照法律规定选举和罢免管理人员，决定经营管理的重大问题。"

将第98条："县、不设区的市、市辖区、县、民族乡、镇的人民代表大会每届任期三年。"修改为："……县、市、市辖区的人民代表大会每届任期五年。县、民族县、镇的人民代表大会每届任期三年。"以利于稳定县级政府的领导班子，全面推进县与基层政权的工作。

（3）第三次修改

在20世纪最后一年里，中国的现行《宪法》经历了自从其诞生以来的第三次修改，与前几次修改相比较，这次修改无疑是最重要的一次。一是确立了邓小平理论在中国现代化建设中的指导地位；二是第一次以宪法的形式确立了依法治国的方略；三是第一次肯定了私有制等非公有制经济在国民经济体系中的重要地位。这不是偶然的，是中国经济和政治的发展变化在宪法上的反映。

20世纪90年代中后期，我国社会经济生活发生了很大的变化，各种经济成分并存发展，《宪法》的原有规定与社会经济现实之间的距离日益明显。例如，在这次修改前，《宪法》将个体经济和私营经济仅仅定位为"公有制经济的补充"。但实际上至 1997 年，全国个体经济吸纳从业人员已达 5442 万人，年产值 4553 亿元；私营经济吸纳从业人员已达 1349 万人，年产值 3923 亿元，而且个体私营经济在拓宽就业渠道、吸纳下岗职工、提供多样化的商品和服务、增加国家和地方税收、推动经济增长等许多方面，都成为重要力量，为国家和社会作出了重大贡献。

又据统计，在我国 1997 年国内生产总值中，非公有制经济（包括个体经济、私营经济、其他非公有制成分经济、混合经济中的个体和私营部分等）已占 24.2％，接近 1/4。而且这种估计还是比较保守的。① 显然，在现实的社会经济生活中，整个非公有制经济的经济实力和社会贡献，已不可忽视。个体私营经济所实际扮演的角色，也不再仅仅是一种"补充"，已经成为我国市场经济的"重要组成部分"。因此，原来宪法关于非公有制经济法律地位的规定，显然不利于对非公有制经济的保护，也不利于我国的社会主义经济进一步发展。"法律必须稳定，但又不能静止不变"，② 作为国家根本大法的《宪法》，自然需要随着社会经济结构的变化而变化。

除社会经济结构的变化外，这次修宪的另一个背景，就是作为执政党的中国共产党执政方略的变化。

实行人治，还是实行法治，是治理国家的两种根本不同的方略。我国历史上长期受封建专制统治，人治观念根深蒂固，缺乏法治的传统和体制。十一届三中全会总结了"文化大革命"无法无天所造成的灾难，提出了发展社会主义民主、加强社会主义法制的历史性任务，要求做到"有法可依，有法必依，执法必严，违法必究"。

依法治国，建设社会主义法治国家，是邓小平民主法制思想与理论的重要组成部分，是共产党领导人民在新时期治理国家的基本方略，是

---

① 参见《人民日报》1999 年 3 月 8 日第 9 版。
② 庞德著，曹玉堂等译：《法律史解释》，华夏出版社 1989 年版，第 1 页。

社会政治文明与法制文明进步的标志，也是国家长治久安的重要保障。虽然，1982 年宪法明确规定："国家维护社会主义法制的统一和尊严"；"一切国家机关和武装力量、各政党和各社会团体、各企业事业组织都必须遵守宪法和法律。一切违反宪法和法律的行为，必须予以追究"。但是，还没有把"依法治国，建设社会主义法治国家"，上升到治国方略的地位。1996 年 2 月，江泽民在中共中央举办的法制讲座上，提出要"实行和坚持依法治国、建设社会主义法制国家"。八届全国人大四次会议根据党中央的建议，把这一方针载入《国民经济和社会发展"九五"计划和二〇一〇年远景规划纲要》。中共十五大进一步指出："依法治国，是党领导人民治理国家的基本方略。"这是执政党治国方略的一个历史性转变，这个转变要求以宪法的形式加以肯定，以更好地指导、规范、保障和推进有中国特色社会主义事业顺利发展。

1999 年 3 月 15 日，第九届全国人大二次会议通过了六条宪法修正案。

其一，确立了邓小平理论的指导地位。

邓小平坚持解放思想、实事求是，科学地回答了什么是社会主义和怎样建设社会主义这个根本问题，形成了建设有中国特色社会主义理论的科学体系，指导了中国共产党制定社会主义初级阶段的基本路线。1997 年党的十五大把邓小平理论确立为党的指导思想，并写进了党章。1999 年九届全国人大二次会议通过修改宪法，正式确认邓小平理论是国家的指导思想。

根据邓小平理论，在序言中将"我国正处于社会主义初级阶段"，修改为"我国将长期处于社会主义初级阶段。……中国各族人民将继续在中国共产党领导下，在马列主义、毛泽东思想、邓小平理论的指引下，坚持人民民主专政，坚持社会主义道路，坚持改革开放，不断完善社会主义的各项制度，发展社会主义市场经济……把我国建设成为富强、民主、文明的社会主义国家。"这是符合中国社会主义发展的历史实际的。

其二，对现行经济体制进行变革。

为了明确和完善中国在社会主义初级阶段的基本经济制度和分配制度。将第 15 条："国家在社会主义公有制基础上实行计划经济"，修改为"国家实行社会主义市场经济"。并在第 6 条原规定的基础上，增加"国家在社会主义初级阶段，坚持公有制为主体、多种所有制经济共同发展的基本经济制度，坚持按劳分配为主体、多种分配方式并存的分配制度。"将第 8 条："农村中的家庭联产承包为主的责任制和生产、供销、信用、消费等各种形式的合作经济，是社会主义劳动群众集体所有制经济。……"，修改为："农村集体经济组织实行家庭承包经营为基础、统分结合的双层经营体制。"这有利于集体统一经营和家庭承包经营相结合的、经营体制的长期稳定和不断完善。

此外，将《宪法》第 11 条："在法律规定范围内的城乡劳动者个体经济，是社会主义公有制经济的补充。国家保护个体经济的合法的权利和利益"；"国家通过行政管理，指导、帮助和监督个体经济"；"国家允许私营经济在法律规定的范围内存在和发展。私营经济是社会主义公有制经济的补充。"修改为："在法律规定范围内的个体经济、私营经济等非公有制经济，是社会主义市场经济的重要组成部分。""国家保护个体经济、私营经济的合法的权利和利益。国家对个体经济、私营经济实行引导、监督和管理。"在宪法的经济制度中，肯定了个体、私营经济应有的地位，是加速发展社会生产力的客观需要，也是中国社会主义基本经济制度进一步完善的表现。

其三，增加了"依法治国，建设社会主义法治国家"的治国方略和奋斗目标，规定："中华人民共和国实行依法治国，建设社会主义法治国家。"这对于推进中国的民主法制建设，具有重大的和深远的历史意义。

其四，取消"反革命"一词。将《宪法》第 28 条"国家维护社会秩序，镇压叛国和其他的反革命的活动，制裁危害社会治安、破坏社会主义经济和其他犯罪的活动，惩办和改造犯罪分子。"修改为："国家维护社会秩序，镇压叛国和其他危害国家安全的犯罪活动……。"在宪法中删去在中国革命特定阶段所形成的、具有特殊政治含义的"反革命"一词，有利于消除"以阶级斗争为纲"的消极影响，和协调法律体系内部的一致性，也符合世界宪法的惯例。

从上述可以看出这次世纪末的修宪，在我国的宪政史上具有十分重要的意义，譬如宪法中规定了依法治国，在过去几乎是不敢想象的。新中国成立以后的一段时间，由于受意识形态的影响，"法治"一直被当作资产阶级的法律观念而被批判，在教学与学术研究中有关"法治"的理论，一直是一个禁区，更不要说以宪法的形式加以肯定了。这次修宪以"法治"代替"法制"，尽管是一个语词的变化，但是这种变化反映出一个丰富的信息，它表明中国共产党执政方式的变化，从"左"的时代的"运动治国"，进入现代的"依法治国"。同时，也表明中国共产党从革命时期的"革命型政党"向着和平时代的"建设型执政党"转变。

又如，宪法对非公有制财产的保护，也是一个重大的变化和发展。原在《五四宪法》中规定的所有制形式，是全民所有制、集体所有制、个体所有制和资本家所有制，"国家保证优先发展国营经济"。而在《七五宪法》和《七八宪法》规定的所有制结构中，只有全民所有制和集体所有制。个体劳动者虽然在宪法允许的范围之内，但是其活动受到了严格的限制，个体劳动者必须在"城镇街道组织、农村人民公社的生产队统一安排下从事法律许可范围内的，不剥削他人的个体劳动"，最终目的是"引导他们走上社会主义集体化的道路"。《八二宪法》在所有制结构中摒弃了《七五宪法》、《七八宪法》的规定，改为"在法律规定范围内城乡劳动者个体经济是社会主义公有制经济的补充。国家保护个体经济的合法的权利和利益"。至1988年的第一次宪法修正案中增加了"私营经济"的内容，规定"私营经济是社会主义公有制经济的补充"。至1999年的第二次宪法修正案中，把"个体经济、私营经济等非公有制经济"的地位，由"社会主义公有制经济的补充"，提升到"社会主义市场经济的重要组成部分"。从《五四宪法》到《七五宪法》、《七八宪法》，再到《八二宪法》的历次修正案，可以看出随着经济的发展变化和改革开放的深入，所有制结构上所反映的意识形态上的色彩越来越淡化。特别是《八二宪法》的第三次修改，可以说是顺应了历史潮流，反映了社会经济生活飞速发展的真实进程，它在我国的政治、经济和文化建设中，起到了非常良好的作用，极大地促进和保障了社会的全面发展。形势的急剧变化又将修宪的任务提上了日程。

（4）第四次修改

2002 年 11 月，在中共第十六次全国代表大会当选为党中央总书记的胡锦涛同志，非常重视《宪法》的作用。2003 年 3 月，人大和政协两会期间，他批示尽快启动修宪工作，强调：在整个修宪过程中，"切实加强党的领导，充分发扬民主，广泛听取各方面的意见，严格依法办事。"随即成立了以吴邦国为组长的中央宪法修改小组，在中央政治局常委会领导下工作。第四次修改《宪法》部分内容的建议（稿），经党的十六届三中全会审议通过，并由十届全国人大常委会第六次会议依照法定程序，提请十届全国人大二次会议审议通过。

第四次修改的重点是把党的十六大确定的重大理论观点和重大方针政策，写入宪法。共十四条，综括如下：

1）宪法序言部分的修改

将"在马克思列宁主义、毛泽东思想、邓小平理论指引下"，修改为"在马克思列宁主义、毛泽东思想、邓小平理论和'三个代表'重要思想指引下"。

在"逐步实现工业、农业、国防和科学技术的现代化"之后，增加"推动物质文明、政治文明和精神文明协调发展"，以实现把我国建设成为富强、民主、文明的社会主义国家的总目标。

此外还在"在长期的革命和建设过程中，已经结成由中国共产党领导的，有各民主党派和各人民团体参加的，包括全体社会主义劳动者、拥护社会主义的爱国者和拥护祖国统一的爱国者的广泛的爱国统一战线，这个统一战线将继续巩固和发展。"一段中，在"包括全体社会主义劳动者"之后，增加"社会主义事业的建设者"，以适应统一战线的不断扩大，广泛团结一切可以团结的人士。

2）条文部分的修改

将第13条第3款："国家为了公共利益的需要，可以依照法律规定对土地实行征用。"修改为："国家为了公共利益的需要，可以依照法律规定对土地实行征收或者征用，并给予补偿。"由于征收涉及所有权的改变，而征用只是使用权的改变，将这二者加以区分，有利于调整市场经济条件下因征收、征用土地而发生的财产关系的变动。

将第11条第2款："国家保护个体经济、私营经济的合法的权利和利益。国家对个体经济、私营经济实行引导、监督和管理"。修改为："国家保护个体、私营经济等非公有制经济的合法的权利和利益。国家鼓励、支持和引导非公有制经济的发展，并对非公有制经济依法实行监督和管理。"在这里进一步明确了国家对发展非公有制经济的方针，有利于发展作为社会主义市场经济重要组成部分的个体、私营等非公有制经济。

将第13条："国家保护公民的合法的收入、储蓄、房屋和其他合法财产的所有权"；"国家依照法律规定保护公民的私有财产的继承权。"修改为："公民的合法的私有财产不受侵犯"；"国家依照法律规定保护公民的私有财产权和继承权"；"国家为了公共利益的需要，可以依照法律规定对公民的私有财产实行征收或者征用并给予补偿。"其中将公民财产的所有权改为私有财产权，并强调不受侵犯，从而扩大了保护私有财产的范围，也完善了保护私有财产的法律规定。

此外，于第14条中增加一款："国家建立健全同经济发展水平相适应的社会保障制度"，这是社会稳定和国家长治久安的重要保证。①

于第33条中增加一款："国家尊重和保障人权"，明确了宪政建设的目标和宪法的价值取向。

---

① 《中国共产党第十六次代表大会政治报告》。

　　将第 59 条第 1 款关于全国人民代表大会组成的规定中不含"特别行政区"，修改为"人民代表大会由省、自治区、直辖市、特别行政区和军队选出的代表组成。各少数民族都应当有适当名额的代表。"以适应香港、澳门回归祖国后的实际情况。

　　将第 67 条第 20 项："决定全国或者个别省、自治区、直辖市的戒严"，修改为："决定全国或个别省、自治区、直辖市进入紧急状态。"将第 80 条："发布戒严令"，修改为"宣布进入紧急状态"。

　　将第 89 条第 16 项："决定省、自治区、直辖市的范围内部分地区的戒严"，修改为"依照法律规定决定省、自治区、直辖市的范围内部分地区进入紧急状态"。由于"紧急状态"的适用范围较之"戒严"更宽广，更有利于保证人民的生命和财产安全。

　　将第 81 条："中华人民共和国主席代表中华人民共和国，接受外国使节"，修改为："中华人民共和国主席代表中华人民共和国，进行国事活动，接受外国使节。"

　　将第 98 条："省、直辖市、县、市、市辖区的人民代表大会每届任期五年。乡、民族乡、镇的人民代表大会每届任期三年。"修改为："各地各级人民代表大会每届任期五年"，这个变动是从总结实际经验作出的，有利于乡、镇人民代表大会职能的发挥。

　　将第 4 章："国旗、国徽、首都"，修改为："国旗、国歌、国徽、首都"，并在第 136 条中增加 1 款："中华人民共和国国歌是《义勇军进行曲》"，以维护国歌的权威性和稳定性。

　　综上可见，现行《宪法》的第四次修改，反映了与时俱进的时代精神，体现了理论与实践的统一；宪法的稳定性和适应性的统一，因而提高了国家根本法的权威性，为开创中国特色社会主义事业新局面，提供了宪法保障，是中国宪政建设进入新阶段的重要标志。

　　通过四次修改《八二宪法》，不断融入了现代的宪法知识，提高了人民群众的宪法观念，推进了民主的制度化和法律化，初步形成了中国特色的社会主义法律体系，不断充实了法治中国的治国方略，凸显了完善经济制度、体制和秩序的努力，实现了民主与集中相结合的制宪路线，这就使得宪法的修改既是形势发展的客观需要，又在修改之后大大促进了形势的有力发展。一个社会主义的民主与法治的中国行将屹立在世界东方。

结束语

中国百年宪政的历史，在人类社会发展的长河中，不过是弹指一挥间。但是，它所经历的艰难曲折的过程和复杂的斗争，它所积累的丰富的经验与教训，却是弥足珍贵并具有重要的借鉴意义。

第一，制宪与富国强兵、民族独立对接具有历史必然性，但不可忽视宪法的根本——限制国家权力，保障公民权利。

1840年发生的鸦片战争，给中国社会带来了"三千年未有之大变局"。人们从国家日益沉沦的境况中，逐渐认识到中国落后于西方的不止是器物文明，更主要的是制度文明。因此，从19世纪70年代以来，要求定宪法、开国会、行宪政便成了不可遏止的潮流。正是特定的历史环境，使得宪政问题与争取富国强兵，摆脱民族屈辱对接起来，这在当时有其历史的必然性和合理性，体现了爱国主义的情操和民族的使命感，因而得到了广大民众的支持，一批批志士仁人为此而流血牺牲。

但是，不能因为中国宪政运动发生发展的特殊性，而忽视了宪法的核心问题，那就是限制国家权力，保障公民权利。宪法既是国家权力的合法性来源，同时又是限定国家权力的行使，使之不得侵犯公民基本权利的保证，这是近代意义上的"宪政"（constitutionalism）的精髓。1215年英国大宪章划定了王权的界限，宣告了公民享有的不可剥夺的权利。1791年美国国会通过了"权利法案"，作为美国宪法的第一次修正案。至于法国大革命爆发以后公布的《人权与公民权宣言》，则公开宣称："组成国民议会的法国人民的代表们，认为不知人权、忽视人权，或轻蔑人权是公众不幸和政府腐败的唯一原因，所以决定把自然的、不可剥夺的和神圣的人权，阐明于庄严的宣言之中，以便本宣言可以经常呈现在社会各个成员之前，使他们不断地想到他们的权利和义务。"

然而，发生在近代中国的宪政运动，受国情决定，摆在第一位的是张国权，摆在第二位的才是伸民权，而且前者是实的，后者是虚的。当维新派提出伸民权的时候，他们着眼点是绅权，认为民众缺乏权利意识和文化素养，为此，提倡"新民"说作为伸民权的理论先导和必要条件。

随着辛亥革命的胜利和中华民国的诞生，公民权利问题逐渐在宪法中获得了地位。但是，近代中国制宪的特殊价值取向和它所产生的影响，在一定程度上仍然影响着人们的思想和行动，这是不断完善我国宪法，值得注意的问题。

第二，宪法的价值，主要在于适用，而不是形式上的完美。

作为国家根本法的宪法，是法律体系中最主要的构成部分，是母法，它的权威和价值在于被国家的日常活动中所适用。如果宪法不能在国家活动中被适用，便失去了生命力而成为具文。在中国近代宪法史上，《中华民国临时约法》是具有真正意义的宪法性文件。它确立了民国的国体，建构了民国的政体，规定了公民的基本权利，形成了新的"民主社会"的框架，而且是用来监督政府的法律依据。章太炎批评南京临时政府内务部制定《报律》违反约法，就是一例。在民国政治风云变幻不定的情况下，《临时约法》被作为一面旗帜，用来保护民国、保卫民权。

然而此后民国政府制定的宪法，在条文规定上虽然不断完善，但其真正的制宪目的在于确认现存政治权力的定位，取得排斥其他政治派别的法统，和实现政治权益的再分配。它的着眼点不是公民权利至上，而是不受节制的权力体制；不是为了在国家生活中适用宪法，而是粉饰独裁政治。正因为如此，民国以来，制定了形形色色的宪法，尽管内容不断充实，但却没有给中国人民带来民主权利和权利保障。历史的经验证明，制定一部在条文上较为完美的宪法并非难事，而要把它变成适用于国家活动中的"真正的宪法"，却是难事。这就是为什么在中国近代很长一段时间，只有宪法的形式，而无宪政的实际。宪法虽然是实现宪政的必要条件，但绝不意味着制定了宪法，就实现了宪政。有宪法而无宪政，这样的宪法是虚假的，有宪政而无宪法，这样的宪政也不是真正意义上的民主政治。制定宪法固然为宪政所必需，但更重要的是行宪，从某种意义说来，行宪是建立宪政的基本途径，是加强民主政治的必由之路。通过行宪，才能将国家的民主制度和人民的民主权利落到实处，才能发挥宪法在指导、规范和充分推进社会主义现代化建设中的重大作用。为了行宪，须要建立民主的国家体制，以及确保宪法充分适用的各项制度。

第三，克服法律工具主义的影响，树立宪法权威的观念。

中国早在公元前 4 世纪左右便形成了"以法治国"、法为"治之具"的法律观念。在漫长的封建社会，三尺之法只是统治者治国、理政、御民的工具，以至法律工具主义成为中国古代法律文化中的传统观点，它影响着和束缚着中国近代制宪者的思想。在近代制宪者的意识中，宪法同样是附庸政治的，它和一般法律一样都是工具和手段。法律工具主义的文化传统，妨碍了限制权力的宪法意识的滋生。

宪法是具有最高法律效力的法，要树立宪法的最高权威意识，发挥宪法的最大的法律效力，必须明确任何国家机关、组织和个人，都没有超越宪法和法律的特权；一切法律、法规和其他规范性文件，都不得与宪法相抵触；国家权力必须严格按照宪法的规定去行使，不得滥用权力；全国各族人民和一切国家机关、社会团体，等等，都必须以宪法为根本的活动准则。违宪是最为严重的违法行为，要受到严肃的制裁。依法治国首先是依宪治国；依法行政首先是依宪行政。宪法绝不是仅仅具有象征意义和政治特性，它是具有应用功能和法律特性的。要从理论和实践的结合上克服法律工具主义的影响，改变宪法与己无关的错误倾向，使宪法的权威在人民大众的心中生根，确立宪法至上，违宪必须承当法律责任的观念，从而自觉地维护宪法的尊严，这是实施宪法，推进宪政的动力和保障。

第四，立足国情，择善而从，理顺不利于实施宪法的各种关系。

宪政和宪法都是西学东渐以后，从西方政治文明与法制文明中移植过来的，它和中国法制近代化的过程是一致的。存在的问题也带有共性，那就是如何从中国的国情实际出发，有选择地吸纳西方的宪政制度和宪法的理论与范式，力求择善而从，避免教条地、机械地照搬套用。百年中国的宪法历史，既存在简单袭取西方宪法的倾向，也存在融入中国传统法文化中消极因素的弊端。这是完善当前具有中国特色的宪法所应注意的。

百年跌宕起伏的宪法历史，提出了实施宪法、理顺关系的命题。

其一，理顺宪政与宪法的关系。宪政是"民主的政治"，是用宪法的形式把已争得的民主事实确定下来，加以巩固和发展。制定宪法既是宪政追求的具体目标，也是实现宪政的具体条件，因此，建立宪政、发展民主与实施宪法是一致的。但是，宪政与宪法并不存在必然的对应关系，民国以来宪法的形式虽然具备，却不能对国家的政治生活和社会生活产生实际的主导的影响。因此，加强二者的对应关系，使之成为相互作用的统一体，而不是脱节，既是一个历史提供的宝贵的借鉴，也是具有现实意义的实际问题。

其二，理顺宪政与法治、人权的关系。近代宪政的历史表明，宪政必须以民主和法治为价值基础，而民主和法治的目的都在于确认人权及其保障体系。近代意义上的法治，不是封建时代权力支配法律的援法而治，而是以法律限制权力，保护权利。因此，法治是宪政国家权力运行的基本方式，也是宪法的基本原则，它保障国家权力为公众利益服务。法治不仅限定国家依法行使权力，同时也以保障人权作为最高价值。通过法治构筑的权利保障体系，以确保宪法所规定的人权条款的实现，舍此单纯追求法律体系的完善，并不是真正意义上的法治。

至于人权及其理念的产生、演进和发展，经历了漫长的历史过程，宪法也是为人权而斗争的历史发展到一定阶段的产物。无论是英国的《人身保护法》、《权利法案》、《王位继承法》，还是美国的《独立宣言》、法国的《人权宣言》，都是以人权斗争的实践作为源之头、木之本的。因此，可以说人权既是宪法的缘起也是它的归宿，二者内在联系紧密而不可分。缺乏人权内容的宪法是虚假的，不以宪法保障实施的人权是空想的，中国百年宪法的历史，充分证明了这一点。

人权入宪不仅显示了人权作为宪法的最高价值目标，而且昭告了尊重和保障人权是国家的义务，从而为保障人权奠定了坚实的法律基础。除此之外，也将全面地启发和端正中国人的人权观念，进而从制度上、法律上、程序上不断完善对于人权的保障。由于生活之树是常青的，人权入宪并不意味着制宪者最终任务的完成，它只是阶段性的成果，还要随着实践的发展、社会的进步而不断充实和完善。

附录一
百年中国制宪大事记

1888 年

12 月 10 日　康有为在北京参加顺天乡试，写《上清帝第一书》，极言时危，请皇帝"变新法，通下情，慎左右"，以挽救国家危亡。若变法维新，十年之内"富强可致"，三十年即可"雪耻"复兴。这是资产阶级改良派第一次向清政府提出的建议。

1895 年

2 月 21 日　香港兴中会成立，以"驱除鞑虏，恢复中华，创立合众政府"为奋斗纲领。

5 月 2 日　康有为、梁启超等联合十八省在京应试举人，上书都察院，要求练兵、迁都、变法、拒和，史称"公车上书"。希望皇上"下诏鼓天下之气，迁都定天下之本，练兵强天下之势，变法成天下之治"，以解救严重的民族危机和尖锐的国内矛盾。此后，康有为的变法主张得到了广泛的传播。

5 月 29 日　康有为上清帝第三书，详述变法主张。由都察院转呈光绪皇帝，光绪皇帝阅后极为赞同。

6 月 30 日　康有为上清帝第四书，从正面论证了设议院的必要性，以及议院的组成和活动。得到光绪帝的重视，帝党重要人物翁同龢亲自拜访康有为。帝党的支持加速了维新运动的发展。

1896 年

8月9日　梁启超、黄遵宪、汪康年在上海创办《时务报》，以宣传"变法图存"为宗旨，曾连载梁启超所著的《变法通议》，要求改君主专制为君主立宪。

1897 年

10月26日　严复、夏曾佑、王修植等于天津创办《国闻报》，该报刊载严复所译的《天演论》，阐发保种保群自强进化之公理，与上海的《时务报》南北呼应，在维新运动中起了很大作用。

1898 年

1月29日　康有为上《应诏统筹全局折》，即上清帝第六书，请求皇帝厉行变法。指出：中国"能变则全，不变则亡，全变则强，小变仍亡。"建议以日本为榜样，实行全面维新。提出当务之急：一曰大誓群臣以定国是；二曰立对策所以征贤才；三曰开制度局而定宪法。

1月　康有为上清帝第七书，以俄国彼得大帝为例，阐发变法自强的必要性。

6月11日　光绪皇帝颁诏"明定国是"，宣布变法。至9月21日慈禧太后发动政变为止，历103日，史称"百日维新"。在此期间，光绪皇帝颁布多项政令，如废除八股文，改试策论，设立京师大学堂，令各省普遍设立中小学堂，开商务局、官报局，设铁路矿务总局，农工商局，邮政局，改革官制、裁汰冗员等。但由于光绪皇帝不掌握实权，多数变法措施流于形式，并且因为触犯了以慈禧太后为首的保守集团的利益，最终招致了失败。

9月21日　慈禧太后发动推翻戊戌新政的宫廷政变，再度"训政"，囚禁光绪皇帝于瀛台。康有为、梁启超逃亡海外，谭嗣同、刘光弟等六人被处死，多名支持变法的官员被罢免，除京师大学堂外，新政全被废除，戊戌变法宣告失败。

1899 年

7月20日 康有为等人在加拿大创立"保救大清皇帝会"，简称保皇会。康有为任会长，梁启超、徐勤任副会长。该会以保救光绪、反对慈禧和抵制革命为宗旨，鼓吹君主立宪。

1901 年

1月 清廷发布"变法"上谕，称"世有万古不变之常经"，而"无一成不变之常法"。表示力图振作，谋求富强。

4月 清廷谕令设立"督办政务处"，派奕劻、荣禄、李鸿章等六人为督办政务大臣。刘坤一、张之洞、袁世凯遥为参与，负责制定"新政"的各项措施。

1904 年

2月10日 日俄战争爆发，于次年9月结束。日本战胜俄国的结果，对当时的中国震动很大，被视为立宪战胜专制，从而促进了清廷政治改革的步伐。

3月22日 清驻法、俄、英、比国使臣孙宝琦等奏请变法。主张"亟宜乘此俄日用兵，各国待时之际，一面恪守局外，一面痛自更新"。并认为刘坤一、张之洞所奏三折及中外大臣之条议"大纲已具"，应请饬令督办政务处"详细抉择，切实施行"。

7月 张謇刊刻《日本宪法》，以十二册呈内廷。

1905 年

5月21日 《中外日报》发表"论日胜为宪政之兆"一文。认为在日俄战争中，如果日本取得胜利，"则吾国当实行立宪"。

7月16日 清廷决定派镇国公载泽、户部侍郎戴鸿慈、兵部侍郎徐世昌、湖南巡抚端方等分赴东西方各国，考求一切政治，以为施政之参考。《时报》评论此举益处有三：①可以定变法维新之国是；②可养大臣政治之常识；③可振臣民望治之精神。

8月11日 政务处议准在奉天试行地方自治。

8月20日 中国同盟会在东京正式成立，选举孙文为总理，通过了章程，正式提出"驱除鞑虏，恢复中华，创立民国，平均地权"的主张。

9月24日 革命党人吴樾在北京车站，用炸弹暗杀清廷出洋考察宪政五大臣，徐世昌、绍英受伤，送行者死伤数十人，清廷为之震动。

11月18日 清廷谕令督办政务处筹定立宪大纲。

11月25日 清廷谕令设立考察政治馆，指明其宗旨为"延揽通才，悉心研究，择各国政治与中国政体相宜者，斟酌损益，纂订成书，随时进呈，候旨裁定"。并谕绍英、张仁黼管理。

11月26日 同盟会机关报《民报》在东京创刊，孙中山为其撰写发刊词，首次将同盟会纲领概括为民族、民权、民生的三民主义。

1906 年

8月19日 清廷政治大臣端方等奏请定国是以安大计。认为："中国前途，必须实行立宪政体。并请宣示天下，以定国是，约以十五至二十年内，颁布宪法，召集议员开国会，实行一切立宪制度。在此年限中，举国臣民应皆为立宪之预备。"

8月23日 考察政治大臣镇国公载泽奏陈立宪，请先除满汉界限。

8月26日 清廷派醇亲王载沣、军机大臣、政务处大臣、大学士及北洋大臣袁世凯等，共同会议考察政治大臣条陈立宪各折，于8月27日召开首次会议。次日，清廷为立宪事召开御前会议，决定了四大方针：①自此后十年或十五年为期，施行立宪政治；②大体效法日本，废现制之督抚。各省新设之督抚，其权限仅与日本府县知事相当；③财政及兵马之事权，悉收回于中央政府；④中央政府之组织，与日本之现制相等。

8月29日 天津官绅首开风气，设立自治局，以为地方自治之准备。

9月1日 清廷宣布预备立宪。谕令先将官制议定，并将各项法律详慎厘订，广兴教育，清理财政，整顿武备，普设巡警，使绅民明悉国政，以为预备立宪之基础。俟数年后规模初具，再议立宪实行期限。

9月6日 清廷成立官制编制馆，由孙宝琦、杨士琦任提调，其中许多留学东西洋的毕业生任职。

11月6日 清廷下诏厘定官制，以为立宪之预备。决定"刑部著改为法部，责任司法；大理寺著改为大理院，专掌审判"，并任命戴鸿慈为法部尚书，绍昌和张仁黼分任左右侍郎，沈家本任大理院正卿。清廷同时谕令编订各直省官制。

12月16日 上海绅商设立"预备立宪法公会"，郑孝胥任会长，张謇、汤寿潜任副会长。这是我国第一个立宪政治团体。其主要主张为：①请愿速开国会；②移民实边；③设立美清银行、美清航业公司及东三省拓殖银行；④反对铁路国有。会员多为江苏、浙江、福建三省的立宪党人和绅商代表，后多次发起大规模立宪请愿运动，是预备立宪时期影响最大的立宪团体。

1907 年

7月7日 清廷颁布外官官制，对各省、府、州、县的行政机构设备作了新的规定。将各省按察使改为提法使，省会增设巡警道一员，专管全省警政事务；劝业道一员，专管全省农工商业及各项交通事务。裁撤分守分巡各道，酌留兵备道。各省分设审判厅，增易佐治各员。并由东三省先行开办，直隶、江苏择地试办，其余各省分年分地请旨办理。统限十五年内一律通行。

8月13日 改考察政治馆为宪政编查馆，责成其对一切编制法规、统计政要各事项，详细考察编订，以期次第施行。同月，梁启超、蒋智由在东京组织《政闻社》。

9月20日　清廷谕令设立资政院，认为"立宪政体取决公论，上下议院实为行政之本，中国上下议院一时未能成立，亟宜设资政院以立议院之基础"，并派溥伦、孙家鼐为总裁。

同月，清政府命各省筹设谘议局。并再派达寿使日，汪大燮使英，于式枚使德，考察宪政。

1908 年

6月30日　上海预备立宪公会会长郑孝胥及副会长张謇、汤寿潜等致电宪政编查馆，请速开国会，以两年为限。声称："今日时局，内忧外患，乘机并发，则忧患可以潜弭，富强可以徐图。"

7月22日　清廷颁布由宪政编查馆、资政院合拟之《各省谘议局章程》及《谘议局议员选举章程》，限定各省谘议局一年内办齐。

8月7日　出使考察宪政大臣达寿，奏报赴日考察宪政心得，提出"非实行立宪，无以弭内忧，亦无以消外患；非钦定宪法，无以固国本而安皇室，亦无以存国本而巩主权"。

8月11日　各省代表联合上书宪政编查馆，请速开国会。此次上书是各省立宪团体的联合行动，与各省代表呈递国会请愿书之举相呼应。

8月27日　清廷明定召开国会年限，并颁布《钦定宪法大纲》及《议院法要领》、《选举法要领》、《议院未开前逐年筹备事宜》，规定以九年为限，逐年筹备立宪，届时颁布宪法，召开议会。《钦定宪法大纲》共二十三条，分为"君上大权"和"臣民权利义务"两部分。它规定皇统永远世袭，皇权不可侵犯，皇帝总揽国家立法、行政、司法大权等，对臣民权利则予种种限制。尽管如此，它仍是中国第一部近代意义上的宪法性文件。

10月23日　清廷命各部院衙门均限六个月内，按宪政编查馆、资政院所奏筹备立宪格式，各就本管事宜，详列九年应办之事上奏。

12 月 3 日　清帝溥仪登基，改元宣统，行大赦，并重申宣统八年颁布宪法，召开议会。

1909 年

1 月 2 日　清廷准宪政编查馆所奏，于馆内设立专科，考核九年限内逐年应行筹办之立宪事宜。

1 月 18 日　清廷颁布《城乡地方自治章程》，命民政部及各省督抚迅即筹办。并要求"尤须将朝廷惠爱闾阎，官民共济之意，剀切晓谕，使知地方自治，乃辅官治之所不及，仍统于官治之内，非离官治而独立之词"。

2 月 17 日　清廷要求各省选用公正明慎之员绅，一律依限于今年内成立谘议局，使资政院能依限开办。

5 月 5 日　清廷颁行《自治研究所章程》，"示研究之宗旨，定人民之法守"。

6 月 2 日　江苏谘议局举行议员选举，选出议员 66 人。选张謇为会长。

7 月 15 日　清廷颁诏，依据宪政编查馆奏定之宪法大纲，清帝溥仪为大清帝国统率陆海军大元帅；未亲裁大政前，暂由摄政王代理；并着先行专设军咨处，通筹全国陆海各军事宜。

8 月 23 日　清廷颁行《资政院章程》65 条，称此"与谘议局章程实相表里，即为将来上下议院法之始基"，并要求迅速筹拟"各项细则章程"。

10 月 14 日　各省谘议局开幕。全国 22 省除新疆奏明缓办，俟明年成立外，其余 21 省均如期于本日召开。此为中国有地方议会之始。

10 月 26 日　资政院奏准《资政院议员选举章程》。

11 月 18 日　各省谘议局代表齐集上海，开请愿国会代表团会议。此次会议由江苏谘议局议长张謇发起，有奉、吉、直、陕、晋、豫、湘、鄂、赣、皖、浙、闽、桂、苏等 16 省 55 名代表到会，商议请愿速开国会事宜。

1910 年

1 月 16 日　各省谘议局推举代表孙洪伊等，至都察院呈递召开国会请愿书，请求清廷定一年以内即开国会，是为第一次国会请愿运动。21 日又谒见清廷军机处五大臣，请速开国会。后清廷仍谕令俟九年筹备期满，再降旨召集议院。

2 月 6 日　清廷谕令颁行《府厅州县地方自治章程》及《府厅州县议员选举章程》，要求民政部会同各督抚饬地方官切实施行。

4 月 8 日　宪政编查馆拟定《行政纲目》，明确规定了君主立宪政体的行政原则。

5 月 9 日　清廷钦选出宗室王公世爵等为资政院议员。决定本年八月二十日（9 月 23 日）为资政院召集之期，九月初一（10 月 3 日）为第一次开院之期。

6 月 16 日　各省请愿速开国会，代表孙洪伊等第二次向都察院呈递请愿书，请速开国会。其后，清廷仍降旨俟九年筹备完全，再行定期召集议会，要求臣民"勿惊虚名而隳实效"，并认为，"谓议院一开，即足致全功而臻郅治，古今中外，亦无此理"。

10 月　资政院在北京正式开会，谘议局代表举行第三次请愿。各省督抚及资政院请颁宪法、组织内阁，速开国会。

11 月　清政府宣布缩短预备立宪期，于宣统五年召集国会，国会未开以前，先厘定官制，设立内阁。

11 月 4 日　在各方强烈要求下，清廷谕令改于宣统五年（1913 年）实行开设议院并预先组织内阁，同时命民政部及各省督抚解散请开国会代表。

11 月 5 日　清廷派溥伦、载泽充任纂拟宪法大臣拟定宪法，要求"悉心讨论，详慎拟议，随时逐条呈候钦定"。

1911 年

5 月 8 日　清廷裁撤原内阁、军机处、会议政务处，设立内阁，颁布《内阁官制》19 条，并授奕劻为总理大臣，组成了"皇族内阁"，其中绍昌任司法大臣。同时颁布弼德院官制，以之作为皇帝的顾问机关。

5 月 12 日　各省谘议局国会请愿代表团代表在北京开会讨论国是，要求清廷改组内阁，收回亲贵充任总理大臣之成命。否则，各省谘议局将联合宣告各邻邦，凡清廷对外借款，概不承认。

6 月 4 日　各省谘议局联合会组织政党，定名为"宪友会"，该日成立。拟定出章程 29 条，政纲 6 条，以"尊重君主立宪政体"，"督促责任内阁"相号召，并规定"以发展民权完成宪政为目的"，开中国议会政党之先河。

10 月 10 日　武昌起义爆发，革命党人相继占领汉阳、汉口，成立中华民国军政府，推举黎元洪为中华民国军政府鄂军都督，并制定颁布了《中华民国军政府条例》及《中华民国鄂州约法》等纲领性文件。

10 月 30 日　清廷面临各省响应革命军，全局已成瓦解之势，不得已下罪己诏，并准资政院奏：①命溥伦等速将宪法条文拟妥，交资政院审议后，钦定颁行；②组织完全责任内阁，不再以亲贵充当国务大臣；③开党禁与民更始，赦免政治犯。

11 月 3 日　清廷颁布《重大信条十九条》。规定"皇帝之权以宪法所规定者为限"，并增加了扩大议会权力的若干内容。

12 月　各省都督府代表联合会议议决宣布《中华民国临时政府组织大纲》二十一条，政府组织采用总统制。

12 月 29 日　各省代表在南京举行临时总统选举会，选举孙文为中华民国开国第一任临时大总统，并决议每省选择精通政法及富经验者 3 人，来南京组织参议院。

1912 年

1月1日　孙中山宣誓就任临时大总统，其就职誓词曰："倾覆满洲专制政府，巩固中华民国，图谋民生幸福，取民之公义……"；并以宣言书昭告全国。亚洲第一个民主共和国——中华民国从此诞生，共和法制亦由此发轫。

1月2日　各省都督府代表议决通过《临时政府组织大纲修正案》。修正原案第一条及第五条，并于原案第六条后增加一条。修改的主要内容是加入有关"副总统"的规定，以及临时大总统经参议院之同意，有制定官制、官规、任免官员之权。

1月3日　临时大总统孙中山颁布《临时政府中央行政各部及其权限》，并依此组建临时政府各部。

孙中山通电各省派参议员赴南京，组织民国立法机关——参议院；在参议院未成立之前暂由各省都督府代表会代行其职权。

1月12日　清廷王公亲贵举行秘密会议，讨论国体问题。奕劻主张顺从民意，实行共和国体，清皇室可保安全；良弼等人坚持君主政体，力主剿灭南方革命势力。双方未能达成一致。会后，良弼召集保皇势力组织了"宗社党"。

1月28日　全国17省选出参议员38人组成临时参议院。举行开院典礼。临时大总统孙中山亲莅会场，并致祝辞。

1月30日　临时大总统孙中山将法制局拟定的《中华民国临时政府组织法》咨送参议院审议。次日，参议院决议，改《临时政府组织法》为《中华民国临时约法》，并推马君武、景耀月等人另行起草。

2月3日　清隆裕太后授予袁世凯以全权，命袁与民军商议优待清室及蒙、回、藏条件，准备宣布实行共和国体。

内务部总长程德全奉临时大总统令，通饬各省都督保护人民财产，并特制《保护人民财产令》五条，责成各省一体遵守。

2月10日　临时参议院议决通过《优待清室条件》八条，主要规定：清帝辞位后，尊号仍存不废，国民政府每年拨款四百万元作为皇室开支。还通过《皇族优待条件》四条，《满蒙回藏各族优待条件》七条。上述法律文件作为清帝自动退位的善后优待条件。

2月11日 袁世凯以"清帝已决定退位"急电南京临时政府，表示赞成共和，永不使君主政体再行于中国。

2月12日 清帝溥仪下诏辞位，同时命袁世凯以全权在北京组织临时共和政府。隆裕太后再下懿旨，令全国臣民化除畛域，维护和平秩序。

2月13日 临时大总统孙中山向参议院提交辞职书，荐举袁世凯继任临时总统。但袁世凯就任临时总统必须以下述三个条件为前提：①临时政府设在南京；②新总统必须到南京就职；③新总统必须遵守《临时约法》及南京临时政府所颁布的一切法律规章。

2月15日 临时参议院议决：①推举袁世凯为第二任临时大总统；②袁世凯必须来南京受职，袁世凯未到任前，仍由孙中山执行临时大总统职务。

3月8日 袁世凯在北京宣誓就任临时大总统，并以誓词电达参议院。次日，孙中山向全国宣布袁世凯就职誓词。

3月11日 参议院议决通过《中华民国临时约法》七章五十六条，孙中山以临时大总统的名义加以公布实施。依照三权分立的原则，该约法规定由参议院行使立法权，法院独立行使司法权，临时大总统、副总统和国务员行使行政权。在政权组织上采责任内阁制，对总统的权力限制颇多。《临时约法》在民国初期，为民主共和法统之基石。

3月19日 各妇女团体的领导人唐群英、张汉英、林宗素等26人联名上书孙中山，指责《临时约法》对男女平权要求的漠视，要求加以改正。19日至21日，二十余位妇女团体代表连续闯入参议院会场，要求讨论女子参政案。在遭到拒绝之后，众女子群情激愤将议场门窗玻璃击碎，以示抗议。

4月1日 孙中山以临时大总统名义公布《参议院法》。该法规定了参议员选举资格，参议院议事规则以及弹劾、质问、建议等职权的行使。

下午2时，孙中山莅临参议院行解职礼，正式宣告解去临时大总统之职。至此，南京临时政府停止行使行政权。

4月5日　参议院在南京开最后一次会议，议决参议院迁往北京，于本年4月21日在北京集会。

4月29日　参议院在北京行开院典礼，临时大总统派越秉钧到会代致祝词。

5月7日　参议院议决国会采两院制。两院为参议院、众议院，两院职权大体相当，无贵族院与平民院之分别。

5月10日　参议院讨论国旗统一案。自武昌起义以来，各省所用国旗未能统一，参议院特提出统一国旗案。但以"五色旗"为国旗，还是以"青天白日旗"为国旗尚有争论，未能形成定案。

6月8日　临时大总统袁世凯公布参议院之决议案，以红、黄、蓝、白、黑五色旗为国旗，十九星旗为陆军旗，青天白日旗为海军旗，商旗用国旗。

6月10日　国务院通电各省不得自定省临时约法，各省须一体遵行《中华民国临时约法》。

6月25日　鉴于社会舆论，有推戴袁世凯即皇帝位者，有指责袁帝制自为者。为此袁世凯通电全国，声称"共和宣布之日，即经通告天下，当永不使君主政体再见于中国"。

8月10日　参议院议决之《国会组织法》、《众议院议员选举法》、《参议院议员选举法》，由政府公布。此后，民国正式国会即依此三法选举产生、组织。

9月4日　临时大总统公布《省议会议员选举法》。

9月5日　国务院发布布告，称"立法、行政、司法分权鼎立，为共和国之精神，凡司法范围以内之事，无论何项机关，均不得侵越干预"。人民如有民、刑诉讼均应依法起诉，以符司法独立之制。

12 月初　国会选举正式开始。

1913 年

1 月 10 日　临时大总统发布正式国会召集令，限当选之参众两院议员于民国二年（1913 年）3 月以内齐集北京，以召开正式国会。

3 月　选举结束，国民党成为国会第一大党。

3 月 20 日　国民党代理理事长宋教仁由上海启程准备北上返京之际，在上海火车站遇刺，由于伤势严重抢救无效，两日后不治身亡。

3 月 25 日　孙中山先生抵达上海，与黄兴、陈其美、居正等人商议宋教仁遇刺案。孙中山主张武装讨袁，黄兴以南方军队不足与北军抗衡为由，主张法律解决。

4 月 6 日　临时参议院解散，代之以正式国会。

4 月 8 日　民国正式国会开幕。参众两院议员齐集众议院会场，举行国会开会典礼，到会参议员 177 人，众议员 500 人，其中国民党议员居多。

6 月 30 日　依据《国会组织法》第二十条之规定，参众两院各选出宪法起草委员 30 人，候补委员 15 人，组成宪法起草委员会。

7 月 12 日　国会宪法起草委员会正式成立，开始起草宪法。

9 月 5 日　迫于袁世凯的压力，也为顺利完成制宪工作，众议院以二百一十三票对一百二十六票之多数通过了"先选总统，后制宪法"决议案。

9 月 27 日　北京政府公布《议院法》九十四条。国会之组织与职权已由《国会组织法》定其大要，而《议院法》规定更为详细，以为国会活动之准则。诸如议会之开会程序，议决法律案之三读程序、弹劾案之程序、议员之惩戒规定、议会经费之支出等皆有具体规定。

10 月 4 日　国会之宪法会议公布《大总统选举法》七条。规定大总统由国会议员组织总统选举会选举之，大总统只能连任一次。

10 月 6 日　国会在袁世凯派出的军警和军警改装的"公民团"的包

围下，经过两轮投票，选举袁世凯为中华民国第一届正式大总统，黎元洪为副总统。

10月10日　袁世凯、黎元洪就任正式大总统、副总统。世界各国相继承认"中华民国为代表中国之合法政府"。

10月16日　袁世凯咨请国会于宪法公布前增修《临时约法》，主张删除国会对总统行使权力的种种限制；赋予大总统以紧急命令权及财政紧急处分权。国会以正式宪法公布在即，没有增修《临时约法》之必要否决了袁的咨请。

10月18日　袁世凯依据《临时约法》第二十二条及第三十条之规定，咨宪法会议，认为本月4日宪法会议议决公布《大总统选举法》，违反现行法律及立法先例，大总统有公布法律权。其意在争取宪法之公布权。

10月22日　袁世凯特饬国务院派施愚等八人为委员，出席宪法会议，代陈意见，遭到抵制。

10月24日　袁世凯派顾鳌、饶孟任、黎渊等八人出席宪法起草委员会会议，代为陈述袁对新宪法的意见。宪法委员会以该会规定仅许议员旁听，其他任何人无旁听权，更无权陈述意见，拒绝八人参加会议。

10月25日　袁世凯派八人参加宪法委员会讨论被拒绝之后，袁异常愤懑，于是密电各省军政长官指责宪法草案不当。

10月31日　宪法起草委员会将《中国民国宪法草案》三读通过，咨交宪法会议。由于宪法起草委员会工作地点在天坛祈年殿，因此该宪法草案又称《天坛宪草》。袁世凯即解散国民党、解散国会，该宪法草案亦遭搁置。

11月4日　袁世凯下令解散国民党，并饬京师警备司令官会同京师警察厅将国民党籍国会议员的议员证书、徽章一律追缴。最初仅追缴三百五十余名议员的证书和徽章，国会两院犹足法定人数，尚能开会；为达到使国会不能正常运作的目的，袁世凯又令将二次革命之前退出国民党之议员的证书、徽章加以追缴。于是又补行追缴八十余名议员的证书和徽章，致使国会不足法定人数，不能开会。

11月26日　袁世凯下令召集政治会议。

12月15日　政治会议正式开始，到会代表69人。

1914 年

1月10日　袁世凯以现有两院议员已不足法定人数，不符合《国会组织法》第十五条之规定，难以行使职权；又依照政治会议之议决，下令解散国会。

1月26日　袁世凯根据政治会议决议，公布《约法会议组织条例》二十二条。该条例规定，约法会议由各级行政机关选举议员组织之，其职权为议决约法增修案及附属于约法的重要法案。

3月16日　约法会议正式开幕，出席的议员44人。

3月20日　袁世凯向刚刚成立的约法会议提出"增修约法大纲"七项，咨交约法会议开会讨论。此后，约法会议即开始依照袁世凯的意见拟定《中华民国约法》。

5月1日　大总统公布《中华民国约法》，同时废止《临时约法》。《中华民国约法》废除内阁制，改行总统制。对大总统之职权予以极大扩张；对于立法机关则极力削弱其权能，虽规定以立法院行使立法权，但立法院终袁世凯统治时期亦未成立。

5月24日　公布《参政院组织法》十五条，规定参政院应大总统之咨询，审议重要政务。

6月20日　参政院正式成立。

6月29日　大总统申令，立法院未成立时由参政院代行立法院职权，实际上由总统总揽行政与立法两权。

12月28日　约法会议通过《大总统选举法修正案》，规定大总统任期为十年（原法为五年），且可以连选连任（原法只允许连任一次）。

12月29日　袁世凯公布《修正大总统选举法》，实际确认大总统为终身制和世袭制。

1915 年

8 月 3 日　中国政府宪法顾问古德诺（美国哥伦比亚大学行政法教授）在《亚细亚日报》上发表《共和与君主论》一文。该文仅从个人角度阐述了作者的观点，但是却成为君宪派宣传帝制的招牌。

8 月 14 日　杨度、孙毓筠、严复、刘师培等六人秉承袁世凯的旨意组织"筹安会"，鼓吹帝制。"筹安会"一经成立即遭到全国各界的反对。

8 月 17 日　袁世凯表示对人民之结社自由、言论自由予以尊重，对"筹安会"的活动不加干涉。

9 月 1 日　周家彦、马安良等人向参政院请愿，请求变更国体，实行君主立宪。

10 月 8 日　公布参政院制定的《国民代表大会组织法》。

10 月 28 日　进行国体投票。

12 月 11 日　参政院开会，汇查全国国民代表共 1993 人，主张君主立宪者 1993 票，一致决定将共和国体变更为君主立宪；同时，参政院接到各省区国民代表电文，一致推戴袁世凯为皇帝。于是，参政院向袁世凯上"颂扬功德总推戴书"，请袁世凯就皇帝位。

同日，袁世凯咨复参政院，表示谦让皇位。参政院旋即以全体国民总代表的身份再上推戴书，请袁世凯就皇帝位。

12 月 12 日　袁世凯承认帝位。

12 月 16 日　袁世凯申令《清室优待条例》永不变更，清皇室则赞同袁世凯继承皇统。

12 月 19 日　袁世凯申令法制局，将现行法令中凡有"共和国"字样的文字，改从君主立宪国体。

12 月 25 日　唐继尧、任可澄、蔡锷、李烈钧等宣布云南独立，以维护共和国体；同时组织"护国军"，从四川、广西两路北上讨袁。

12 月 31 日　袁世凯下令改民国五年（1916 年）为"洪宪"元年，

并开始颁行以"洪宪"纪元的新历书。

1916 年

3月22日 鉴于国内一致反对,袁世凯被迫撤销帝制,任命徐世昌为国务卿,以图收拾人心。

3月23日 袁世凯通令全国,废止"洪宪"年号,仍以本年为民国五年。

6月22日 孙中山、蔡锷、冯国璋等朝野人士,一致主张恢复民国元年的《临时约法》和民选国会。本日,段祺瑞通电反对恢复民元约法,仍以民三约法(袁世凯所定《中华民国约法》)为行政标准,于是发生了"新旧约法之争"。

6月29日 黎元洪继任大总统后申令恢复民国元年约法,续行召集国会;同时令裁撤助成帝制的参政院。

8月1日 国会重新开会,史称国会第二次常会。共有519名议员出席,大总统黎元洪补行宣誓就职仪式。国会恢复后,以前宪法起草委员会议定之宪法草案为基础,仍继续制定宪法。

8月15日 北京教育会向国会请愿,请将义务教育列入宪法。

9月8日 国会开宪法会议,在讨论是否将省制问题和省长民选定入宪法时,执不同意见者辩争激烈。

12月8日 两院宪法会议讨论省制是否入宪问题。研究派议员主张实行中央集权主义,省制不应入宪;益友派议员倡导地方自治,力主省制入宪,双方争辩甚烈,竟至斗殴。

1917 年

1月10日 宪法会议完成宪法草案一读会程序。

5月19日 段祺瑞煽动各省督军呈请大总统解散国会,改定宪法;国会亦呈请总统免去段祺瑞的总理职务。

7月19日 孙中山到达广州,邀请国会议员南下护法,继开国会,以行使"民国统治权",发起了护法运动。

8月25日 南下广州的国会议员召开"国会非常会议",以维护民国元年的《临时约法》为职志。此后"国会非常会议"先后公布了《国会非常会议组织大纲》、《军政府组织大纲》,选举孙中山为陆海军大元帅。

9月10日 孙中山就任中华民国军政府陆海军大元帅,正式组建护法军政府,以戡定内乱,恢复约法。

9月29日 段祺瑞宣布成立临时参议院,为过渡性立法机关。

11月10日 由各省选派的参议员组成参议院,本日在北京开会,随即开始修改有关法律。

1918 年

1月17日 冯国璋以代理大总统名义公布实施新的《国会组织法》、《参议员选举法》、《众议员选举法》,大幅度压缩议员名额。

3月6日 北京政府发布命令,在本年6月20日之前举行新国会参议员、众议员的选举。

3月8日 为控制参众两院,皖系、军阀和政客组成安福俱乐部。后来在选举中,安福系占据了两院议席的百分之七十。

5月 广州国会非常会议通过《中华民国军政府组织大纲》修正案,改元帅制为合议制。

5月5日 孙中山通电辞去护法军政府大元帅职。"护法"运动在帝国主义和军阀破坏下遭到失败。

9月4日 新国会选举徐世昌为中华民国第二任大总统。但段祺瑞仍掌握军权,并且在很大程度上通过安福系控制国会。

12月 从参政两院中各选三十人,组成宪法起草委员会。

1919 年

1月20日 宪法会议议决通过"国土采概括主义"、"人民权利义务对列"、"选举及国会职权不列入宪法"等内容。

1月25日　北京政府公布《修正国会组织法》第六条、《修正参议院议员选举法》第17条、《修正议院法》第二十条。

5月28日　孙中山发表护法宣言，主张恢复民国法统——《临时约法》和旧国会，发动了第二次护法运动。

8月12日　完成《中华民国宪法草案》，但未及交"安福国会"讨论。

1920 年

7月　爆发直皖战争，皖系战败。"安福国会"的"制宪"活动结束。

8月3日　徐世昌下令解散安福俱乐部。

8月30日　安福国会宣布闭会。

10月30日　徐世昌下令，依据《临时约法》及1912年公布的《国会组织法》、《参议院议员选举法》、《众议院议员选举法》，重新选举国会。但由于各方反对，第三届国会胎死腹中。

11月2日　湖南省宣布自治，开始制订省宪。

1921 年

5月5日　孙中山在广东就任非常大总统，再度揭起"护法"旗帜。在帝国主义及军阀的破坏下，历时年余，又告失败。

9月9日　浙江省公布省宪法。

1922 年

1月1日　湖南省宪法公布实施。

4月、5月　爆发直奉战争，奉军战败。直系军阀独揽北京中央政府大权。

7月　中国共产党第二次全国代表大会，提出彻底的反帝反封建的民主主义革命纲领和真正民主共和国的口号，赋予中国宪政运动以崭新内容。

8月1日　第一届国会第二期常会，在北京正式复会。

1923 年

6月13日　黎元洪被迫通电辞大总统职。

10月4日　宪法会议通过地方制度二读会。

10月5日　曹锟用贿选手段选举自己为大总统。

10月6日　通过"国权"章二读会。

10月8日　通过《中华民国宪法》三读会。

10月10日　曹锟就任大总统。同时举行宪法公布典礼，正式颁布中国第一部宪法《中华民国宪法》，即"贿选宪法"。

1924 年

1月　孙中山在中国共产党推动下，在广州召开国民党第一次全国代表大会，通过《中国国民党第一次全国代表大会宣言》和《组织国民政府决议案》。

10月23日　在第二次直奉战争中，冯玉祥发动政变囚禁曹锟，直系军阀控制的北京政府遂告垮台。

10月24日　段祺瑞就任"中华民国临时总执政"，组成北京临时执政府。

12月2日　段祺瑞公布国务会议制定的《善后会议条例》。

1925 年

2月1日　"善后会议"开幕，制定《国民代表会议条例》。并于4月24日公布施行。

3月1日　由中国共产党和国民党左派倡导的国民会议促成会全国代表大会开幕。

7月1日　广州国民政府正式成立，是带有新民主主义色彩的政权。

8月3日　临时执政府成立"国宪起草委员会"。

12月11日　"国宪起草委员会"三读通过段记《中华民国宪法草案》。

1927 年

4月18日　南京国民政府成立。

1928 年

6月　胡汉民提出《训政大纲草案》。

8月8日　召开国民党二届五中全会，宣布军政时期结束，着手准备进入训政时期。

9月3日　胡汉民、孙科提出《训政大纲说明书》。

10月　改组南京国民政府为五院制政体。

1929 年

3月19日　召开的国民党第三次全国代表大会，追认1928年10月3日国民党中常会通过的《中国国民党训政纲领》。

1930 年

9月2日　汪精卫等在北平召开中国国民党中央党部扩大会议，决议起草《训政时期约法》。

10月27日　正式公布《中华民国约法草案》，通称《太原约法草案》。

1931 年

3月2日　国民党中央执行委员会临时会议，通过了蒋介石提出的

"国民会议应于三民主义的训政范围以内，确定本党与全国人民共同遵守之约法……以树长治久安之宏规"议案，并推举吴敬恒、于右任、王宠惠等11人为约法起草委员。

5月5日 在南京召开国民会议，对草案进行审议。

5月12日 约法草案三读通过，并于6月1日由国民政府公布施行。

11月7日 共产党召开第一次全国工农兵代表大会，通过了《中华苏维埃共和国宪法大纲》。选举毛泽东为中央执行委员会和人民委员会主席，朱德为军事人民委员会主席并担任革命军事委员会主席兼工农红军总司令。

1932 年

12月 国民党第四届中央执行委员会第三次全体会议，讨论孙科等人提出的"集中国力挽救危亡案"。并令立法院迅速拟定宪法草案发表，以备国民研讨。

1934 年

1月22日 共产党在瑞金召开第二次全国工农兵代表大会，通过了修改的《中华苏维埃共和国宪法大纲》。

2月 国民政府完成《中华民国宪法草案初稿》，3月1日由立法院公布。后又由孙科令傅秉常等三十六人为宪法草稿初稿审查委员，加以审查修改。

10月 立法院召开全体会议审议，通过了《中华民国宪法草案》。

1935 年

12月25日 中共在陕北召开中央政治局会议，提出建立抗日民族统一战线的方针，并宣布将"工农民主共和国"改为"人民共和国"。

1936 年

5 月 5 日　国民政府公布《中华民国宪法草案》，通称《五五宪草》。

1937 年

8 月 25 日　中共在洛川召开中央政治局扩大会议，通过《抗日救国十大纲领》，提出召集真正人民代表的国民大会，通过真正的民主宪法等项主张。

1938 年

3 月　国民党临时全国代表大会决定设立国民参政会。

4 月 12 日　国民政府公布《国民参政会组织条例》，规定：抗战期间，政府的重要施政方针实施前应提交国民参政会决议；国民参政会可以向政府提出建议案，并有权听取政府施政报告暨向政府提出质询案等等。同时又规定，国民参政会的一切决议，须经国防最高会议通过，方为有效。

6 月 21 日　国民政府公布第一届国民参政会参政员名单，总数 200 名。其中国民党占 44.5%，中共占 3.5%，青年党占 3.5%，国家社会党占 3%，社会民主党占 0.5%，中华民族解放行动委员会占 0.5%，无党派人士占 44.5%。

7 月 6 日　国民参政会第一届大会第一次会议，在武汉开幕，国民参政会正式成立。

1939 年

9 月　国民参政会通过了中国共产党和各民主党派提出的《关于请政府定期召集国民大会，制定宪法实行宪政案》。

10 月 1 日　召开由救国会、第三党、青年党、国社党、职教社及无党派参政员张澜等 12 人，联合发起宪政座谈会。

11月　国民党五届六中全会通过了"定期召集国民大会并限期办竣选举案"，表示要在 1940 年 6 月底以前完成国民大会代表选举工作，于 1940 年 11 月 12 日召开国民大会。

12 月 11 日　云南省教育会、业余联谊社、男女青年会等团体发起召开宪政研讨会。

1940 年

2 月 20 日　延安举行各界宪政促进会成立大会，毛泽东发表了《新民主主义的宪政》的讲演，大会通过了《延安各界宪政促进会宣言》。

4 月 18 日　国民政府公布《宪政问题集会结社言论暂行办法》，限制有关宪政的活动。

5 月 28 日　桂林成立以李宗仁为主席的广西宪政协进会。

1941 年

11 月　陕甘宁边区第二届参议会，通过了带有根本法性质的文件《陕甘宁边区施政纲领》。

1943 年

3 月 12 日　周恩来在延安发表《关于宪政与团结》的讲演，向国民党当局提出实行宪政的三个先决条件。

9 月　九一八事变 12 周年之际，张澜发表了《中国需要真正民主政治》，要求取消国民党一党专政，实行民主政治。

9 月，国民党五届十一中全会宣布，在抗战胜利后一年内召集国民大会，制定宪法，实行宪政。

9 月 25 日　蒋介石在国民参政会三届二次会议上宣布从即日起筹备实施宪政。

10 月 10 日　周恩来发表《如何解决》的讲演（即《双十节讲演》），代表中国共产党进一步阐明召开国是会议，成立联合政府、实施真正民主宪政的原则主张和具体步骤。

11 月 12 日　宪政实施协进会成立，蒋介石自任会长，黄炎培被推举为 3 名召集人之一。

1944 年

1 月 3 日　黄炎培、沈均儒等 16 人召集宪政问题座谈会，研讨宪政问题。同月，黄炎培等人创办《宪政》月刊，"协助政府从事关于提倡实施宪政之宣传"。

6 月 20 日　由张澜、李璜等人发起成立成都民主宪政促进会，提出切实施行约法、尊重人民民主权利、刷新政治、革除弊端等 10 项主张。

1945 年

5 月　国民党六大在重庆召开，宣布在 1945 年 11 月 12 日召开国民大会，通过宪法以还政于民。

1946 年

1 月 10 日　政治协商会议在重庆召开，以周恩来为首的中国共产党代表团出席。

1 月 31 日　政治协商会议通过《政协关于宪草问题的协议》。

3 月　国民党六届二中全会推翻政协协议。

4 月 23 日　延安召开第三届边区参议会第一次大会，通过《陕甘宁边区宪法原则》。

11 月 15 日　召开制宪国民大会。

11 月 16 日　中共首席代表周恩来在南京举行记者招待会，庄严宣布：中国共产党人坚决不承认伪国大。

12 月 21 日　中国共产党发言人严正声明："中国人民决不承认伪宪。"

12 月 25 日　通过《中华民国宪法》。

1947 年

1 月 1 日　国民政府公布《中华民国宪法》。

11 月　成立以孙科为主任的国民大会筹备委员会。

1948 年

3 月 29 日　行宪国民大会开幕。

4 月 19 日　蒋介石当选总统，李宗仁当选副总统。

5 月 1 日　中共中央发表《纪念五一劳动节口号》，号召"各民主党派、各人民团体及社会贤达，迅速召开新的政治协商会议，讨论并实现召开人民代表大会，成立'民主联合政府'。"

11 月 25 日　中共代表与已经到达解放区的民主人士及各界代表，在哈尔滨协商成立新政协筹备会议问题。

1949 年

1 月 1 日　蒋介石发表《求和声明》，叫嚷要"确保"伪宪法、伪法统。

1 月 14 日　发表《中共中央毛泽东主席关于时局的声明》，提出包括"废除伪宪法"、"废除伪法统"在内的八项和平条件。

2 月 22 日　中共中央发布《关于废除国民党的〈六法全书〉与确定解放区的司法原则的指示》。华北人民政府也相继发布了废除国民党的《六法全书》及一切反动法律的《训令》。

6 月 15 日　新政协筹备会在北平召开第一次全体会议。选出毛泽东等二十一人组成新政协筹备委员会常务委员会。以周恩来为首的第三小组负责起草《共同纲领》。

9 月 17 日　新政协筹备会召开第二次全体会议。决定将新政协改称"中国人民政治协商会议"，并通过《共同纲领草案》等三个拟提交正式会议审议的文件。

9月21日 中国人民政治协商会议第一届全体会议在北平正式开幕。一致通过《中国人民政治协商会议共同纲领》以及《中华人民共和国中央人民政府组织法》、《中国人民政治协商会议组织法》。一致选举毛泽东为中央人民政府主席，朱德、宋庆龄等人为副主席。

10月1日 中央人民政府委员会举行第一次会议。任命周恩来为中央人民政府政务院总理兼外交部长，毛泽东为中央人民政府军事委员会主席，朱德为人民解放军总司令。会议决定接受《共同纲领》为中央人民政府的施政方针。

同日，首都三十万人在天安门广场举行开国大典，毛泽东主席庄严宣读《中央人民政府公告》。

1952 年

12月24日 政协全国委员会常务委员会举行第四十三次会议，周恩来代表中共中央提议：由全国政协向中央人民政府建议，召开全国人民代表大会和地方各级人民代表大会，并开始进行起草《选举法》和《宪法》草案等准备工作。

1953 年

1月13日 周恩来在中央人民政府委员会第二十次会议提出：及时地召开全国人民代表大会和地方各级人民代表大会，不仅必要，而且也有充分的条件。通过"关于召开全国人民代表大会及地方各级人民代表大会的决定"。同时成立了以毛泽东为主席，以朱德、宋庆龄、周恩来等人为委员的"中华人民共和国宪法起草委员会"。

2月11日 中央人民政府委员会第二十二次会议，通过《全国人民代表大会及地方各级人民代表大会选举法》。

1954 年

3月23日 宪法起草委员会举行第一次会议，毛泽东主席提出中共中央拟定的宪法草案初稿。会议决定接受这一初稿，作为起草宪法的基础，并开始起草工作。

6月14日　中央人民政府委员会第三十次会议，通过宪法起草委员会提交审议的宪法草案，并予公布，交付全国人民讨论。

6月16日　《人民日报》公布了宪法草案。

9月15日　第一届全国人民代表大会第一次会议在北京举行。

9月20日　全国人民代表大会第一次会议举行全体会议，一致通过《中华人民共和国宪法》，当日由大会主席团发布公告，向全国人民公布施行。一致选举毛泽东为中华人民共和国主席，朱德为副主席。会议根据毛主席的提名，任命周恩来为国务院总理。

1975 年

1月13日　召开第四届全国人民代表大会第一次会议。

1月15日　第四届全国人民代表大会第一次会议在北京召开，通过了修改后的《中华人民共和国宪法》，选举朱德为第四届人大常委会委员长，任命周恩来为国务院总理。

1978 年

2月18日　中国共产党第十一届二中全会，会议讨论、通过了宪法修正草案，决定提请五届人大第一次会议审议。

2月26日　五届全国人大第一次会议开幕。

3月5日　五届人大第一次会议举行全体会议，一致通过新的《中华人民共和国宪法》。选举叶剑英为五届人大常委会委员长，任命华国锋为国务院总理。

3月8日　五届政协第一次会议举行全体会议，选举邓小平为全国政协主席。

1979 年

7 月 1 日   五届全国人大二次会议通过了宪法修正案、《全国人民代表大会和地方各级人民代表大会选举法》、《地方各级人民代表大会和地方各级人民政府组织法》。

1980 年

9 月   五届人大三次会议通过决议，同意中共中央关于修改宪法和成立宪法修改委员会的决议，和中共中央提出的宪法修改委员会组成人员的名单。决定由宪法修改委员会主持修改宪法，提出宪法修改草案，由全国人大常委会公布，交付全国各族人民讨论，再由宪法修改委员会根据讨论意见修改，提交本届全国人大四次会议审议。宪法修改委员会由叶剑英任主任委员，宋庆龄、彭真任副主任委员。共有委员 103 人。

1982 年

2 月   宪法修改委员会第二次会议在北京召开，讨论宪法修改委员会秘书处拟定的宪法修改草案（讨论稿）。

4 月   五届人大常委会第二十三次会议通过《关于公布"中华人民共和国宪法修改草案"的决议》，并交全民讨论。

11 月 23 日   在宪法修改委员会第五次会议上通过，提交全国人民代表大会审议。

12 月 4 日   第五届全国人民代表大会第五次会议，以无记名投票，表决通过了新宪法。

1988 年

2 月 28 日   中共中央致函全国人大常委会："根据几年来经济体制改革和对外开放进一步发展的实践"，"提出修改中华人民共和国宪法的个别条款的建议。"

4月　举行第七届全国人民代表大会第一次会议，审议中共中央提出的宪法修正案草案。通过后，由国家主席公布施行。

1993 年

3月　第八届全国人民代表大会第一次会议，审议中共中央提出的宪法修正案。

3月29日　通过宪法修正案，并由国家主席公布施行。

2004 年

3月　全国人大十届二次会议，审议中共中央提出的宪法修正案，于3月14日正式通过并由国家主席公布施行。

附录二
百年中国宪法文献

一、钦定宪法大纲

（光绪三十四年八月初一日颁发）

君上大权：

大清皇帝统治大清帝国万世一系，永世尊戴。

君上神圣尊严，不可侵犯。

钦定颁行法律及发交议案之权。（凡法律虽经议院议决而未奉诏令批准颁布者，不得见诸施行。）

召集、开闭、停展及解散议院之权。（解散之时，即令国民重行选举新议员，其被解散之旧议员即与齐民无异；倘有抗违，量其情节以相当之法律处治。）

设官制禄及黜陟百司之权。（用人之权操之君上，而大臣辅弼之，议院不得干涉。）

统率陆海军及编定军制之权。（君上调遣全国军队，制定常备兵额，得以全权执行；凡一切军事皆非议院所得干预。）

宣战、媾和，订立条约及派遣使臣与认受使臣之权。（国交之事由君上视裁，不付议院议决。）

宣告戒严之权,当紧急时,得以诏令限制臣民之自由。

爵赏及恩赦之权。(恩出自上,非臣下所得擅专。)

总揽司法权,委任审判衙门,遵钦定法律行之,不以诏令随时更改。(司法之权操之君上,审判官本由君上委任,代行司法;不以诏令随时更改者,案件关系至重,故必以已经钦定法律为准,免涉分歧。)

发命令及使发命令之权,惟已定之法律,非交议院协赞,奏经钦定时,不以命令更改废止。(法律为君上实行司法权之用,命令为君上实行行政权之用,两权分立,故不以命令改废法律。)

在议院闭会时,遇有紧急之事,得发代法律之诏令,并得以诏令筹措必须之财用;惟至次年会期,须交议会协议。

皇室经费应由君上制定常额,自国库提支,议院不得置议。

皇室大典,应由君上督率皇族及特派大臣议定,议院不得干涉。

附

臣民权利义务

(其细目当于宪法起草时酌定)

臣民中有合于法律命令所定资格者得为文武官吏及议员。

臣民于法律范围以内,所有言论,著作,出版,及集会结社等事,均准其自由。

臣民非按照法律所定,不加以逮捕、监禁、处罚。

臣民可以请法官审判其呈诉之案件。

臣民应专受法律所定审判衙门之审判。

臣民之财产及居住,无故不加侵扰。

臣民按照法律所定,有纳税当兵之义务。

臣民现完之赋税,非经新定法律更改,悉仍照旧输纳。

臣民有遵守国家法律之义务。

二、重大信条十九条

（宣统三年九月十三日公布）

第一条　大清帝国之皇帝万世不易。

第二条　皇帝神圣不可侵犯。

第三条　皇帝之权，以宪法规定者为限。

第四条　皇帝继承之顺序，于宪法规定之。

第五条　宪法由资政院起草议决，皇帝颁行之。

第六条　宪法改正提案之权，属于国会。

第七条　上议院议员由国民于法定特别资格中公选之。

第八条　总理大臣由国会公选，皇帝任命之；其他国务大臣由总理大臣推举，皇帝任命之，皇族不得为总理大臣、其他国务大臣并各省行政长官。

第九条　总理大臣受国会之弹劾时，非解散国会即内阁总理辞职，但一次内阁不得为两次国会之解散。

第十条　皇帝直接统率海陆军，但对内使用时，须依国会议决之特别条件。

第十一条　不得以命令代法律；除紧急命令外，以执行法律及法律所委任者为限。

第十二条　国际条约，非经国会之议决，不得缔结，但宣战、媾和，不在国会开会期内，由国会追认之。

第十三条　官制官规以法律定之。

第十四条　本年度之预算，未经国会议决，不得适用前年度预算；又预算案内规定之岁出，预算案所无者，不得为非常财政之处分。

第十五条　皇室经费之制定及增减，依国会之议决。

第十六条　皇室大典不得与宪法相抵触。

第十七条　国务裁判机关，由两院组织之。

第十八条　国会之议决事项，皇帝颁布之。

第十九条　第八，第九，第十，第十二，第十三，第十四，第十五，第十八各条，国会未开会以前，资政院适用之。

三、中华民国临时约法

（民国元年三月十一日公布）

第一章　总　　纲

第一条　中华民国由中华人民组织之。

第二条　中华民国之主权，属于国民全体。

第三条　中华民国领土，为二十二行省，内外蒙古，西藏，青海。

第四条　中华民国以参议院，临时大总统，国务员，法院，行使其统治权。

第二章　人　　民

第五条　中华民国人民，一律平等，无种族，阶级，宗教之区别。

第六条　人民得享有左列各项之自由权：

一、人民之身体，非依法律，不得逮捕、拘禁、审问、处罚；

二、人民之家宅，非依法律，不得侵入或搜索；

三、人民有保有财产及营业之自由；

四、人民有言论，著作，刊行，及集会，结社之自由；

五、人民有书信秘密之自由；

六、人民有居住迁徙之自由；

七、人民有信教之自由。

第七条　人民有请愿于会议之权。

第八条　人民有陈诉于行政官署之权。

第九条　人民有陈诉于法院，受其审判之权。

第十条　人民对于官吏违法损害权利之行为，有陈诉于平政院之权。

第十一条　人民有应任官考试之权。

第十二条　人民有选举及被选举权。

第十三条　人民依法律有纳税之义务。

第十四条　人民依法律有服兵役之义务。

第十五条　本章所载人民之权利，有认为增进公益，维持治安，或非常紧急必要时，得以法律限制之。

第三章　参议院

第十六条　中华民国之立法权，以参议院行之。

第十七条　参议院以第十八条所定各地方所选派之参议员组织之。

第十八条　参议员，每行省，内蒙古，外蒙古，西藏，各选派五人，青海选派一人；其选派方法，由各地方自定之。参议院会议时，每参议员有一表决权。

第十九条　参议院之职权如左：

一、议决一切法律案；

二、议决临时政府之预算，决算；

三、议决全国之税法、币制，及度量衡之准则；

四、议决公债之募集，及国库有负担之契约；

五、承诺第三十四条，三十五条，四十条事件；

六、答复临时政府咨询事件；

七、受理人民之请愿；

八、得以关于法律及其他事件之意见建议于政府；

九、得提出质问书于国务院，并要求其出席答复；

十、得咨请政府查办官吏纳贿违法事件；

十一、参议院对于临时大总统，认为有谋叛行为时得以总员五分之四以上之出席，出席员三分之二以上之可决，弹劾之。

第二十条　参议院得自行集会、开会、闭会。

第二十一条　参议院之会议，须公开之；但有国务员之要求，或出席参议员过半数之可决者，得秘密之。

第二十二条　参议院议决事件，咨由临时大总统公布施行。

第二十三条　临时大总统对于参议院议决事件，如否认时，得于咨达后十日内，声明理由，咨院复议。但参议院对于复议事件，如有到会参议员三分之二以上仍执前议时，仍照第二十二条办理。

第二十四条　参议院议长，用记名投票法互选之，以得票满投票总数之半者为当选。

第二十五条　参议院议员于院内之言论及表决，对于院外不负责任。

第二十六条　参议院议员，除现行犯及关于内乱外患之犯罪外，会期中非得本院许可，不得逮捕。

第二十七条　参议院法，由参议院自定之。

第二十八条　参议院以国会成立之日解散，其职权由国会行之。

第四章　临时大总统副总统

第二十九条　临时大总统，副总统，由参议院选举之，以总员四分之三以上之出席，得票满投票总数三分之二以上者，为当选。

第三十条　临时大总统代表临时政府，总揽政务，公布法律。

第三十一条　临时大总统，为执行法律，或基于法律之委任，得发布命令，并得使发布之。

第三十二条　临时大总统统率全国海陆军队。

第三十三条　临时大总统得制定官制、官规；但须提交参议院议决。

第三十四条　临时大总统任免文武职员；但任命国务员及外交大使公使，须得参议院之同意。

第三十五条　临时大总统经参议院之同意，得宣战、媾和，及缔结条约。

第三十六条　临时大总统得依法律宣告戒严。

第三十七条　临时大总统代表全国，接受外国之大使，公使。

第三十八条　临时大总统得提出法律案于参议院。

第三十九条　临时大总统得颁给勋章并其他荣典。

第四十条　临时大总统得宣告大赦、特赦、减刑、复权；但大赦须经参议院之同意。

第四十一条　临时大总统受参议院弹劾后，由最高法院审判官互选九人，组织特别法庭审判之。

第四十二条　临时副总统于临时大总统因故去职，或不能视事时，得代行其职权。

第五章　国 务 员

第四十三条　国务总理及各总长，均称为国务员。

第四十四条　国务员辅佐临时大总统负其责任。

第四十五条　国务员于临时大总统提出法律案，公布法律，及发布命令时，须付署之。

第四十六条　国务员及其委员得于参议院出席及发言。

第四十七条　国务员受参议院弹劾后，大总统应免其职；但得交参议院复议一次。

第六章　法　　院

第四十八条　法院以临时大总统及司法总长分别任命之法官组织

之。法院之编制及法官之资格，以法律定之。

第四十九条　法院，依法律审判民事诉讼及刑事诉讼。但关于行政诉讼及其他特别诉讼，别以法律定之。

第五十条　法院之审判，须公开之；但有认为妨害安定秩序者，得秘密之。

第五十一条　法官独立审判，不受上级官厅之干涉。

第五十二条　法官在任中不得减俸或转职，非依法律受刑罚宣告或应免职之惩戒处分，不得解职，惩戒条规，以法律定之。

第七章　附　　则

第五十三条　本约法施行后，限十个月内由临时大总统召集国会。其国会之组织及选举法，由参议院定之。

第五十四条　中华民国之宪法，由国会制定；宪法未施行以前，本约法之效力与宪法等。

第五十五条　本约法由参议员三分之二以上或临时大总统之提议，经参议员五分之四以上之出席、出席员四分之三可决，得增修之。

第五十六条　本约法自公布之日施行；临时政府组织大纲，于本约法施行之日废止。

四、中华民国宪法草案①

（民国二年十月三十一日国会宪法起草委员会通过，未公布）

中华民国宪法会议，为发扬国光，巩固国圉，增进社会之福利，拥

———————————

①　即《天坛宪法草案》。

护人道之尊严，制兹宪法，宣布全国，永矢咸遵，垂之无极。

第一章　国　　体

第一条　中华民国永远为统一民主国。

第二章　国　　土

第二条　中华民国国土，依其固有之疆域。

国土及其区划，非以法律不得变更之。

第三章　国　　民

第三条　凡依法律所定属中华民国国籍者，为中华民国人民。

第四条　中华民国人民于法律上无种族阶级宗教之别，均为平等。

第五条　中华民国人民，非依法律不受逮捕监禁审问处罚。

人民被羁押时，得依法律以保护状请求提至法庭审查其理由。

第六条　中华民国人民之住居，非依法律不受侵入或搜索。

第七条　中华民国人民通信之秘密，非依法律，不受侵犯。

第八条　中华民国人民有选择住居及职业之自由，非依法律不受制限。

第九条　中华民国人民有集会结社之自由，非依法律不受制限。

第十条　中华民国人民有言论著作及刊行之自由，非依法律不受制限。

第十一条　中华民国人民有信仰宗教之自由，非依法律不受制限。

第十二条　中华民国人民之财产所有权，不受侵犯，但公益上必要之处分，依法律之所定。

第十三条　中华民国人民，依法律有诉讼于法院之权。

第十四条　中华民国人民，依法律有请愿及陈诉之权。

第十五条　中华民国人民，依法律有选举及被选举之权。

第十六条　中华民国人民，依法律有从事公职之权。

第十七条　中华民国人民，依法律有纳租税之义务。

第十八条　中华民国人民，依法律有服兵役之义务。

第十九条　中华民国人民，依法律有受初等教育之义务。

国民教育以孔子之道为修身大本。

第四章　国　会

第二十条　中华民国之立法权，由国会行之。

第二十一条　国会以参议院众议院构成之。

第二十二条　参议院以法定最高级地方议会及其他选举团体选出之议员组织之。

第二十三条　众议院以各选举区比例人口选举之议员组织之。

第二十四条　两院议员之选举，以法律定之。

第二十五条　无论何人不得同时为两院议员。

第二十六条　两院议员不得兼任文武官吏，但国务员不在此限。

第二十七条　两院议员之资格，各院得自行审定之。

第二十八条　参议院议员任期六年，每二年改选三分之一。

第二十九条　众议院议员任期三年。

第三十条　两院各设议长副议长一人，由各院议员互选之。

第三十一条　国会自行集会开会及闭会，但临时会由大总统牒集之。

第三十二条　国会开会期为四个月，但得延长之。

第三十三条　国会常会于每年三月一日开会。

第三十四条　国会临时会之召集，于有左列情事之一行之。

一、两院议员各有三分一以上之请求。

二、国会委员会之请求。

三、政府认为必要时。

第三十五条 国会之开会及闭会，两院同时行之。

一院停会时，两院同时休会。

众议院解散时，参议院同时行之。

第三十六条 国会之议事，两院各别行之。

同一议案，不得同时提出于两院。

第三十七条 两院非各有议员总额过半数之列席，不得开议。

第三十八条 两院之议事，以列席议员过半数之同意决之，可否同数取决于议长。

第三十九条 国会之议定，以院议之一致成之。

一院否决之议案，同一会期内不得再行提出。

第四十条 两院之议事公开之，但得依政府之请或院请秘密之。

第四十一条 众议院认大总统副总统有谋叛行为时，得以议员总额三分二以上之同意弹劾之。

第四十二条 众议院认国务员有违法行为时，得以列席员三分二以上之同意弹劾之。

第四十三条 众议院对于国务员，得为不信任之决议。

前项决议用投票，以列席员过半数之同意成之。

第四十四条 参议院审判被弹劾之大总统副总统及国务员。

前项审判，非以列席员三分二以上之同意，不得判决为有罪或违法。

判决大总统有罪时，应黜其职，其罪之处刑，由最高法院定之。

判决国务员违法时，应黜其职，并夺其公权，如有余罪时付法院审判之。

第四十五条 两院各得建议于政府。

第四十六条 两院各受理于国民之请愿。

第四十七条 两院议员得提出质问书于国务员，或请求其到院质问之。

第四十八条　两院议员于院内之言论及表决，对于院外不负责任。

第四十九条　两院议员除现行犯外，非得各本院或国会委员会之许可不得逮捕或监视。

两院议员，因现行犯被逮捕时，政府应将理由报告于各本院或国会委员会。

第五十条　两院议员之公费及其他公费，以法律定之。

第五章　国会委员会

第五十一条　国会委员会，于每年国会常会闭会前，由两院各于议员内选出二十名之委员组织之。

第五十二条　国会委员会之议事，以会员总额三分二以上之列席，列席员三分二以上之同意决之。

第五十三条　国会委员会，于国会闭会期内，除行使各本条所定职权外，得受理请愿并建议及质问。

第五十四条　国会委员会，须将经过事由，于国会开会之始报告。

第六章　大　总　统

第五十五条　中华民国之行政权，由大总统以国务员之赞襄成之。

第五十六条　中华民国人民完全享有公权，年满四十岁以上并住居国内满十年以上者，得被选举为大总统。

第五十七条　大总统由国会议员组织总统选举会选举之。

前项选举，以选举人总数三分二以上之列席，用无记名投票行之。得票满投票人数四分三者为当选，但两次投票无人当选时，就第二次得票数较多者二名决选之，以得票过投票人数之半者为当选。

第五十八条　大总统任职五年，如再被选得连任一次。

大总统任满前三个月，国会议员须自行集会，组织总统选举会，行次任大总统之选举。

第五十九条　大总统就职时，须为左列之宣誓：

"余誓以至诚，遵守宪法，执行大总统之职务，谨誓。"

第六十条　大总统缺位时，由副总统继任，至大总统期满之日止。大总统因故不能执行职务时，以副总统代理之。副总统同时缺位，由国务院摄行其职务。同时国会议员于三个月内，自行集会，组织总统选举会，行次任大总统之选举。

第六十一条　大总统应于任满之日解职，如届期次任大总统尚未选出，或选出后尚未就职，次任副总统亦不能代理时，由国务院摄行其职务。

第六十二条　副总统之选举，依选举大总统之规定，与大总统之选举同时行之。但副总统缺位时，应补选之。

第六十三条　大总统公布法律，并监督确保其执行。

第六十四条　大总统为执行法律，或依法律之委任，得发布命令。

第六十五条　大总统为维持公安或防御非常灾患，时机紧急，不能召集国会时，经国会委员会之议决，得以国务员连带责任，发布与法律有同等效力之教令。

前项教令，须于次期国会开会后七日内请求追认，国会否认时即失其效力。

第六十六条　大总统任免文武官吏。但宪法及法律特别规定者，依其规定。

第六十七条　大总统为民国陆海军大元帅，统率陆海军。陆海军队之编制，以法律定之。

第六十八条　大总统对于外国，为民国之代表。

第六十九条　大总统经国会之同意得宣战。但防御外国攻击时，得于宣战后请求追认。

第七十条　大总统缔结条约，但媾和条约及关系立法事项之条约，非经国会同意不生效力。

第七十一条　大总统依法律，得宣告戒严。但国会或国会委员会认为无戒严之必要时，应即为解严之宣告。

第七十二条　大总统颁予荣典。

第七十三条　大总统经最高法院之同意，得宣告免刑、减刑及复权。但对弹劾事之判决，非经国会同意，不得为复权之宣告。

第七十四条　大总统得停止众议院及参议院之会议。但每一会期，停会不得过二次，每次期间不得过十日。

第七十五条　大总统经参议院列席议员三分二以上之同意，得解散众议院。但同一会期，不得第二次之解散。

大总统解散众议院时，应即另行选举，于五个月内定期继续开会。

第七十六条　大总统除叛逆罪外，非解职后不受刑事上之诉究。

第七十七条　大总统副总统之岁俸，以法律定之。

第七章　国 务 院

第七十八条　国务院以国务员组织之。

第七十九条　国务总理及各部总长，均为国务员。

第八十条　国务总理之任命，须经众议院之同意。

国务总理于国会闭会期内出缺时，大总统经国会委员会之同意，得为署理之任命。

第八十一条　国务员赞襄大总统，对于众议院负责任。

大总统所发布命令及其他关系国务之文书，非经国务员之副署，不生效力。

第八十二条　国务员受不信任之决议时，大总统非依第七十五条之规定解散众议院，应即免国务员之职。

第八十三条　国务员得于两院列席及发言，但为说明政府提案时，得以委员代理。

前项委员由大总统任命之。

第八章 法　　院

第八十四条　中华民国之司法权，由法院行之。

第八十五条　法院之编制及法官之资格，以法律定之。

第八十六条　法院依法律，受理民事刑事行政及其他一切诉讼，但宪法及法律特别规定者，不在此限。

第八十七条　法院之审判公开之。但认为妨碍公安或有关风化者，得秘密之。

第八十八条　法官独立审判，无论何人不得干涉之。

第八十九条　法官在任中，非依法律不得减俸停职或转职。

法官在任中，非受刑罚宣告或惩戒处分，不得处分，但改定法院编制及法官资格时不在此限。法官之惩戒处分，以法律定之。

第九章 法　　律

第九十条　两院议员及政府，各得提出法律案。但经一院否决者，于同一会期，不得再行提出。

第九十一条　国会议定之法律案，大总统须于送达后十五日内公布之。

第九十二条　国会议定之法律案，大总统如否认时，得于公布期内声明理由，请求复议。如两院各有议员三分二以上仍执前议时，应即公布之。

未经请求复议之法律案，逾公布期限，即成为法律，但公布期满在国会闭会或众议院解散后者，不在此限。

第九十三条　法律非以法律，不得变更或废止之。

第九十四条　法律与宪法抵触者无效。

第十章 会 计

第九十五条 新科租税或变更租税，以法律定之。

第九十六条 现行租税未经法律变更者，仍旧征收。

第九十七条 募集国债及缔结增加国库负担之契约，须经国会议决。

第九十八条 国家岁出岁入，每年由政府编成预算案，修正或否决时，须求众议院之同意。如不得同意时，原议决案即成为预算。

第九十九条 政府因特别事业，得于预算内预定年限，设继续费。

第一百条 政府为备预算不足或预算所未及，得于预算内设预备费。预备费之支出，须求众议院追认。

第一百零一条 左列各款支出，非经政府同意，国会不得废除或削减之。

一、法律上属于国家之义务者。

二、履行条约所必须者。

三、法律之规定所必须者。

四、继续费。

第一百零二条 国会对于预算案，不得为岁出之增加。

第一百零三条 会计年度开始，预算未成立时，政府每月依前年度预算十二分之一施行。

第一百零四条 为对外战争或戡定内乱，不能召集国会时，政府经国会委员会之议决，得为财政紧急处分，但须于国会开会后七日内，请求众议院追认。

第一百零五条 国家岁出之支付命令，须经审计院之核准。

第一百零六条 国家岁入岁出之决算案，每年经审计院审定，由政府报告于国会。

众议院对于决算案否认时，国务员应负其责。

第一百零七条　审计院以参议院选举之审计员组织之。审计员任期九年，每届三年，改选三分之一。审计院之选举及职任，由法律定之。

第一百零八条　审计院设院长一人，由审计员互选之。

审计院长关于决算报告，得于两院列席及发言。

第十一章　宪法之修正及解释

第一百零九条　国会得为修正宪法之发议。

前项发议，非两院各有列席员三分二以上之同意，不得成立。

两院议员，非有各本院议员总额四分一以上之连署，不得为修正宪法之提议。

第一百十条　宪法之修正由宪法会议行之。

第一百十一条　国体不得为修正之议题。

第一百十二条　宪法有疑义时，由宪法会议解释之。

第一百十三条　宪法会议由国会议员组织之。

前项会议，非总员三分二以上之列席，不得开议；非列席员四分三以上之同意，不得议决。

五、中华民国宪法①

（民国十二年十月十日公布）

中华民国宪法会议为发扬国光，巩固国圉，增进社会福利，拥护人道尊严，制兹宪法，宣布全国，永矢咸遵，垂之无极。

─────────────

① 即曹锟的"贿选宪法"。

第一章　国　　体

第一条　中华民国永远为统一民主国。

第二章　主　　权

第二条　中华民国主权，属于国民全体。

第三章　国　　土

第三条　中华民国国土，依其固有之疆域。

国土及其区划，非以法律，不得变更之。

第四章　国　　民

第四条　凡依法律所定，属中华民国国籍者，为中华民国人民。

第五条　中华民国人民，于法律上无种族、阶级、宗教之别，均为平等。

第六条　中华民国人民，非依法律，不受逮捕、监禁、审问或处罚。

人民被羁押时，得依法律，以保护状请求法院提至法庭审查其理由。

第七条　中华民国人民之住居，非依法律，不受侵入或搜索。

第八条　中华民国人民通信之秘密，非依法律，不受侵犯。

第九条　中华民国人民有选择住居及职业之自由，非依法律，不受限制。

第一○条　中华民国人民有集会结社之自由，非依法律，不受限制。

第一一条　中华民国人民有言论，著作及刊行之自由，非依法律，不受限制。

第一二条　中华民国人民，有尊崇孔子及信仰宗教之自由，非依法律，不受限制。

第一三条　中华民国人民之财产所有权，不受侵犯。但公益上必要之处分，依法律之所定。

第一四条　中华民国人民之自由权，除本章规定外，凡无背于宪政原则者，皆承认之。

第一五条　中华民国人民依法律有诉讼于法院之权。

第一六条　中华民国人民依法律有请愿及陈诉之权。

第一七条　中华民国人民依法律有选举权及被选举权。

第一八条　中华民国人民依法律有从事公职之权。

第一九条　中华民国人民依法律有纳租税之义务。

第二〇条　中华民国人民依法律有服兵役之义务。

第二一条　中华民国人民依法律有受初等教育之义务。

第五章　国　　权

第二二条　中华民国之国权，属于国家事项，依本宪法之规定行使之；属于地方事项，依本宪法及各省自治法之规定行使之。

第二三条　左列事项，由国家立法并执行之：

一、外交；

二、国防；

三、国籍法；

四、刑事、民事及商事之法律；

五、监狱制度；

六、度量衡；

七、币制及国立银行；

八、关税、盐税、印花税、烟酒税、其他消费税，及全国税率应行划一之租税；

九、邮政、电报及航空；

一〇、国有铁道及国道；

一一、国有财产；

一二、国债；

一三、专卖及特许；

一四、国家文武官吏之铨试、任用、纠察及保障；

一五、其他依本宪法所规定属于国家之事项。

第二四条　左列事项，由国家立法并执行，或令地方执行之：

一、农、工、矿业及森林；

二、学制；

三、银行及交易所制度；

四、航政及沿海渔业；

五、两省以上之水利及河道；

六、市制通则；

七、公用征收；

八、全国户口调查及统计；

九、移民及垦殖；

一〇、警察制度；

一一、公共卫生；

一二、救恤及游民管理；

一三、有关文化之古籍、古物、及古迹之保存。

上列各款，省于不抵触国家法律范围内，得制定单行法。本条所列第一、第四、第十一、第十二、第十三各款，在国家未立法以前，省得行使其立法权。

第二五条　左列事项，由省立法并执行，或令县执行之：

一、省教育、实业及交通；

二、省财产之经营处分；

三、省市政；

四、省水利及工程；

五、田赋、契税、及其他省税；

六、省债；

七、省银行；

八、省警察及保安事项；

九、省慈善及公益事项；

一〇、下级自治；

一一、其他依国家法律赋予事项。

前项所定之款，有涉及二省以上者，除法律别有规定外，得共同办理。其经费不足时，经国会议决，由国库补助之。

第二六条　除第二十三条、第二十四条、第二十五条列举事项外，如有未列举事项发生时，其性质关系国家者，属之国家；关系各省者，属之各省；遇有争议，由最高法院裁决之。

第二七条　国家对于各省课税之种类及其征收方法，为免左列诸弊，或因维持公共利益之必要时，得以法律限制之：

一、妨害国家收入或通商；

二、二重课税；

三、对于公共道路或其他交通设施之利用，课以过重或妨碍交通之规费；

四、各省及各地方间，因保护其产物，对于输入商品，为不利益之课税；

五、各省及各地方间，物品通过之课税。

第二八条　省法律与国家法律抵触者无效。

省法律与国家法律发生抵触之疑义时，由最高法院解释之。

前项解释之规定，于省自治法抵触国家法律时得适用之。

第二九条　国家预算不敷，或因财政紧急处分，经国会议决，得比较各省岁收额数，用累进法分配其负担。

第三〇条　财力不足或遇非常事变之地方，经国会议决，得由国库补助之。

第三一条　省与省争议事件，由参议院裁决之。

第三二条　国军之组织，以义务民兵制为基础。

各省除执行兵役法所规定之事项外，平时不负其他军事上之义务。义务民兵依全国征募区，分期召集训练之。但常备军之驻在地，以国防地带为限。

国家军备费，不得逾岁入四分之一。但对外战争时，不在此限。

国军之额数，由国会议定之。

第三三条　省不得缔结有关政治之盟约。

省不得有妨害他省或其他地方利益之行为。

第三四条　省不得自置常备军，并不得设立军官学校及军械制造厂。

第三五条　省因不履行国法上之义务，经政府告诫，仍不服从者，得以国家权力强制之。

前项之处置，经国会否认时，应中止之。

第三六条　省有以武力相侵犯者，政府得依前条之规定制止之。

第三七条　国体发生变动，或宪法上根本组织被破坏时，省应联合维持宪法上规定之组织，至原状回复为止。

第三八条　本章关于省之规定，未设省已设县之地方，均适用之。

第六章　国　会

第三九条　中华民国之立法权，由国会行之。

第四〇条　国会以参议院，众议院构成之。

第四一条　参议院以法定最高级地方议会，及其他选举团体选出之议员组织之。

第四二条 众议院以各选举区比例人口选出之议员组织之。

第四三条 两院议员之选举，以法律定之。

第四四条 无论何人，不得同时为两院议员。

第四五条 两院议员不得兼任文武官吏。

第四六条 两院议员之资格，各院得自行审定之。

第四七条 参议院议员任期六年，每二年改选三分之一。

第四八条 众议院议员任期三年。

第四九条 第四十七条、第四十八条议员之职务，应俟次届选举完成，依法开会之前一日解除之。

第五○条 两院各设议长、副议长一人，由两院议员互选之。

第五一条 国会自行集会、开会、闭会。但临时会于有左列情事之一时行之：

一、两院议员各有三分之一以上之联名通告；

二、大总统之牒集。

第五二条 国会常会于每年八月一日开会。

第五三条 国会常会，会期为四个月，得延长之，但不得逾常会会期。

第五四条 国会之开会、闭会，两院同时行之。

一院停会时，他院同时休会。

众议院解散时，参议院同时休会。

第五五条 国会之议事，两院各别行之。

同一议案，不得同时提出于两院。

第五六条 两院非各有议员总数过半数之列席，不得开议。

第五七条 两院之议事，以列席议员过半数之同意决之。可否同数，取决于议长。

第五八条 国会之议定，以两院之一致成之。

第五九条 两院之议事，公开之。但得依政府之请求或院议，秘密之。

第六〇条　众议院认为大总统、副总统有谋叛行为时，得以议员三分之二以上列席，列席员三分之二以上之同意弹劾之。

第六一条　众议院认为国务员有违法行为时，得以列席员三分之二以上之同意弹劾之。

第六二条　众议院对于国务员得认为不信任之决议。

第六三条　参议院审判被弹劾之大总统、副总统、及国务员。

前项审判，非以列席员三分之二以上之同意，不得判决为有罪或违法。

判决大总统，副总统有罪时，应黜其职；其罪之处刑，由最高法院定之。

判决国务员违法时，应黜其职，并得夺其公权；如有余罪，付法院审判之。

第六四条　两院对于官吏违法或失职行为各得咨请政府查办之。

第六五条　两院各得建议于政府。

第六六条　两院各得受理国民之请愿。

第六七条　两院议员得提出质问书于国务员，或请求其到院质问之。

第六八条　两院议员于院内之言论及表决，对于院外不负责任。

第六九条　两院议员在会期中，除现行犯外，非得各本院许可，不得逮捕或监视。

两院议员因现行犯被逮捕时，政府应即将理由报告于各本院。

但各本院得以院议，要求于会期内暂行停止诉讼之进行，将被捕议员交回各本院。

第七〇条　两院议员之岁费及其他公费，以法律定之。

第七章　大 总 统

第七一条　中华民国之行政权，由大总统以国务员之赞襄行之。

第七二条　中华民国人民，完全享有公权，年满四十岁以上，并居住国内满十年以上者，得被选举为大总统。

第七三条　大总统由国会议员组织总统选举会选举之。

前项选举，以选举人总数三分之二以上之列席，用无记名投票行之。得票满投票人数四分之三者为当选。但两次投票无人当选时，就第二次得票较多者二名决选之，以得票过投票人数之半者为当选。

第七四条　大总统任期五年。如再被选，得连任一次。

大总统任满前三个月，国会议员须自行集会，组织总统选举会，举行次任大总统之选举。

第七五条　大总统就职时，须为左列之宣誓：

余誓以至诚遵守宪法，执行大总统之职务，谨誓！

第七六条　大总统缺位时，由副总统继任，至本任大总统期满之日止。

大总统因故不能执行职务时，以副总统代理之。

副总统同时缺位，由国务院摄行其职务。同时，国会议员于三个月内自行集会，组织总统选举会，行次任大总统之选举。

第七七条　大总统应于任满之日解职，如届期次任大总统尚未选出，或选出后尚未就职，次任副总统亦不能代理时，由国务院摄行其职务。

第七八条　副总统之选举，依选举大总统之规定，与大总统之选举同时行之。但副总统缺位时，应补选之。

第七九条　大总统公布法律，并监督确保其执行。

第八○条　大总统为执行法律或依法律之委任，得发布命令。

第八一条　大总统任免文武官吏。但宪法及法律有特别规定者，依其规定。

第八二条　大总统为民国陆海军大元帅，统帅陆海军。

陆海军之编制，以法律定之。

第八三条　大总统对于外国为民国之代表。

第八四条　大总统经国会之同意，得宣战；但防御外国攻击时，得于宣战后请求国会追认。

第八五条　大总统缔结条约。但媾和及关系立法事项之条约，非经国会同意，不生效力。

第八六条　大总统依法律得宣告戒严。但国会认为无戒严之必要时，应即为解严之宣告。

第八七条　大总统经最高法院之同意，得宣告免刑、减刑、及复权。但对于弹劾事件之判决，非经参议院同意，不得为复权之宣告。

第八八条　大总统得停止众议院或参议院之会议。但每一会期，停会不得逾二次，每次期间，不得逾十日。

第八九条　大总统于国务员受不信任之决议时，非免国务员之职，即解散众议院。但解散众议院，须经参议院之同意。

原国务员在职中或同一会期，不得为第二次之解散。

大总统解散众议院时，应即令行选举，于五个月内定期继续开会。

第九〇条　大总统除叛逆罪外，非解职后，不受刑事上之诉究。

第九一条　大总统、副总统之岁俸，以法律定之。

第八章　国　务　院

第九二条　国务院以国务员组织之。

第九三条　国务总理及各部总长，均为国务员。

第九四条　国务总理之任命，须经众议院之同意。

国务总理于国会闭会期内出缺时，大总统得为署理之任命。但继任之国务总理，须于次期国会开会后七日内，提出众议院同意。

第九五条　国务员赞襄大总统，对于众议院负责任。

大总统所发命令及其他关系国务之文书，非经国务员之副署，不生效力。但任免国务总理，不在此限。

第九六条　国务员得于两院列席及发言。但为说明政府提案时，得以委员代理。

第九章　法　　院

第九七条　中华民国之司法权，由法院行之。

第九八条　法院之编制及法官之资格，以法律定之。

最高法院院长之任命，须经参议院之同意。

第九九条　法院依法律受理民事、刑事、行政及其他一切诉讼。

但宪法及法律有特别规定者，不在此限。

第一〇〇条　法院之审判，公开之。但认为妨害公安或有关风化者，得秘密之。

第一〇一条　法官独立审判，无论何人，不得干涉之。

第一〇二条　法官在任中，非依法律，不得减俸、停职或转职。

法官在任中，非受刑法宣告或惩戒处分，不得免职。但改定法院编制及法官资格时，不在此限。

法官之惩戒处分，以法律定之。

第十章　法　　律

第一〇三条　两院议员及政府，各得提出法律案。但经一院否决者，于同一会期，不得再行提出。

第一〇四条　国会议定之法律案，大总统须于送达后十五日内公布之。

第一〇五条　国会议定之法律案，大总统如有异议时，得于公布期内，声明理由，请求国会复议。如两院仍执前议时，应即公布之。

未经请求复议之法律案，逾公布期限，即成为法律。但公布期满在国会闭会或众议院解散后者，不在此限。

第一〇六条　法律非以法律，不得变更或废止之。

第一〇七条　国会议定之决议案，交复议时，适用法律案之规定。

第一〇八条　法律与宪法抵触者无效。

第十一章　会　计

第一〇九条　新课租税及变更税率，以法律定之。

第一一〇条　募集国债及缔结增加国库负担之契约，须经国会议定。

第一一一条　凡直接有关国民负担之财政案，众议院有先议权。

第一一二条　国家岁出岁入，每年由政府编成预算案，于国会开会后十五日内，先提出于众议院。

参议院对于众议院议决之预算案，修正或否决时，须求众议院之同意。如不得同意，原议决案即成为预算。

第一一三条　政府因特别事业，得于预算案内预定年限，设继续费。

第一一四条　政府为备预算不足或预算所未及，得于预算案内设预备费。

预备费之支出，须于次会期请求众议院追认。

第一一五条　左列各款支出，非经政府同意，国会不得废除或削减之：

一、法律上属于国家之义务者；

二、履行条约所必需者；

三、法律之规定所必需者；

四、继续费。

第一一六条　国会对于预算案，不得为岁出之增加。

第一一七条　会计年度开始，预算未成立时，政府每月依前年度预算十二分之一施行。

第一一八条　为对外防御战争或戡定内乱，救济非常灾变，时机紧急，不能牒集国会时，政府得为财政紧急处分。但须于次期国会开会后七日内，请求众议院追认。

第一一九条　国家岁出之支付命令，须先经审计院之核准。

第一二○条　国家岁出岁入之决算案，每年经审计院审定，由政府报告于国会。

众议院对于决算案或追认案否认时，国务员应负其责。

第一二一条　审计院之组织及审计员之资格，以法律定之。

审计员在任中，非依法律，不得减俸、停职或转职。

审计员之惩戒处分，以法律定之。

第一二二条　审计院之院长，由参议院选举之。

审计院院长关于决算报告，得于两院列席及发言。

第一二三条　国会议定之预算及追认案，大总统应于送达后公布之。

第十二章　地方制度

第一二四条　地方划分为省、县两级。

第一二五条　省依本宪法第五章第二十二条之规定，得自制定省自治法。但不得与本宪法及国家法律相抵触。

第一二六条　省自治法，由省议会、县议会及全省各法定之职业团体选出之代表，组织省自治法会议制定之。

前项代表除由县议会各选出一人外，由省议会选出者，不得逾由县议会所选出代表总额之半数；其由各法定职业团体选出者亦同。但由省议会、县议会选出之代表，不以各该议会之议员为限。其选举法由省法律定之。

第一二七条　左列各规定，各省俱适用之：

一、省设省议会，为单一制之代议机关。其议员依直接选举方法选出之。

二、省设省务院，执行省自治行政，以省民直接选举之省务员五人至九人组织之。任期四年。在未能直接选举以前，得适用前条之规定，组织选举会选举之。但现役军人，非解职一年后，不得被选。

三、省务院设院长一人，由省务员互选之。

四、住居省内一年以上之中华民国人民，于省之法律上一律平等，完全享有公民权利。

第一二八条　左列各规定，各县俱适用之：

一、县设县议会，于县以内之自治事项，有立法权。

二、县设县长，由县民直接选举之。依县参事会之赞襄，执行县自治行政。但司法尚未独立，及下级自治尚未完成以前，不适用之。

三、县于负担省税总额内，有保留权。但不得逾总额十分之四。

四、县有财产及自治经费，省政府不得处分之。

五、县因天灾事变或自治经费不足时，得请求省务院，经省议会议决，由省库补助之。

六、县有奉行国家法令及省法令之义务。

第一二九条　省税与县税之划分，由省议会议决之。

第一三〇条　省不得对于一县或数县施行特别法律。但关系一省共同利害者，不在此限。

第一三一条　县之自治事项，有完全执行权。除省法律规定惩戒处分外，省不得干涉之。

第一三二条　省及县以内之国家行政，除由国家分置官吏执行外，得委任省、县自治行政机关执行之。

第一三三条　省、县自治行政机关，执行国家行政有违背法令时，国家得依法律之规定惩戒之。

第一三四条　未设省已设县之地方，适用本章之规定。

第一三五条　内外蒙古、西藏、青海，因地方人民之公意，得划分为省、县两级，适用本章各规定。但未设省、县以前，其行政制度，以法律定之。

第十三章　宪法之修正解释及其效力

第一三六条　国会得为修正宪法之发议。

前项发议，非两院各有列席员三分之二以上之同意，不得成立。

两院议员非有各本院议员总额四分之一以上之连署，不得为修正宪法之提议。

第一三七条　宪法之修正，由宪法会议行之。

第一三八条　国体不得为修正之议题。

第一三九条　宪法有疑义时，由宪法会议解释之。

第一四〇条　宪法会议，由国会议员组织之。

前项会议，非总员三分之二以上之列席，不得开议；非列席员四分之三以上之同意不得议决。但关于疑义之解释，得以列席员三分之二以上之同意决之。

第一四一条　宪法非依本章所规定之修正程序，无论经何种事变，永不失其效力。

六、中华民国训政时期约法

（民国二十年六月一日公布）

国民政府本革命之三民主义，五权宪法，以建设中华民国。既由军政时期入于训政时期，允宜公布约法，共同遵守，以期促成宪政，授政于民选之政府。兹谨遵创立中华民国之中国国民党总理遗嘱，召集国民会议于首都，由国民会议制定中华民国训政时期约法如左：

第一章 总 纲

第一条　中华民国领土为各省及蒙古西藏。

第二条　中华民国之主权属于国民全体。

凡依法律享有中华民国国籍者，为中华民国国民。

第三条　中华民国永为统一共和国。

第四条　中华民国国旗，定为红地左角上青天白日。

第五条　中华民国国都定于南京。

第二章 人民之权利义务

第六条　中华民国国民，无男女、种族、宗教、阶级之区别，在法律上一律平等。

第七条　中华民国国民，依建国大纲第八条之规定，在完全自治之县，享有建国大纲第九条所规定选举、罢免、创制、复决之权。

第八条　人民非依法律不得逮捕拘禁审问处罚。

人民因犯罪嫌疑被逮捕拘禁者，其执行逮捕或拘禁之机关至迟应于二十四小时内，移送审判机关审问，本人或他人并得依法请求于二十四小时内提审。

第九条　人民除现役军人外，非依法律不受军事审判。

第一〇条　人民之住所，非依法律不得侵入搜索或封锢。

第一一条　人民有信仰宗教之自由。

第一二条　人民有迁徙之自由，非依法律不得停止或限制之。

第一三条　人民有通信、通电秘密之自由，非依法律不得停止或限制之。

第一四条　人民有结社集会之自由，非依法律不得停止或限制之。

第一五条　人民有发表言论及刊行著作之自由，非依法律不得停止或限制之。

第一六条　人民之财产，非依法律不得查封或没收。

第一七条　人民财产所有权之行使，在不妨害公共利益之范围内，受法律之保障。

第一八条　人民财产因公共利益之必要，得依法律征用或征收之。

第一九条　人民依法律得享有财产继承权。

第二〇条　人民有请愿之权。

第二一条　人民依法律有诉讼于法院之权。

第二二条　人民依法律有提起诉愿及行政诉讼之权。

第二三条　人民依法律有应考试之权。

第二四条　人民依法律有服公务之权。

第二五条　人民依法律有纳税之义务。

第二六条　人民依法律有服兵役及工役之义务。

第二七条　人民对于公署依法执行职权之行为，有服从之义务。

第三章　训政纲领

第二八条　训政时期之政治纲领及其设施，依建国大纲之规定。

第二九条　地方自治依建国大纲及地方自治开始实行法之规定推行之。

第三〇条　训政时期由中国国民党全国代表大会代表国民大会行使中央统治权。

第三一条　选举、罢免、创制、复决四种政权之行使由国民政府训导之。

第三二条　行政、立法、司法、考试、监察五种治权由国民政府行使之。

第四章　国民生计

第三三条　为发展国民生计，国家对于人民生产事业，应予以奖励及保护。

第三四条　为发展农村经济，改善农民生活，增进佃农福利，国家应积极实施左列事项：

一、垦殖全国荒地，开发农田水利；

二、设立农业金融机关，奖励农村合作事业；

三、实施仓储制度，预防灾荒，充裕民食；

四、发展农业教育，注重科学实验，厉行农业推广，增加农业生产；

五、奖励地方兴筑农村道路，便利物产运输。

第三五条　国家应兴办油、煤、金、铁、矿业，并对于民营矿业，予以奖励及保护。

第三六条　国家应创办国营航业，并对于民营航业，予以奖励及保护。

第三七条　人民得自由选择职业及营业，但有妨害公共利益者，国家得以法律限制或禁止之。

第三八条　人民有缔结契约之自由，在不妨害公共利益及善良风化范围内，受法律之保障。

第三九条　人民为改良经济生活，及促进劳资互助，得依法组织职业团体。

第四○条　劳资双方应本协调互利原则发展生产事业。

第四一条　为改良劳工生活状况，国家应实施保护劳工法规。

妇女儿童从事劳动者，应按其年龄及身体状态，施以特别之保护。

第四二条　为预防及救济因伤病废老而不能劳动之农民工人等，国家应施行劳动保险制度。

第四三条 为谋国民经济之发展，国家应提倡各种合作事业。

第四四条 人民生活必需品之产销及价格，国家应调正或限制之。

第四五条 借贷之重利及不动产使用之重租，应以法律禁止之。

第四六条 现役军人因服务而致残废者，国家应施以相当之救济。

第五章　国民教育

第四七条 三民主义为中华民国教育之根本原则。

第四八条 男女教育之机会一律平等。

第四九条 全国公私立之教育机关一律受国家之监督，并负推行国家所定教育政策之义务。

第五○条 已达学龄之儿童应一律受义务教育，其详以法律定之。

第五一条 未受义务教育之人民，应一律受成年补习教育，其详以法律定之。

第五二条 中央及地方应宽筹教育上必需之经费，其依法独立之经费，并予以保障。

第五三条 私立学校成绩优良者，国家应予以奖励或补助。

第五四条 华侨教育，国家应予以奖励及补助。

第五五条 学校教职员成绩优良久于其职者，国家应予以奖励及保障。

第五六条 全国公私立学校应设置免费及奖学金额，以奖励品学俱优无力升学之学生。

第五七条 学术及技术之研究与发明，国家应予以奖励及保护。

第五八条 有关历史文化及艺术之古迹古物，国家应予以保护或保存。

第六章　中央与地方之权限

第五九条　中央与地方之权限，依建国大纲第十七条之规定，采均权制度。

第六〇条　各地方于其事权范围内，得制定地方法规，但与中央法规抵触者无效。

第六一条　中央与地方课税之划分，以法律定之。

第六二条　中央对于各地方课税，为免除下列各款之弊害，以法律限制之：

一、妨害社会公共利益；

二、妨害中央收入之来源；

三、复税；

四、妨害交通；

五、为一地方之利益对于他地方货物之输入为不公平之课税；

六、各地方之物品通过税。

第六三条　工商业之专利、专卖、特许权属于中央。

第六四条　凡一省达到宪政开始时期，中央及地方权限应依建国大纲以法律详细定之。

第七章　政府之组织

第一节　中央制度

第六五条　国民政府总揽中华民国之治权。

第六六条　国民政府统率陆海空军。

第六七条　国民政府行使宣战、媾和、及缔结条约之权。

第六八条　国民政府行使大赦、特赦、及减刑、复权。

第六九条　国民政府授与荣典。

第七○条　国家之岁入、岁出，由国民政府编定预算、决算公布之。

第七一条　国民政府设行政院、立法院、司法院、考试院、监察院及各部会。

第七二条　国民政府设主席一人，委员若干人，由中国国民党中央执行委员会选任，委员名额以法律定之。

第七三条　国民政府主席对内对外代表国民政府。

第七四条　各院院长及各部会长以国民政府主席之提请，由国民政府依法任免之。

第七五条　公布法律，发布命令由国民政府主席依法署名行之。

第七六条　各院部会得依法发布命令。

第七七条　国民政府及各院部会之组织以法律定之。

第二节　地方制度

第七八条　省置省政府，受中央之指挥，综理全省政务。其组织以法律定之。

第七九条　凡一省依建国大纲第十六条之规定达到宪政开始时期，国民代表会得选举省长。

第八○条　蒙古西藏之地方制度，得就地方情形，另以法律定之。

第八一条　县置县政府，受省政府之指挥，综理全县政务。其组织以法律定之。

第八二条　各县组织自治筹备会，执行建国大纲第八条所规定之筹备事项。

县自治筹备会之组织以法律定之。

第八三条　工商繁盛，人口集中，或有其他特殊情形之地方，得设各种市区。其组织以法律定之。

第八章 附 则

第八四条 凡法律与本约法抵触者无效。

第八五条 本约法之解释权由中国国民党中央执行委员会行使之。

第八六条 宪法草案当本于建国大纲，及训政与宪政两时期之成绩，由立法院议订，随时宣传于民众，以备到时采择施行。

第八七条 全国有过半数省份达到宪政开始时，即全省之地方自治完全成立时期，国民政府应即开国民大会，决定宪法而颁布之。

第八八条 本约法由国民会议制定，交由国民政府公布之。

第八九条 本约法自公布之日施行。

七、中华民国宪法

（中华民国三十五年十二月二十五日国民大会通过）

中华民国国民大会受全体国民之付托，依据孙中山先生创立中华民国之遗教，为巩固国权，保障民权，奠定社会安宁，增进人民福利，制定本宪法，颁行全国，永矢咸遵。

第一章 总 纲

第一条 中华民国基于三民主义，为民有、民治、民享之民主共和国。

第二条 中华民国之主权属于国民全体。

第三条 具有中华民国国籍者为中华民国国民。

第四条 中华民国领土，依其固有之疆域，非经国民大会之决议，不得变更之。

　　第五条　中华民国各民族一律平等。

　　第六条　中华民国国旗定为红地，左上角青天白日。

第二章　人民之权利义务

　　第七条　中华民国人民，无分男女、宗教、种族、阶级、党派，在法律上一律平等。

　　第八条　人民身体之自由应予保障。除现行犯之逮捕由法律另定外，非经司法或警察机关依法定程序，不得逮捕拘禁；非由法院依法定程序，不得审问处罚；非依法定程序之逮捕、拘禁、审问、处罚，得拒绝之。

　　人民因犯罪嫌疑被逮捕拘禁时，其逮捕拘禁机关应将逮捕拘禁原因，以书面告知本人及其本人指定之亲友，并至迟于二十四小时内移送该管法院审问。本人或他人亦得声请该管法院，于二十四小时内向逮捕之机关提审。

　　法院对于前项声请，不得拒绝，并不得先令逮捕拘禁之机关查复。逮捕拘禁之机关，对于法院之提审，不得拒绝或迟延。

　　人民遭受任何机关非法逮捕拘禁时，其本人或他人得向法院声请追究，法院不得拒绝，并应于二十四小时内向逮捕拘禁之机关追究，依法处理。

　　第九条　人民除现役军人外，不受军事审判。

　　第一〇条　人民有居住及迁徙之自由。

　　第一一条　人民有言论、讲学、著作及出版之自由。

　　第一二条　人民有秘密通讯之自由。

　　第一三条　人民有信仰宗教之自由。

　　第一四条　人民有集会及结社之自由。

　　第一五条　人民之生存权、工作权及财产权，应予保障。

第一六条　人民有请愿、诉愿及诉讼之权。

第一七条　人民有选举、罢免、创制及复决之权。

第一八条　人民有应考试服公职之权。

第一九条　人民有依法律纳税之义务。

第二〇条　人民有依法律服兵役之义务。

第二一条　人民有受国民教育之权利与义务。

第二二条　凡人民之其他自由及权利，不妨害社会秩序公共利益者，均受宪法之保障。

第二三条　以上各条列举之自由权利，除为防止妨碍他人自由，避免紧急危难，维持社会秩序，或增进公共利益所必要者外，不得以法律限制之。

第二四条　凡公务人员违法侵害人民之自由或权利者，除依法律受惩戒外，应负刑事及民事责任。被害人民就其所受损害，并得依法律向国家请求赔偿。

第三章　国民大会

第二五条　国民大会依本宪法之规定，代表全国国民行使政权。

第二六条　国民大会以左列代表组织之：

一、每县市及其同等区域各选出代表一人，但其人口逾五十万人者，每增加五十万人，增选代表一人。县市同等区域以法律定之。

二、蒙古选出代表，每盟四人，每特别旗一人。

三、西藏选出代表，其名额以法律定之。

四、各民族在边疆地区选出代表，其名额以法律定之。

五、侨居国外之国民选出代表，其名额以法律定之。

六、职业团体选出代表，其名额以法律定之。

七、妇女团体选出代表，其名额以法律定之。

第二七条　国民大会之职权如左：

一、选举总统副总统；

二、罢免总统副总统；

三、修改宪法；

四、复决立法院所提之宪法修正案。

关于创制、复决两权，除前项第三第四两款规定外，俟全国有半数之县市曾经行使创制、复决两项政权时，由国民大会制定办法并行使之。

第二八条 国民大会代表每六年改选一次。

每届国民大会代表之任期至次届国民大会开会之日为止。

现任官吏不得于其任所所在地之选举区当选为国民大会代表。

第二九条 国民大会于每届总统任满前九十日集会，由总统召集之。

第三○条 国民大会遇有左列情形之一时，召集临时会：

一、依本宪法第四十九条之规定，应补选总统，副总统时；

二、依监察院之决议，对于总统、副总统提出弹劾案时；

三、依立法院之决议，提出宪法修正案时；

四、国民大会代表五分之二以上请求召集时。

国民大会临时会，如依前项第一款或第二款应召集时，由立法院院长通告集会。依第三款或第四款应召集时，由总统召集之。

第三一条 国民大会之开会地点在中央政府所在地。

第三二条 国民大会代表在会议时所为之言论及表决，对会外不负责任。

第三三条 国民大会代表，除现行犯外，在会期中，非经国民大会许可，不得逮捕或拘禁。

第三四条 国民大会之组织，国民大会代表之选举罢免，及国民大会行使职权之程序，以法律定之。

第四章　总　　统

第三五条　总统为国家元首，对外代表中华民国。

第三六条　总统统率全国陆海空军。

第三七条　总统依法公布法律，发布命令，须经行政院院长之副署，或行政院院长及有关部会首长之副署。

第三八条　总统依本宪法之规定，行使缔结条约及宣战、媾和之权。

第三九条　总统依法宣布戒严，但须经立法院之通过或追认。立法院认为必要时，得决议移请总统解严。

第四○条　总统依法行使大赦、特赦、减刑及复权之权。

第四一条　总统依法任免文武官员。

第四二条　总统依法授与荣典。

第四三条　国家遇有天然灾害、疠疫，或国家财政经济上有重大变故，须为急速处分时，总统于立法院休会期间，得经行政院会议之决议，依紧急命令法，发布紧急命令，为必要之处置，但须于发布命令后一个月内提交立法院追认。如立法院不同意时，该紧急命令立即失效。

第四四条　总统对于院与院间之争执，除本宪法有规定者外，得召集有关各院院长会商解决之。

第四五条　中华民国国民年满四十岁者得被选为总统、副总统。

第四六条　总统、副总统之选举，以法律定之。

第四七条　总统、副总统之任期为六年，连选得连任一次。

第四八条　总统应于就职时宣誓，誓词如左：

"余谨以至诚，向全国人民宣誓，余必遵守宪法，尽忠职务，增进人民福利，保卫国家，无负国民付托。如违誓言，愿受国家严厉之制裁。谨誓。"

第四九条　总统缺位时，由副总统继任，至总统任期届满为止。总统、副总统均缺位时，由行政院院长代行其职权，并依本宪法第三十条之规定，召集国民大会临时会，补选总统、副总统，其任期以补足原任总统未满之任期为止。总统因故不能视事时，由副总统代行其职权。总统、副总统均不能视事时，由行政院院长代行其职权。

第五〇条　总统于任满之日解职。如届期次任总统尚未选出，或选出后总统、副总统均未就职时，由行政院院长代行总统职权。

第五一条　行政院院长代行总统职权时，其期限不得逾三个月。

第五二条　总统除犯内乱或外患罪外，非经罢免或解职，不受刑事上之诉究。

第五章　行　　政

第五三条　行政院为国家最高行政机关。

第五四条　行政院设院长、副院长各一人，各部会首长若干人及不管部会之政务委员若干人。

第五五条　行政院院长由总统提名，经立法院同意任命之。

立法院休会期间，行政院院长辞职或出缺时，由行政院副院长代理其职务，但总统须于四十日内咨请立法院召集会议，提出行政院院长人选征求同意。行政院院长职务，在总统所提行政院院长人选未经立法院同意前，由行政院副院长暂行代理。

第五六条　行政院副院长，各部会首长及不管部会之政务委员，由行政院院长提请总统任命之。

第五七条　行政院依左列规定，对立法院负责：

一、行政院有向立法院提出施政方针及施政报告之责。立法委员在开会时，有向行政院及各部会首长质询之权。

二、立法院对于行政院之重要政策不赞同时，得以决议移请行政院变更之。行政院对于立法院之决议，得经总统之核可，移请立法院复议。复议时，如经出席立法委员三分之二维持原决议，行政院院长应即接受该决议或辞职。

三、行政院对于立法院决议之法律案、预算案、条约案，如认为有窒碍难行时，得经总统之核可，于该决议案送达行政院十日内，移请立法院复议。复议时，如经出席立法委员三分之二维持原案，行政院院长应即接受该决议或辞职。

第五八条　行政院设行政院会议，由行政院院长、副院长、各部会首长及不管部会之政务委员组织之，以院长为主席。

行政院院长、各部会首长须将应行提出于立法院之法律案、预算案、戒严案、大赦案、宣战案、媾和案、条约案及其他重要事项，或涉及各部会共同关系之事项，提出于行政院会议议决之。

第五九条　行政院于会计年度开始三个月前，应将下年度预算案提出于立法院。

第六〇条　行政院于会计年度结束后四个月内，应提出决算案于监察院。

第六一条　行政院之组织，以法律定之。

第六章　立　　法

第六二条　立法院为国家最高立法机关，由人民选举之立法委员组织之，代表人民行使立法权。

第六三条　立法院有议决法律案、预算案、戒严案、大赦案、宣战案、媾和案、条约案及国家其他重要事项之权。

第六四条　立法院立法委员依左列规定选出之：

一、各省、各直辖市选出者，其人口在三百万以下者五人，其人口超过三百万者，每满一百万人增选一人；

二、蒙古各盟旗选出者；

三、西藏选出者；

四、各民族在边疆地区选出者；

五、侨居国外之国民选出者；

六、职业团体选出者。

立法委员之选举及前项第二款至第六款立法委员名额之分配，以法律定之。妇女在第一项各款之名额，以法律定之。

第六五条　立法委员之任期为三年，连选得连任，其选举于每届任满前三个月内完成之。

第六六条　立法院设院长、副院长各一人，由立法委员互选之。

第六七条　立法院得设各种委员会。

各种委员会得邀请政府人员及社会上有关系人员到会备询。

第六八条　立法院会期，每年两次，自行集会，第一次自二月至五月底，第二次自九月至十二月底，必要时得延长之。

第六九条　立法院遇有左列情事之一时，得开临时会：

一、总统之咨请；

二、立法委员四分之一以上之请求。

第七〇条　立法院对于行政院所提预算案，不得为增加支出之提议。

第七一条　立法院开会时，关系院院长及各部会首长得列席陈述意见。

第七二条　立法院法律案通过后，移送总统及行政院，总统应于收到后十日内公布之，但总统得依照本宪法第五十七条之规定办理。

第七三条　立法委员在院内所为之言论及表决，对院外不负责任。

第七四条　立法委员，除现行犯外，非经立法院许可，不得逮捕或拘禁。

第七五条　立法委员不得兼任官吏。

第七六条　立法院之组织，以法律定之。

第七章　司　　法

第七七条　司法院为国家最高司法机关，掌理民事、刑事、行政诉讼之审判及公务员之惩戒。

第七八条　司法院解释宪法，并有统一解释法律及命令之权。

第七九条　司法院设院长、副院长各一人，由总统提名，经监察院同意任命之。司法院设大法官若干人，掌理本宪法第七十八条规定事项，由总统提名，经监察院同意任命之。

第八〇条　法官须超出党派以外，依据法律独立审判，不受任何干涉。

第八一条　法官为终身职，非受刑事或惩戒处分，或禁治产之宣告，不得免职。非依法律不得停职、转任或减俸。

第八二条　司法院及各级法院之组织，以法律定之。

第八章　考　　试

第八三条　考试院为国家最高考试机关，掌理考试、任用、铨叙、考绩、级俸、升迁、保障、褒奖、抚恤、退休、养老等事项。

第八四条　考试院设院长、副院长各一人，考试委员若干人，由总统提名，经监察院同意任命之。

第八五条　公务人员之选拔，应实行公开竞争之考试制度，并应按省区分别规定名额，分区举行考试。非经考试及格者，不得任用。

第八六条　左列资格应经考试院依法考选铨定之：

一、公务人员任用资格；

二、专门职业及技术人员执业资格。

第八七条　考试院关于所掌事项，得向立法院提出法律案。

第八八条　考试委员须超出党派以外，依据法律独立行使职权。

第八九条　考试院之组织，以法律定之。

第九章　监　　察

第九〇条　监察院为国家最高监察机关，行使同意、弹劾、纠举及审计权。

第九一条　监察院设监察委员，由各省市议会，蒙古、西藏地方议会及华侨团体选举之。其名额分配依左列之规定：

一、每省五人；

二、每直辖市二人；

三、蒙古各盟旗共八人；

四、西藏八人；

五、侨居国外之国民八人。

第九二条　监察院设院长、副院长各一人，由监察委员互选之。

第九三条　监察委员之任期为六年，连选得连任。

第九四条　监察院依本宪法行使同意权时，由出席委员过半数之议决行之。

第九五条　监察院为行使监察权，得向行政院及其各部会调阅其所发布之命令及各种有关文件。

第九六条　监察院得按行政院及其各部会之工作，分设若干委员会，调查一切设施，注意其是否违法或失职。

第九七条　监察院经各该委员会之审查及决议，得提出纠正案，移送行政院及其有关部会，促其注意改善。监察院对于中央及地方公务人员，认为有失职或违法情事，得提出纠举案或弹劾案，如涉及刑事，应移送法院办理。

第九八条　监察院对于中央及地方公务人员之弹劾案，须经监察委员一人以上之提议，九人以上之审查及决定，始得提出。

第九九条　监察院对于司法院或考试院人员失职或违法之弹劾，适用本宪法第九十五条、第九十七条及第九十八条之规定。

第一○○条　监察院对于总统、副总统之弹劾案，须有全体监察委员四分之一以上之提议，全体监察委员过半数之审查及决议，向国民大会提出之。

第一○一条　监察委员在院内所为之言论及表决，对院外不负责任。

第一○二条　监察委员，除现行犯外，非经监察院许可，不得逮捕或拘禁。

第一○三条　监察委员不得兼任其他公职或执行业务。

第一○四条　监察院设审计长，由总统提名，经立法院同意任命之。

第一○五条　审计长应于行政院提出决算后三个月内，依法完成其审核，并提出审核报告于立法院。

第一○六条　监察院之组织，以法律定之。

第十章　中央与地方之权限

第一○七条　左列事项，由中央立法并执行之：

一、外交；

二、国防与国防军事；

三、国籍法及刑事、民事、商事之法律；

四、司法制度；

五、航空、国道、国有铁路、航政、邮政及电政；

六、中央财政与国税；

七、国税与省税、县税之划分；

八、国营经济事业；

九、币制及国家银行；

十、度量衡；

十一、国际贸易政策；

十二、涉外之财政经济事项；

十三、其他依本宪法所定关于中央之事项。

第一〇八条　左列事项，由中央立法并执行之，或交由省县执行之：

一、省县自治通则；

二、行政区划；

三、森林、工矿及商业；

四、教育制度；

五、银行及交易所制度；

六、航业及海洋渔业；

七、公用事业；

八、合作事业；

九、二省以上之水陆交通运输；

十、二省以上之水利、河道及农牧事业；

十一、中央及地方官吏之铨叙、任用、纠察及保障；

十二、土地法；

十三、劳动法及其他社会立法；

十四、公用征收；

十五、全国户口调查及统计；

十六、移民及垦殖；

十七、警察制度；

十八、公共卫生；

十九、赈济、抚恤及失业救济；

二十、有关文化之古籍、古物及古迹之保存。

前项各款，省于不抵触国家法律内，得制定单行法规。

第一〇九条　左列事项，由省立法并执行之，或交由县执行之：

一、省教育、卫生、实业及交通；

二、省财产之经营及处分；

三、省市政；

四、省公营事业；

五、省合作事业；

六、省农林、水利、渔牧及工程；

七、省财政及省税；

八、省债；

九、省银行；

十、省警政之实施；

十一、省慈善及公益事项；

十二、其他依国家法律赋予之事项。

前项各款，有涉及二省以上者，除法律别有规定外，得由有关各省共同办理。

各省办理第一项各款事务，其经费不足时，经立法院议决，由国库补助之。

第一一〇条　左列事项，由县立法并执行之：

一、县教育、卫生、实业及交通；

二、县财产之经营及处分；

三、县公营事业；

四、县合作事业；

五、县农林、水利、渔牧及工程；

六、县财政及县税；

七、县债；

八、县银行；

九、县警卫之实施；

十、县慈善及公益事项；

十一、其他依国家法律及省自治法赋予之事项。

前项各款，有涉及二县以上者，除法律别有规定外，得由有关各县共同办理。

第一一一条　除第一〇七条，第一〇八条、第一〇九条及第一一〇条列举事项外，如有未列举事项发生时，其事务有全国一致之性质者属于中央，有全省一致之性质者属于省，有一县之性质者属于县。遇有争议时，由立法院解决之。

第十一章　地方制度

第一节　省

第一一二条　省得召集省民代表大会，依据省县自治通则，制定省自治法，但不得与宪法抵触。省民代表大会之组织及选举，以法律定之。

第一一三条　省自治法应包含左列各款：

一、省设省议会。省议会议员由省民选举之；

二、省设省政府，置省长一人。省长由省民选举之；

三、省与县之关系。

属于省之立法权，由省议会行之。

第一一四条　省自治法制定后，须即送司法院。司法院如认为有违宪之处，应将违宪条文宣布无效。

第一一五条　省自治法施行中，如因其中某条发生重大障碍，经司法院召集有关方面陈述意见后，由行政院院长、立法院院长、司法院院长、考试院院长与监察院院长组织委员会，以司法院院长为主席，提出方案解决之。

第一一六条　省法规与国家法律抵触者无效。

第一一七条　省法规与国家法律有无抵触发生疑义时，由司法院解释之。

第一一八条　直辖市之自治，以法律定之。

第一一九条　蒙古各盟旗地方自治制度，以法律定之。

第一二〇条　西藏自治制度，应予以保障。

第二节　县

第一二一条　县实行县自治。

第一二二条　县得召集县民代表大会，依据省县自治通则，制定县自治法，但不得与宪法及省自治法抵触。

第一二三条　县民关于县自治事项，依法律行使创制、复决之权，对于县长及其他县自治人员，依法律行使选举、罢免之权。

第一二四条　县设县议会。县议会议员由县民选举之。

属于县之立法权，由县议会行之。

第一二五条　县单行规章，与国家法律或省法规抵触者无效。

第一二六条　县设县政府，置县长一人。县长由县民选举之。

第一二七条　县长办理县自治，并执行中央及省委办事项。

第一二八条　市准用县之规定。

第十二章　选举　罢免　创制　复决

第一二九条　本宪法所规定之各种选举，除本宪法别有规定外，以普通、平等、直接及无记名投票之方法行之。

第一三〇条　中华民国国民年满二十岁者，有依法选举之权。除本宪法及法律别有规定者外，年满二十三岁者，有依法被选举之权。

第一三一条　本宪法所规定各种选举之候选人，一律公开竞选。

第一三二条　选举应严禁威胁利诱。选举诉讼，由法院审判之。

第一三三条　被选举人得由原选举区依法罢免之。

第一三四条　各种选举，应规定妇女当选名额，其办法以法律定之。

第一三五条　内地生活习惯特殊之国民代表名额及选举，其办法以法律定之。

第一三六条 创制、复决两权之行使，以法律定之。

第十三章 基本国策

第一节 国 防

第一三七条 中华民国之国防，以保卫国家安全，维护世界和平为目的。

国防之组织，以法律定之。

第一三八条 全国陆海空军，须超出个人、地域及党派关系以外，效忠国家，爱护人民。

第一三九条 任何党派及个人不得以武装力量为政争之工具。

第一四〇条 现役军人不得兼任文官。

第二节 外 交

第一四一条 中华民国之外交，应本独立自主之精神，平等互惠之原则，敦睦邦交，尊重条约及联合国宪章，以保护侨民权益，促进国际合作，提倡国际正义，确保世界和平。

第三节 国民经济

第一四二条 国民经济应以民生主义为基本原则，实施平均地权、节制资本，以谋国计民生之均足。

第一四三条 中华民国领土内之土地属于国民全体。人民依法取得之土地所有权，应受法律之保障与限制。私有土地应照价纳税，政府并得照价收买。

附着于土地之矿及经济上可供公众利用之天然力，属于国家所有，不因人民取得土地所有权而受影响。

土地价值非因施以劳力资本而增加者，应由国家征收土地增值税，归人民共享之。

国家对于土地之分配与整理，应以扶植自耕农及自行使用土地人为原则，并规定其适当经营之面积。

第一四四条　公用事业及其他有独占性之企业，以公营为原则，其经法律许可者，得由国民经营之。

第一四五条　国家对于私人财富及私营事业，认为有妨害国计民生之平衡发展者，应以法律限制之。

合作事业应受国家之奖励与扶助。

国民生产事业及对外贸易，应受国家之奖励、指导及保护。

第一四六条　国家应运用科学技术，以兴修水利，增进地利，改善农业环境，规划土地利用，开发农业资源，促成农业之工业化。

第一四七条　中央为谋省与省间之经济平衡发展，对于贫瘠之省，应酌予补助。

省为谋县与县间之经济平衡发展，对于贫瘠之县，应酌予补助。

第一四八条　中华民国领域内，一切货物应许自由流通。

第一四九条　金融机构，应依法受国家之管理。

第一五〇条　国家应普设平民金融机构，以救济失业。

第一五一条　国家对于侨居国外之国民，应扶助并保护其经济事业之发展。

第四节　社会安全

第一五二条　人民具有工作能力者，国家应予以适当之工作机会。

第一五三条　国家为改良劳工及农民之生活，增进其生产技能，应制定保护劳工及农民之法律，实施保护劳工及农民之政策。

妇女儿童从事劳动者，应按其年龄及身体状态，予以特别之保护。

第一五四条　劳资双方应本协调合作原则，发展生产事业。劳资纠纷之调解与仲裁，以法律定之。

第一五五条　国家为谋社会福利，应实施社会保险制度。人民之老弱残废，无力生活，及受非常灾害者，国家应予以适当之扶助与救济。

第一五六条　国家为奠定民族生存发展之基础，应保护母性，并实施妇女儿童福利政策。

第一五七条　国家为增进民族健康，应普遍推行卫生保健事业及公医制度。

第五节　教育文化

第一五八条　教育文化，应发展国民之民族精神、自治精神、国民道德、健全体格、科学及生活智能。

第一五九条　国民受教育之机会一律平等。

第一六〇条　六岁至十二岁之学龄儿童，一律受基本教育，免纳学费。其贫苦者，由政府供给书籍。已逾学龄未受基本教育之国民，一律受补习教育，免纳学费，其书籍亦由政府供给。

第一六一条　各级政府应广设奖学金名额，以扶助学行俱优无力升学之学生。

第一六二条　全国公私立之教育文化机关，依法律受国家之监督。

第一六三条　国家应注重各地区教育之均衡发展，并推行社会教育，以提高一般国民之文化水准。边远及贫瘠地区之教育文化经费，由国库补助之，其重要之教育文化事业，得由中央办理或补助之。

第一六四条　教育、科学、文化之经费，在中央不得少于其预算总额百分之十五，在省不得少于其预算总额百分之二十五，在市县不得少于其预算总额百分之三十五。其依法设置之教育文化基金及产业，应予以保障。

第一六五条　国家应保障教育、科学、艺术工作者之生活，并依国民经济之进展，随时提高其待遇。

第一六六条　国家应奖励科学之发明与创造，并保护有关历史文化艺术之古迹古物。

第一六七条　国家对于左列事业或个人，予以奖励或补助：

一、国内私人经营之教育事业成绩优良者；

二、侨居国外国民之教育事业成绩优良者；

三、于学术或技术有发明者；

四、从事教育久于其职而成绩优良者。

第六节　边疆地区

第一六八条　国家对于边疆地区各民族之地位，应予以合法之保障，并于其地方自治事业，特别予以扶植。

第一六九条　国家对于边疆地区各民族之教育、文化、交通、水利、卫生及其他经济、社会事业，应积极举办，并扶助其发展。对于土地使用，应依其气候、土壤性质，及人民生活习惯之所宜，予以保障及发展。

第十四章　宪法之施行及修改

第一七〇条　本宪法所称之法律，谓经立法院通过，总统公布之法律。

第一七一条　法律与宪法抵触者无效。

法律与宪法有无抵触发生疑义时，由司法院解释之。

第一七二条　命令与宪法或法律抵触者无效。

第一七三条　宪法之解释，由司法院为之。

第一七四条　宪法之修改，应依左列程序之一为之：

一、由国民大会代表总额五分之一之提议，三分之二之出席，及出席代表四分之三之决议，得修改之。

二、由立法院立法委员四分之一之提议，四分之三之出席，及出席委员四分之三之决议，拟定宪法修正案，提请国民大会复决。此项宪法修正案应于国民大会开会前半年公告之。

第一七五条　本宪法规定事项，有另定实施程序之必要者，以法律定之。

本宪法施行之准备程序，由制定宪法之国民大会议定之。

八、中华苏维埃共和国宪法大纲

（一九三四年一月第二次全国工农兵代表大会通过）

中华苏维埃第二次全国代表大会，谨向全世界全中国的劳动群众，宣布它在中国所要实现的基本任务，即中华苏维埃共和国的宪法大纲。这些任务，在现在的苏维埃区域内已经开始实现。但中华苏维埃第二次全国代表大会认为，这些任务的完成，只有在打倒帝国主义、国民党在中国的统治，在全中国建立苏维埃共和国的统治之后。而且在那时，中华苏维埃共和国的宪法大纲才更能具体化，而成为详细的中华苏维埃共和国的宪法。中华苏维埃全国代表大会谨号召全中国的工农劳动群众，在中华苏维埃共和国临时中央政府的指导之下，为这些基本任务在全中国的实现而斗争。

（一）中华苏维埃共和国的基本法（宪法）的任务，在于保证苏维埃区域工农民主专政的政权和达到它在全中国的胜利。这个专政的目的，是在消灭一切封建残余，赶走帝国主义列强在华的势力，统一中国，有系统的限制资本主义在中国的发展，进行苏维埃的经济建设，提高无产阶级的团结力量与觉悟程度，团结广大贫农群众在它的周围，同中农巩固的联合，以转变到无产阶级的专政。

（二）中华苏维埃所建设的，是工人和农民的民主专政国家。苏维埃政权是属于工人、农民、红色战士及一切劳苦民众的。在苏维埃政权下，所有工人、农民、红色战士及一切劳苦民众都有权选派代表掌握政权的管理。只有军阀、官僚、地主、豪绅、资本家、富农、僧侣及一切剥削人的人和反革命分子是没有选举代表参加政权和政治上自由的权利的。

（三）中华苏维埃共和国之最高政权，为全国工农兵苏维埃代表大会。在大会闭会的期间，全国苏维埃临时中央执行委员会为最高政权机关。在中央执行委员会下组织人民委员会，处理日常政务，发布一切法令和决议案。

（四）在苏维埃政权领域内，工人、农民、红色战士及一切劳苦民众和他们的家属，不分男女、种族（汉、满、蒙、回、藏、苗、黎和在中国的台湾、高丽、安南人等）、宗教，在苏维埃法律前一律平等，皆为苏维埃共和国的公民。为使工农兵劳苦民众真正掌握自己的政权，苏维埃选举法特规定：凡上属苏维埃公民，在十六岁以上者皆有苏维埃选举权和被选举权，直接派代表参加各级工农兵苏维埃的大会，讨论和决定一切国家的、地方的政治任务。代表产生方法，是以产业工人的工厂，和手工业工人、农民、城市贫民所居住的区域为选举单位。这种基本单位选出的苏维埃代表有一定的任期，参加城市或乡村苏维埃各种组织和委员会中的工作。这种代表须按期向其选举人做报告。选举人无论何时皆有撤回被选举人及重新选举代表的权利。为着只有无产阶级才能领导广大的农民与劳苦民众走向社会主义，中华苏维埃在选举时，给予无产阶级以特别的权利，增加无产阶级代表的比例名额。

（五）中华苏维埃政权以彻底改善工人阶级的生活状况为目的，制定劳动法，宣布八小时工作制，规定最低限度的工资标准，创立社会保险制度与国家的失业津贴，并宣布工人有监督生产之权。

（六）中华苏维埃政权以消灭封建剥削及彻底的改善农民生活为目的，颁布土地法，主张没收一切地主阶级的土地，分配给雇农、贫农、中农，并以实现土地国有为目的。

（七）中华苏维埃政权以保障工农利益，限制资本主义的发展，使劳动群众脱离资本主义的剥削，走向社会主义制度去为目的，宣布取消一切反革命统治时代的苛捐杂税，征收统一的累进税，严厉镇压一切中外资本主义的怠工和破坏阴谋，采取有利于工农群众所了解的走向社会主义去的经济政策。

（八）中华苏维埃政权以彻底的将中国从帝国主义压榨之下解放出来为目的，宣布中华民族的完全自由与独立，不承认帝国主义在华的政治上、经济上的一切特权，宣布一切与反革命政府订立的不平等条约无效，否认反革命政府的一切外债，在苏维埃领域内，帝国主义的海、陆、空军不容许驻扎，帝国主义的租界、租借地无条件的收回，帝国主义手中的银行、海关、铁路、矿山、工厂地，一律收回国有。在目前可允许外国企业重新订立租借条约继续生产，但必须遵守苏维埃政府的一切法令。

（九）中华苏维埃政权以全力发展和保障工农革命在中国胜利为目的，坚决拥护和参加革命战争为一切劳苦民众的责任，特制定普遍的兵役义务，由志愿兵役制过渡到义务兵役制。惟手执武器参加革命战争的权利，只能属于工农劳苦民众。在苏维埃政权下，反革命与一切剥削者的武装，必须全部解除。

（一○）中华苏维埃政权以保证工农劳苦民众言论、出版、集会、结社的自由为目的，反对地主资产阶级的民主，主张工人农民的民主，打破地主资产阶级经济的和政治的权力，以除去反动社会束缚劳动者和农民自由的一切障碍，并用群众政权的力量取得印刷机关（报馆、印刷所等）、开会场所及一切必要的设备，给予工农劳苦民众以保障他们取得这些自由的物质基础。同时反革命的一切宣传和活动，一切剥削者的政治自由，在苏维埃政权下都绝对禁止。

（一一）中华苏维埃政权以保证彻底的实行妇女解放为目的，承认婚姻自由，实行各种保护妇女的办法，使妇女能够从事实上逐渐得到脱离家务的物质基础，而参加全社会经济的、政治的、文化的生活。

（一二）中华苏维埃政权以保证工农劳苦民众有受教育的权利为目的，在进行革命战争许可的范围内，应开始施行完全免费的普及教育，首先应在青年劳动群众中施行。应当保障青年劳动者的一切权利，积极的引导他们参加政治的和文化的革命生活，以发展新的社会力量。

（一三）中华苏维埃政权以保证工农劳苦民众有真正的信教自由为目的，绝对实行政教分离的原则。一切宗教，不能得到苏维埃国家的任何保护和供给费用。一切苏维埃公民有反宗教宣传之自由，帝国主义的教会只有在服从苏维埃法律时才能许其存在。

（一四）中华苏维埃政权承认中国境内少数民族的民族自决权，一直承认到各弱小民族有同中国脱离，自己成立独立的国家的权利。蒙、回、藏、苗、黎、高丽人等，凡是居住在中国的地域内，他们有完全自决权：加入或脱离中国苏维埃联邦，或建立自己的自治区域。中国苏维埃政权在现在要努力帮助这些弱小民族脱离帝国主义、国民党、军阀、王公、喇嘛、土司的压迫统治，而得到完全自主。苏维埃政权，更要在这些民族中发展他们自己的民族文化和民族语言。

（一五）中华苏维埃政权对于凡因革命行动而受到反动统治迫害的中国民族以及世界的革命战士，给予托庇于苏维埃区域的权利，并帮助和领导他们重新恢复斗争的力量，一直达到革命的胜利。

（一六）中华苏维埃政权对于居住苏维埃区域内从事劳动的外国人，一律使其享有苏维埃法律所规定的一切政治上的权利。

（一七）中华苏维埃政权，宣告世界无产阶级与被压迫民族是与它站在一条革命战线上，无产阶级专政国家——苏联，是它的巩固的联盟者。

九、陕甘宁边区宪法原则

（一九四六年四月二十三日陕甘宁边区
第三届参议会第一次大会通过）

一　政权组织

一、边区、县、乡人民代表会议（参议会）为人民管理政权机关。

二、人民普遍直接平等无记名选举各级代表，各级代表会选举政府人员。

三、各级政府对各级代表会负责，各级代表对选举人负责。

四、乡代表会即直接执行政务机关。

五、人民对各级政权有检查、告发及随时建议之权，每届选举时则为大检查。

六、各级代表会每届大会应检查上届大会决议执行情况。

七、各级政府人员，违反人民的决议或忽于职务者，应受到代表会议的斥责或罢免，乡村则由人民直接罢免之。

八、各级人民代表会议（参议会）：乡一年改选一次，县二年改选一次，边区三年改选一次。

九、边区各少数民族，在居住集中地区，得划成民族区，组织民族自治政权，在不与省县抵触原则下，得订立自治法规。

二 人民权利

一、人民为行使政治上各项自由权利，应受到政府的诱导与物资帮助。

二、人民有免于经济上偏枯与贫困的权利。保证方法为减租减息与交租交息，改善工人生活与提高劳动效率，大量发展经济建设，救济灾荒，扶养老弱贫困……。

三、人民有免于愚昧及不健康的权利。保证方法为免费的国民教育，免费的高等教育，优等生受到优待，普施为人民服务的社会教育，发展卫生教育与医药设备。

四、人民有武装自卫的权利。办法为自卫军、民兵等。

五、边区人民不分民族，一律平等。

六、妇女除有男子平等权利外，还应照顾妇女之特殊利益。

三　司　法

一、各级司法机关独立行使职权，除服从法律外，不受任何干涉。

二、除司法机关公安机关依法执行职务外，任何机关团体不得有逮捕审讯的行为。

三、人民有不论用任何方法控告失职的任何公务人员之权。

四、对犯法人采用感化主义。

四　经　济

一、应保障耕者有其田，劳动者有职业，企业有发展的机会。

二、用公营、合作、私营三种方式组织所有的人力资力为促进繁荣消灭贫困而斗争。

三、欢迎外来投资，保障其合理利润。

四、设立职业学校，培养技术人才。

五、有计划地发展农工矿各种实业。

五　文　化

普及并提高一般人民之文化水准，从速消灭文盲，减少疾病与死亡现象。

以上规定，均不宜太烦琐。

十、中华人民共和国宪法

（一九五四年九月二十日第一届全国人民
代表大会第一次会议通过并公布）

序　言

中国人民经过一百多年的英勇奋斗，终于在中国共产党领导下，在一九四九年取得了反对帝国主义、封建主义和官僚资本主义的人民革命的伟大胜利，因而结束了长时期被压迫、被奴役的历史，建立了人民民主专政的中华人民共和国。中华人民共和国的人民民主制度，也就是新民主主义制度，保证我国能够通过和平的道路消灭剥削和贫困，建成繁荣幸福的社会主义社会。

从中华人民共和国成立到社会主义社会建成，这是一个过渡时期。国家在过渡时期的总任务是逐步实现国家的社会主义工业化，逐步完成对农业、手工业和资本主义工商业的社会主义改造。我国人民在过去几年内已经胜利地进行了改革土地制度、抗美援朝、镇压反革命分子、恢复国民经济等大规模的斗争，这就为有计划地进行经济建设、逐步过渡到社会主义社会准备了必要的条件。

中华人民共和国第一届全国人民代表大会第一次会议，一九五四年九月二十日在首都北京，庄严地通过中华人民共和国宪法。这个宪法以一九四九年的中国人民政治协商会议共同纲领为基础，又是共同纲领的发展。这个宪法巩固了我国人民革命的成果和中华人民共和国建立以来政治上、经济上的新胜利，并且反映了国家在过渡时期的根本要求和广大人民建设社会主义社会的共同愿望。

我国人民在建立中华人民共和国的伟大斗争中已经结成以中国共产党为领导的各民主阶级、各民主党派、各人民团体的广泛的人民民主统一战线。今后在动员和团结全国人民完成国家过渡时期总任务和反对内外敌人的斗争中，我国的人民民主统一战线将继续发挥它的作用。

我国各民族已经团结成为一个自由平等的民族大家庭。在发扬各民族间的友爱互助、反对帝国主义、反对各民族内部的人民公敌、反对大民族主义和地方民族主义的基础上，我国的民族团结将继续加强。国家在经济建设和文化建设的过程中将照顾各民族的需要，而在社会主义改造的问题上将充分注意各民族发展的特点。

我国同伟大的苏维埃社会主义共和国联盟、同各人民民主国家已经建立了牢不可破的友谊，我国人民同全世界爱好和平的人民的友谊也日见增进，这种友谊将继续发展和巩固。我国根据平等、互利、互相尊重主权和领土完整的原则同任何国家建立和发展外交关系的政策，已经获得成就，今后将继续贯彻。在国际事务中，我国坚定不移的方针是为世界和平和人类进步的崇高目的而努力。

第一章　总　纲

第一条　中华人民共和国是工人阶级领导的，以工农联盟为基础的人民民主国家。

第二条　中华人民共和国的一切权力属于人民。人民行使权力的机关是全国人民代表大会和地方各级人民代表大会。

第三条　中华人民共和国是统一的多民族的国家。

各民族一律平等。禁止对任何民族的歧视和压迫，禁止破坏各民族团结的行为。

各民族都有使用和发展自己的语言文字的自由，都有保持或者改革自己的风俗习惯的自由。

各少数民族聚居的地方实行区域自治。各民族自治地方都是中华人民共和国不可分离的部分。

第四条　中华人民共和国依靠国家机关和社会力量，通过社会主义工业化和社会主义改造，保证逐步消灭剥削制度，建立社会主义社会。

第五条　中华人民共和国的生产资料所有制现在主要有下列各种：国家所有制，即全民所有制；合作社所有制，即劳动群众集体所有制；个体劳动者所有制；资本家所有制。

第六条　国营经济是全民所有制的社会主义经济，是国民经济中的领导力量和国家实现社会主义改造的物质基础。

国家保证优先发展国营经济。

矿藏、水流，由法律规定为国有的森林、荒地和其他资源，都属于全民所有。

第七条　合作社经济是劳动群众集体所有制的社会主义经济，或者是劳动群众部分集体所有制的半社会主义经济。劳动群众部分集体所有制是组织个体农民、个体手工业者和其他个体劳动者走向劳动群众集体所有制的过渡形式。

国家保护合作社的财产，鼓励、指导和帮助合作社经济的发展，并且以发展生产合作为改造个体农业和个体手工业的主要道路。

第八条　国家依照法律保护农民的土地所有权和其他生产资料所有权。

国家指导和帮助个体农民增加生产，并且鼓励他们根据自愿的原则组织生产合作、供销合作和信用合作。

国家对富农经济采取限制和逐步消灭的政策。

第九条　国家依照法律保护手工业者和其他非农业的个体劳动者的生产资料所有权。

国家指导和帮助个体手工业者和其他非农业的个体劳动者改善经营，并且鼓励他们根据自愿的原则组织生产合作和供销合作。

第十条　国家依照法律保护资本家的生产资料所有权和其他资本所有权。

国家对资本主义工商业采取利用、限制和改造的政策。国家通过国家行政机关的管理、国营经济的领导和工人群众的监督，利用资本主义工商业的有利于国计民生的积极作用，限制他们不利于国计民生的消极作用，鼓励和指导他们转变为不同形式的国家资本主义经济，逐步以全民所有制代替资本家所有制。

国家禁止资本家的危害公共利益、扰乱社会经济秩序、破坏国家经济计划的一切非法行为。

第十一条　国家保护公民的合法收入、储蓄、房屋和各种生活资料的所有权。

第十二条　国家依照法律保护公民的私有财产的继承权。

第十三条　国家为了公共利益的需要，可以依照法律规定的条件，对城乡土地和其他生产资料实行征购、征用或者收归国有。

第十四条　国家禁止任何人利用私有财产破坏公共利益。

第十五条　国家用经济计划指导国民经济的发展和改造，使生产力不断提高，以改进人民的物质生活和文化生活，巩固国家的独立和安全。

第十六条　劳动是中华人民共和国一切有劳动能力的公民的光荣的事情。国家鼓励公民在劳动中的积极性和创造性。

第十七条　一切国家机关必须依靠人民群众，经常保持同群众的密切联系，倾听群众的意见，接受群众的监督。

第十八条　一切国家机关工作人员必须效忠人民民主制度，服从宪法和法律，努力为人民服务。

第十九条　中华人民共和国保卫人民民主制度，镇压一切叛国的和反革命的活动，惩办一切卖国贼和反革命分子。

国家依照法律在一定时期内剥夺封建地主和官僚资本家的政治权利，同时给以生活出路，使他们在劳动中改造成为自食其力的公民。

第二十条　中华人民共和国的武装力量属于人民，它的任务是保卫人民革命和国家建设的成果，保卫国家的主权、领土完整和安全。

第二章 国家机构

第一节 全国人民代表大会

第二十一条 中华人民共和国全国人民代表大会是最高国家权力机关。

第二十二条 全国人民代表大会是行使国家立法权的惟一机关。

第二十三条 全国人民代表大会由省、自治区、直辖市、军队和华侨选出的代表组成。

全国人民代表大会代表名额和代表产生办法，包括少数民族代表的名额和产生办法，由选举法规定。

第二十四条 全国人民代表大会每届任期四年。

全国人民代表大会任期届满的两个月以前，全国人民代表大会常务委员会必须完成下届全国人民代表大会代表的选举。如果遇到不能进行选举的非常情况，全国人民代表大会可以延长任期到下届全国人民代表大会举行第一次会议为止。

第二十五条 全国人民代表大会会议每年举行一次，由全国人民代表大会常务委员会召集。

如果全国人民代表大会常务委员会认为必要，或者有五分之一的代表提议，可以临时召集全国人民代表大会会议。

第二十六条 全国人民代表大会举行会议的时候，选举主席团主持会议。

第二十七条 全国人民代表大会行使下列职权：

（一）修改宪法；

（二）制定法律；

（三）监督宪法的实施；

（四）选举中华人民共和国主席、副主席；

（五）根据中华人民共和国主席的提名，决定国务院总理的人选，根据国务院总理的提名，决定国务院组成人员的人选；

（六）根据中华人民共和国主席的提名，决定国防委员会副主席和委员的人选；

（七）选举最高人民法院院长；

（八）选举最高人民检察院检察长；

（九）决定国民经济计划；

（十）审查和批准国家的预算和决算；

（十一）批准省、自治区和直辖市的划分；

（十二）决定大赦；

（十三）决定战争和和平的问题；

（十四）全国人民代表大会认为应当由它行使的其他职权。

第二十八条　全国人民代表大会有权罢免下列人员：

（一）中华人民共和国主席、副主席；

（二）国务院总理、副总理、各部部长、各委员会主任、秘书长；

（三）国防委员会副主席和委员；

（四）最高人民法院院长；

（五）最高人民检察院检察长。

第二十九条　宪法的修改由全国人民代表大会以全体代表的三分之二的多数通过。

法律和其他议案由全国人民代表大会以全体代表的过半数通过。

第三十条　全国人民代表大会常务委员会是全国人民代表大会的常设机关。

全国人民代表大会常务委员会由全国人民代表大会选出下列人员组成：

委员长，

副委员长若干人，

秘书长，

委员若干人。

第三十一条　全国人民代表大会常务委员会行使下列职权：

（一）主持全国人民代表大会代表的选举；

（二）召集全国人民代表大会会议；

（三）解释法律；

（四）制定法令；

（五）监督国务院、最高人民法院和最高人民检察院的工作；

（六）撤销国务院的同宪法、法律和法令相抵触的决议和命令；

（七）改变或者撤销省、自治区、直辖市国家权力机关的不适当的决议；

（八）在全国人民代表大会闭会期间，决定国务院副总理、各部部长、各委员会主任、秘书长的个别任免；

（九）任免最高人民法院副院长、审判员和审判委员会委员；

（十）任免最高人民检察院副检察长、检察员和检察委员会委员；

（十一）决定驻外全权代表的任免；

（十二）决定同外国缔结的条约的批准和废除；

（十三）规定军人和外交人员的衔级和其他专门衔级；

（十四）规定和决定授予国家的勋章和荣誉称号；

（十五）决定特赦；

（十六）在全国人民代表大会闭会期间，如果遇到国家遭受武装侵犯或者必须履行国际间共同防止侵略的条约的情况，决定战争状态的宣布；

（十七）决定全国总动员或者局部动员；

（十八）决定全国或者部分地区的戒严；

（十九）全国人民代表大会授予的其他职权。

第三十二条　全国人民代表大会常务委员会行使职权到下届全国人民代表大会选出新的常务委员会为止。

第三十三条　全国人民代表大会常务委员会对全国人民代表大会负

责并报告工作。

全国人民代表大会有权罢免全国人民代表大会常务委员会的组成人员。

第三十四条 全国人民代表大会设立民族委员会、法案委员会、预算委员会、代表资格审查委员会和其他需要设立的委员会。

民族委员会和法案委员会，在全国人民代表大会闭会期间，受全国人民代表大会常务委员会的领导。

第三十五条 全国人民代表大会认为必要的时候，在全国人民代表大会闭会期间全国人民代表大会常务委员会认为必要的时候，可以组织特定问题的调查委员会。

调查委员会进行调查的时候，一切有关的国家机关、人民团体和公民都有义务向它提供必要的材料。

第三十六条 全国人民代表大会代表有权向国务院或者国务院各部、各委员会提出质问，受质问的机关必须负责答复。

第三十七条 全国人民代表大会代表，非经全国人民代表大会许可，在全国人民代表大会闭会期间非经全国人民代表大会常务委员会许可，不受逮捕或者审判。

第三十八条 全国人民代表大会代表受原选举单位的监督。原选举单位有权依照法律规定的程序随时撤换本单位选出的代表。

第二节 中华人民共和国主席

第三十九条 中华人民共和国主席由全国人民代表大会选举。有选举权和被选举权的年满三十五岁的中华人民共和国公民可以被选为中华人民共和国主席。

中华人民共和国主席任期四年。

第四十条 中华人民共和国主席根据全国人民代表大会的决定和全国人民代表大会常务委员会的决定，公布法律和法令，任免国务院总理、副总理、各部部长、各委员会主任、秘书长，任免国防委员会副主席、委员，授予国家的勋章和荣誉称号，发布大赦令和特赦令，发布戒严令，宣布战争状态，发布动员令。

第四十一条　中华人民共和国主席对外代表中华人民共和国，接受外国使节；根据全国人民代表大会常务委员会的决定，派遣和召回驻外全权代表，批准同外国缔结的条约。

第四十二条　中华人民共和国主席统率全国武装力量，担任国防委员会主席。

第四十三条　中华人民共和国主席在必要的时候召开最高国务会议，并担任最高国务会议主席。

最高国务会议由中华人民共和国副主席、全国人民代表大会常务委员会委员长、国务院总理和其他有关人员参加。

最高国务会议对于国家重大事务的意见，由中华人民共和国主席提交全国人民代表大会、全国人民代表大会常务委员会、国务院或者其他有关部门讨论并作出决定。

第四十四条　中华人民共和国副主席协助主席工作。副主席受主席的委托，可以代行主席的部分职权。

中华人民共和国副主席的选举和任期，适用宪法第三十九条关于中华人民共和国主席的选举和任期的规定。

第四十五条　中华人民共和国主席、副主席行使职权到下届全国人民代表大会选出的下一任主席、副主席就职为止。

第四十六条　中华人民共和国主席因为健康情况长期不能工作的时候，由副主席代行主席的职权。

中华人民共和国主席缺位的时候，由副主席继任主席的职位。

第三节　国　务　院

第四十七条　中华人民共和国国务院，即中央人民政府，是最高国家权力机关的执行机关，是最高国家行政机关。

第四十八条　国务院由下列人员组成：

总理，

副总理若干人，

各部部长，

各委员会主任，

秘书长。

国务院的组织由法律规定。

第四十九条　国务院行使下列职权：

（一）根据宪法、法律和法令，规定行政措施，发布决议和命令，并且审查这些决议和命令的实施情况；

（二）向全国人民代表大会或者全国人民代表大会常务委员会提出议案；

（三）统一领导各部和各委员会的工作；

（四）统一领导全国地方各级国家行政机关的工作；

（五）改变或者撤销各部部长、各委员会主任的不适当的命令和指示；

（六）改变或者撤销地方各级国家行政机关的不适当的决议和命令；

（七）执行国民经济计划和国家预算；

（八）管理对外贸易和国内贸易；

（九）管理文化、教育和卫生工作；

（十）管理民族事务；

（十一）管理华侨事务；

（十二）保护国家利益，维护公共秩序，保障公民权利；

（十三）管理对外事务；

（十四）领导武装力量的建设；

（十五）批准自治州、县、自治县、市的划分；

（十六）依照法律的规定任免行政人员；

（十七）全国人民代表大会和全国人民代表大会常务委员会授予的其他职权。

第五十条　总理领导国务院的工作，主持国务院会议。

副总理协助总理工作。

第五十一条　各部部长和各委员会主任负责管理本部门的工作。各部部长和各委员会主任在本部门的权限内，根据法律、法令和国务院的决议、命令，可以发布命令和指示。

第五十二条　国务院对全国人民代表大会负责并报告工作，在全国人民代表大会闭会期间，对全国人民代表大会常务委员会负责并报告工作。

第四节　地方各级人民代表大会和地方各级人民委员会

第五十三条　中华人民共和国的行政区域划分如下：

（一）全国分为省、自治区、直辖市；

（二）省、自治区分为自治州、县、自治县、市；

（三）县、自治县分为乡、民族乡、镇。

直辖市和较大的市分为区。自治州分为县、自治县、市。

自治区、自治州、自治县都是民族自治地方。

第五十四条　省、直辖市、县、市、市辖区、乡、民族乡、镇设立人民代表大会和人民委员会。

自治区、自治州、自治县设立自治机关。自治机关的组织和工作由宪法第二章第五节规定。

第五十五条　地方各级人民代表大会都是地方国家权力机关。

第五十六条　省、直辖市、县、设区的市的人民代表大会代表由下一级的人民代表大会选举；不设区的市、市辖区、乡、民族乡、镇的人民代表大会代表由选民直接选举。

地方各级人民代表大会代表名额和代表产生办法由选举法规定。

第五十七条　省人民代表大会每届任期四年。直辖市、县、市、市辖区、乡、民族乡、镇的人民代表大会每届任期两年。

第五十八条　地方各级人民代表大会在本行政区域内，保证法律、法令的遵守和执行，规划地方的经济建设、文化建设和公共事业，审查和批准地方的预算和决算，保护公共财产，维护公共秩序，保障公民权利，保障少数民族的平等权利。

第五十九条　地方各级人民代表大会选举并且有权罢免本级人民委员会的组成人员。

县级以上的人民代表大会选举并且有权罢免本级人民法院院长。

第六十条　地方各级人民代表大会依照法律规定的权限通过和发布决议。

民族乡的人民代表大会可以依照法律规定的权限采取适合民族特点的具体措施。

地方各级人民代表大会有权改变或者撤销本级人民委员会的不适当的决议和命令。

县级以上的人民代表大会有权改变或者撤销下一级人民代表大会的不适当的决议和下级人民委员会的不适当的决议和命令。

第六十一条　省、直辖市、县、设区的市的人民代表大会代表受原选举单位的监督；不设区的市、市辖区、乡、民族乡、镇的人民代表大会代表受选民的监督。

地方各级人民代表大会代表的选举单位和选民有权依照法律规定的程序随时撤换自己选出的代表。

第六十二条　地方各级人民委员会，即地方各级人民政府，是地方各级人民代表大会的执行机关，是地方各级国家行政机关。

第六十三条　地方各级人民委员会每届任期同本级人民代表大会每届任期相同。

地方各级人民委员会的组织由法律规定。

第六十四条　地方各级人民委员会依照法律规定的权限管理本行政区域的行政工作。

地方各级人民委员会执行本级人民代表大会的决议和上级国家行政机关的决议和命令。

地方各级人民委员会依照法律规定的权限发布决议和命令。

第六十五条　县级以上的人民委员会领导所属各工作部门和下级人民委员会的工作，依照法律的规定任免国家机关工作人员。

县级以上的人民委员会有权停止下一级人民代表大会的不适当的决议的执行，有权改变或者撤销所属各工作部门的不适当的命令和指示和下级人民委员会的不适当的决议和命令。

第六十六条　地方各级人民委员会都对本级人民代表大会和上一级国家行政机关负责并报告工作。

全国地方各级人民委员会都是国务院统一领导下的国家行政机关，都服从国务院。

第五节　民族自治地方的自治机关

第六十七条　自治区、自治州、自治县的自治机关的组织，应当根据宪法第二章第四节规定的关于地方国家机关的组织的基本原则，自治机关的形式可以依照实行区域自治的民族大多数人民的意愿规定。

第六十八条　在多数民族杂居的自治区、自治州、自治县的自治机关中，各有关民族都应当有适当名额的代表。

第六十九条　自治区、自治州、自治县的自治机关行使宪法第二章第四节规定的地方国家机关的职权。

第七十条　自治区、自治州、自治县的自治机关依照宪法和法律规定的权限行使自治权。

自治区、自治州、自治县的自治机关依照法律规定的权限管理本地方的财政。

自治区、自治州、自治县的自治机关依照国家的军事制度组织本地方的公安部队。

自治区、自治州、自治县的自治机关可以依照当地民族的政治、经济和文化的特点，制定自治条例和单行条例，报请全国人民代表大会常务委员会批准。

第七十一条　自治区、自治州、自治县的自治机关在执行职务的时候，使用当地民族通用的一种或者几种语言文字。

第七十二条　各上级国家机关应当充分保障各自治区、自治州、自治县的自治机关行使自治权，并且帮助各少数民族发展政治、经济和文化的建设事业。

第六节　人民法院和人民检察院

第七十三条　中华人民共和国最高人民法院、地方各级人民法院、专门人民法院行使审判权。

第七十四条　最高人民法院院长和地方各级人民法院院长任期四年。

人民法院的组织由法律规定。

第七十五条　人民法院审判案件依照法律实行人民陪审员制度。

第七十六条　人民法院审理案件，除法律规定的特别情况外，一律公开进行，被告人有权获得辩护。

第七十七条　各民族公民都有用本民族语言文字进行诉讼的权利。

人民法院对于不通晓当地通用的语言文字的当事人，应当为他们翻译。

在少数民族聚居或者多民族杂居的地区，人民法院应当用当地通用的语言进行审讯，用当地通用的文字发布判决书、布告和其他文件。

第七十八条　人民法院独立进行审判，只服从法律。

第七十九条　最高人民法院是最高审判机关。

最高人民法院监督地方各级人民法院和专门人民法院的审判工作，上级人民法院监督下级人民法院的审判工作。

第八十条　最高人民法院对全国人民代表大会负责并报告工作，在全国人民代表大会闭会期间，对全国人民代表大会常务委员会负责并报告工作。地方各级人民法院对本级人民代表大会负责并报告工作。

第八十一条　中华人民共和国最高人民检察院对于国务院所属各部

门、地方各级国家机关、国家机关工作人员和公民是否遵守法律，行使检察权。地方各级人民检察院和专门人民检察院，依照法律规定的范围行使检察权。

地方各级人民检察院和专门人民检察院在上级人民检察院的领导下，并且一律在最高人民检察院的统一领导下，进行工作。

第八十二条　最高人民检察院检察长任期四年。

人民检察院的组织由法律规定。

第八十三条　地方各级人民检察院独立行使职权，不受地方国家机关的干涉。

第八十四条　最高人民检察院对全国人民代表大会负责并报告工作；在全国人民代表大会闭会期间，对全国人民代表大会常务委员会负责并报告工作。

第三章　公民的基本权利和义务

第八十五条　中华人民共和国公民在法律上一律平等。

第八十六条　中华人民共和国年满十八岁的公民，不分民族、种族、性别、职业、社会出身、宗教信仰、教育程度、财产状况、居住期限，都有选举权和被选举权。但是有精神病的人和依照法律被剥夺选举权和被选举权的人除外。

妇女有同男子平等的选举权和被选举权。

第八十七条　中华人民共和国公民有言论、出版、集会、结社、游行、示威的自由。国家供给必需的物资上的便利，以保证公民享受这些自由。

第八十八条　中华人民共和国公民有宗教信仰的自由。

第八十九条　中华人民共和国公民的人身自由不受侵犯。任何公民，非经人民法院决定或者人民检察院批准，不受逮捕。

第九十条　中华人民共和国公民的住宅不受侵犯，通讯秘密受法律的保护。

中华人民共和国公民有居住和迁徙的自由。

第九十一条　中华人民共和国公民有劳动的权利。国家通过国民经济有计划的发展，逐步扩大劳动就业，改善劳动条件和工资待遇，以保证公民享受这种权利。

第九十二条　中华人民共和国劳动者有休息的权利。国家规定工人和职员的工作时间和休假制度，逐步扩充劳动者休息和休养的物资条件，以保证劳动者享受这种权利。

第九十三条　中华人民共和国劳动者在年老、疾病或者丧失劳动能力的时候，有获得物资帮助的权利。国家举办社会保险、社会救济和群众卫生事业，并且逐步扩大这些设施，以保证劳动者享受这种权利。

第九十四条　中华人民共和国公民有受教育的权利。国家设立并且逐步扩大各种学校和其他文化教育机关，以保证公民享受这种权利。

第九十五条　中华人民共和国保障公民进行科学研究、文学艺术创作和其他文化活动的自由。国家对于从事科学、教育、文学、艺术和其他文化事业的公民的创造性工作，给以鼓励和帮助。

第九十六条　中华人民共和国妇女在政治的、经济的、文化的、社会的和家庭的生活各方面享有同男子平等的权利。婚姻、家庭、母亲和儿童受国家的保护。

第九十七条　中华人民共和国公民对于任何违法失职的国家机关工作人员，有向各级国家机关提出书面控告或者口头控告的权利。由于国家机关工作人员侵犯公民权利而受到损失的人，有取得赔偿的权利。

第九十八条　中华人民共和国保护国外华侨的正当的权利和利益。

第九十九条　中华人民共和国对于任何由于拥护正义事业、参加和平运动、进行科学工作而受到迫害的外国人，给以居留的权利。

第一百条　中华人民共和国公民必须遵守宪法和法律，遵守劳动纪律，遵守公共秩序，尊重社会公德。

第一百零一条　中华人民共和国的公共财产神圣不可侵犯。爱护和保卫公共财产是每一个公民的义务。

第一百零二条　中华人民共和国公民有依照法律纳税的义务。

第一百零三条　保卫祖国是中华人民共和国每一个公民的神圣职责。

依照法律服兵役是中华人民共和国公民的光荣义务。

第四章　国旗、国徽、首都

第一百零四条　中华人民共和国国旗是五星红旗。

第一百零五条　中华人民共和国国徽，中间是五星照耀下的天安门，周围是谷穗和齿轮。

第一百零六条　中华人民共和国首都是北京。

十一、中华人民共和国宪法

（一九七五年一月十七日中华人民共和国
第四届全国人民代表大会第一次会议通过）

目　录

序　言

中华人民共和国的成立，标志着中国人民经过一百多年的英勇奋斗，终于在中国共产党领导下，用人民革命战争推翻了帝国主义、封建主义和官僚资本主义的反动统治，取得了新民主主义革命的伟大胜利，开始了社会主义革命和无产阶级专政的新的历史阶段。

二十多年来，我国各族人民在中国共产党领导下，乘胜前进，取得了社会主义革命和社会主义建设的伟大胜利，取得了无产阶级文化大革命的伟大胜利，巩固和加强了无产阶级专政。

社会主义社会是一个相当长的历史阶段。在这个历史阶段中，始终存在着阶级、阶级矛盾和阶级斗争，存在着社会主义同资本主义两条道路的斗争，存在着资本主义复辟的危险性，存在着帝国主义、社会帝国主义进行颠覆和侵略的威胁。这些矛盾，只能靠无产阶级专政下继续革命的理论和实践来解决。

我们必须坚持中国共产党在整个社会主义历史阶段的基本路线和政策，坚持无产阶级专政下的继续革命，使我们伟大的祖国永远沿着马克思主义、列宁主义、毛泽东思想指引的道路前进。

我们要巩固工人阶级领导的以工农联盟为基础的各族人民的大团结，发展革命统一战线。要正确区别和处理敌我矛盾和人民内部矛盾。要继续开展阶级斗争、生产斗争和科学实验三大革命运动，独立自主，自力更生，艰苦奋斗，勤俭建国，鼓足干劲，力争上游，多快好省地建设社会主义，备战、备荒、为人民。

在国际事务中，我们要坚持无产阶级国际主义。中国永远不做超级大国。我们要同社会主义国家、同一切被压迫人民和被压迫民族加强团结，互相支援；在互相尊重主权和领土完整、互不侵犯、互不干涉内政、平等互利、和平共处五项原则的基础上，争取和社会制度不同的国家和平共处，反对帝国主义、社会帝国主义的侵略政策和战争政策，反对超级大国的霸权主义。

我国人民有充分的信心，在中国共产党领导下，战胜国内外敌人，克服一切困难，把我国建设成为强大的无产阶级专政的社会主义国家，对于人类作出较大的贡献。

全国各族人民团结起来，争取更大的胜利！

第一章　总　　纲

第一条　中华人民共和国是工人阶级领导的以工农联盟为基础的无产阶级专政的社会主义国家。

第二条　中国共产党是全中国人民的领导核心。工人阶级经过自己的先锋队中国共产党实现对国家的领导。

马克思主义、列宁主义、毛泽东思想是我国指导思想的理论基础。

第三条　中华人民共和国的一切权力属于人民。人民行使权力的机关，是以工农兵代表为主体的各级人民代表大会。

各级人民代表大会和其他国家机关，一律实行民主集中制。

各级人民代表大会代表，由民主协商选举产生。原选举单位和选民，有权监督和依照法律的规定随时撤换自己选出的代表。

第四条　中华人民共和国是统一的多民族的国家。实行民族区域自治的地方，都是中华人民共和国不可分离的部分。

各民族一律平等。反对大民族主义和地方民族主义。

各民族都有使用自己的语言文字的自由。

第五条　中华人民共和国的生产资料所有制现阶段主要有两种：社会主义全民所有制和社会主义劳动群众集体所有制。

国家允许非农业的个体劳动者在城镇街道组织、农村人民公社的生产队统一安排下，从事在法律许可范围内，不剥削他人的个体劳动。同时，要引导他们逐步走上社会主义集体化的道路。

第六条　国营经济是国民经济中的领导力量。

矿藏、水流，国有的森林、荒地和其他资源，都属于全民所有。

国家可以依照法律规定的条件，对城乡土地和其他生产资料实行征购、征用或者收归国有。

第七条　农村人民公社是政社合一的组织。

现阶段农村人民公社的集体所有制经济，一般实行三级所有、队为基础，即以生产队为基本核算单位的公社、生产大队和生产队三级所有。

在保证人民公社集体经济的发展和占绝对优势的条件下，人民公社社员可以经营少量的自留地和家庭副业，牧区社员可以有少量的自留畜。

第八条　社会主义的公共财产不可侵犯。国家保证社会主义经济的巩固和发展，禁止任何人利用任何手段，破坏社会主义经济和公共利益。

第九条　国家实行"不劳动者不得食"、"各尽所能、按劳分配"的社会主义原则。

国家保护公民的劳动收入、储蓄、房屋和各种生活资料的所有权。

第十条　国家实行抓革命，促生产，促工作，促战备的方针，以农业为基础，以工业为主导，充分发挥中央和地方两个积极性，促进社会主义经济有计划，按比例地发展，在社会生产不断提高的基础上，逐步改进人民的物质生活和文化生活，巩固国家的独立和安全。

第十一条　国家机关和工作人员，必须认真学习马克思主义、列宁主义、毛泽东思想，坚持无产阶级政治挂帅，反对官僚主义，密切联系群众，全心全意为人民服务。各级干部都必须参加集体生产劳动。

国家机关都必须实行精简的原则。它的领导机构，都必须实行老、中、青三结合。

第十二条 无产阶级必须在上层建筑其中包括各个文化领域对资产阶级实行全面的专政。文化教育、文学艺术、体育卫生、科学研究都必须为无产阶级政治服务，为工农兵服务，与生产劳动相结合。

第十三条 大鸣、大放、大辩论、大字报，是人民群众创造的社会主义革命的新形式。国家保障人民群众运用这种形式，造成一个又有集中又有民主，又有纪律又有自由，又有统一意志又有个人心情舒畅、生动活泼的政治局面，以利于巩固中国共产党对国家的领导，巩固无产阶级专政。

第十四条 国家保卫社会主义制度，镇压一切叛国的和反革命的活动，惩办一切卖国贼和反革命分子。

国家依照法律在一定时期内剥夺地主、富农、反动资本家和其他坏分子的政治权利，同时给以生活出路，使他们在劳动中改造成为守法的自食其力的公民。

第十五条 中国人民解放军和民兵是中国共产党领导的工农子弟兵，是各族人民的武装力量。

中国共产党中央委员会主席统率全国武装力量。

中国人民解放军永远是一支战斗队，同时又是工作队，又是生产队。

中华人民共和国武装力量的任务，是保卫社会主义革命和社会主义建设的成果，保卫国家的主权、领土完整和安全，防御帝国主义、社会帝国主义及其走狗的颠覆和侵略。

第二章 国家机构

第一节 全国人民代表大会

第十六条 全国人民代表大会是在中国共产党领导下的最高国家权力机关。

全国人民代表大会由省、自治区、直辖市和人民解放军选出的代表组成。在必要的时候，可以特邀若干爱国人士参加。

全国人民代表大会每届任期五年。在特殊情况下，任期可以延长。

全国人民代表大会会议每年举行一次。在必要的时候，可以提前或者延期。

第十七条　全国人民代表大会的职权是：修改宪法，制定法律，根据中国共产党中央委员会的提议任免国务院总理和国务院的组成人员，批准国民经济计划、国家的预算和决算，以及全国人民代表大会认为应当由它行使的其他职权。

第十八条　全国人民代表大会常务委员会是全国人民代表大会的常设机关。它的职权是：召集全国人民代表大会会议，解释法律，制定法令，派遣和召回驻外全权代表，接受外国使节，批准和废除同外国缔结的条约，以及全国人民代表大会授予的其他职权。

全国人民代表大会常务委员会由委员长，副委员长若干人，委员若干人组成，由全国人民代表大会选举或者罢免。

第二节　国　务　院

第十九条　国务院即中央人民政府。国务院对全国人民代表大会和它的常务委员会负责并报告工作。

国务院由总理，副总理若干人，各部部长，各委员会主任等人员组成。

第二十条　国务院的职权是：根据宪法、法律和法令，规定行政措施，发布决议和命令；统一领导各部、各委员会和全国地方各级国家机关的工作；制定和执行国民经济计划和国家预算；管理国家行政事务；全国人民代表大会和它的常务委员会授予的其他职权。

第三节　地方各级人民代表大会和
地方各级革命委员会

第二十一条　地方各级人民代表大会都是地方国家权力机关。

省、直辖市的人民代表大会每届任期五年。地区、市、县的人民代表大会每届任期三年。农村人民公社、镇的人民代表大会每届任期两年。

第二十二条 地方各级革命委员会是地方各级人民代表大会的常设机关，同时又是地方各级人民政府。

地方各级革命委员会由主任，副主任若干人，委员若干人组成，由本级人民代表大会选举或者罢免，并报上级国家机关审查批准。

地方各级革命委员会都对本级人民代表大会和上一级国家机关负责并报告工作。

第二十三条 地方各级人民代表大会和它产生的地方各级革命委员会在本地区内，保证法律、法令的执行，领导地方的社会主义革命和社会主义建设，审查和批准地方的国民经济计划和预算、决算，维护革命秩序，保障公民权利。

第四节 民族自治地方的自治机关

第二十四条 自治区、自治州、自治县都是民族自治地方，它的自治机关是人民代表大会和革命委员会。

民族自治地方的自治机关除行使宪法第二章第三节规定的地方国家机关的职权外，可以依照法律规定的权限行使自治权。

各上级国家机关应当充分保障各民族自治地方的自治机关行使自治权，积极支持各少数民族进行社会主义革命和社会主义建设。

第五节 审判机关和检察机关

第二十五条 最高人民法院、地方各级人民法院和专门人民法院行使审判权。各级人民法院对本级人民代表大会和它的常设机关负责并报告工作。各级人民法院院长由本级人民代表大会的常设机关任免。

检察机关的职权由各级公安机关行使。

检察和审理案件，都必须实行群众路线。对于重大的反革命刑事案件，要发动群众讨论和批判。

第三章　公民的基本权利和义务

第二十六条　公民的基本权利和义务是，拥护中国共产党的领导，拥护社会主义制度，服从中华人民共和国宪法和法律。

保卫祖国，抵抗侵略，是每一个公民的崇高职责。依照法律服兵役是公民的光荣义务。

第二十七条　年满十八岁的公民，都有选举权和被选举权。依照法律被剥夺选举权和被选举权的人除外。

公民有劳动的权利，有受教育的权利。劳动者有休息的权利，在年老、疾病或者丧失劳动能力的时候，有获得物质帮助的权利。

公民对于任何违法失职的国家机关工作人员，有向各级国家机关提出书面控告或者口头控告的权利，任何人不得刁难、阻碍和打击报复。

妇女在各方面享有同男子平等的权利。

婚姻、家庭、母亲和儿童受国家的保护。

国家保护国外华侨的正当权利和利益。

第二十八条　公民有言论、通信、出版、集会、结社、游行、示威、罢工的自由，有信仰宗教的自由和不信仰宗教、宣传无神论的自由。

公民的人身自由和住宅不受侵犯。任何公民，非经人民法院决定或者公安机关批准，不受逮捕。

第二十九条　中华人民共和国对于任何由于拥护正义事业、参加革命运动、进行科学工作而受到迫害的外国人，给以居留的权利。

第四章　国旗、国徽、首都

第三十条　国旗是五星红旗。

国徽，中间是五星照耀下的天安门，周围是谷穗和齿轮。

首都是北京。

十二、中华人民共和国宪法

（一九七八年三月五日中华人民共和国
第五届全国人民代表大会第一次会议通过）

目　　录

序　　言

中国人民经过一百多年的英勇奋斗，终于在伟大领袖和导师毛泽东主席为首的中国共产党的领导下，用人民革命战争推翻了帝国主义、封建主义和官僚资本主义的反动统治，取得了新民主主义革命的彻底胜利，在一九四九年建立了中华人民共和国。

中华人民共和国的成立，标志着我国社会主义历史阶段的开始。建国以后，在毛主席和中国共产党领导下，我国各族人民在政治、经济、文化、军事、外交各条战线贯彻执行毛主席的无产阶级革命路线，经过反对国内外敌人的反复斗争，经过无产阶级"文化大革命"，取得了社会主义革命和社会主义建设的伟大胜利。我国的无产阶级专政得到了巩固和加强。我国已经成为初步繁荣昌盛的社会主义国家。

毛泽东主席是中华人民共和国的缔造者。我国革命和建设的一切胜利，都是在马克思主义、列宁主义、毛泽东思想的指引下取得的。永远高举和坚决捍卫毛主席的伟大旗帜，是我国各族人民团结战斗，把无产阶级革命事业进行到底的根本保证。

第一次无产阶级"文化大革命"的胜利结束，使我国社会主义革命和社会主义建设进入了新的发展时期。根据中国共产党在整个社会主义历史阶段的基本路线，全国人民在新时期的总任务是：坚持无产阶级专政下的继续革命，开展阶级斗争、生产斗争和科学实验三大革命运动，在本世纪内把我国建设成为农业、工业、国防和科学技术现代化的伟大的社会主义强国。

我们要坚持无产阶级对资产阶级的斗争，坚持社会主义道路对资本主义道路的斗争，反对修正主义，防止资本主义复辟，准备对付社会帝国主义和帝国主义对我国的颠覆和侵略。

我们要巩固和发展工人阶级领导的，以工农联盟为基础的，团结广大知识分子和其他劳动群众，团结爱国民主党派、爱国人士、台湾同胞、港澳同胞和国外侨胞的革命统一战线。要加强全国各民族的大团结。要正确区别和处理敌我矛盾和人民内部矛盾。要在全国人民中努力造成又有集中又有民主，又有纪律又有自由，又有统一意志、又有个人心情舒畅，生动活泼那样一种政治局面，以利于调动一切积极因素，克服一切困难，更好地巩固无产阶级专政，较快地建设我们的国家。

台湾是中国的神圣领土。我们一定要解放台湾，完成统一祖国的大业。

在国际事务中，我们要在互相尊重主权和领土完整、互不侵犯、互不干涉内政、平等互利、和平共处五项原则的基础上，建立和发展同各国的关系。我国永远不称霸，永远不做超级大国。我们要坚持无产阶级国际主义，按照关于三个世界的理论，加强同全世界无产阶级、被压迫人民和被压迫民族的团结，加强同社会主义国家的团结，加强同第三世界国家的团结，联合一切受到社会帝国主义和帝国主义超级大国侵略、颠覆、干涉、控制、欺负的国家，结成最广泛的国际统一战线，反对超级大国的霸权主义，反对新的世界战争，为人类的进步和解放事业而奋斗。

第一章 总 纲

第一条 中华人民共和国是工人阶级领导的以工农联盟为基础的无产阶级专政的社会主义国家。

第二条 中国共产党是全中国人民的领导核心。工人阶级经过自己的先锋队中国共产党实现对国家的领导。

中华人民共和国的指导思想是马克思主义、列宁主义、毛泽东思想。

第三条 中华人民共和国的一切权力属于人民。人民行使国家权力的机关，是全国人民代表大会和地方各级人民代表大会。

全国人民代表大会、地方各级人民代表大会和其他国家机关，一律实行民主集中制。

第四条 中华人民共和国是统一的多民族的国家。

各民族一律平等。各民族间要团结友爱，互相帮助，互相学习。禁止对任何民族的歧视和压迫，禁止破坏各民族团结的行为，反对大民族主义和地方民族主义。

各民族都有使用和发展自己的语言文字的自由，都有保持或者改革自己的风俗习惯的自由。

各少数民族聚居的地方实行区域自治。各民族自治地方都是中华人民共和国不可分离的部分。

第五条　中华人民共和国的生产资料所有制现阶段主要有两种：社会主义全民所有制和社会主义劳动群众集体所有制。

国家允许非农业的个体劳动者在城镇或者农村的基层组织统一安排和管理下，从事法律许可范围内的，不剥削他人的个体劳动。同时，引导他们逐步走上社会主义集体化的道路。

第六条　国营经济即社会主义全民所有制经济，是国民经济中的领导力量。

矿藏、水流，国有的森林、荒地和其他海陆资源，都属于全民所有。

国家可以依照法律规定的条件，对土地实行征购、征用或者收归国有。

第七条　农村人民公社经济是社会主义劳动群众集体所有制经济，现在一般实行公社、生产大队、生产队三级所有，而以生产队为基本核算单位。生产大队在条件成熟的时候，可以向大队为基本核算单位过渡。

在保证人民公社集体经济占绝对优势的条件下，人民公社社员可以经营少量的自留地和家庭副业，在牧区还可以有少量的自留畜。

第八条　社会主义的公共财产不可侵犯。国家保障社会主义全民所有制经济和社会主义劳动群众集体所有制经济的巩固和发展。

国家禁止任何人利用任何手段，扰乱社会经济秩序，破坏国家经济计划，侵吞、挥霍国家和集体的财产，危害公共利益。

第九条　国家保护公民的合法收入、储蓄、房屋和其他生活资料的所有权。

第十条　国家实行"不劳动者不得食"，"各尽所能、按劳分配"的社会主义原则。

劳动是一切有劳动能力的公民的光荣职责。国家提倡社会主义劳动竞赛，在无产阶级政治挂帅的前提下，实行精神鼓励和物质鼓励相结合而以精神鼓励为主的方针，鼓励公民在劳动中的社会主义积极性和创造性。

第十一条　国家坚持鼓足干劲、力争上游、多快好省地建设社会主义的总路线，有计划、按比例、高速度地发展国民经济，不断提高社会生产力，以巩固国家的独立和安全，逐步改善人民的物质生活和文化生活。

国家在发展国民经济中，坚持独立自主、自力更生、艰苦奋斗、勤俭建国的方针，以农业为基础、工业为主导的方针，在中央统一领导下充分发挥中央和地方两个积极性的方针。

国家保护环境和自然资源，防治污染和其他公害。

第十二条　国家大力发展科学事业，加强科学研究，开展技术革新和技术革命，在国民经济一切部门中尽量采用先进技术。科学技术工作必须实行专业队伍和广大群众相结合、学习和独创相结合。

第十三条　国家大力发展教育事业，提高全国人民的文化科学水平。教育必须为无产阶级政治服务，同生产劳动相结合，使受教育者在德育、智育、体育几方面都得到发展，成为有社会主义觉悟的有文化的劳动者。

第十四条　国家坚持马克思主义、列宁主义、毛泽东思想在各个思想文化领域的领导地位。各项文化事业都必须为工农兵服务，为社会主义服务。

国家实行"百花齐放、百家争鸣"的方针，以促进艺术发展和科学进步，促进社会主义文化繁荣。

第十五条　国家机关必须经常保持同人民群众密切联系，依靠人民群众，倾听群众意见，关心群众疾苦，精兵简政，厉行节约，提高效能，反对官僚主义。

国家机关各级领导人员的组成，必须按照无产阶级革命事业接班人的条件，实行老、中、青三结合的原则。

第十六条　国家机关工作人员必须认真学习马克思主义、列宁主义、毛泽东思想，全心全意地为人民服务，努力钻研业务，积极参加生产劳动，接受群众监督，模范地遵守宪法和法律，正确地执行国家的政策，实事求是，不得弄虚作假，不得利用职权牟取私利。

第十七条　国家坚持社会主义的民主原则，保障人民参加管理国家，管理各项经济事业和文化事业，监督国家机关和工作人员。

第十八条　国家保卫社会主义制度。镇压一切叛国的和反革命的活动，惩办一切卖国贼和反革命分子，惩办新生资产阶级分子和其他坏分子。

国家依照法律剥夺没有改造好的地主、富农、反动资本家的政治权利，同时给以生活出路，使他们在劳动中改造成为守法的自食其力的公民。

第十九条　中华人民共和国武装力量由中国共产党中央委员会主席统率。

中国人民解放军是中国共产党领导的工农子弟兵，是无产阶级专政的柱石。国家大力加强中国人民解放军的革命化现代化建设，加强民兵建设，实行野战军、地方军和民兵三结合的武装力量体制。

中华人民共和国武装力量的根本任务是：保卫社会主义革命和社会主义建设，保卫国家的主权、领土完整和安全，防御社会帝国主义、帝国主义及其走狗的颠覆和侵略。

第二章　国家机构

第一节　全国人民代表大会

第二十条　全国人民代表大会是最高国家权力机关。

第二十一条　全国人民代表大会由省、自治区、直辖市人民代表大会和人民解放军选出的代表组成。代表应经过民主协商，由无记名投票选举产生。

全国人民代表大会每届任期五年。如果遇到特殊情况，可以延长本届全国人民代表大会的任期，或者提前召开下届全国人民代表大会。

全国人民代表大会会议每年举行一次。在必要的时候，可以提前或者延期。

第二十二条　全国人民代表大会行使下列职权：

（一）修改宪法；

（二）制定法律；

（三）监督宪法和法律的实施；

（四）根据中国共产党中央委员会的提议，决定国务院总理的人选；

（五）根据国务院总理的提议，决定国务院其他组成人员的人选；

（六）选举最高人民法院院长和最高人民检察院检察长；

（七）审查和批准国民经济计划、国家的预算和决算；

（八）批准省、自治区和直辖市的划分；

（九）决定战争和和平的问题；

（十）全国人民代表大会认为应当由它行使的其他职权。

第二十三条　全国人民代表大会有权罢免国务院组成人员、最高人民法院院长和最高人民检察院检察长。

第二十四条　全国人民代表大会常务委员会是全国人民代表大会的常设机关，对全国人民代表大会负责并报告工作。

全国人民代表大会常务委员会由下列人员组成：

委员长，

副委员长若干人，

秘书长，

委员若干人。

全国人民代表大会选举并且有权罢免全国人民代表大会常务委员会的组成人员。

第二十五条　全国人民代表大会常务委员会行使下列职权：

（一）主持全国人民代表大会代表的选举；

（二）召集全国人民代表大会会议；

（三）解释宪法和法律，制定法令；

（四）监督国务院、最高人民法院和最高人民检察院的工作；

（五）改变或者撤销省、自治区、直辖市国家权力机关的不适当的决议；

（六）在全国人民代表大会闭会期间，根据国务院总理的提议，决定任免国务院的个别组成人员；

（七）任免最高人民法院副院长和最高人民检察院副检察长；

（八）决定任免驻外全权代表；

（九）决定批准和废除同外国缔结的条约；

（十）规定和决定授予国家的荣誉称号；

（十一）决定特赦；

（十二）在全国人民代表大会闭会期间，如果遇到国家遭受武装侵犯的情况，决定宣布战争状态；

（十三）全国人民代表大会授予的其他职权。

第二十六条　全国人民代表大会常务委员会委员长主持全国人民代表大会常务委员会的工作；接受外国使节；根据全国人民代表大会或者全国人民代表大会常务委员会的决定，公布法律和法令，派遣和召回驻外全权代表，批准同外国缔结的条约，授予国家的荣誉称号。

全国人民代表大会常务委员会副委员长协助委员长工作，可以代行委员长的部分职权。

第二十七条　全国人民代表大会和全国人民代表大会常务委员会可以根据需要设立若干专门委员会。

第二十八条　全国人民代表大会代表有权向国务院、最高人民法院，最高人民检察院和国务院各部、各委员会提出质询。受质询的机关必须负责答复。

第二十九条　全国人民代表大会代表受原选举单位的监督。原选举单位有权依照法律的规定随时撤换自己选出的代表。

第二节　国　务　院

第三十条　国务院即中央人民政府，是最高国家权力机关的执行机关，是最高国家行政机关。

国务院对全国人民代表大会负责并报告工作；在全国人民代表大会闭会期间，对全国人民代表大会常务委员会负责并报告工作。

第三十一条　国务院由下列人员组成：

总理，

副总理若干人，

各部部长，

各委员会主任。

总理主持国务院工作，副总理协助总理工作。

第三十二条　国务院行使下列职权：

（一）根据宪法、法律和法令，规定行政措施，发布决议和命令，并且审查这些决议和命令的实施情况；

（二）向全国人民代表大会或者全国人民代表大会常务委员会提出议案；

（三）统一领导各部、各委员会和其他所属机构的工作；

（四）统一领导全国地方各级国家行政机关的工作；

（五）编制和执行国民经济计划和国家预算；

（六）保护国家利益，维护社会秩序，保障公民权利；

（七）批准自治州、县、自治县、市的划分；

（八）依照法律的规定任免行政人员；

（九）全国人民代表大会和全国人民代表大会常务委员会授予的其他职权。

第三节　地方各级人民代表大会和
地方各级革命委员会

第三十三条　中华人民共和国的行政区域划分如下：

（一）全国分为省、自治区、直辖市；

（二）省、自治区分为自治州、县、自治县、市；

（三）县、自治县分为人民公社、镇。

直辖市和较大的市分为区、县。自治州分为县、自治县、市。

自治区、自治州、自治县都是民族自治地方。

第三十四条　省、直辖市、县、市、市辖区、人民公社、镇设立人民代表大会和革命委员会。

人民公社的人民代表大会和革命委员会是基层政权组织，又是集体经济的领导机构。

省革命委员会可以按地区设立行政公署，作为自己的派出机构。

自治区、自治州、自治县设立自治机关。

第三十五条　地方各级人民代表大会都是地方国家权力机关。

省、直辖市、县、设区的市的人民代表大会代表，由下一级的人民代表大会经过民主协商，无记名投票选举；不设区的市、市辖区、人民公社、镇的人民代表大会代表，由选民经过民主协商，无记名投票直接选举。

省、直辖市的人民代表大会每届任期五年。县、市、市辖区的人民代表大会每届任期三年。人民公社、镇的人民代表大会每届任期两年。

地方各级人民代表大会会议每年至少举行一次，由本级革命委员会召集。

地方各级人民代表大会代表的选举单位和选民，有权监督和依照法律的规定随时撤换自己选出的代表。

第三十六条　地方各级人民代表大会在本行政区域内，保证宪法、法律、法令的遵守和执行，保证国家计划的执行，规划地方的经济建设、文化建设和公共事业，审查和批准地方的经济计划和预算、决算，保护公共财产，维护社会秩序，保障公民权利，保障少数民族的平等权利，促进社会主义革命和社会主义建设的发展。

地方各级人民代表大会可以依照法律规定的权限通过和发布决议。

地方各级人民代表大会选举并且有权罢免本级革命委员会的组成人员。县和县以上的人民代表大会选举并且有权罢免本级人民法院院长和本级人民检察院检察长。

地方各级人民代表大会代表有权向本级革命委员会、人民法院、人民检察院和革命委员会所属机关提出质询。受质询的机关必须负责答复。

第三十七条　地方各级革命委员会，即地方各级人民政府，是地方各级人民代表大会的执行机关，是地方各级国家行政机关。

地方各级革命委员会由主任、副主任若干人，委员若干人组成。

地方各级革命委员会执行本级人民代表大会的决议和上级国家行政机关的决议和命令，管理本行政区域的行政工作，依照法律规定的权限发布决议和命令。县和县以上的革命委员会依照法律的规定任免国家机关工作人员。

地方各级革命委员会都对本级人民代表大会和上一级国家行政机关负责并报告工作，受国务院统一领导。

第四节　民族自治地方的自治机关

第三十八条　自治区、自治州、自治县的自治机关是人民代表大会和革命委员会。

民族自治地方的人民代表大会和革命委员会的产生、任期、职权和派出机构的设置等，应当根据宪法第二章第三节规定的关于地方国家机关的组织的基本原则。

在多民族居住的民族自治地方的自治机关中，各有关民族都应当有适当名额的代表。

第三十九条　民族自治地方的自治机关除行使宪法规定的地方国家机关的职权外，依照法律规定的权限行使自治权。

民族自治地方的自治机关可以依照当地民族的政治、经济和文化的特点，制定自治条例和单行条例，报请全国人民代表大会常务委员会批准。

民族自治地方的自治机关在执行职务的时候，使用当地民族通用的一种或几种语言文字。

第四十条　各上级国家机关应当充分保障各民族自治地方的自治机关行使自治权，充分考虑各少数民族的特点和需要，大力培养各少数民族干部，积极支持和帮助各少数民族进行社会主义革命和社会主义建设，发展社会主义经济和文化。

第五节　人民法院和人民检察院

第四十一条　最高人民法院、地方各级人民法院和专门人民法院行使审判权。人民法院的组织由法律规定。

人民法院审判案件，依照法律的规定实行群众代表陪审的制度。对于重大的反革命案件和刑事案件，要发动群众讨论和提出处理意见。

人民法院审判案件，除法律规定的特别情况外，一律公开进行。被告人有权获得辩护。

第四十二条　最高人民法院是最高审判机关。

最高人民法院监督地方各级人民法院和专门人民法院的审判工作，上级人民法院监督下级人民法院的审判工作。

最高人民法院对全国人民代表大会和全国人民代表大会常务委员会负责并报告工作。地方各级人民法院对本级人民代表大会负责并报告工作。

第四十三条　最高人民检察院对于国务院所属各部门、地方各级国家机关、国家机关工作人员和公民是否遵守宪法和法律，行使检察权。地方各级人民检察院和专门人民检察院，依照法律规定的范围行使检察权。人民检察院的组织由法律规定。

最高人民检察院监督地方各级人民检察院和专门人民检察院的检察工作，上级人民检察院监督下级人民检察院的检察工作。

最高人民检察院对全国人民代表大会和全国人民代表大会常务委员会负责并报告工作。地方各级人民检察院对本级人民代表大会负责并报告工作。

第三章　公民的基本权利和义务

第四十四条　年满十八岁的公民，都有选举权和被选举权。依照法律被剥夺选举权和被选举权的人除外。

第四十五条　公民有言论、通信、出版、集会、结社、游行、示威、罢工的自由，有运用"大鸣、大放、大辩论、大字报"的权利。

第四十六条　公民有信仰宗教的自由和不信仰宗教、宣传无神论的自由。

第四十七条　公民的人身自由和住宅不受侵犯。

任何公民，非经人民法院决定或者人民检察院批准并由公安机关执行，不受逮捕。

第四十八条　公民有劳动的权利。国家根据统筹兼顾的原则安排劳动就业，在发展生产的基础上逐步提高劳动报酬，改善劳动条件，加强劳动保护，扩大集体福利，以保证公民享受这种权利。

第四十九条　劳动者有休息的权利。国家规定劳动时间和休假制度，逐步扩充劳动者休息和休养的物质条件，以保证劳动者享受这种权利。

第五十条　劳动者在年老、生病或者丧失劳动能力的时候，有获得物质帮助的权利。国家逐步发展社会保险、社会救济、公费医疗和合作医疗等事业，以保证劳动者享受这种权利。

国家关怀和保障革命残废军人、革命烈士家属的生活。

第五十一条　公民有受教育的权利。国家逐步增加各种类型的学校和其他文化教育设施，普及教育，以保证公民享受这样权利。

国家特别关怀青少年的健康成长。

第五十二条　公民有进行科学研究、文学艺术创作和其他文化活动的自由。国家对于从事科学、教育、文学、艺术、新闻、出版、卫生、体育等文化事业的公民的创造性工作，给以鼓励和帮助。

第五十三条　妇女在政治的、经济的、文化的、社会的和家庭的生活各方面享有同男子平等的权利。男女同工同酬。

男女婚姻自主。婚姻、家庭、母亲和儿童受国家的保护。

国家提倡和推行计划生育。

第五十四条　国家保护华侨和侨眷的正当的权利和利益。

第五十五条　公民对于任何违法失职的国家机关和企业、事业单位的工作人员，有权向各级国家机关提出控告。公民在权利受到侵害的时候，有权向各级国家机关提出申诉。对这种控告和申诉，任何人不得压制和打击报复。

第五十六条　公民必须拥护中国共产党的领导，拥护社会主义制度，维护祖国的统一和各民族的团结，遵守宪法和法律。

第五十七条　公民必须爱护和保卫公共财产，遵守劳动纪律，遵守公共顺序，尊重社会公德，保守国家机密。

第五十八条　保卫祖国，抵抗侵略，是每一个公民的崇高职责。

依照法律服兵役和参加民兵组织是公民的光荣义务。

第五十九条　中华人民共和国对于任何由于拥护正义事业、参加革命运动、进行科学工作而受到迫害的外国人，给以居留的权利。

第四章　国旗、国徽、首都

第六十条　中华人民共和国国旗是五星红旗。

中华人民共和国国徽，中间是五星照耀下的天安门，周围是谷穗和齿轮。

中华人民共和国首都是北京。

十三、第五届全国人民代表大会第二次会议
关于修正《中华人民共和国宪法》
若干规定的决议

（一九七九年七月一日第五届全国人民代表大会第二次
会议通过，一九七九年七月一日全国人民代表大会公告
公布，一九八〇年一月一日起施行）

中华人民共和国第五届全国人民代表大会第二次会议审议了第五届全国人民代表大会常务委员会提出的关于修正《中华人民共和国宪法》若干规定的议案，同意县和县以上的地方各级人民代表大会设立常务委员会，将地方各级革命委员会改为地方各级人民政府，将县的人民代表大会代表改为由选民直接选举，将上级人民检察院同下级人民检察院的关系由监督改为领导，决定对《中华人民共和国宪法》的有关条文作如下修改：

一、第二章第三节的标题修改为："地方各级人民代表大会和地方各级人民政府"。

二、第三十四条第一款修改为："省、直辖市、县、市、市辖区、镇设立人民代表大会和人民政府；人民公社设立人民代表大会和管理委员会。"

第二款修改为："人民公社的人民代表大会和管理委员会是基层政权组织，又是集体经济的领导机构。"

第三款修改为："省人民政府可以按地区设立行政公署，作为自己的派出机构。"

三、第三十五条第二款修改为："省、直辖市、设区的市的人民代

表大会代表，由下一级的人民代表大会经过民主协商，无记名投票选举；县、不设区的市、市辖区、人民公社、镇的人民代表大会代表，由选民经过民主协商，无记名投票直接选举。"

增加如下一款作为第四款："县和县以上的地方各级人民代表大会设立常务委员会，它是本级人民代表大会的常设机关，对本级人民代表大会负责并报告工作，它的组织和职权由法律规定。"

原第四款作为第五款，修改为："地方各级人民代表大会会议每年至少举行一次，县和县以上的地方各级人民代表大会会议由本级人民代表大会常务委员会召集，人民公社、镇人民代表大会会议由人民公社管理委员会、镇人民政府召集。"

原第五款作为第六款。

四、第三十六条第三款修改为："地方各级人民代表大会选举并且有权罢免本级人民政府的组成人员。县和县以上的地方各级人民代表大会选举并且有权罢免本级人民代表大会常务委员会的组成人员、本级人民法院院长和本级人民检察院检察长。"

第四款修改为："地方各级人民代表大会代表有权向本级人民政府、人民法院、人民检察院和人民政府所属机关提出质询。受质询的机关必须负责答复。"

五、第三十七条第一款修改为："地方各级人民政府，是地方各级人民代表大会的执行机关，是地方各级国家行政机关。"

第二款修改为："地方各级人民政府的组织由法律规定。"

第三款修改为："地方各级人民政府执行本级人民代表大会的决议和上级国家行政机关的决议和命令，县和县以上的地方各级人民政府并且执行本级人民代表大会常务委员会的决议。地方各级人民政府依照法律规定的权限，管理本行政区域的行政工作，发布决议和命令。县和县以上的地方各级人民政府依照法律的规定任免国家机关工作人员。"

第四款修改为："地方各级人民政府对本级人民代表大会和上一级国家行政机关负责并报告工作，县和县以上的地方各级人民政府在本级人民代表大会闭会期间，对本级人民代表大会常务委员会负责并报告工作，都受国务院统一领导。"

六、第三十八条第一款修改为："自治区、自治州、自治县的自治机关是人民代表大会和人民政府。"

第二款修改为："民族自治地方的人民代表大会和人民政府的产生、任期、职权和派出机构的设置等，应当根据宪法第二章第三节规定的关于地方国家机关的组织的基本原则。"

七、第四十二条第三款修改为："最高人民法院对全国人民代表大会和全国人民代表大会常务委员会负责并报告工作，地方各级人民法院对本级人民代表大会和它的常务委员会负责并报告工作。"

八、第四十三条第二款修改为："最高人民检察院领导地方各级人民检察院和专门人民检察院的工作，上级人民检察院领导下级人民检察院的工作。"

第三款修改为："最高人民检察院对全国人民代表大会和全国人民代表大会常务委员会负责并报告工作。地方各级人民检察院对本级人民代表大会和它的常务委员会负责并报告工作。"

十四、第五届全国人民代表大会第三次会议关于修改《中华人民共和国宪法》第四十五条的决议

（一九八〇年九月十日第五届全国人民代表大会第三次会议通过，一九八〇年九月十日全国人民代表大会公告公布）

中华人民共和国第五届全国人民代表大会第三次会议同意第五届全国人民代表大会常务委员会提出的关于建议修改《中华人民共和国宪法》第四十五条的议案，为了充分发扬社会主义民主，健全社会主义法

制，维护安定团结的政治局面，保障社会主义现代化建设的顺利进行，决定：将《中华人民共和国宪法》第四十五条"公民有言论、通信、出版、集会、结社、游行、示威、罢工的自由，有运用'大鸣、大放、大辩论、大字报'的权利。"修改为"公民有言论、通信、出版、集会、结社、游行、示威、罢工的自由。"取消原第四十五条中"有运用'大鸣、大放、大辩论、大字报'的权利"的规定。

十五、中华人民共和国宪法

（一九八二年十二月四日中华人民共和国
第五届全国人民代表大会第五次会议通过）

目　录

序　言

中国是世界上历史最悠久的国家之一。中国各族人民共同创造了光辉灿烂的文化，具有光荣的革命传统。

一八四○年以后，封建的中国逐渐变成半殖民地、半封建的国家。中国人民为国家独立、民族解放和民主自由进行了前仆后继的英勇奋斗。

二十世纪，中国发生了翻天覆地的伟大历史变革。

一九一一年孙中山先生领导的辛亥革命，废除了封建帝制，创立了中华民国。但是，中国人民反对帝国主义和封建主义的历史任务还没有完成。

一九四九年，以毛泽东主席为领袖的中国共产党领导中国各族人民，在经历了长期的艰难曲折的武装斗争和其他形式的斗争以后，终于推翻了帝国主义、封建主义和官僚资本主义的统治，取得了新民主主义革命的伟大胜利，建立了中华人民共和国。从此，中国人民掌握了国家的权力，成为国家的主人。

中华人民共和国成立以后，我国社会逐步实现了由新民主主义到社会主义的过渡。生产资料私有制的社会主义改造已经完成，人剥削人的制度已经消灭，社会主义制度已经确立。工人阶级领导的、以工农联盟为基础的人民民主专政，实质上即无产阶级专政，得到巩固和发展。中国人民和中国人民解放军战胜了帝国主义、霸权主义的侵略、破坏和武装挑衅，维护了国家的独立和安全，增强了国防。经济建设取得了重大的成就，独立的、比较完整的社会主义工业体系已经基本形成，农业生产显著提高。教育、科学、文化等事业有了很大的发展，社会主义思想教育取得了明显的成效。广大人民的生活有了较大的改善。

中国新民主主义革命的胜利和社会主义事业的成就，都是中国共产党领导中国各族人民，在马克思列宁主义、毛泽东思想的指引下，坚持真理，修正错误，战胜许多艰难险阻而取得的。今后国家的根本任务是集中力量进行社会主义现代化建设。中国各族人民将继续在中国共产党领导下，在马克思列宁主义、毛泽东思想指引下，坚持人民民主专政，坚持社会主义道路，不断完善社会主义的各项制度，发展社会主义民主，健全社会主义法制，自力更生，艰苦奋斗，逐步实现工业、农业、国防和科学技术的现代化，把我国建设成为高度文明、高度民主的社会主义国家。

在我国，剥削阶级作为阶级已经消灭，但是阶级斗争还将在一定范围内长期存在。中国人民对敌视和破坏我国社会主义制度的国内外的敌对势力和敌对分子，必须进行斗争。

台湾是中华人民共和国的神圣领土的一部分，完成统一祖国的大业是包括台湾同胞在内的全中国人民的神圣职责。

社会主义的建设事业必须依靠工人、农民和知识分子，团结一切可以团结的力量。在长期的革命和建设过程中，已经结成由中国共产党领导的，有各民主党派和各人民团体参加的，包括全体社会主义劳动者、拥护社会主义的爱国者和拥护祖国统一的爱国者的广泛的爱国统一战线，这个统一战线将继续巩固和发展。中国人民政治协商会议是有广泛代表性的统一战线组织，过去发挥了重要的历史作用，今后在国家政治生活、社会生活和对外友好活动中，在进行社会主义现代化建设、维护国家的统一和团结的斗争中，将进一步发挥它的重要作用。

中华人民共和国是全国各族人民共同缔造的统一的多民族国家。平等、团结、互助的社会主义民族关系已经确立，并将继续加强。在维护民族团结的斗争中，要反对大民族主义，主要是大汉族主义，也要反对地方民族主义。国家尽一切努力，促进全国各民族的共同繁荣。

中国革命和建设的成就是同世界人民的支持分不开的。中国的前途是同世界的前途紧密地联系在一起的。中国坚持独立自主的对外政策，坚持互相尊重主权和领土完整、互不侵犯、互不干涉内政、平等互利、和平共处的五项原则，发展同各国的外交关系和经济、文化的交流，坚持反对帝国主义、霸权主义、殖民主义，加强同世界各国人民的团结，支持被压迫民族和发展中国家争取和维护民族独立、发展民族经济的正义斗争，为维护世界和平和促进人类进步事业而努力。

本宪法以法律的形式确认了中国各族人民奋斗的成果，规定了国家的根本制度和根本任务，是国家的根本法，具有最高的法律效力。全国各族人民、一切国家机关和武装力量、各政党和各社会团体、各企业事业组织，都必须以宪法为根本的活动准则，并且负有维护宪法尊严、保证宪法实施的职责。

第一章　总　　纲

第一条　中华人民共和国是工人阶级领导的、以工农联盟为基础的人民民主专政的社会主义国家。

社会主义制度是中华人民共和国的根本制度。禁止任何组织或者个人破坏社会主义制度。

第二条　中华人民共和国的一切权力属于人民。

人民行使国家权力的机关是全国人民代表大会和地方各级人民代表大会。

人民依照法律规定，通过各种途径和形式，管理国家事务，管理经济和文化事业，管理社会事务。

第三条　中华人民共和国的国家机构实行民主集中制的原则。

全国人民代表大会和地方各级人民代表大会都由民主选举产生，对人民负责，受人民监督。

国家行政机关、审判机关、检察机关都由人民代表大会产生，对它负责，受它监督。

中央和地方的国家机构职权的划分，遵循在中央的统一领导下，充分发挥地方的主动性、积极性的原则。

第四条　中华人民共和国各民族一律平等。国家保障各少数民族的合法的权利和利益，维护和发展各民族的平等、团结、互助关系。禁止对任何民族的歧视和压迫，禁止破坏民族团结和制造民族分裂的行为。

国家根据各少数民族的特点和需要，帮助各少数民族地区加速经济和文化的发展。

各少数民族聚居的地方实行区域自治，设立自治机关，行使自治权。各民族自治地方都是中华人民共和国不可分离的部分。

各民族都有使用和发展自己的语言文字的自由，都有保持或者改革自己的风俗习惯的自由。

第五条　国家维护社会主义法制的统一和尊严。

一切法律、行政法规和地方性法规都不得同宪法相抵触。

一切国家机关和武装力量、各政党和各社会团体、各企业事业组织都必须遵守宪法和法律。一切违反宪法和法律的行为，必须予以追究。

任何组织或者个人都不得有超越宪法和法律的特权。

第六条　中华人民共和国的社会主义经济制度的基础是生产资料的社会主义公有制，即全民所有制和劳动群众集体所有制。

社会主义公有制消灭人剥削人的制度，实行各尽所能，按劳分配的原则。

第七条　国营经济是社会主义全民所有制经济，是国民经济中的主导力量。国家保障国营经济的巩固和发展。

第八条　农村人民公社、农业生产合作社和其他生产、供销、信用、消费等各种形式的合作经济，是社会主义劳动群众集体所有制经济。参加农村集体经济组织的劳动者，有权在法律规定的范围内经营自留地、自留山、家庭副业和饲养自留畜。

城镇中的手工业、工业、建筑业、运输业、商业、服务业等行业的各种形式的合作经济，都是社会主义劳动群众集体所有制经济。

国家保护城乡集体经济组织的合法的权利和利益，鼓励、指导和帮助集体经济的发展。

第九条　矿藏、水流、森林、山岭、草原、荒地、滩涂等自然资源，都属于国家所有，即全民所有；由法律规定属于集体所有的森林和山岭、草原、荒地、滩涂除外。

国家保障自然资源的合理利用，保护珍贵的动物和植物。禁止任何组织或者个人用任何手段侵占或者破坏自然资源。

第十条　城市的土地属于国家所有。

农村和城市郊区的土地，除由法律规定属于国家所有的以外，属于集体所有；宅基地和自留地、自留山，也属于集体所有。

国家为了公共利益的需要，可以依照法律规定对土地实行征用。

任何组织或者个人不得侵占、买卖、出租或者以其他形式非法转让土地。

一切使用土地的组织和个人必须合理地利用土地。

第十一条　在法律规定范围内的城乡劳动者个体经济，是社会主义公有制经济的补充。国家保护个体经济的合法的权利和利益。

国家通过行政管理，指导、帮助和监督个体经济。

第十二条　社会主义的公共财产神圣不可侵犯。

国家保护社会主义的公共财产。禁止任何组织或者个人用任何手段侵占或者破坏国家的和集体的财产。

第十三条　国家保护公民的合法的收入、储蓄、房屋和其他合法财产的所有权。

国家依照法律规定保护公民的私有财产的继承权。

第十四条　国家通过提高劳动者的积极性和技术水平，推广先进的科学技术，完善经济管理体制和企业经营管理制度，实行各种形式的社会主义责任制，改进劳动组织，以不断提高劳动生产率和经济效益，发展社会生产力。

国家厉行节约，反对浪费。

国家合理安排积累和消费，兼顾国家、集体和个人的利益，在发展生产的基础上，逐步改善人民的物质生活和文化生活。

第十五条　国家在社会主义公有制基础上实行计划经济。国家通过经济计划的综合平衡和市场调节的辅助作用，保证国民经济按比例地协调发展。

禁止任何组织或者个人扰乱社会经济秩序，破坏国家经济计划。

第十六条　国营企业在服从国家的统一领导和全面完成国家计划的前提下，在法律规定的范围内，有经营管理的自主权。

国营企业依照法律规定，通过职工代表大会和其他形式，实行民主管理。

第十七条　集体经济组织在接受国家计划指导和遵守有关法律的前提下，有独立进行经济活动的自主权。

集体经济组织依照法律规定实行民主管理，由它的全体劳动者选举和罢免管理人员，决定经营管理的重大问题。

第十八条　中华人民共和国允许外国的企业和其他经济组织或者个人依照中华人民共和国法律的规定在中国投资，同中国的企业或者其他经济组织进行各种形式的经济合作。

在中国境内的外国企业和其他外国经济组织以及中外合资经营的企业，都必须遵守中华人民共和国的法律。它们的合法的权利和利益受中华人民共和国法律的保护。

第十九条　国家发展社会主义的教育事业，提高全国人民的科学文化水平。

国家举办各种学校，普及初等义务教育，发展中等教育、职业教育和高等教育，并且发展学前教育。

国家发展各种教育设施，扫除文盲，对工人、农民、国家工作人员和其他劳动者进行政治、文化、科学、技术、业务的教育，鼓励自学成才。

国家鼓励集体经济组织、国家企业事业组织和其他社会力量依照法律规定举办各种教育事业。

国家推广全国通用的普通话。

第二十条　国家发展自然科学和社会科学事业，普及科学和技术知识，奖励科学研究成果和技术发明创造。

第二十一条 国家发展医疗卫生事业，发展现代医药和我国传统医药，鼓励和支持农村集体经济组织、国家企业事业组织和街道组织举办各种医疗卫生设施，开展群众性的卫生活动，保护人民健康。

国家发展体育事业，开展群众性的体育活动，增强人民体质。

第二十二条 国家发展为人民服务、为社会主义服务的文学艺术事业、新闻广播电视事业、出版发行事业、图书馆博物馆文化馆和其他文化事业，开展群众性的文化活动。

国家保护名胜古迹、珍贵文物和其他重要历史文化遗产。

第二十三条 国家培养为社会主义服务的各种专业人才，扩大知识分子的队伍，创造条件，充分发挥他们在社会主义现代化建设中的作用。

第二十四条 国家通过普及理想教育、道德教育、文化教育、纪律和法制教育，通过在城乡不同范围的群众中制定和执行各种守则、公约，加强社会主义精神文明的建设。

国家提倡爱祖国、爱人民、爱劳动、爱科学、爱社会主义的公德，在人民中进行爱国主义、集体主义和国际主义、共产主义的教育，进行辩证唯物主义和历史唯物主义的教育，反对资本主义的、封建主义的和其他的腐朽思想。

第二十五条 国家推行计划生育，使人口的增长同经济和社会发展计划相适应。

第二十六条 国家保护和改善生活环境和生态环境，防治污染和其他公害。

国家组织和鼓励植树造林，保护林木。

第二十七条 一切国家机关实行精简的原则，实行工作责任制，实行工作人员的培训和考核制度，不断提高工作质量和工作效率，反对官僚主义。

一切国家机关和国家工作人员必须依靠人民的支持，经常保持同人民的密切联系，倾听人民的意见和建议，接受人民的监督，努力为人民服务。

第二十八条　国家维护社会秩序，镇压叛国和其他反革命的活动，制裁危害社会治安、破坏社会主义经济和其他犯罪的活动，惩办和改造犯罪分子。

第二十九条　中华人民共和国的武装力量属于人民。它的任务是巩固国防，抵抗侵略，保卫祖国，保卫人民的和平劳动，参加国家建设事业，努力为人民服务。

国家加强武装力量的革命化、现代化、正规化的建设，增强国防力量。

第三十条　中华人民共和国的行政区域划分如下：

（一）全国分为省、自治区、直辖市；

（二）省、自治区分为自治州、县、自治县、市；

（三）县、自治县分为乡、民族乡、镇。

直辖市和较大的市分为区、县。自治州分为县、自治县、市。

自治区、自治州、自治县都是民族自治地方。

第三十一条　国家在必要时得设立特别行政区。在特别行政区内实行的制度按照具体情况由全国人民代表大会以法律规定。

第三十二条　中华人民共和国保护在中国境内的外国人的合法权利和利益，在中国境内的外国人必须遵守中华人民共和国的法律。

中华人民共和国对于因为政治原因要求避难的外国人，可以给予受庇护的权利。

第二章　公民的基本权利和义务

第三十三条　凡具有中华人民共和国国籍的人都是中华人民共和国公民。

中华人民共和国公民在法律面前一律平等。

任何公民享有宪法和法律规定的权利，同时必须履行宪法和法律规定的义务。

第三十四条　中华人民共和国年满十八周岁的公民，不分民族、种族、性别、职业、家庭出身、宗教信仰、教育程度、财产状况、居住期限，都有选举权和被选举权；但是依照法律被剥夺政治权利的人除外。

第三十五条　中华人民共和国公民有言论、出版、集会、结社、游行、示威的自由。

第三十六条　中华人民共和国公民有宗教信仰自由。

任何国家机关、社会团体和个人不得强制公民信仰宗教或者不信仰宗教，不得歧视信仰宗教的公民和不信仰宗教的公民。

国家保护正常的宗教活动。任何人不得利用宗教进行破坏社会秩序、损害公民身体健康、妨碍国家教育制度的活动。

宗教团体和宗教事务不受外国势力的支配。

第三十七条　中华人民共和国公民的人身自由不受侵犯。

任何公民，非经人民检察院批准或者决定或者人民法院决定.并由公安机关执行，不受逮捕。

禁止非法拘禁和以其他方法非法剥夺或者限制公民的人身自由，禁止非法搜查公民的身体。

第三十八条　中华人民共和国公民的人格尊严不受侵犯。禁止用任何方法对公民进行侮辱、诽谤和诬告陷害。

第三十九条　中华人民共和国公民的住宅不受侵犯。禁止非法搜查或者非法侵入公民的住宅。

第四十条　中华人民共和国公民的通信自由和通信秘密受法律的保护。除因国家安全或者追查刑事犯罪的需要，由公安机关或者检察机关依照法律规定的程序对通信进行检查外，任何组织或者个人不得以任何理由侵犯公民的通信自由和通信秘密。

第四十一条　中华人民共和国公民对于任何国家机关和国家工作人员，有提出批评和建议的权利；对于任何国家机关和国家工作人员的违法失职行为，有向有关国家机关提出申诉、控告或者检举的权利，但是不得捏造或者歪曲事实进行诬告陷害。

对于公民的申诉、控告或者检举，有关国家机关必须查清事实，负责处理。任何人不得压制和打击报复。

由于国家机关和国家工作人员侵犯公民权利而受到损失的人，有依照法律规定取得赔偿的权利。

第四十二条　中华人民共和国公民有劳动的权利和义务。

国家通过各种途径创造劳动就业条件，加强劳动保护，改善劳动条件，并在发展生产的基础上，提高劳动报酬和福利待遇。

劳动是一切有劳动能力的公民的光荣职责。国营企业和城乡集体经济组织的劳动者都应当以国家主人翁的态度对待自己的劳动。国家提倡社会主义劳动竞赛，奖励劳动模范和先进工作者。国家提倡公民从事义务劳动。

国家对就业前的公民进行必要的劳动就业训练。

第四十三条　中华人民共和国劳动者有休息的权利。

国家发展劳动者休息和休养的设施，规定职工的工作时间和休假制度。

第四十四条　国家依照法律规定实行企业事业组织的职工和国家机关工作人员的退休制度。退休人员的生活受到国家和社会的保障。

第四十五条　中华人民共和国公民在年老、疾病或者丧失劳动能力的情况下，有从国家和社会获得物质帮助的权利。国家发展为公民享受这些权利所需要的社会保险、社会救济和医疗卫生事业。

国家和社会保障残废军人的生活，抚恤烈士家属，优待军人家属。

国家和社会帮助安排盲、聋、哑和其他有残疾的公民的劳动、生活和教育。

第四十六条　中华人民共和国公民有受教育的权利和义务。

国家培养青年、少年、儿童在品德、智力、体质等方面全面发展。

第四十七条　中华人民共和国公民有进行科学研究、文学艺术创作和其他文化活动的自由。国家对于从事教育、科学、技术、文学、艺术和其他文化事业的公民的有益于人民的创造性工作，给以鼓励和帮助。

第四十八条　中华人民共和国妇女在政治的、经济的、文化的、社会的和家庭的生活等各方面享有同男子平等的权利。

国家保护妇女的权利和利益，实行男女同工同酬，培养和选拔妇女干部。

第四十九条　婚姻、家庭、母亲和儿童受国家的保护。

夫妻双方有实行计划生育的义务。

父母有抚养教育未成年子女的义务，成年子女有赡养扶助父母的义务。

禁止破坏婚姻自由，禁止虐待老人、妇女和儿童。

第五十条　中华人民共和国保护华侨的正当的权利和利益，保护归侨和侨眷的合法的权利和利益。

第五十一条　中华人民共和国公民在行使自由和权利的时候，不得损害国家的、社会的、集体的利益和其他公民的合法的自由和权利。

第五十二条　中华人民共和国公民有维护国家统一和全国各民族团结的义务。

第五十三条　中华人民共和国公民必须遵守宪法和法律，保守国家秘密，爱护公共财产，遵守劳动纪律、遵守公共秩序，尊重社会公德。

第五十四条　中华人民共和国公民有维护祖国的安全、荣誉和利益的义务，不得有危害祖国的安全、荣誉和利益的行为。

第五十五条　保卫祖国、抵抗侵略是中华人民共和国每一个公民的神圣职责。

依照法律服兵役和参加民兵组织是中华人民共和国公民的光荣义务。

第五十六条　中华人民共和国公民有依照法律纳税的义务。

第三章　国家机构

第一节　全国人民代表大会

第五十七条　中华人民共和国全国人民代表大会是最高国家权力机关。它的常设机关是全国人民代表大会常务委员会。

第五十八条　全国人民代表大会和全国人民代表大会常务委员会行使国家立法权。

第五十九条　全国人民代表大会由省、自治区、直辖市和军队选出的代表组成。各少数民族都应当有适当名额的代表。

全国人民代表大会代表的选举由全国人民代表大会常务委员会主持。

全国人民代表大会代表名额和代表产生办法由法律规定。

第六十条　全国人民代表大会每届任期五年。

全国人民代表大会任期届满的两个月以前，全国人民代表大会常务委员会必须完成下届全国人民代表大会代表的选举。如果遇到不能进行选举的非常情况，由全国人民代表大会常务委员会以全体组成人员的三分之二以上的多数通过，可以推迟选举，延长本届全国人民代表大会的任期。在非常情况结束后一年内，必须完成下届全国人民代表大会代表的选举。

第六十一条　全国人民代表大会会议每年举行一次，由全国人民代表大会常务委员会召集。如果全国人民代表大会常务委员会认为必要，或者有五分之一以上的全国人民代表大会代表提议，可以临时召集全国人民代表大会会议。

全国人民代表大会举行会议的时候，选举主席团主持会议。

第六十二条　全国人民代表大会行使下列职权：

（一）修改宪法；

（二）监督宪法的实施；

（三）制定和修改刑事、民事、国家机构的和其他的基本法律；

（四）选举中华人民共和国主席、副主席；

（五）根据中华人民共和国主席的提名，决定国务院总理的人选；根据国务院总理的提名，决定国务院副总理、国务委员、各部部长、各委员会主任、审计长、秘书长的人选；

（六）选举中央军事委员会主席；根据中央军事委员会主席的提名，决定中央军事委员会其他组成人员的人选；

（七）选举最高人民法院院长；

（八）选举最高人民检察院检察长；

（九）审查和批准国民经济和社会发展计划和计划执行情况的报告；

（十）审查和批准国家的预算和预算执行情况的报告；

（十一）改变或者撤销全国人民代表大会常务委员会不适当的决定；

（十二）批准省、自治区和直辖市的建置；

（十三）决定特别行政区的设立及其制度；

（十四）决定战争和和平的问题；

（十五）应当由最高国家权力机关行使的其他职权。

第六十三条　全国人民代表大会有权罢免下列人员：

（一）中华人民共和国主席、副主席；

（二）国务院总理、副总理、国务委员、各部部长、各委员会主任、审计长、秘书长；

（三）中央军事委员会主席和中央军事委员会其他组成人员；

（四）最高人民法院院长；

（五）最高人民检察院检察长。

第六十四条　宪法的修改，由全国人民代表大会常务委员会或者五分之一以上的全国人民代表大会代表提议，并由全国人民代表大会以全体代表的三分之二以上的多数通过。

法律和其他议案由全国人民代表大会以全体代表的过半数通过。

第六十五条　全国人民代表大会常务委员会由下列人员组成：

委员长，

副委员长若干人，

秘书长，

委员若干人。

全国人民代表大会常务委员会组成人员中，应当有适当名额的少数民族代表。

全国人民代表大会选举并有权罢免全国人民代表大会常务委员会的组成人员。

全国人民代表大会常务委员会的组成人员不得担任国家行政机关、审判机关和检察机关的职务。

第六十六条　全国人民代表大会常务委员会每届任期同全国人民代表大会每届任期相同，它行使职权到下届全国人民代表大会选出新的常务委员会为止。

委员长、副委员长连续任职不得超过两届。

第六十七条　全国人民代表大会常务委员会行使下列职权：

（一）解释宪法，监督宪法的实施；

（二）制定和修改除应当由全国人民代表大会制定的法律以外的其他法律；

（三）在全国人民代表大会闭会期间，对全国人民代表大会制定的法律进行部分补充和修改，但是不得同该法律的基本原则相抵触；

（四）解释法律；

（五）在全国人民代表大会闭会期间，审查和批准国民经济和社会发展计划、国家预算在执行过程中所必须作的部分调整方案；

（六）监督国务院、中央军事委员会、最高人民法院和最高人民检察院的工作；

（七）撤销国务院制定的同宪法、法律相抵触的行政法规、决定和命令；

（八）撤销省、自治区、直辖市国家权力机关制定的同宪法、法律和行政法规相抵触的地方性法规和决议；

（九）在全国人民代表大会闭会期间，根据国务院总理的提名，决定部长、委员会主任、审计长、秘书长的人选；

（十）在全国人民代表大会闭会期间，根据中央军事委员会主席的提名，决定中央军事委员会其他组成人员的人选；

（十一）根据最高人民法院院长的提请，任免最高人民法院副院长、审判员、审判委员会委员和军事法院院长；

（十二）根据最高人民检察院检察长的提请，任免最高人民检察院副检察长、检察员、检察委员会委员和军事检察院检察长，并且批准省、自治区、直辖市的人民检察院检察长的任免；

（十三）决定驻外全权代表的任免；

（十四）决定同外国缔结的条约和重要协定的批准和废除；

（十五）规定军人和外交人员的衔级制度和其他专门衔级制度；

（十六）规定和决定授予国家的勋章和荣誉称号；

（十七）决定特赦；

（十八）在全国人民代表大会闭会期间，如果遇到国家遭受武装侵犯或者必须履行国际间共同防止侵略的条约的情况，决定战争状态的宣布；

（十九）决定全国总动员或者局部动员；

（二十）决定全国或者个别省、自治区、直辖市的戒严；

（二十一）全国人民代表大会授予的其他职权。

第六十八条　全国人民代表大会常务委员会委员长主持全国人民代表大会常务委员会的工作，召集全国人民代表大会常务委员会会议。副委员长、秘书长协助委员长工作。

委员长、副委员长、秘书长组成委员长会议，处理全国人民代表大会常务委员会的重要日常工作。

第六十九条　全国人民代表大会常务委员会对全国人民代表大会负

责并报告工作。

第七十条　全国人民代表大会设立民族委员会、法律委员会、财政经济委员会、教育科学文化卫生委员会、外事委员会、华侨委员会和其他需要设立的专门委员会。在全国人民代表大会闭会期间，各专门委员会受全国人民代表大会常务委员会的领导。

各专门委员会在全国人民代表大会和全国人民代表大会常务委员会领导下，研究、审议和拟订有关议案。

第七十一条　全国人民代表大会和全国人民代表大会常务委员会认为必要的时候，可以组织关于特定问题的调查委员会，并且根据调查委员会的报告，作出相应的决议。

调查委员会进行调查的时候，一切有关的国家机关、社会团体和公民都有义务向它提供必要的材料。

第七十二条　全国人民代表大会代表和全国人民代表大会常务委员会组成人员，有权依照法律规定的程序分别提出属于全国人民代表大会和全国人民代表大会常务委员会职权范围内的议案。

第七十三条　全国人民代表大会代表在全国人民代表大会开会期间，全国人民代表大会常务委员会组成人员在常务委员会开会期间，有权依照法律规定的程序提出对国务院或者国务院各部、各委员会的质询案。受质询的机关必须负责答复。

第七十四条　全国人民代表大会代表，非经全国人民代表大会会议主席团许可，在全国人民代表大会闭会期间非经全国人民代表大会常务委员会许可，不受逮捕或者刑事审判。

第七十五条　全国人民代表大会代表在全国人民代表大会各种会议上的发言和表决，不受法律追究。

第七十六条　全国人民代表大会代表必须模范地遵守宪法和法律；保守国家秘密，并且在自己参加的生产、工作和社会活动中，协助宪法和法律的实施。

全国人民代表大会代表应当同原选举单位和人民保持密切的联系，

听取和反映人民的意见和要求，努力为人民服务。

第七十七条　全国人民代表大会代表受原选举单位的监督。原选举单位有权依照法律规定的程序罢免本单位选出的代表。

第七十八条　全国人民代表大会和全国人民代表大会常务委员会的组织和工作程序由法律规定。

第二节　中华人民共和国主席

第七十九条　中华人民共和国主席、副主席由全国人民代表大会选举。

有选举权和被选举权的年满四十五周岁的中华人民共和国公民可以被选为中华人民共和国主席、副主席。

中华人民共和国主席、副主席每届任期同全国人民代表大会每届任期相同，连续任职不得超过两届。

第八十条　中华人民共和国主席根据全国人民代表大会的决定和全国人民代表大会常务委员会的决定，公布法律，任免国务院总理、副总理、国务委员、各部部长、各委员会主任、审计长、秘书长，授予国家的勋章和荣誉称号，发布特赦令，发布戒严令，宣布战争状态，发布动员令。

第八十一条　中华人民共和国主席代表中华人民共和国，接受外国使节，根据全国人民代表大会常务委员会的决定，派遣和召回驻外全权代表，批准和废除同外国缔结的条约和重要协定。

第八十二条　中华人民共和国副主席协助主席工作。

中华人民共和国副主席受主席的委托，可以代行主席的部分职权。

第八十三条　中华人民共和国主席、副主席行使职权到下届全国人民代表大会选出的主席、副主席就职为止。

第八十四条　中华人民共和国主席缺位的时候，由副主席继任主席的职位。

中华人民共和国副主席缺位的时候，由全国人民代表大会补选。

中华人民共和国主席、副主席都缺位的时候，由全国人民代表大会补选；在补选以前，由全国人民代表大会常务委员会委员长暂时代理主席职位。

第三节　国　务　院

第八十五条　中华人民共和国国务院，即中央人民政府，是最高国家权力机关的执行机关，是最高国家行政机关。

第八十六条　国务院由下列人员组成：

总理，

副总理若干人，

国务委员若干人，

各部部长，

各委员会主任，

审计长，

秘书长。

国务院实行总理负责制。各部、各委员会实行部长、主任负责制。

国务院的组织由法律规定。

第八十七条　国务院每届任期同全国人民代表大会每届任期相同。

总理、副总理、国务委员连续任职不得超过两届。

第八十八条　总理领导国务院的工作。副总理、国务委员协助总理工作。

总理、副总理、国务委员、秘书长组成国务院常务会议。

总理召集和主持国务院常务会议和国务院全体会议。

第八十九条　国务院行使下列职权：

（一）根据宪法和法律，规定行政措施，制定行政法规，发布决定和命令；

（二）向全国人民代表大会或者全国人民代表大会常务委员会提出议案；

（三）规定各部和各委员会的任务和职责，统一领导各部和各委员会的工作，并且领导不属于各部和各委员会的全国性的行政工作；

（四）统一领导全国地方各级国家行政机关的工作，规定中央和省、自治区、直辖市的国家行政机关的职权的具体划分；

（五）编制和执行国民经济和社会发展计划和国家预算；

（六）领导和管理经济工作和城乡建设；

（七）领导和管理教育、科学、文化、卫生、体育和计划生育工作；

（八）领导和管理民政、公安、司法行政和监察等工作；

（九）管理对外事务，同外国缔结条约和协定；

（十）领导和管理国防建设事业；

（十一）领导和管理民族事务，保障少数民族的平等权利和民族自治地方的自治权利；

（十二）保护华侨的正当的权利和利益，保护归侨和侨眷的合法的权利和利益；

（十三）改变或者撤销各部、各委员会发布的不适当的命令、指示和规章；

（十四）改变或者撤销地方各级国家行政机关的不适当的决定和命令；

（十五）批准省、自治区、直辖市的区域划分，批准自治州、县、自治县、市的建置和区域划分；

（十六）决定省、自治区、直辖市的范围内部分地区的戒严；

（十七）审定行政机构的编制，依照法律规定任免、培训、考核和奖惩行政人员；

（十八）全国人民代表大会和全国人民代表大会常务委员会授予的其他职权。

第九十条　国务院各部部长、各委员会主任负责本部门的工作；召集和主持部务会议或者委员会会议、委务会议，讨论决定本部门工作的重大问题。

各部、各委员会根据法律和国务院的行政法规、决定、命令，在本部门的权限内，发布命令、指示和规章。

第九十一条 国务院设立审计机关，对国务院各部门和地方各级政府的财政收支，对国家的财政金融机构和企业事业组织的财务收支，进行审计监督。

审计机关在国务院总理领导下，依照法律规定独立行使审计监督权，不受其他行政机关、社会团体和个人的干涉。

第九十二条 国务院对全国人民代表大会负责并报告工作；在全国人民代表大会闭会期间，对全国人民代表大会常务委员会负责并报告工作。

第四节 中央军事委员会

第九十三条 中华人民共和国中央军事委员会领导全国武装力量。

中央军事委员会由下列人员组成：

主席，

副主席若干人，

委员若干人。

中央军事委员会实行主席负责制。

中央军事委员会每届任期同全国人民代表大会每届任期相同。

第九十四条 中央军事委员会主席对全国人民代表大会和全国人民代表大会常务委员会负责。

第五节 地方各级人民代表大会和
地方各级人民政府

第九十五条 省、直辖市、县、市、市辖区、乡、民族乡、镇设立人民代表大会和人民政府。

地方各级人民代表大会和地方各级人民政府的组织由法律规定。

自治区、自治州、自治县设立自治机关。自治机关的组织和工作根据宪法第三章第五节、第六节规定的基本原则由法律规定。

第九十六条 地方各级人民代表大会是地方国家权力机关。

县级以上的地方各级人民代表大会设立常务委员会。

第九十七条 省、直辖市、设区的市的人民代表大会代表由下一级的人民代表大会选举；县、不设区的市、市辖区、乡、民族乡、镇的人民代表大会代表由选民直接选举。

地方各级人民代表大会代表名额和代表产生办法由法律规定。

第九十八条 省、直辖市、设区的市的人民代表大会每届任期五年。县、不设区的市、市辖区、乡、民族乡、镇的人民代表大会每届任期三年。

第九十九条 地方各级人民代表大会在本行政区域内，保证宪法、法律、行政法规的遵守和执行；依照法律规定的权限，通过和发布决议，审查和决定地方的经济建设、文化建设和公共事业建设的计划。

县级以上的地方各级人民代表大会审查和批准本行政区域内的国民经济和社会发展计划、预算以及它们的执行情况的报告；有权改变或者撤销本级人民代表大会常务委员会不适当的决定。

民族乡的人民代表大会可以依照法律规定的权限采取适合民族特点的具体措施。

第一百条 省、直辖市的人民代表大会和它们的常务委员会，在不同宪法、法律、行政法规相抵触的前提下，可以制定地方性法规，报全国人民代表大会常务委员会备案。

第一百零一条 地方各级人民代表大会分别选举并且有权罢免本级人民政府的省长和副省长、市长和副市长、县长和副县长、区长和副区长、乡长和副乡长、镇长和副镇长。

县级以上的地方各级人民代表大会选举并且有权罢免本级人民法院院长和本级人民检察院检察长。选出或者罢免人民检察院检察长，须报上级人民检察院检察长提请该级人民代表大会常务委员会批准。

第一百零二条 省、直辖市、设区的市的人民代表大会代表受原选举单位的监督；县、不设区的市、市辖区、乡、民族乡、镇的人民代表大会代表受选民的监督。

地方各级人民代表大会代表的选举单位和选民有权依照法律规定的程序罢免由他们选出的代表。

第一百零三条 县级以上的地方各级人民代表大会常务委员会由主任、副主任若干人和委员若干人组成，对本级人民代表大会负责并报告工作。

县级以上的地方各级人民代表大会选举并有权罢免本级人民代表大会常务委员会的组成人员。

县级以上的地方各级人民代表大会常务委员会的组成人员不得担任国家行政机关、审判机关和检察机关的职务。

第一百零四条 县级以上的地方各级人民代表大会常务委员会讨论，决定本行政区域内各方面工作的重大事项；监督本级人民政府、人民法院和人民检察院的工作，撤销本级人民政府的不适当的决定和命令，撤销下一级人民代表大会的不适当的决议；依照法律规定的权限决定国家机关工作人员的任免；在本级人民代表大会闭会期间，罢免和补选上一级人民代表大会的个别代表。

第一百零五条 地方各级人民政府是地方各级国家权力机关的执行机关，是地方各级国家行政机关。

地方各级人民政府实行省长、市长、县长、区长、乡长、镇长负责制。

第一百零六条 地方各级人民政府每届任期同本级人民代表大会每届任期相同。

第一百零七条 县级以上地方各级人民政府依照法律规定的权限，管理本行政区域内的经济、教育、科学、文化、卫生、体育事业、城乡建设事业和财政、民政、公安、民族事务、司法行政、监察、计划生育等行政工作，发布决定和命令，任免、培训、考核和奖惩行政工作人员。

乡、民族乡、镇的人民政府执行本级人民代表大会的决议和上级国家行政机关的决定和命令，管理本行政区域内的行政工作。

省、直辖市的人民政府决定乡、民族乡、镇的建置和区域划分。

第一百零八条　县级以上的地方各级人民政府领导所属各工作部门和下级人民政府的工作，有权改变或者撤销所属各工作部门和下级人民政府的不适当的决定。

第一百零九条　县级以上的地方各级人民政府设立审计机关。地方各级审计机关依照法律规定独立行使审计监督权，对本级人民政府和上一级审计机关负责。

第一百一十条　地方各级人民政府对本级人民代表大会负责并报告工作。县级以上的地方各级人民政府在本级人民代表大会闭会期间，对本级人民代表大会常务委员会负责并报告工作。

地方各级人民政府对上一级国家行政机关负责并报告工作。全国地方各级人民政府都是国务院统一领导下的国家行政机关，都服从国务院。

第一百一十一条　城市和农村按居民居住地区设立的居民委员会或者村民委员会是基层群众性自治组织。居民委员会、村民委员会的主任、副主任和委员由居民选举。居民委员会、村民委员会同基层政权的相互关系由法律规定。

居民委员会、村民委员会设人民调解、治安保卫、公共卫生等委员会，办理本居住地区的公共事务和公益事业，调解民间纠纷，协助维护社会治安，并且向人民政府反映群众的意见、要求和提出建议。

第六节　民族自治地方的自治机关

第一百一十二条　民族自治地方的自治机关是自治区、自治州、自治县的人民代表大会和人民政府。

第一百一十三条　自治区、自治州、自治县的人民代表大会中，除实行区域自治的民族的代表外，其他居住在本行政区域内的民族也应当有适当名额的代表。

自治区、自治州、自治县的人民代表大会常务委员会中应当有实行区域自治的民族的公民担任主任或者副主任。

第一百一十四条　自治区主席、自治州州长、自治县县长由实行区域自治的民族的公民担任。

第一百一十五条　自治区、自治州、自治县的自治机关行使宪法第三章第五节规定的地方国家机关的职权，同时依照宪法、民族区域自治法和其他法律规定的权限行使自治权，根据本地方实际情况贯彻执行国家的法律、政策。

第一百一十六条　民族自治地方的人民代表大会有权依照当地民族的政治、经济和文化的特点，制定自治条例和单行条例。自治区的自治条例和单行条例，报全国人民代表大会常务委员会批准后生效。自治州、自治县的自治条例和单行条例，报省或者自治区的人民代表大会常务委员会批准后生效，并报全国人民代表大会常务委员会备案。

第一百一十七条　民族自治地方的自治机关有管理地方财政的自治权。凡是依照国家财政体制属于民族自治地方的财政收入，都应当由民族自治地方的自治机关自主地安排使用。

第一百一十八条　民族自治地方的自治机关在国家计划的指导下，自主地安排和管理地方性的经济建设事业。

国家在民族自治地方开发资源、建设企业的时候，应当照顾民族自治地方的利益。

第一百一十九条　民族自治地方的自治机关自主地管理本地方的教育、科学、文化、卫生、体育事业，保护和整理民族的文化遗产，发展和繁荣民族文化。

第一百二十条　民族自治地方的自治机关依照国家的军事制度和当地的实际需要，经国务院批准，可以组织本地方维护社会治安的公安部队。

第一百二十一条　民族自治地方的自治机关在执行职务的时候，依照本民族自治地方自治条例的规定，使用当地通用的一种或者几种语言文字。

第一百二十二条　国家从财政、物资、技术等方面帮助各少数民族加速发展经济建设和文化建设事业。

国家帮助民族自治地方从当地民族中大量培养各级干部、各种专业人才和技术工人。

第七节　人民法院和人民检察院

第一百二十三条　中华人民共和国人民法院是国家的审判机关。

第一百二十四条　中华人民共和国设立最高人民法院、地方各级人民法院和军事法院等专门人民法院。

最高人民法院院长每届任期同全国人民代表大会每届任期相同，连续任职不得超过两届。

人民法院的组织由法律规定。

第一百二十五条　人民法院审理案件，除法律规定的特别情况外，一律公开进行。被告人有权获得辩护。

第一百二十六条　人民法院依照法律规定独立行使审判权，不受行政机关、社会团体和个人的干涉。

第一百二十七条　最高人民法院是最高审判机关。

最高人民法院监督地方各级人民法院和专门人民法院的审判工作，上级人民法院监督下级人民法院的审判工作。

第一百二十八条　最高人民法院对全国人民代表大会和全国人民代表大会常务委员会负责，地方各级人民法院对产生它的国家权力机关负责。

第一百二十九条　中华人民共和国人民检察院是国家的法律监督机关。

第一百三十条　中华人民共和国设立最高人民检察院、地方各级人民检察院和军事检察院等专门人民检察院。

最高人民检察院检察长每届任期同全国人民代表大会每届任期相同，连续任职不得超过两届。

人民检察院的组织由法律规定。

第一百三十一条　人民检察院依照法律规定独立行使检察权，不受行政机关、社会团体和个人的干涉。

第一百三十二条　最高人民检察院是最高检察机关。

最高人民检察院领导地方各级人民检察院和专门人民检察院的工作，上级人民检察院领导下级人民检察院的工作。

第一百三十三条　最高人民检察院对全国人民代表大会和全国人民代表大会常务委员会负责。地方各级人民检察院对产生它的国家权力机关和上级人民检察院负责。

第一百三十四条　各民族公民都有用本民族语言文字进行诉讼的权利。人民法院和人民检察院对于不通晓当地通用的语言文字的诉讼参与人，应当为他们翻译。

在少数民族聚居或者多民族共同居住的地区，应当用当地通用的语言进行审理；起诉书、判决书、布告和其他文书应当根据实际需要使用当地通用的一种或者几种文字。

第一百三十五条　人民法院、人民检察院和公安机关办理刑事案件，应当分工负责，互相配合，互相制约，以保证准确有效地执行法律。

第四章　国旗、国徽、首都

第一百三十六条　中华人民共和国国旗是五星红旗。

第一百三十七条　中华人民共和国国徽，中间是五星照耀下的天安门，周围是谷穗和齿轮。

第一百三十八条　中华人民共和国首都是北京。

十六、中华人民共和国宪法修正案

（一九九三年三月二十九日第八届全国人民
代表大会第一次会议通过）

　　第一条　宪法第十一条增加规定："国家允许私营经济在法律规定的范围内存在和发展。私营经济是社会主义公有制经济的补充。国家保护私营经济的合法的权利和利益，对私营经济实行引导、监督和管理。"

　　第二条　宪法第十条第四款："任何组织或者个人不得侵占、买卖、出租或者以其他形式非法转让土地。"修改为："任何组织或者个人不得侵占、买卖或者以其他形式非法转让土地。土地的使用权可以依照法律的规定转让。"

　　（第一条至第二条于 1988 年 4 月 12 日第七届全国人民代表大会第一次会议通过　　1988 年 4 月 12 日全国人民代表大会公告公布施行）

　　第三条　宪法序言第七自然段后两句："今后国家的根本任务是集中力量进行社会主义现代化建设。中国各族人民将继续在中国共产党领导下，在马克思列宁主义、毛泽东思想指引下，坚持人民民主专政，坚持社会主义道路，不断完善社会主义的各项制度，发展社会主义民主，健全社会主义法制，自力更生，艰苦奋斗，逐步实现工业、农业、国防和科学技术的现代化，把我国建设成为高度文明、高度民主的社会主义国家。"修改为："我国正处于社会主义初级阶段。国家的根本任务是，根据建设有中国特色社会主义的理论，集中力量进行社会主义现代化建设。中国各族人民将继续在中国共产党领导下，在马克思列宁主义、毛泽东思想指引下，坚持人民民主专政，坚持社会主义道路，坚持改革开放，不断完善社会主义的各项制度，发展社会主义民主，健全社会主义法制，自力更生，艰苦奋斗，逐步实现工业、农业、国防和科学技术的现代化，把我国建设成为富强、民主、文明的社会主义国家。"

　　第四条　宪法序言第十自然段末尾增加："中国共产党领导的多党

合作和政治协商制度将长期存在和发展。"

第五条　宪法第七条："国营经济是社会主义全民所有制经济，是国民经济中的主导力量。国家保障国营经济的巩固和发展。"修改为："国有经济，即社会主义全民所有制经济，是国民经济中的主导力量。国家保障国有经济的巩固和发展。"

第六条　宪法第八条第一款："农村人民公社、农业生产合作社和其他生产、供销、信用、消费等各种形式的合作经济，是社会主义劳动群众集体所有制经济。参加农村集体经济组织的劳动者，有权在法律规定的范围内经营自留地、自留山、家庭副业和饲养自留畜。"修改为："农村中的家庭联产承包为主的责任制和生产、供销、信用、消费等各种形式的合作经济，是社会主义劳动群众集体所有制经济。参加农村集体经济组织的劳动者，有权在法律规定的范围内经营自留地、自留山、家庭副业和饲养自留畜。"

第七条　宪法第十五条："国家在社会主义公有制基础上实行计划经济。国家通过经济计划的综合平衡和市场调节的辅助作用，保证国民经济按比例地协调发展。""禁止任何组织或者个人扰乱社会经济秩序，破坏国家经济计划。"修改为："国家实行社会主义市场经济。""国家加强经济立法，完善宏观调控。""国家依法禁止任何组织或者个人扰乱社会经济秩序。"

第八条　宪法第十六条："国营企业在服从国家的统一领导和全面完成国家计划的前提下，在法律规定的范围内，有经营管理的自主权。""国营企业依照法律规定，通过职工代表大会和其他形式，实行民主管理。"修改为："国有企业在法律规定的范围内有权自主经营。""国有企业依照法律规定，通过职工代表大会和其他形式，实行民主管理。"

第九条　宪法第十七条："集体经济组织在接受国家计划指导和遵守有关法律的前提下，有独立进行经济活动的自主权。""集体经济组织依照法律规定实行民主管理，由它的全体劳动者选举和罢免管理人员，决定经营管理的重大问题。"修改为："集体经济组织在遵守有关法律的前提下，有独立进行经济活动的自主权。""集体经济组织实行民主管理，依照法律规定选举和罢免管理人员，决定经营管理的重大问题。"

第十条 宪法第四十二条第三款："劳动是一切有劳动能力的公民的光荣职责。国营企业和城乡集体经济组织的劳动者都应当以国家主人翁的态度对待自己的劳动。国家提倡社会主义劳动竞赛，奖励劳动模范和先进工作者。国家提倡公民从事义务劳动。"修改为："劳动是一切有劳动能力的公民的光荣职责。国有企业和城乡集体经济组织的劳动者都应当以国家主人翁的态度对待自己的劳动。国家提倡社会主义劳动竞赛，奖励劳动模范和先进工作者。国家提倡公民从事义务劳动。"

第十一条 宪法第九十八条："省、直辖市、设区的市的人民代表大会每届任期五年。县、不设区的市、市辖区、乡、民族乡、镇的人民代表大会每届任期三年。"修改为："省、直辖市、县、市、市辖区的人民代表大会每届任期五年。乡、民族乡、镇的人民代表大会每届任期三年。"

（第三条至第十一条于 1993 年 3 月 29 日第八届全国人民代表大会第一次会议通过 1993 年 3 月 29 日第八届全国人民代表大会公告公布施行）

十七、中华人民共和国宪法修正案

（一九九九年三月十五日第九届全国人民
代表大会第二次会议通过）

第十二条 宪法序言第七自然段："中国新民主主义革命的胜利和社会主义事业的成就，都是中国共产党领导中国各族人民，在马克思列宁主义、毛泽东思想的指引下，坚持真理，修正错误，战胜许多艰难险阻而取得的。我国正处于社会主义初级阶段。国家的根本任务是，根据建设有中国特色社会主义的理论，集中力量进行社会主义现代化建设。中国各族人民将继续在中国共产党领导下，在马克思列宁主义、毛泽东思想指引下，坚持人民民主专政，坚持社会主义道路，坚持改革开放，不断完善社会主义的各项制度，发展社会主义民主，健全社会主义法制，自力更生，艰苦奋斗，逐步实现工业、农业、国防和科学技术的现代化，把我国建设成为富强、民主、文明的社会主义国家。"修改为："中国新民主主义革命的胜利和社会主义事业的成就，是中国共产党领导中国各族人民，在马克思列宁主义、毛泽东思想的指引下，坚持真理，修正错误，战胜许多艰难险阻而取得的。我国将长期处于社会主义初级阶段。国家的根本任务是，沿着建设有中国特色社会主义的道路，集中力量进行社会主义现代化建设。中国各族人民将继续在中国共产党领导下，在马克思列宁主义、毛泽东思想、邓小平理论指引下，坚持人民民主专政，坚持社会主义道路，坚持改革开放，不断完善社会主义的各项制度，发展社会主义市场经济，发展社会主义民主，健全社会主义法制，自力更生，艰苦奋斗，逐步实现工业、农业、国防和科学技术的现代化，把我国建设成为富强、民主、文明的社会主义国家。"

第十三条　宪法第五条增加一款，作为第一款，规定："中华人民共和国实行依法治国，建设社会主义法治国家。"

第十四条　宪法第六条："中华人民共和国的社会主义经济制度的基础是生产资料的社会主义公有制，即全民所有制和劳动群众集体所有制。""社会主义公有制消灭人剥削人的制度，实行各尽所能，按劳分配的原则。"修改为："中华人民共和国的社会主义经济制度的基础是生产资料的社会主义公有制，即全民所有制和劳动群众集体所有制。社会主义公有制消灭人剥削人的制度，实行各尽所能、按劳分配的原则。""国家在社会主义初级阶段，坚持公有制为主体、多种所有制经济共同发展的基本经济制度，坚持按劳分配为主体、多种分配方式并存的分配制度。"

第十五条　宪法第八条第一款："农村中的家庭联产承包为主的责任制和生产、供销、信用、消费等各种形式的合作经济，是社会主义劳动群众集体所有制经济。参加农村集体经济组织的劳动者，有权在法律规定的范围内经营自留地、自留山、家庭副业和饲养自留畜。"修改为："农村集体经济组织实行家庭承包经营为基础、统分结合的双层经营体制。农村中的生产、供销、信用、消费等各种形式的合作经济，是社会主义劳动群众集体所有制经济。参加农村集体经济组织的劳动者，有权在法律规定的范围内经营自留地、自留山、家庭副业和饲养自留畜。"

第十六条　宪法第十一条："在法律规定范围内的城乡劳动者个体经济，是社会主义公有制经济的补充。国家保护个体经济的合法的权利和利益。""国家通过行政管理，指导、帮助和监督个体经济。""国家允许私营经济在法律规定的范围内存在和发展。私营经济是社会主义公有制经济的补充。国家保护私营经济的合法的权利和利益，对私营经济实行引导、监督和管理。"修改为："在法律规定范围内的个体经济、私营经济等非公有制经济，是社会主义市场经济的重要组成部分。""国家保护个体经济、私营经济的合法的权利和利益。国家对个体经济、私营经济实行引导、监督和管理。"

第十七条　宪法第二十八条："国家维护社会秩序，镇压叛国和其他反革命的活动，制裁危害社会治安、破坏社会主义经济和其他犯罪的活动，惩办和改造犯罪分子。"修改为："国家维护社会秩序，镇压叛国和其他危害国家安全的犯罪活动，制裁危害社会治安、破坏社会主义经济和其他犯罪的活动，惩办和改造犯罪分子。"

十八、中华人民共和国宪法修正案

（二〇〇四年三月十四日第十届全国人民
代表大会第二次会议通过）

第十八条　宪法序言第七自然段中"在马克思列宁主义、毛泽东思想、邓小平理论指引下"修改为"在马克思列宁主义、毛泽东思想、邓小平理论和'三个代表'重要思想指引下","沿着建设有中国特色社会主义的道路"修改为"沿着中国特色社会主义道路","逐步实现工业、农业、国防和科学技术的现代化"之后增加"推动物质文明、政治文明和精神文明协调发展"。这一自然段相应地修改为:"中国新民主主义革命的胜利和社会主义事业的成就,是中国共产党领导中国各族人民,在马克思列宁主义、毛泽东思想的指引下,坚持真理,修正错误,战胜许多艰难险阻而取得的。我国将长期处于社会主义初级阶段。国家的根本任务是,沿着中国特色社会主义道路,集中力量进行社会主义现代化建设。中国各族人民将继续在中国共产党领导下,在马克思列宁主义、毛泽东思想、邓小平理论和'三个代表'重要思想指引下,坚持人民民主专政,坚持社会主义道路,坚持改革开放,不断完善社会主义的各项制度,发展社会主义市场经济,发展社会主义民主,健全社会主义法制,自力更生,艰苦奋斗,逐步实现工业、农业、国防和科学技术的现代化,推动物质文明、政治文明和精神文明协调发展,把我国建设成为富强、民主、文明的社会主义国家。"

第十九条　宪法序言第十自然段第二句"在长期的革命和建设过程中,已经结成由中国共产党领导的,有各民主党派和各人民团体参加的,包括全体社会主义劳动者、拥护社会主义的爱国者和拥护祖国统一的爱国者的广泛的爱国统一战线,这个统一战线将继续巩固和发展。"修改为:"在长期的革命和建设过程中,已经结成由中国共产党领导的,有各民主党派和各人民团体参加的,包括全体社会主义劳动者、社会主义事业的建设者、拥护社会主义的爱国者和拥护祖国统一的爱国者的广泛的爱国统一战线,这个统一战线将继续巩固和发展。"

第二十条　宪法第十条第三款"国家为了公共利益的需要,可以依照法律规定对土地实行征用。"修改为:"国家为了公共利益的需要,可以依照法律规定对土地实行征收或者征用并给予补偿。"

第二十一条　宪法第十一条第二款"国家保护个体经济、私营经济的合法的权利和利益。国家对个体经济、私营经济实行引导、监督和管理。"修改为："国家保护个体经济、私营经济等非公有制经济的合法的权利和利益。国家鼓励、支持和引导非公有制经济的发展，并对非公有制经济依法实行监督和管理。"

第二十二条　宪法第十三条"国家保护公民的合法的收入、储蓄、房屋和其他合法财产的所有权。""国家依照法律规定保护公民的私有财产的继承权。"修改为："公民的合法的私有财产不受侵犯。""国家依照法律规定保护公民的私有财产权和继承权。""国家为了公共利益的需要，可以依照法律规定对公民的私有财产实行征收或者征用并给予补偿。"

第二十三条　宪法第十四条增加一款，作为第四款："国家建立健全同经济发展水平相适应的社会保障制度。"

第二十四条　宪法第三十三条增加一款，作为第三款："国家尊重和保障人权。"第三款相应地改为第四款。

第二十五条　宪法第五十九条第一款"全国人民代表大会由省、自治区、直辖市和军队选出的代表组成。各少数民族都应当有适当名额的代表。"修改为："全国人民代表大会由省、自治区、直辖市、特别行政区和军队选出的代表组成。各少数民族都应当有适当名额的代表。"

第二十六条　宪法第六十七条全国人民代表大会常务委员会职权第二十项"（二十）决定全国或者个别省、自治区、直辖市的戒严"修改为"（二十）决定全国或者个别省、自治区、直辖市进入紧急状态"。

第二十七条　宪法第八十条"中华人民共和国主席根据全国人民代表大会的决定和全国人民代表大会常务委员会的决定，公布法律，任免国务院总理、副总理、国务委员、各部部长、各委员会主任、审计长、秘书长，授予国家的勋章和荣誉称号，发布特赦令，发布戒严令，宣布战争状态，发布动员令。"修改为："中华人民共和国主席根据全国人民代表大会的决定和全国人民代表大会常务委员会的决定，公布法律，任免国务院总理、副总理、国务委员、各部部长、各委员会主任、审计长、秘书长，授予国家的勋章和荣誉称号，发布特赦令，宣布进入紧急状态，宣布战争状态，发布动员令。"

第二十八条　宪法第八十一条"中华人民共和国主席代表中华人民共和国，接受外国使节；根据全国人民代表大会常务委员会的决定，派遣和召回驻外全权代表，批准和废除同外国缔结的条约和重要协定。"修改为："中华人民共和国主席代表中华人民共和国，进行国事活动，接受外国使节；根据全国人民代表大会常务委员会的决定，派遣和召回驻外全权代表，批准和废除同外国缔结的条约和重要协定。"

第二十九条　宪法第八十九条国务院职权第十六项"（十六）决定省、自治区、直辖市的范围内部分地区的戒严"修改为"（十六）依照法律规定决定省、自治区、直辖市的范围内部分地区进入紧急状态"。

第三十条　宪法第九十八条"省、直辖市、县、市、市辖区的人民代表大会每届任期五年。乡、民族乡、镇的人民代表大会每届任期三年。"修改为："地方各级人民代表大会每届任期五年。"

第三十一条　宪法第四章章名"国旗、国徽、首都"修改为"国旗、国歌、国徽、首都"。宪法第一百三十六条增加一款，作为第二款："中华人民共和国国歌是《义勇军进行曲》。"

后记

　　1979 年我曾参加撰写过《中国宪法史略》，此后没有再专门涉猎这一课题。1999 年在撰写《中国近代社会与法制文明》一书时，近代宪法的历史发展是其中的一个组成部分，所以本书是在《中国近代社会与法制文明》的基础上撰写成的。这期间吉林人民出版社约稿和敦促，对本书的完成起了积极的推动作用。书中民国部分有些资料，多承我的博士生杨帆、陈小葵、李小标、汪庆红、叶小川协助辑录，并参阅了一些相关著作，谨致谢意。由于成书仓促，疏漏与不足之处，敬请读者批评指正。

张晋藩

2004 年 8 月于洛杉矶

《人民·联盟文库》第一辑书目

分　类	书　名	作　者
政治类	中共重大历史事件亲历记（2 卷）	李海文主编
	中国工农红军长征亲历记	李海文主编
哲学类	中国哲学史（1—4）	任继愈主编
	哲学通论（上下卷）	孙正聿著
	中国经学史	吴雁南、秦学顷、李禹阶主编
	季羡林谈义理	季羡林著，梁志刚选编
历史类	中亚通史（3 卷）	王治来、丁笃本著
	吐蕃史稿	才让著
	中国古代北方民族通论	林幹著
	匈奴史	林幹著
	毛泽东评说中国历史	赵以武主编
文化类	中国文化史（4 卷）	张维青、高毅清著
	中国古代文学通论（7 卷）	傅璇琮、蒋寅主编
	中国地名学源流	华林甫著
	中国古代巫术	胡新生著
	徽商研究	张海鹏、王廷元主编
	诗词曲格律纲要	涂宗涛著
译著类	中国密码	［德］弗郎克·泽林著，强朝晖译
	领袖们	［美］理查德·尼克松著，施燕华等译
	伟人与大国	［德］赫尔穆特·施密特著，梅兆荣等译
	大外交	［美］亨利·基辛格著，顾淑馨、林添贵译
	欧洲史	［法］德尼兹·加亚尔等著，蔡鸿滨等译
	亚洲史	［美］罗兹·墨菲著，黄磷译
	西方政治思想史	［美］约翰·麦克里兰著，彭维栋译
	西方艺术史	［法］德比奇等著，徐庆平译
	纳粹德国的兴亡	［德］托尔斯腾·克尔讷著，李工真译
	资本主义文化矛盾	［美］丹尼尔·贝尔著，严蓓雯译
	中国社会史	［法］谢和耐著，黄建华、黄迅余译
	儒家传统与文明对话	［美］杜维明著，彭国翔译
	中国人的精神	辜鸿铭著，黄兴涛、宋小庆译
	毛泽东传	［美］罗斯·特里尔著，刘路新等译
人物传记类	蒋介石全传	张宪文、方庆秋主编
	百年宋美龄	杨树标、杨菁著
	世纪情怀——张学良全传（上下）	王海晨、胡玉海著

《人民·联盟文库》第二辑书目

分　类	书　名	作　者
政治类	民族问题概论(第三版)	吴仕民主编、王平副主编
	宗教问题概论(第三版)	龚学增主编
	中国宪法史	张晋藩著
历史类	乾嘉学派研究	陈祖武、朱彤窗著
	宋学的发展和演变	漆侠著
	台湾通史	连横著
	卫拉特蒙古史纲	马大正、成崇德主编
	文明论——人类文明的形成发展与前景	孙进己、干志耿著
哲学类	西方哲学史(8卷)	叶秀山、王树人总主编
	康德《纯粹理性批判》句读	邓晓芒著
	比较伦理学	黄建中著
	中国美学史话	李翔德、郑钦镛著
	中华人文精神	张岂之著
	人文精神论	许苏民著
	论死生	吴兴勇著
	幸福与优雅	江畅、周鸿雁著
文化类	唐诗学史稿	陈伯海主编
	中国古代神秘文化	李冬生著
	中国家训史	徐少锦、陈延斌著
	中国设计艺术史论	李立新著
	西藏风土志	赤烈曲扎著
	藏传佛教密宗与曼荼罗艺术	昂巴著
	民谣里的中国	田涛著
	黄土地的变迁——以西北边陲种田乡为例	张畯、刘晓乾著
	中外文化交流史	王介南著
	纵论出版产业的科学发展	齐峰著
译著类	赫鲁晓夫下台内幕	[俄]谢·赫鲁晓夫著,述弢译
	治国策	[波斯]尼扎姆·莫尔克著,[英]胡伯特·达克(由波斯文转译成英文),蓝琪、许序雅译,蓝琪校
	西域的历史与文明	[法]鲁保罗著,耿昇译
	16~18世纪中亚历史地理文献	[乌]Б. A. 艾哈迈多夫著,陈远光译
	亲历晚清四十五年——李提摩太在华回忆录	[英]李提摩太著,李宪堂、侯林莉译
	伯希和西域探险记	[法]伯希和等著,耿昇译
	观念的冒险	[美]A. N. 怀特海著,周邦宪译
人物传记类	溥仪的后半生	王庆祥著
	胡乔木——中共中央一支笔	叶永烈著
	林彪的这一生	少华、游胡著
	左宗棠在甘肃	马啸著